世代の歴史社会学

近代ドイツの教養・福祉・戦争

Die historische Soziologie der Generation:
Zur Genealogie eines kulturellen Deutungsmusters

村上宏昭 著

昭和堂

世代の歴史社会学——近代ドイツの教養・福祉・戦争

目次

凡　例

一　引用文中の〔〕内の文章は引用者による注記または補足である。
二　引用文中の「〔……〕」は引用者による中略を示す。
三　引用文中の「／」（スラッシュ）は原文における改行を示す。
四　文中で言及した人名には、初出に限り目安のために生没年を併記している場合がある。
五　本書に掲載された図表の出典は巻末の「図表出典一覧」にまとめて指示している。
六　参考ないし引用した文献のうち、日本語訳があるものは特に断りがない限り邦訳に従い、また訳書の該当ページのみを指示している。その際、必要に応じて原書の発行年を注記している場合もある。なお、巻末の「参考文献一覧」には原書ではなく訳書の書誌情報のみを記載している。ただし、その性格上一次史料と判断される文献に関してはこの限りではない。
七　巻末の「参考文献一覧」は欧語文献と邦語文献に分けて記載している。なお、邦訳がある場合は訳書の書誌情報のみを邦語文献に分類している。ただし、その性格上一次史料と判断される文献に関してはこの限りではない。

一学問の水準は、その基礎概念がどれほど深い危機に際会することができるか、ということから決定される。

——マルティン・ハイデガー『存在と時間』(1)

序章　「ライフステージ」から「コーホート」へ

■「時のふるさと」

すべてとはいえないまでも、ほとんどの人間にとって遠い過去の記憶を想起する際には、何かしら特別な感情を伴う場合が多い。たとえば、過去に住んでいた地域・就学期間・交友関係等々の思い出、あるいは流行のファッションやテレビ番組、歌謡曲などの商品ですら、それらを追憶するなかでしばしばノスタルジックな感情が自然と湧き上がってくる。なかでも現代社会においてとりわけ郷愁を掻き立てやすいのは、幼少期から青年期にかけての記憶だろう。経験を積み重ねるごとに保存される記憶の量は増えているはずなのに、遠い昔の幼年時代や学生時代に体験した出来事は、多くの人にとって忘却の彼方に押し流されることのない、いつまでも記憶にとどまり続ける思い出であろうし、それだけに年齢を重ねていけばいくほど、その「失われた時」を求める懐旧の念にますます強く駆られることもある。こうした人生初期の記憶に付随する「なつかしさ」は、おそらく生まれ育った故郷に対して現代人が抱く望郷の感情に近い。たとえばヴィンフリート・G・ゼーバルト（一九四四—二〇〇一）というドイツ人作家——彼の作品はいわば、自分の個人的記憶をホロコーストの社会的記憶に重ね合わせ、両者を同時に異化するという手法を基調としている[2]——も、ある晩年のインタビュー（二〇〇〇年二月）のなかで、その幼年時代の思い出を「時のふるさと《ツァイトハイマート》」と形容し、そこにみずからの存在の「起源」を見出している。

〔インタビュアー〕ゼーバルトさん。あなたは一九四四年のお生まれですね。だからあなたの幼年時代は戦後期ということになる。しかしながら、あなたはご自分の世代が戦争に由来するという感情を表明なさっていましたね。

〔ゼーバルト〕この感情は、たとえばテレビでこの時期〔戦時期〕に撮影された記録映像を見ると生じてくるのです。あるアイデンティティの感情というか、一つの起源――自分がそこから来たのだという起源の感情が現れるのです。

〔……〕

私はいつも自分がこの時期に由来するのだという思いを持っていましたし、ますます強く持つようになっています。もし時のふるさと《ツァイトハイマート》というものがあるなら、それは私にとって一九四四―五〇年の時期であり、それこそ私が最も興味ある時期なのです。[3]

ここに「世代」という語が現れていることに注意されたい。一見、過去の出来事の体験・記憶はすぐれて個人的なもののはずである。私がある出来事を見たり聞いたりすること、さらにはそれに喜びや羞恥心を感じたり、逆に不安や恐怖を覚えたりすることは、あくまで私個人の感覚・内面に関わる事柄であって、ほかの誰のものでもない。それが世代意識という形で他者と共有可能な記憶となりうるのは、私が体験した出来事の記憶のなかには、当然ながら純粋に個人的な次元に収まらないような諸々の社会的要素が多分に混入しているからだ。たとえば、学校における教育の内容や制度、戦争や天災・経済的混乱などの異常事態、身の回りの商品の形態やその技術的水準、さらには社会通念上の価値規範や文化的コードに規定された好悪の感情にいたるまで、これらはすべて個人を越えた社会的な次元に属するものである。ここから、私が過去の「失われた時」に思い焦がれるとき、私と同じ「時のふるさと」を持ち、同じ感情を共有できる他者が必ず存在するに違いないという仮定が成り立つ。おそらくこのインタビューでも、世代という言葉でもって、このような記憶の社会的次元（集合的記憶）に根拠づけられた仮定を通じて——あるいは相互確認行為による仮定の「確証」を通じて——個々人を束ねる作用、ひいては過ぎ去った時間に基盤を置く社会的な「アイデンティティの感情」を作り出す作用が想定されているのだろう。

■歴史研究における「世代」の可能性

ところで、ここで注意しておくべきは、こうした「時のふるさと」の感傷から世代意識が芽生えるためには、それに先立って「世代」についての一定の理念的形象があらかじめ確立していなければならない、ということである。いいかえれば世代の理念とは、単なる諸個人の体験・記憶（の共有）から自然発生するものではなく、むしろ逆に、これらの個人的な諸要素は「世代」という理念上の集合的形象が存在して初めて、世代意識の根拠として機能するようになるといえる。その意味で、世代の理念的形象とはそれ自体、個々人の体験・記憶・感情に対してどこまでも外在的な一種の「社会的事実」（エミール・デュルケーム）にほかならない。つまり、個々人の体験・記憶に世代としての徴表を刻印する、独立した集合表象なのであり、この表象なくしては諸個人間での体験や記憶の共通性も、具体的な世代意識を結晶化させることは決してないのである。(4)

本書の課題は、まさにこうした「社会的事実」としての世代形象についてささやかな歴史的考察を行うことにある。もっといえば——ここで少し結論を先取りしておくと——右のようなアイデンティティとしての世代意識にしろ、あるいは研究上の分析ツールとしての世代概念にしろ、世代をめぐる考え方が二〇世紀に入って大きな変化を経験したという仮定のもと、その検証を行うことが本書の目的となる。具体的には、一九世紀末までもっぱら幼年期・青年期・中年期・老年期などの「ライフステージ」としてイメージされていた世代は、二〇世紀になって突如として特定の「出生年」に基盤を置く年齢グループ、つまりは「コーホート」(「同時出生集団」と訳される統計上の単位。たとえば「一九七七年コーホート」というように一年単位で区切られることもあれば、五～一〇年ごとに区切られることもある)としてイメージされるようになるという、根本的な転換を経ているのであり、本書ではこうした転換が起こった正確な時点と、その転換をもたらした歴史的背景を解明することが中心課題として設定される。現在、世代概念を用いて進められる研究はほとんどどれもこの二つの異なる世代形象を混同していることから、それと気づかぬうちに深刻な隘路に陥っているといえるのである。

だがこの点を立ち入って論じる前に、まずは今日の歴史研究における世代論の現状を少しばかり振り返っておいた方がよいだろう。じつはこの世代という観点から歴史を読み解く必要性は、歴史研究の領域でもこれまで既に幾度となく指摘されてきた。というのは、歴史における人間の価値規範や行動様式の微妙な変化を捉えるには、特定の時間帯から相対的に自律したネイションやエスニシティ、さらには階級(ミリュー)などの概念よりも、時間の経過による差異を重視する世代概念の方が、分析装置としてはるかに適していると見られてきたからである。実際、私たちにとって、私たち自身が――この世に生を受けたタイミングのために、好むと好まざるとに関わらず――同じ年代の人間とともに何らかの世代に属しているのだという意識、あるいはほかの年齢集団における価値観や行動規範が私たちの世代とずれているという感覚は、あまりに自明であるように見える。だとすれば、この世代としての帰属意識、ないし世代間の差異の感覚は、人間の歴史のなかでもいくばくかの役割を果たしてきたのではないか。これが世代という観点を推奨する歴史家の言い分である。ここではマルク・ブロック(一八八六―一九四四)をその一例として引用しておこう。

近い時期に同じ社会環境のなかで生まれた人々は、特に成長期には似たような影響を必ず受けるものだ。経験が証明する通り、彼らよりはるかに年上か年下の集団と比べて彼らの振る舞いは通常きわめて明確な特徴を示す。〔……〕年齢の共通性に由来するこの刻印の共通性が世代を作り出す。〔……〕／したがって世代の概念は、人間の物事を歪曲せずに表現しようとするあらゆる概念と同じく、大変柔軟なものである。しかし、我々がごく具体的だと感じる現象に対応してもいる。〔……〕この概念は、人間のさまざまな変遷を慎重に分析するための最初の目印を次第に提供してくれるであろうように見える。(5)

このブロックの期待通りにといえようか、今日の歴史研究では世代という観点から考察を行うことが徐々に認知されるようになってきた。とりわけドイツでは二一世紀に入って以降、社会的な世代ブームを背景に学際的な世代研究が花開き、目覚ましい発展を遂げつつある。現在にいたるまでドイツのさまざまな研究者・研究グループによって、世代に関する研究書が息つく間もなく次々と刊行されている現状を鑑みるに、この発展傾向が（既に一〇年来続いているが）終息に向かう気配はいまのところまったく見られない。

ほかならぬドイツでこうした発展が突出して現れるようになった理由としては、やはりこの国が近現代史上で繰り返し大きな断絶に見舞われてきたという事情を勘案しなければなるまい。どこの国でも、誰の目にも明白な歴史的断絶が起こった際にはとかく「世代」としての意識が社会のなかに広がりやすいが、昨今のドイツにおける世代ブームもその例に漏れず、旧東ドイツ時代の記憶の美化、いわゆる「東への郷愁《オスタルギー》」現象と並行して出現してきたように、直接的にはドイツ再統一（一九九〇年）による「歴史の断絶」の感覚から沸き起こってきたものといえる。周知のように二〇世紀のドイツの歴史は、これと匹敵するかそれ以上の世界史的断絶（第一次世界大戦の経験と敗戦・ヴァイマル共和国の成立と崩壊・ナチス第三帝国と第二次世界大戦・冷戦下の東西分裂と再統一）を何度も経験してきた国であるだけに、この世代という考え方が身体感覚として人々に違和感なく受容できるものであったことは想像に難くない。逆にいえば、私たち部外者（外国人）にとって現在のドイツ世代論の爆発的な興隆は、このような歴史的背景を考慮に入れなければ理解に苦しむところが多いといえる。

いずれにせよ、ドイツにおけるこうした急速かつ学際的な発展のおかげで、二一世紀の世代論は以前とは比較にならないほど、非常に多様なテーマ系をまたぎつつその射程を拡張している。ただその範囲はいまや、文化科学・社会科学として括られるあらゆる知の領域に浸透しており、序章という限られた枠のなかではとてもそのすべてを紹介することはできない。ここではあくまでその射程の広がりに関して大まかなイメージを掴むという目的で、それらの成果のうちいくつかの事例を次に列挙しておきたい。だがこうして列挙してみるだけでも、世代論が歴史研究や社会研究でどれほど豊饒な認識をもたらしてくれるものであるか、少なくともその一端を垣間見ることはできるはずだ。

①**メディアと世代**：マスメディアの発達した現代社会にあっては、写真や映像などの視覚的なシンボルが特定の年齢層を情緒的に結びつけることがある。たとえば一九六八年のドイツにおける学生反乱は、イラン国王訪独反対デモの際に、警官に射殺された学生ベンノ・オーネゾルクと彼を抱きかかえる女学生を写した一枚の写真をきっかけにしている。ハッボ・クノッホによれば、このキリスト教美術で伝統的なピエタ（磔刑に処されたキリストを抱く聖母）を彷彿とさせる構図が若者の殉教者効果を高め、学生たちの間で憤激の感情が掻き立てられることによって、やがて彼らをして、のちに「六八年世代」（Achtundsechziger）と呼び慣らわされる一つの集団へ結晶化させるにいたったのだという。いわゆる「感情の共同体」としての世代である。(6)

②**消費文化と世代**：たしかにこの六八年世代を最後に、（西）ドイツ社会の政治運動で青年層が中心的な役割を果たすことはなくなった。しかしだからといって、当然ながら世代に特有の意識や行動様式そのものまで消滅してしまったわけではなく、むしろ別の形に姿を変えながら社会のなかで作用し続けている。その一つが消費行

動である。たとえば二〇〇〇年代のドイツでは「ゴルフ世代」という語が一世を風靡したが[7]、世代論者のなかにも、この語で括られる年齢集団（一九六五―七五年生まれ）の行動様式のなかに世代に特有の傾向を認める者がいる。すなわち、六八年世代のような政治への熱狂を拒絶し、政治的なイデオロギーではなく商品の購買と消費のなかに自己実現のチャンスを見ようとする「ポスト英雄」世代の登場である。そのなかでフォルクスワーゲン社の車種ゴルフⅣ型は、先行世代が利用できた乗用車と比べ格段に「シック」で「スポーティ」な商品として、この世代のシンボルに祀り上げられることになった[8]。

③記憶と世代：いわゆる「集合的記憶」も世代の問題と深く関連するテーマになりうる。たとえば二〇〇五年五月に除幕式を迎えた「殺戮されたヨーロッパ・ユダヤ人のための記念碑」は、建設に漕ぎつけるまで一〇年以上にわたり、ナチ犯罪犠牲者の選別やその表象の手法をめぐって政界・学界・ジャーナリズム界を巻き込む激しい論争が繰り広げられたことで知られるが[9]、じつは論争当事者の大部分は一九三五―四五年の間に生まれた、いわゆる「六八年世代」に属する年齢層であった。この世代の特徴として、まず親世代のなかにナチズムに象徴される暴力性の幻想を見出し、それに反発するなかでみずからをナチ犯罪の犠牲者に同一化するという心理的作用が見られる。「警鐘碑論争」と呼ばれたこの一大論争は、じつのところこうした六八年世代に特有の――つまりは「犠牲者」の観点からの――過去の記憶の形象を、ドイツ社会全体に一般化するための合意形成プロセスにほかならないという（実際、この記念碑の形態は「ガス室の追体験」に主眼が置かれている）。これは、世代をいわゆる「想起共同体」として捉えようとする見方である[10]。

④福祉国家と世代：とりわけ二〇世紀後半の歴史は、福祉国家ないし社会国家の全盛期として描くことができるが、この福祉国家体制はまた世代を形成するための参照枠組みともなりうる。すなわち、社会学者ハインツ・ブーデによれば、第二次世界大戦以降には戦争や革命による歴史の切断ではなく、年金・教育・社会保険改革などが

世代を形づくるための断絶となる。前近代的な家族における世代間の「系譜の不安定性」は、一九世紀末における福祉国家の発見を機に除去されたかに見えた。こうした個別的な不安定性を超越した絶対的存在者として、「国家」や「民族」に高いプレゼンスが備わることになったのである。だが一九八〇年代以降、社会国家が競争国家への変容を余儀なくされるなかで、世代間の系譜の保証人であった国家の権威・国家への信頼感も徐々に失われていく。それは、社会システムの存続と安定化のために打ち出される諸改革が、長期的スパンで見れば体制存続に寄与するものであっても、短期的には「幸運な」世代と「割を食う」世代を生み出すのはどうしても避けがたいからである。いいかえれば、そこでは不可避的に「早く生まれたことの恩寵」(Gnade der frühen Geburt)という偶然性の原理が支配することになり、必然的に世代間の不公平性に対する不満が鬱積する要因となってしまう。まさにこうした長期的連帯と短期的帰結との深刻な矛盾から、二〇世紀後半にはそれ以前の戦争世代とは異なる「福祉国家世代」というタイプが誕生する。いいかえれば、世代形成の契機となる「非連続性と偶然性の源泉は、もはや戦争ではなく福祉国家だ」というわけである。(11)

このように、いまや世代という観点は歴史研究を含むドイツの学界であらゆるテーマ系に浸透しており、非常に多種多様な形で新たな視座や認識を生み出している。日本の歴史学界でもこうしたドイツの動向に触発されて、たとえば二〇〇八年の日本西洋史学会(第五八回大会)で「世代」を一つのテーマとして取り上げたシンポジウムが開催されたり、また同年六月には『歴史評論』第六九八号で「歴史のなかの世代」と題する特集が組まれたりもしているように、世代論の定着を図ろうとする動きが次第に表面化しつつある。(12)なかでも星乃治彦の近著は、まさしくこの世代論の観点を前面に押し出してヴィリー・ミュンツェンベルク(一八八九―一九四〇)の伝記を綴ったもので、日本のドイツ史研究における本格的な世代論導入の嚆矢として評価することができるだろう。(13)また、このように意図的に世代論の成果を応用したものでなくとも、先述のようにそもそもドイツの歴史自体が繰り返し大きな断絶に見舞われてきたせいか、以前から明示的にせよ暗示的にせよ、この観点が研究実践に混入される例はしばしば見られる。(14) 少なくともドイツ史研究者の間では、研究対象に否定しがたく見られる年齢集団間の差異や断絶の印象を体系的に説明する原理の必要性は、既に長い間痛感されてきたといえるのである。(15) だからこそドイツで開花した世代論は、日本の研究者にとってはまさにこうした理論的空隙を埋めるための格好の説明原理を提供してくれるものにほかならず、それだけにその成果を積極的に受容し応用しようとする試みそれ自体にも、少なからぬ学問的意義が備わっているといってよい。

■「ライフステージ」としての世代

とはいえその一方で、現在のような世代論の拡張と深化の動きには、非常に多くの概念上の混乱が含まれていることにも注意しておかねばなるまい。世代論が今後、歴史研究における一つの基礎的なアプローチ法として定着していくためには、その射程の拡張もさることながら、まずは世代論に見られるさまざまな混乱の除去にも精力を傾ける必要がある。

だがいうまでもなく、混乱を取り除くためにはまず、その混乱とは何かを具体的に明示しなければならない。混乱を混乱として認識しない限り、当然ながらその解消のための方策など見出しえないからだ。ただ、こうした「混乱の可視化」のための最良の方途としては、やはり一度世代という概念を徹底して相対化し、その有効性を根本から疑ってみるというやり方以外におそらくないと思われる。世代論が前提とするパラダイムを共有する限り、つまり所与の世代概念から出発して、そこから具体的な歴史の諸現象を演繹しようとする限り、その概念に内在する種々の矛盾や混乱はどこまでも不可視のままにとどまってしまうからである。

その反対にここではむしろ、世代概念をいったん内容のない「空虚な容器」と見なすこと、すなわち——たとえばフーコーが狂気や国家、市民社会などの「普遍概念」に対して行ったのと同じように[16]――世代として一義的に確定可能な実体や内容など存在しないという想定から出発することにしたい。その上で、さまざまな実践を介してこの容器のなかで混乱が生成していく軌跡を再現すること、いいかえれば、いかなる形象がいかなる実践を経てその容器に詰め込まれてきたか、さらには、世代という容器に納められた複数の異なる諸形象がいかに相互に衝突し合い、融合し合い、あるいはそうした接触のなかで変容を遂げてきたかを問うこと、これが本書において採用される基本的な視座となる。これは、一言でいえば「世代の系譜学[17]」とでもいうべき実験であり、こうした実験を通じて現在の世代論が陥っている混乱の具体的様相を浮き彫りにすることが目指される。

図序-1　人生の階段（上図：16世紀・下図：19世紀）

さて、ここではそのための最初の手がかりとして、一九世紀までの世代観の特徴について概観しておきたい。ヨーゼフ・エーマーによれば、ヨーロッパでは一六〇〇年ごろから一九〇〇年にいたるまで人々の世代意識（ないしライフコースのイメージ）を規定していたのは、いわゆる「人生の階段」という、中欧社会で伝統的に描かれてきた構図であった。図序―1で見られる通り、そこでは大体一〇前後の階梯に人生が区切られるというパターンが優勢で、それぞれの年齢段階には肉体的・精神的能力や社会的地位を表象するために動物のシンボルが配置されたり、身振りや衣装などによって各段階の特徴が強調されたりしていた。ここで特に注目されるのは、第一に各年齢段階が大体一〇年ごとに区切られており、いずれも大まかな年齢意識しか反映していないこと、そして第二に人生の頂点（階段の最高位）がおよそ五〇歳という中年期に設定されていることである。エーマーは、こうした構図がじつに三世紀以上にわたって繰り返し描かれ続けるという歴史上異常ともいえる成功を収めた理由を、中欧社会のいわゆる「家族的生産様式」（家族ないし世帯を生産単位とする経済形態で、家長ないし世帯主が生産手段の所有者となる。生産手段を含む財産の相続は親子間の個別交渉に拠っていた）という社会構造上の特質に求めているが、いずれにせよこの構図は、少なくとも一九世紀末にいたるまで正確な年齢意識が世代間関係やライフコースに関する意識において、何の役割も果たしていなかったことを如実に物語っているといえる（エーマーに従えば、そこではあくまで一〇進法に則った曖昧な年齢区分しか意識されていなかった）(18)。

一九世紀以前の世代とは、まさしくこのように非常に大雑把に区切られた「ライフステージ」のことにほかならなかった。特徴的なことにこうした人生の階段では、出生年に関わりなくあらゆる人間が同じ階梯を踏んでいくと想定されており、そこには生まれのタイミングなりそれに起因する差異や対立なりについての思考はまったく見られない。世代間の違いといえば、ここでは単に大まかに区分された段階《ステージ》の違いでしかない。各々のライフステージにおける年齢意識がこれほどまでに曖昧模糊としているのは、いうまでもなく工業化以前の前近代的な社会にあっては、みずからの年齢を正確に知る必要性が皆無に等しかったからである。最初の近代的な年齢意識が芽生えたのは、ようやく中欧でも工業化が進展し始めた一九世紀後半以降、すなわち初等・中等教育が中間層の間にも普及し、それに伴い「学齢」という形で年齢を細分化する制度が広く知られるようになってからのことだといわれる。つまり、人間の時間を一年ごとに区分するという発想が学校教育の普及とともに社会に拡散することによって、やがて人々に正確な年齢意識を植えつけていくことになった、というわけである[19]。

しかし、この学校制度がもたらした最も注目すべき社会上の変化としては、こうした年齢意識の芽生えよりも、むしろ人間のライフコース上に新しい段階が創り出されたという事実の方こそ重視されるべきだろう。すなわち、七〜八歳で徒弟奉公に出ていたかつての「小さな大人」たちが均一に学校教育制度に組み込まれ、父母に従属する期間を大幅に延長されることで、幼児期とも成人期とも区別される独特な人生の時間を過ごすようになったという、いわゆる「青年期の発見」である[20]。ここでこの青年期の発見（発明）が重要なのは、中等学校における就学期間、すなわち大体一四―一八歳という年齢幅が、「青年」なる存在を定義するための（もちろん多少の振幅はあるものの）一つの標準《スタンダード》として定着したばかりか、その後に世代論が発展していくなかで中核的な意義を担うようにもなっていったからである。つまり、（詳しくは第Ⅰ部で論じるが）二〇世紀の世代論とは、まさしくこの十代後半という年齢幅のなかに――「感受性の強さ」という仮定をはじめさまざまな意味づけを施しながら――世代の起源を求める、「青年中心主義」の思考法に依拠しながら発達したものにほかならないのである。その限りで青年期の発見とは、同時にまた近代的な世代論の誕生を予告する出来事でもあった。

なお、こうした青年中心主義が世代論にとって必ずしも不可欠の属性でないことは、同じ一九世紀後半における世代の思考に目を向ければ一目瞭然だろう。たとえばグスタフ・リューメリン（一八一五―一八八九）という統計学者などは、世代を数え上げる際の基準点を次のように中年期に設定している。いわく、「しかしながらどうしても確固とした〔世代測定のための〕起点を探し求めようとするならば、青年を未来の世代、老人を過ぎ去った世代と考えることで、我々は中年期にそのような起点を見出すことになるだろう[21]」と。世代の中心を中年期に置こうとするこの種の発想は、中年期を頂点とする右の「人生の階段」と大きく重なり合うものである。

だがいずれにせよ、のちの世代論では――二〇世紀初頭のいわゆる「青年神話」（青年という存在を審美化・理想化する発想）の開花に後押しされながら——世代の起源として青年期に照準を絞る青年中心主義が勝利を収めることになった。ここで強調しておきたいのは、ほかならぬこうした世代論の青年偏重傾向のなかに、学校教育制度によってもたらされた年齢意識の特質が大きく反映されているということだ。つまり学校教育で形づくられた年齢意識は、それ自体では決して生涯全体に及ぶ射程を持ちうるものにはなりえず、せいぜいのところ青年期という新しく登場したライフステージの境界（一四—一八歳）を設定することに、その機能が限定されていたということである（実際、少なくとも一九世紀から二〇世紀半ばにかけての就学期間は、あくまで人生の一局面に限られたエピソードにすぎず、それが学童・生徒たちをして、その後の全生涯にわたって正確な年齢意識を維持させることができたとは考えにくい）。世代論の青年中心主義とは、それがもっぱらライフステージとしての青年（期）に視線を集中させる限りで、まさにこの一九世紀の教育制度で人為的に枠づけされた限定的な年齢意識——青年期の正確な輪郭としての年齢——を前提としたもの、あるいはその延長線上に位置するものにほかならない。先に、学校教育の普及にあっては年齢意識の芽生えより青年期の発見の方を重視すべきだ、と述べたゆえんである。

■「コーホート」としての世代と統計的まなざし

だがそれは逆にいえば、今日的な意味での年齢意識、すなわち生涯にわたってみずからの正確な年齢や出生年を意識し続けるという習慣が決して学校教育に由来するわけではない、ということでもある。繰り返せば学校教育がもたらした年齢意識とは、出生年——あるいは出生年ごとの差異——の意識というより、どこまでも青年期という一ライフステージの輪郭でしかなく、その限りで就学習慣の普及を通じた青年期の発見も、あくまで「人生の階段」という構図の内部に包摂されるべき出来事である。要は、出生年に関わりなくあらゆる人間が一四—一八歳の青年期を迎えること、これが教育制度によって作られた年齢意識の内容であった。

しかし翻って二〇世紀の年齢意識、あるいは世代についての思考習慣に目を向けてみると、こうしたライフステージとは根本的に異なる別の様態が明白に見て取れる。その事例としては何でも構わないが、ここでは後述の議論との兼ね合い上、一九三〇年代のドイツで定型化され、今日まで基本的に踏襲されている「前線世代」・「戦時青少年世代」・「戦後世代」という三類型の語りについて見てみよう。これらの類型はそれぞれ、第一次世界大戦に若くして従軍した世代、戦時中に銃後で幼少期を過ごした世代、また大戦の前後に出生し、それゆえ戦争の記憶をほとんど持たない世代を指している。

この場合、第一次世界大戦に関連して基本的に三つの集団が区別されていた。すなわち、〈若い前線世代〉〈戦時青少年世代〉〈戦後世代〉である。これは、一九三〇年代の政治世代論に特に影響力を持ったギュンター・グリュンデルの世代区別概念であった。〔……〕そこでは、〈若い前線世代〉は、一八九〇―一九〇〇年生まれと規定され〔ていた〕〔……〕／これに対し、一九一〇年より後に生まれた〈戦後世代〉は、「戦争そのものからはもはや深刻な印象は受けなかった」ことで特徴づけられる。〔……〕しかし、グリュンデルが、出生数からいっても最大で、最も重要な集団として強調したのは、両世代の中間に位置する、一九〇〇―一九一〇年生まれの〈戦時青少年世代〉であった。〔……〕彼らにとって戦争は「まさに並はずれて強力で比類を絶する青少年時代の体験」になった。何の不安もなく楽しめるどころか、彼らの子ども時代はまるごと戦争の影響に刻印されていた。[22]

見られる通り、ここでいわれる世代とは一義的に出生年によって枠づけされた集合体である。つまり、人生の階段におけるそれぞれの階梯を貫く、あるいはそのようなライフステージを越えた次元に位置する、コーホートないし同時出生集団としての世代である。これこそ一九世紀以前の世代とは明瞭に異なる、二〇世紀型世代形象の最たる特徴である。すなわち、そこではすべての人間に共通するライフステージ上の階梯ではなく、むしろ出生年別に区分された限定的な人間の集合がその中心に位置することになる。いいかえれば、二〇世紀型の世代とは、もはやその範囲が各々のステージに限定される一方であらゆる人間がそれらのステージを通過するというものではなく、反対にその射程が――すべてのステージをまたぎ越して――生涯全体を覆い尽くす代わりに、出生年で区切られたごく一部の人間のみを包摂するものになっている。二〇世紀には、このように「生まれのタイミング」によって人間の全生涯を枠づけるコーホートの形象が世代意識のなかで優位を占めるに従い、三〇〇年にわたって描かれてきたあの「人生の階段」は、忽然とその姿を消してしまうことになる。

先にも触れたように、本書の課題はまさにこうしたライフステージからコーホートへという、世代形象の一大転換をもたらした歴史的背景を解明することにある。現在の世代論が陥っている混乱は、一つにはまさしくこの二つのまったく異なる世代形象の混同に由来していると思われる（この点については第二章で立ち入って論じる）。なお、このような転換を追跡する際、ここではもっぱら二〇世紀のドイツがその舞台として設定されることになるが、それはいうまでもなく――たとえば二〇世紀初頭における青年運動の台頭を皮切りに――ほかならぬこのドイツほど、「世代」ないし「世代間抗争」という主題が公共の領域で繰り返し問題化し、広範囲にわたって人口に膾炙してきた国はほとんど見られないからである。既に指摘したように、一九世紀後半以降のドイツの歴史は世界史的な断絶を何度も経ているせいか、この国には伝統的に身体感覚としての世代意識を育みやすい土壌がある。今日見られる世代論の流行も、まさにこうした歴史的土壌のなかから生まれ出てきたものであろう。それだけに右のような世代形象の転換も、二〇世紀のドイツという歴史的文脈のなかで最も鮮やかにその軌跡を残しているのであり、したがってこの舞台は、そうした転換のプロセスを再構成するための最適な環境を提供してくれるのである。

さて、ここではまず本書全体の結論を先取りして述べておこう。すなわち、こうした世代形象における歴史的な転換をもたらしたのは、二〇世紀になって統計技術にもとづいた社会認識の形態、つまり社会の現実を読み解く際にもっぱら統計的に思考するという認識の枠組み――ここではこの認識枠組みを「統計的まなざし」と呼んでおく――が、一部の学者サークルを越えて広く一般市民の間に普及したという事情である。いうまでもなくコーホートとは元来、人口を出生年に沿って人為的に区切る統計上の単位のことである。それだけに、このコーホートとしての自己意識が一般市民の間で定着していくためには、ほかならぬ統計的まなざしという思考の格子が、あらかじめ社会一般に根を下ろしていなければならなかったと考えられる。だが問題は、このまなざしがいつ・いかなる経緯を経て社会のなかで定着したのかという点にある。

たしかに統計技術そのものは近代国民国家の歴史とともに古いが、行政技術が一般国民の社会認識のあり方を反映しているわけでないことはいうまでもないだろう。一方で科学哲学の見地に立てば、統計という確率論的思考が旧来の決定論的思考に対して勝利したのは遅くとも一九世紀のこととされている。すなわち、一九世紀以前には、世界に生起する現象はすべて原因と結果の固い連鎖で結ばれており、それゆえこの世界のありとあらゆる事象を認識できる超越的存在者（ラプラスの魔《デーモン》）は、未来に生起する現象さえ正確に予測できるはずだという、いわゆる決定論の考え方が科学の前提となっていた。しかし、こうした無数の因果の鎖で緊縛された決定論の宇宙は一九世紀を通じて浸食されていき、やがて世界のあらゆる現象・あらゆる空間が〈偶然〉に向かって開かれたことで、厳密な法則性ではなく緩やかで不確定な規則性を捉えようとする思考、つまり因果性より相関性を求める確率論的思考が科学の営為を支配することになった。大まかにいえばこれが、科学哲学者の目に映る統計的思考法の意義である。(23)

だがいうまでもなくこうした決定論から確率論への認識形態の変容という事態は、たとえそれが専門家集団の枠を越えた「印刷された数字の洪水」(24)で惹き起こされたものであっても、あくまで社会全体に比してごく一部の知的階層、つまり数字の長大な羅列を読解できる能力を備えた人間集団に限定されたプロセスでしかない。第四章でも詳述するように、二〇世紀初頭の社会衛生学者たちは、まさしくこの数字の羅列が持つ煩雑さの印象によって、統計調査の意義に対する一般市民の理解が著しく損なわれており、それがひいては有効な調査の実施を妨げていると焦燥感を募らせていた。それゆえ統計的まなざしが知的階層をはるかに越えて社会全体に浸透し、もって社会レベルで認識の地殻変動――ここではコーホート意識の芽生え――をもたらすには、科学哲学が認めるものとはまったく別の歴史的動因を待たなければならなかった。本書で探究されるのは、まさにこのような社会全般に及ぶ変動を惹き起こした動因と、世代形象に対するその作用にほかならない。

■本書の概要

なお、本書の第Ⅰ部では右の探究に先立ち、現代のドイツ世代論が陥っている「混乱」を具体的に可視化するために、理論レベルに焦点を合わせてその現状を考察することになる。第一章では、一九世紀に世代論が学術的な体裁を整えて以降、今日にいたるまでさまざまな領域で発展してきた軌跡を追い、それが伝統的に依拠してきたパラダイムの様相を浮き彫りにする。こうした領域横断的なサーヴェイを通じて、ドイツの世代論がその誕生以来、二〇世紀全般にわたっていわゆる青年神話の発想に深く囚われていたことが明らかにされる。この青年中心主義の思考は、世代概念が一九八〇年代に社会学から歴史学に輸入された際にもほぼ無傷のまま維持され、世代の歴史研究を非常に長い間制約してきたものであった。

たしかにこの青年神話の伝統は、一面では二〇世紀末の精神分析に端を発するいわゆる「世代貫通性」の考え方、つまり世代間の心理的連続性に着目するという新たな動向によって、次第にその力を弱めつつある。だがそれでもこの神話に起因する思考の枠組みは、現在の世代論でも一つのパラダイムとして圧倒的な力を持ち続けており、その理論的基礎づけの試みを幾度となく袋小路に追いやっている。第二章では、現代の世代論が基本的にこの青年神話に基盤を置くパラダイム――カール・マンハイム（一八九三―一九四七）の古典的な世代定義を踏襲することから、本書では「マンハイム・パラダイム」と呼んでいる――と、一九六〇年代後半以降に台頭してきた「コーホート・パラダイム」との並立で成り立っているという認識から、この並立状況が理論的次元で成立するまでのプロセスを追跡する。現代の世代論は、本来相容れないこの二つのパラダイムが世代という容器のなかに同居していることで、世代をコーホートとして思考しながらも、コーホートとは異なる何ものかとして定式化しなければならないという二律背反に陥っているといえる。だがその反面、ほかならぬこうした相矛盾するパラダイムの並立状況のなかでこそ、伝記研究をはじめとする新たな世代研究の地平が開拓されたということも否定できない。

次いで第Ⅱ部では、右に触れた統計的まなざしの展開過程を追跡することが中心的な課題となる。いうまでもなく統計とは古くから行政に知られた統治手段であり、それだけに統計に関する知の形態は伝統的にすぐれて実践志向（統治志向）の性格を帯びたものであった。だがその一方でドイツの知的世界には一九世紀以来、非実践的・非政治的な知のあり方を理想とする「教養」の理念が根強く存在しており、この理念のためにドイツの教養人たちは、みずからの知的営為を統治実践から切り離すことに腐心せざるをえなかった。第三章ではまずこのドイツ教養理念の根強い作用力を確認するため、第一次世界大戦が勃発した際の教養人たちの行動を考察する。大戦勃発に直面してドイツの教養人たちは、突如として戦争賛美の言説を精力的に繰り出すことになるが、一見非政治性という伝統的な理想に反するこうした行動も、じつのところその教養理念の伝統に裏打ちされたものにほかならなかったのである。

このように二〇世紀初頭のドイツではなお教養の伝統がはっきりと息づいていたために、統計に関する知も、教養理念に沿って実践から乖離しようとする傾向と、なお実践に志向する傾向とに二分されることになる。前者は統計学の専門家に代表される陣営で、統計学を一つの「独立した科学」として脱皮させようとしたのに対して、社会衛生学者に代表される後者の陣営は、統計に対する理解を広めるべく博覧会活動をはじめとした啓蒙運動へと赴くことになる。第四章では、統計をめぐるこの二つの傾向が総合するにいたるまでのプロセスを追跡していくことになるが、その際「統計グラフ」という技法の位置づけにおもな照準を合わせることになる。元来大衆啓蒙の手段でしかなかったこのグラフ技法が、大戦を経て次第に科学的な手法として認知されていく過程に、統計に関する知の変容——すなわち実践的かつ科学的というヤヌスの相貌を持つ知への変容——が明瞭に見て取れるのである。

こうした統計の知の変容には、教養の非政治性・非実践性という理想が浸食されていく過程も伴っていたが、この理想を別の方面から突き崩すのに寄与したものとして、二〇世紀初頭以降に顕在化したいわゆる「人口転換」(多産多死から少産少死へという人口の再生産パターンの転換)と、それに起因する人口問題の登場があった。というのは、この人口をめぐる問題は人口科学という新たな知の形態を生み出す一方で、国家行政による人口政策をも喚起したように、いわば統治と知が折り重なる中間領域で構成されたものにほかならず、それだけにこの問題は統治と知を分断する隔壁を——教養の理想に反して——溶解させるという作用を伴っていたからである。第五章ではおもに、この人口問題の内部でいわゆる「民族老化」(人口高齢化)への危機意識が生成していく軌跡をたどることになるが、このように人口問題が民族存亡の危機感を煽り立てるなかで、いまや実践的要請と知的権威とを同時に併せ持った統計的まなざしは、社会の認識形態を次第に変革していくことになる。

以上のような統計的まなざしの展開を踏まえた上で、第Ⅲ部ではそのまなざしが実際に世代意識へと混入していくプロセスを追跡する。第六章ではいわゆる青年神話の急進化、すなわちヴァイマル期における年齢集団間の対立の先鋭化という問題に焦点を合わせて、そこで青年ならざる存在（＝青年の敵）の形象が急進化のなかでこうむった変化を考察していく。その際に特徴的なのは、この急進化のなかで、統計グラフを駆使して「青年」と「老人」の不均衡ないし対立状況を可視化するというパターンが、一九三〇年前後を境に現れるようになったことである。この青年神話の問題においては、もっぱらライフステージ間の対立（青年と抑圧者たる父・青年と硬直した老人）が基調となっていたにも関わらず、統計グラフの使用という新たな行動様式のなかには、コーホートとしてのおのれの集団を規定しようとする意識が芽生えつつあったことを示唆している。

最後の第七章では、第一次世界大戦に若くして参加した元青年兵士による前線体験の語りの変遷について分析することになる。このいわゆる「前線世代」による戦争の語りは、ヴァイマル後期に「戦時青少年世代」として台頭してきた年少の集団が年長者に対する反抗の言説を紡ぎ出すという状況に直面して、大きな変容を余儀なくされることになった。その際注目されるのは、後者の戦時青少年世代が――「一九〇二年生まれ」という自称に見られたように――生まれのタイミングで「前線体験」から排除された年齢集団として自己を規定していたことであり、彼らはまさにこうした規定を通じて、世代を出生年で区別するという思考様式を編み出していったのである。このように、世代形象のなかでコーホートとしての意識がライフステージに取って代わるには、右の人口問題と併せて総力戦の経験、つまり前線体験の有無が男性人口全体を二分するという時代状況を待たなければならなかった。

*

ところで、右の概観でも見られるように、本書では世代の理論的問題に関して二章分もの紙幅を費やしているが、これにはそれなりの理由がある。すなわち、特に日本の歴史研究の場合、世代という観点を推奨するにせよ、あるいはその観点に対して批判的ないし懐疑的なスタンスをとる（極端な場合は世代論そのものをあたまから無効と決めつける）にせよ、その議論にはしばしば、本来相互に区別されてしかるべき多種多様な世代の観念が、これまたさまざまな形で混同して用いられており、その結果として両者の間で生産的な対話が成り立たないという状況が久しく続いているからである。むろん、理論上の分類体系や定式などは歴史研究にとってあくまで便宜上のものにすぎず、常に修正の可能性に開かれていなければならない。その限りでどれほど精巧に組み立てられた理論的定義であろうと、結局のところ一時的・暫定的な性格を免れることはない、ということは否定されるべきではない。しかしそれにしても、多かれ少なかれ生産的なコミュニケーションを成立させようとすれば、やはりどうしてもそれなりの共通認識が必要となるはずだが、今日の日本における世代をめぐる議論にはまさしくこの共通の土台が欠落しているのである。それゆえその議論に一定の筋道を立てるためにも、本書では理論上の問題にそれなりの紙幅を割く必要があった。とはいえ当然ながら、本書の記述も世代論のすべての問題を網羅しているわけではなく、むしろそのなかのごく一部のみをカバーできているにすぎない。残りの部分については今後の研究の進展を待つほかはない。

最後に、既にお気づきの読者もおられるだろうが、本書のスタンスは基本的にフーコーの生権力論の考え方に依拠している。すなわち、ミクロの次元に隈なく作用する規律権力と併せて、住民・人口という人間の集合を作動単位としながら、全体的な「正常化」を図るマクロレベルの調整権力を兼ね備えるという、あの周知の権力論である。いうまでもなく本書では後者の調整権力の側面にもっぱら重心が置かれているが、ここでこうした視座を採るのはやはり、世代と呼ばれる形象を解体するという目的から、世代なるものに常に付きまとうあの特有の「いかがわしさ」にこだわってみる必要があったからだ。生権力論、特にそのうち調整権力の側貌に照準を合わせるフーコーのまなざしは、まさにそうしたいかがわしさを説明するための格好の視点を提供してくれるように思われる。冒頭で述べた「時のふるさと」の感傷は、たしかに誰しも多かれ少なかれ共通して持ちうる感覚だが、そうした個人的な感覚と集合的な世代意識との間には――個人と人口の関係とまったく同じように――ある種の飛躍を必要とする深淵が横たわっている。今日私たちが思い浮かべる世代とは、このように個人の出来事をまったく別次元に位置する集合体の出来事として変換するという、すぐれて生権力的なテクノロジーの発現形態にほかならないのであり、本書はいわば、世代形象として顕現するそうした権力の相貌が、歴史を通じて生成していく軌跡を再構成しようとするのである。

◆注

（1）マルティン・ハイデガー（細谷貞雄訳）『存在と時間』（上）ちくま学芸文庫、一九九四年、四三頁。強調原文。

（2）ゼーバルトの作品の特徴については、鈴木賢子「W・G・ゼーバルトの記憶の技法」『ドイツ研究』第四四号、二〇一〇年、七七―八七頁。

（3）Volker Hage, im Gespräch mit W. G. Sebald, in: *Akzente*, 50. Jg. Heft 1, 2003, S. 35f.

（4）この議論はデュルケームの周知のテーゼに依拠している。デュルケームによれば、集合意識とは単なる個人意識の総和ではなく、個人意識とはまったく別種の存在様式と見なさなければならない。「その意味で、この独特の事実〔社会的事実〕は、あたかも生命の独特の性質が生物を構成している無機的物質に対して外在的であるように、個々人の意識そのものに対しては外在的である。それゆえ、これを諸要素のうちに解消しようとすれば、自家撞着に陥らざるをえない。というのも、こうした事実は、そもそもからしてそれらの要素に含まれているものとは別のものを前提としているからである。〔……〕社会的事実は、単にその質のみにおいて〔個人の〕心理的事実と異なっているのではない。両者は、それぞれ異なった基体を持っているのであり、同じ環境のなかで展開されるのでもなければ、同じ諸条件によって規定されるわけでもない。〔……〕集合意識（conscience collective）の諸状態は、個人意識の諸状態とは性質を異にしており、別種の表象をなしている。集団の心性は、個々人の心性とは異なったものであり、それ固有の諸法則を持っている」（デュルケム（宮島喬訳）『社会学的方法の規準』岩波文庫、一九七八年、三二頁、強調原文）。

（5）マルク・ブロック（松村剛訳）『歴史のための弁明――歴史家の仕事』岩波書店、二〇〇四年、一六三―一六五頁。

（6）Habbo Knoch, Gefühlte Gemeinschaften. Bild und Generation in der Moderne, in: Ulrike Jureit, Michael Wildt (Hg.), *Generationen. Zur Relevanz eines wissenschaftlichen Grundbegriffs*, Hamburg, 2005, S. 295-319.

（7）Florian Illies, *Generation Golf. Eine Inspektion*, Frankfurt a. M. 2000.

（8）Kaspar Maase, Farbige Bescheidenheit. Anmerkungen zum postheroischen Generationsverständnis, in: Jureit, Wildt (Hg.), 2005, S. 220-242.

（9）このいわゆる「警鐘碑論争」については、石田勇治『過去の克服　ヒトラー後のドイツ』白水社、二〇〇二年、二九六―三〇三頁。

（10）Ulrike Jureit, Generationen als Erinnerungsgemeinschaft. Das »Denkmal für die ermordeten Jugen Europas« als Generationsobjekt, in: Jureit, Wildt (Hg.), 2005, S. 244-265.

（11）Heinz Bude, »Generation« im Kontext. Von den Kriegs- zu den Wohlfahrtsstaatsgenerationen, in: Jureit, Wildt (Hg.), 2005, S. 28-44, hier zit.n. 43f.

（12）「特集　歴史の中の世代」『歴史評論』第六九八号、二〇〇八年、二―七二頁。

（13）星乃治彦『赤いゲッベルス――ミュンツェンベルクとその時代』岩波書店、二〇〇九年。

（14）たとえば高橋秀寿『再帰化する近代――ドイツ現代史試論　市民社会・家族・階級・ネイション』（国際書院、一九九七年）では、第二次世界大戦後における家族形態の変容・青年期の解体・世代交代による「ドイツ」観の変化など、世代論と密接に関連する主題も扱われている。また、川越修『社会国家の生成――二〇世紀社会とナチズム』（岩波書店、二〇〇四年）でも、グロートヤーン（一八六九年生まれ）とブルクデルファー（一八九〇年生まれ）という二つの世代が比較検討されながら、社会国家の生成局面における社会衛生学から人種衛生学へのパラダイム転換が論じられている。

（15）ウルリヒ・ヘルベルト（芝健介訳）「即物主義の世代――ドイツ一九二〇年代初期の民族至上主義学生運動（上）」『みすず』第四九三号、二〇〇二年の訳者による解題（四一―四四頁）を参照。

(16) フーコーは、所与の概念を無批判に用いて諸々の現象を演繹したり、逆にその所与の概念を具体的な現象によって検証しようとするやり方を「歴史主義的還元」と呼んで拒否している。フーコーが採用するのは、これとは反対に「普遍概念など存在しない」という想定から出発する方法、すなわち「いくつかの具体的実践の理解のために必要な格子と見なされた普遍概念から出発する代わりに、そうした具体的な実践から出発し、普遍概念をいわばそうした実践の格子に通して考える」というやり方である。具体的にはこの方法は、たとえば次のような問いかけから出発する。「狂気が存在しないと想定してみよう。そうすると、狂気として想定された何かにもとづいて秩序づけられているように見えるさまざまな出来事、さまざまな実践について、どのような歴史を語ることができるだろうか」(ミシェル・フーコー(慎改康之訳)『生政治の誕生』筑摩書房、二〇〇八年、五―六頁)。本書の議論もこうしたフーコーの方法的視座に準拠している。

(17) 系譜学とは一言でいえば起源と目的(効用)を区別する、あるいは両者の関係を逆転させるという発想である。たとえば刑罰の目的には、犯罪者の更生(人格矯正)、社会の防衛(治安維持)、将来の犯罪の予防(威嚇)、被害者に代わっての――ないし社会の威信が傷つけられたことに対しての――復讐(見せしめ)等々、非常に種々雑多で相互に一致しない諸内容が含まれる。だがじつのところ、刑罰という制度そのものはその起源から確たる目的を持つのではなく、これらの雑多な諸目的は歴史のなかで事後的に与えられてきたものである。系譜学の発想からいえば、そのうちいずれかの目的が「本来的な」ものとして刑罰制度の起源にあるのではなく、逆に刑罰制度が存在して初めてそこにこれら諸々の目的・効用が与えられることになる。だからこそ、制度に付与されたある目的が別の目的によって圧倒されたり支配されたりするのであり、その際いずれの目的が勝利するかは偶然的な歴史的状況に拠らざるをえない。系譜学とは、いわばそうした事後的に与えられる目的(意味・効用)相互の闘争のプロセスをたどろうとする視点であり、それはまた逆にいえば、事物(制度・概念・儀礼・身体器官等々)の「起源」の探究、つまりあらゆる事後的・偶発的なものを取り除いた後に残される「本質」なるものの探究を拒否する視点である。本書で「世代の系譜学」と呼ばれる実験も、同じように世代の本来の形象を解明しようとするのではなく、いわば具体的な歴史的過程のなかで世代という言葉に充填されてきた複数の形象相互の闘争に光を当てるものである。この系譜学を飛躍的に発展させたのがフーコーであるのはいうまでもないが、その源泉はニーチェの思想にある。このニーチェの『道徳の系譜』第二論文に簡潔にまとめられた系譜学の命題があるので、ここではそれを引用しておこう。「すなわちそれは、ある事物の発生の原因と、その事物の究極の効用・その実用・その目的体系への編入とは、天地の隔たりほどもかけ離れている、という命題である。これを別言すれば、現存する事物、ともかくも成立するにいたった物事は、それよりも優勢な力によって繰り返し新しい目標へと差し向けられ、新しい用途に振り向けられ、新しい効用へと作り変えられ向け変えられる、ということである。また、有機界における一切の生起は一つの制圧、一つの支配であり、さらに一切の制圧と支配は一つの新しい解釈、一つの調整であって、これによって従来の〈意味〉や〈目的〉が必然的に不明となるか、あるいはまったく抹消されざるをえない、ということである。たとえ、ある生理的器官（あるいはまたある法律制度、ある社会的習俗、ある政治的慣行、ある芸術もしくは宗教祭儀の形式）の効用をどんなによく理解したにしても、それだけではまだ何らその発生の点を理解したことにはならない」（ニーチェ（信太正三訳）『ニーチェ全集一一　善悪の彼岸・道徳の系譜』ちくま学芸文庫、一九九三年、四五二頁、強調原文）。なお、フーコーによる系譜学のマニフェストについては、ミシェル・フーコー（伊藤晃訳）「ニーチェ、系譜学、歴史」ミシェル・フーコー（石田英敬編）『ミシェル・フーコー思考集成Ⅳ　規範／社会』筑摩書房、一九九九年、一一―三八頁。

(18)　この「人生の階段」については、Josef Ehmer, "The 'Life stairs': Aging, generational relations, and small commodity production in Central Europe", Tamara K. Hareven (ed.), *Aging and Generational Relations over the Life Course: A historical and cross-cultural perspective*, Berlin/New York, 1996, pp. 53-74.

(19)　J・R・ギリス（北本正章訳）『〈若者〉の社会史――ヨーロッパにおける家族と年齢集団の変貌』新曜社、一九八五年。なお、ハワード・P・チュダコフ（工藤政司・藤田英祐訳）『年齢意識の社会学』（法政大学出版局、一九九四年）は、「年齢階級」の起源として学校教育の普及と併せて医学の領域における小児科学の成立も挙げている（三九―六六頁）。

(20)　ギリス、一九八五年、一四九―二〇九頁。

(21)　Gustav Rümelin, Ueber den Begriff und die Dauer einer Generation, in: ders., *Reden und Aufsätze*, Tübingen, 1875, S. 303.

(22)　ヘルベルト、二〇〇二年、二六―二七頁。

(23)　この見解は次の文献に拠っている。イアン・ハッキング（石原英雄・重田園江訳）『偶然を飼いならす――統計学と第二次科学革命』木鐸社、一九九九年。

(24)　ハッキング、一九九九年、四八頁。

第Ⅰ部

理論的省察

第一章　ドイツ世代論概観

■「世代史」の拡張のために

序章でも述べたように、近年のドイツの学界では「世代」をめぐる問題系が強く意識され始めており、その理論的・実証的研究が個別の専門分野の枠組みを越えて急速に進展しつつある。こうした世代研究におけるアプローチの多様さと対象の広がりから、またそれを支える社会的雰囲気からしても、ドイツでは世代というテーマが既に一種の流行現象のような観を呈しているといってよい。今日におけるこのような世代論の爆発的な開花を通じて、今では歴史研究の領域でも階級（ミリュー）やネイションなど、相対的に特定の時間帯から自律したカテゴリーでは捉えきれない、各年齢層の間に生じる微妙な行動様式のずれ、つまり時間軸に沿って区別されうる多様な社会化のあり方と、そこから生まれる行為形態の差異に対して、以前に比べより一層意識的に注意が向けられるようになった(1)。

ただしその一方で、この世代概念は現在なお、歴史学の分析装置としての操作に耐えうるほど精密化の作業が進捗していないというのも実状であろう(2)。その根本的な理由は第二章において詳述することになるが、何よりそもそも現代の世代論が次のような基本的な問いにさえ説得力ある回答を提出できていないという状況も、大きく与っていると思われる。すなわち、「共通の社会化経験」なるものを基盤に一つの世代として一括された年齢集団内部でも、その経験を共有しない成員が多数存在しうることをいかに考えるべきか、また世代間の境界線をどこに、どのようにして設定しうるか、さらに、世代という一種の文化的共同体が形成される際に、年齢という要件はいかなる役割を果たしているのか、つまり「コーホート」との関係をいかに考えるか等々、分析装置として成熟するには目下のところ解決すべき課題があまりにも多いのである。

加えて、「世代」という語が領域横断的な性格を持つだけに不可避的に生じる問題だが、この語が示すきわめて多彩な用法も、おそらく概念の精緻化を妨げる別の要因となっている。たとえばある論者の整理によれば、この世代という語には「社会統計的」、「人類学的」、「系譜的」、「家族史的」、「家族社会学的」、「歴史哲学的」、「歴史的」という、じつに七通りに及ぶ使用パターンが混在しており、それぞれ相互に有機的な関連づけを欠いたまま今日まで使用されてきた(3)。世代が歴史の基本概念として成熟するためには、当然ながらまずはこのような分裂状態が克服されなければならない。

それゆえ、今日の発展傾向に見られるように学際的に開かれた形を維持しながら、いわば「世代史」(Generationengeschichte)とでもいうべき新たなジャンルを確固としたものにしていくためには、特定の時代やテーマに視野を限定して概念構築を試みるだけではもちろん足りない。むしろそのための予備的作業として、これまで展開されてきた多種多様な世代論の諸動向を、複数の専門分野に跨って回顧・整理することがどうしても必要になってくる。というのは、ほかならぬこうした作業を通じてこそ、どの専門領域にも共通するような世代論の問題系が改めて浮き彫りになるとともに、そこから初めて歴史研究においてもより具体的で、かつ他分野との接点も保持しうるような世代の諸々の主題が演繹されてくると思われるからである。そもそもなぜ現在これほどまでに世代概念が混乱をきたしているのか、その由来を突き止めるには領域横断的なサーヴェイはやはり避けて通ることができないし、この概念上の混乱を解きほぐさない限り、今後も生産的な世代史研究など期待することはできないだろう。

本章ではおもにこうした問題意識にもとづきつつ、これまで世代の問題をめぐって提出されてきた種々雑多な議論を概観・整理していくことになる。具体的にはまず、一九世紀から二〇世紀前半にかけての世代論の歩みを再構成することで、現在なお世代概念の古典的定義として知られるカール・マンハイムの世代論の意義を確認することから着手する。次いで、特に戦後西ドイツを中心に展開された世代論の諸相を、いわゆる「青年神話」の伝統に照準を絞って追跡し、最後に現代(ドイツ)世代論の現状を、ジェンダー論や精神分析などの動向にも注意を払いながら見ていくことにする。これらの作業を通じて、世代論が学問的体裁を整えて以来、現在にいたるまで依拠してきたパラダイムの様相を明らかにし、翻ってそこから、現代世代論が陥っている混乱の一側面を可視化してみたい。

一　現代世代論の起点

「世代」(Generation)という語は元来、ギリシア語の genesis や genos、ラテン語の generatio に由来するもので、ドイツ語に移植される際は「血統・一族」(Geschlecht)ないし「生殖」(Zeugung)などの意味を帯びていた。ヨーロッパ言語のなかでも、この語はおもに伝承や遺産、家系など通時的な「系譜」のモデルとして用いられてきたが、一九世紀に博物学(histoire naturelle)に代わり生物学が登場してくると、個体間の多様な生理学的属性を通時的につなぎ合わせる「遺伝」モデルの説明原理として脚光を浴びることになる。こうした生物学的世代(遺伝)モデルは、すぐにコントやミルをはじめとする一九世紀の社会学・社会思想にも理論的基盤を提供し、自然科学と社会（文化）科学とを交差させる媒介概念として機能するようになった。[4]

このように「世代」という語は当初から「系譜」という、通時的連続性の理念と緊密に絡み合っており、この絡み合いは――すぐ後で詳述するように――世代研究が進展するなかで幾度となく解かれようとしたにも関わらず、今日まで完全に分離するにはいたっていない。しかも二〇世紀には、こうした世代概念の通時的な側面はいわば「民族の身体」（Volkskörper）を画定しようとする「生物学的な歴史研究」への欲求すら呼び起こし、それはやがて「優生学」あるいは「人種衛生学」へと結実することで、学問の次元をはるかに越えた大きな（生-）政治的意義をも獲得していくのである。[5]

とはいえ一方で、古代以来世代概念には「共時性」のコノテーションも併せて刻印づけられており、[6]一九世紀にはこの共時性が世代論のなかで表面化することで、系譜の相貌とは一線を画すもう一つの世代モデルが形成されることになる。その萌芽としては、たとえばゲーテの自伝『詩と真実』（一八一一―三三年）の言葉を挙げることができるだろうが、[7]他方では既に、ゲーテの同時代人フリードリヒ・シュライアーマッハー（一七六八―一八三四）の『教育学講義』（一八二六年）のなかで、この共時性モデルが明確に輪郭を整えていた。

シュライアーマッハーの講義の出発点には、「同じ時に一つの周期（Zyklus）に属するすべての人は、いつでも古い世代と若い世代とに分けることができ」るという認識がある。つまり各世代の共通性は、ここではライフサイクルにおける段階の同一性にもとづくといえる。ただし、ここで注意すべきは、シュライアーマッハーにとって、新旧世代が交代する際は「古い世代の若い世代への働きかけが重要な意義を持っている」のであり、その逆ではないということである。というのは、シュライアーマッハーにいわせれば、「精神的なものが既に古い世代において実現されている」ために、「古い世代の若い世代に対する働きかけがなければ、すべての後に続く世代は先の世代のはるか背後にとり残されるだけでなく、各世代はすべてを始めからやり直さなければならない」からだ。[8]

したがって、シュライアーマッハーにおける教育学の基本問題は、「古い世代の若い世代への作用がどのような性質のものであるべきか」という問いと不可分に結びつく。[9] つまり、「古い世代」の側における規範や行為のあり方こそが、ここでは文化（精神）を発展させる牽引力として一義的な役割を担っており、それゆえこの共時性モデルでも旧来の系譜の側面は、「古い世代の活動の大部分は若い世代の上に広がっていく」[10]という形ではっきりと保持されている。世代交代の際に「古い世代」がこうしてイニシアチブを持つのは、シュライアーマッハーのいう世代なるものがライフサイクルと同義であったからにほかならない。だがまもなく、序章でも述べたように一九世紀後半にヨーロッパ社会で新しく「青年期」という人生段階が発明され、それとともにライフサイクルとは区別されるもう一つの世代観念が出現することで、新旧世代間の関係も完全に逆転することになる。

その一つの嚆矢は、おそらくヴィルヘルム・ディルタイ（一八三三―一九一一）の世代論（一八七五年）にまで遡ることができるだろう。ディルタイにとって世代とは、約三〇年間という期間の表示であると同時に、「諸個人が同時代的な関係にあることを示す指標」でもある。この後者の意味で「同世代」といわれるとき、それは「共通の幼年期、共通の青年期をもち、人としての力を発揮した期間が部分的に重なる諸個人」を指す。だがこの共時性は、シュライアーマッハーのように、人がその人生において通過すべき「周期」（Zyklus）にもとづくものではもはやない。ディルタイの共時的世代論では、「多感な年頃に同一の感化を受けた人々」、すなわち「多感な時期に起こった同一の大きな事実や変化」に刻印づけられた集団こそが、世代としてのまとまりを形づくるのである。[11]

ここには二つの作業仮説間で転換が生じているのが見て取れる。すなわち、一定の間隔を置いて周期的かつ律動的に現れ続ける準 - 自然現象としての世代という、いわゆる「鼓動仮説（Pulsschlag-Hypothese）」（シュライアー

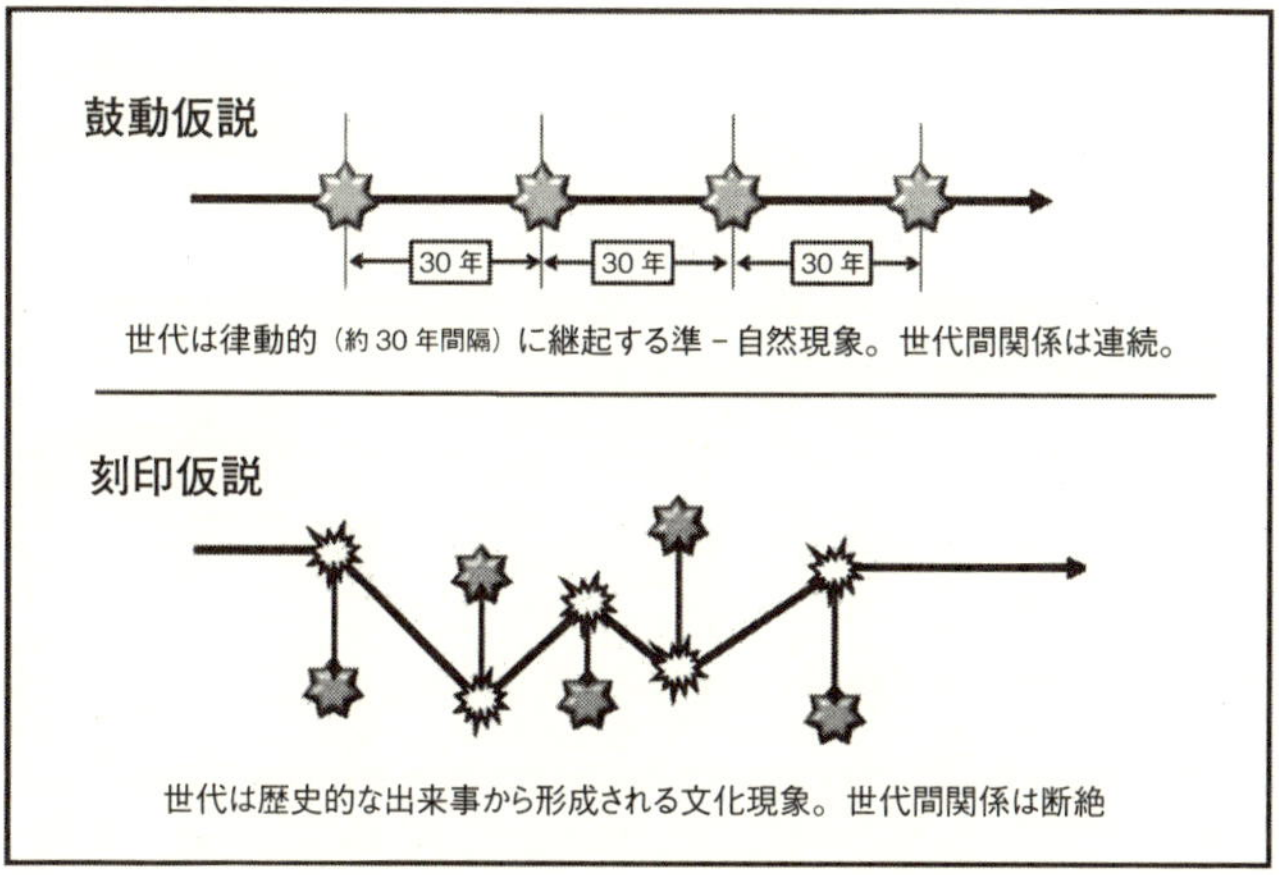
鼓動仮説
30年
30年
30年
世代は律動的（約30年間隔）に継起する準－自然現象。世代間関係は連続。
刻印仮説
世代は歴史的な出来事から形成される文化現象。世代間関係は断絶

図1-1　世代における二つの作業仮説

マッハー）から、周囲の環境や時代に応じて形成される文化現象としての世代という、「刻印仮説（Prägungs-Hypothese）」（ディルタイ）への転換である[12]（図1―1）。いいかえれば、ディルタイにあって世代とは、もはや自然なリズムとして連続的に継起するものではなく、そのつど異なる歴史的コンステレーションのなかで断続的に構築されるものとなっている。その結果、世代間の連続性には、「自分を囲繞している生活の影響、多様な差異を見せる社会的、政治的な文化状況の影響」などを通じて一定の制限が設けられる。というより逆に、先行世代から「獲得したものの重要な構成要素が次の世代には〔……〕失われて」しまうという、世代間の「断絶」の方が、ここではむしろ好んで強調されるのである[13]。

こうして系譜と共時性という世代のヤヌス的な面貌から前者の側面が乖離したのは、外的影響にさらされる「年少組[14]」（das heranwachsende Geschlecht）に世代形成のための一義的な役割が与えられたことによって、刻印仮説では世代間のつながりを堅持すべき「古い世代」がほぼ完全にその意義を喪失したためであった。一方ではむろんこの当時も、鼓動仮説にもとづく世代論がなお勢力を保っていたものの[15]、やがて世紀転換期になって

ドイツ青年運動が興隆し、青年を民族刷新の担い手と見なす「青年神話」が広く文化の諸領域へと浸透すると、系譜の相貌は世代論のなかでますます抑圧・排除されていくことになる。

この傾向は、第一次世界大戦後に「前線世代」という形象がドイツの政治文化のなかで大きな力を獲得したとき決定的なものとなった。これ以降、ヴァイマル期の世代論では系譜への視点は周縁に追いやられ、代わって「青年」や「新しい人間」が世代をめぐる議論の中心に据えられるようになったのである。[16] とはいえ、この時期でさえ系譜論が世代論のなかで完全に消滅したというわけではなく、むしろヴィルヘルム・ピンダー（一八七八－一九四七）のように、「自然科学と精神科学との対立の架橋」を謳いながら、系譜の復権を試みる動きも表面化していた。[17]

「同時的なるものの非同時性」（die Ungleichzeitigkeit des Gleichzeitigen）というテーゼで知られるこのピンダーの世代論（一九二六年）では、「エンテレヒー」（Entelechie）なる生気論的概念が、一つの世代における芸術様式を規定する契機として持ち出される。ピンダーによれば、世代を構成する各々のエンテレヒーの間には「休止」があるため、世代間の連続性は必ずしも確保されることはなく、むしろ所与の「時空間」のなかには、さまざまな非同時性のポリフォニーを聴き取ることができるという。このポリフォニーを奏でる奏者、芸術史上で新たな様式を生み出す新世代と旧き様式を護持しようとする旧世代とは、このピンダーの目には同じヒト（Mensch）であることすら疑わしいほど異なっており、それゆえ彼らの様式はほとんど「まったく別の人類」が作り出したものに等しいとされる。

このように、ピンダーは世代間の断絶性をはっきりと認めていたが、それにも関わらず他方では、やはり「世代のリズム」なるものが存在するという想定にも固執していたといえる。たとえば、ピンダーによれば新旧世代間では「呼吸のように」自明な「生物学的事実」たる作用（Aktion）と反作用（Reaktion）において、「孫における祖父の回帰」、つまり様式の隔世遺伝とも呼ぶべき現象が生じるという。すなわち、父の様式への対抗においては、かつてその父が対抗した祖父の様式が回帰してくるという現象が、この世代間の作用・反作用関係において恒常的に見られるというわけだ。ピンダーによればこの現象は、じつのところ「科学以前の知恵によって長い間どこにおいても感得されていたにも関わらず、文明〔の進歩〕のなかで忘れ去られてしまった」ものであり、今や彼自身が、「様式と世代のリズミカルな交代」の「基本公式」として、改めて再発見するにいたったのである。[18]

しかし、当時のこうした系譜の復権へ向けた動きをさらに封じ込めようとしたものこそ、ほかならぬカール・マンハイムによる古典的論文『世代の問題』（一九二八年）であった。そこでマンハイムは、「社会的要因」への視点を欠いたピンダーの世代論を批判の俎上に載せながら、有名な「世代基層」(Generationslagerung)、「世代連関」(Generationszusammenhang)、「世代統一体」(Generationseinheit) という、いわゆる世代の三類型論を提唱することになる。[19]

この三類型論については次章で詳しく論じるとして、ここではこのマンハイム世代論におけるもう一つ別の顕著な特徴に焦点を絞って議論を進めたい。すなわち、マンハイムによれば、これら三類型のうち第一の世代基層が「人間存在のなかの生物学的リズム」にもとづくが、それはあくまで可能的な状態にとどまるもので社会学的には何の意味もないという。マンハイムにいわせると、「世代の社会学的問題」とは、この生物学的与件の上で展開される多様な社会現象を分析しようとする際にようやく始まるのであり、生物学的リズムのような「恒常的なもの」にのみ注意を向けるのは「自然主義的」誤謬にすぎない。というのは、「まさにそれらが恒常的〔……〕であるがゆえに、そこからはそのつど特殊な転換など説明されえない」からだ。[20]

このように、世代という概念の有用性をいわば「社会的転換」を分析する局面に限定することによって、マンハイムは当時のドイツにおける「青年」観に即した世代論を構築することに成功したといえる。つまりそこでは、青年神話の伝統に忠実に則りつつ、「文化とは、蓄積された文化遺産に『新たな接触』を持つ人間によって進歩する」ということが強調され、また年長者に比べて「青年がはるかに経験に乏しい」という事実も、むしろ「一つの重荷の緩和、この先の人生〔の重圧〕を軽減させる」ものとして肯定される。シュライアーマッハーとは正反対に、「永久に生きていく人類は忘れることを学ばねばならない」というマンハイムにとって、「新しい人間の新たな参入」を通じた社会の変貌、青年による「忘却と新しい出発」なくしては、およそ文化の刷新と進歩などありえないのである。(21)

こうして「青年」や「新しい人間」との連想関係を確保したマンハイムの定義では、「世代」(Generation)は「刷新」(Regeneration)であるという世代論の公式から、系譜の痕跡がほとんど消去されてしまった。(22)このように、いわば刻印仮説の方に完全に重心をシフトさせた世代論は、既に当時から歴史研究の領域でも注目されており、(23)その後はさらに社会・文化科学の領域全般へと徐々に普及していくことで、やがて正典として今日にいたるまでドイツ世代論の上に君臨することになる。

二 「青年」と「世代」

以上のように、二〇世紀に入って世代概念が「系譜」と「共時性」という、相反する二つの意味へと両極分化してしまったとはいえ、実際には一方が他方を完全に圧倒することなどむろんありえなかった。既述のようにもっぱら系譜に重心を置く生物学的世代モデルでさえ、一九世紀には系譜と共時性の重なり合いで成り立つ「獲得形質の遺伝」の可能性、あるいは少なくとも規則的な形態変化を通じた「世代交代」という観念が包含されていたし、(24)他方では社会・文化科学の世代論においても、たとえば——今日なおドイツ青年社会学の名著として知られる――ヘルムート・シェルスキー（一九一二―一九八四）の『懐疑的な世代』（一九五七年）のように、[25] マンハイムを経た後ですら系譜への視点がまったく放棄されたわけではなかった。

このシェルスキーによれば、青年の行動様式には、次のような意味において先行世代との完全な断絶は認められない。すなわち、青年は家庭や学校、企業などを含むあらゆる社会的審級を通じて、常に年長者が抱懐する「理想の青年」像に対峙している。そのため青年自身も、この像とまったく無関係のままでいることはできず、それを認めるにせよ、拒否するにせよ、あるいは無視するにせよ、何らかの形でこうした理想像に関係づけられうる行動様式を採用せざるをえない。また、年長者の抱くこのような理想的青年像が特定の時代状況の産物である限り、それは――とりわけ社会的な構造や環境がめまぐるしく転変する現代にあっては――「社会意識の典型的な遅滞現象」にほかならず、それゆえこの現象は青年の行動形態を社会学的に分析する際には重要なファクターとなりうるものである。[26]

このように、戦後の社会・文化科学の世代論においても、系譜の側面が二次的な位置づけとはいえあくまで保持されたために、一九世紀以来世代論に常に伴ってきたあの二重性（系譜と共時性の絡み合い）は、刻印仮説の勝利以後も失われることはなかった。したがって、マンハイムをはじめとする二〇世紀のドイツ世代論で新たな転機となったのは、じつのところ刻印仮説による「断絶」や「共時性」へのシフトそのものというより、むしろこの仮説の浸透を通じてもたらされた「青年神話」との融合であった。

青年神話が政治的に急進化したヴァイマル期に、「世代」の観念が「青年」のイデオロギー的位置を踏襲し、この語がもっぱら「青年世代」ないし「若き世代」を指示するようになって以来、[27] ドイツ世代研究は一九四五年以降もなお長い間、この神話の呪縛に囚われ続けることになる。シェルスキーも世代という語で念頭に置いていたのは一四―二五歳の年齢集団のみであり、それゆえ『懐疑的な世代』では全編にわたって、「世代」と「青年」

がほぼ互換可能な同義語として用いられていた。このようにシェルスキーがこれら二つの語を同一視したのは、彼にとって「青年期の数年」こそ「社会的行為にとって最も本質的かつ持続的な刻印づけ」の時期であって、今まで「過大に評価されてきたような年少期や幼児期の体験では決してない」からであった。[28]

このシェルスキーの「青年世代」論を一つの皮切りとして、特に西ドイツでは、青年研究がさまざまな専門分野を横断しつつ持続的に発展していくことになる。[29] 一方で歴史研究でも、社会学とは異なり世代概念が積極的に使用されることは戦後しばらくなかったものの、おもにドイツ青年運動への関心を通じて、[30] 多様な形で青年神話が頭をもたげていた。たとえば、ヴァイマル期にナチスに投票した若者の心理を精神分析の手法を駆使して論じた歴史家ピーター・ローウェンバーグ（一九七一年）は、戦争から帰還した父が、銃後の若者には「母と息子を分離させる侵害者」、「息子の人生に権利と統制を主張する、恐るべき、脅威となる他者」と映ったというが、この父親のイマーゴはまさに、ドイツ表現主義文学で典型的に見られたように、二〇世紀前半に青年神話の支柱となった「父親殺し」のテーマで繰り返し持ち出されたものにほかならない。[31]

このように青年神話が強力に残存していた当時では、世代概念を批判的に検討しようとする歴史家にさえ、「青年期の刻印づけ」があるという仮定は「誰にも争いえない」事実であり、それなくしては「年齢コーホートの行為に関する現代のあらゆる研究は基礎を持たないことになる」と見られていた。[32] ましてやこの時期に世代論を奉じる者にとってはなおさら、「感性の強い局面」(impressive Phase) にある青年のなかでこそ、「年長者や年少者の生き方との差異」が生じるという事態は、あまりにも自明なものであったといえる。[33]

このような時代にあって、アラン・スピッツァーの世代論批判（一九七三年）は異彩を放っていた。このスピッツァーによれば、世代論で執拗に見られる青年重視の伝統のなかでは、「世代間の著しい差異が青年とほかのあらゆる他者との抗争に制限されてしまう」恐れがあるという。つまり、青年期の刻印づけをいたずらに強調することで、世代間のあらゆる齟齬が「父と息子の抗争」に還元され、それによってどの時代の青年にも共通するようなライフサイクルにおける行動パターンと、世代としてのアイデンティティを刻みつける歴史的に特殊な経験の作用とが混同されかねない。そもそも年齢に特殊な諸関係というのは個々の事例に応じて多種多様な形態をとりうるものであり、それゆえただ一個の分析にもとづいてこの諸関係から生じるすべての歴史的過程を理解しようとした従来の試みは、問題を解決するよりむしろ提起してきたといった方がよい[34]。

一九六〇年代末の学生反乱の衝撃を経験してまもない時期に、このように青年を過度に重視する傾向に対して警鐘が鳴らされていたことは特筆に値するが、当時にあってはむろんその声が顧みられることはほとんどなかった。その後も、世代研究の青年偏重という傾向は長く続き、むしろ八〇年代以降は歴史研究に世代論が浸透することで——従来の青年運動史研究の蓄積とも相まって——「青年世代の歴史」に関する研究が興隆することになる。

八〇年代にドイツ歴史学へと世代論が導入される一つの契機になったものとして挙げられるのは、二〇世紀の（とりわけアメリカとドイツの）政治的転換を説明するためにマンハイムの世代モデルを歴史的に応用した、ヘルムート・フォークトの『政治的世代』（一九八二年）である[35]。だが以上のような世代研究の偏向の例に漏れず、このフォークトもまた、「世代という観念だけが青年の政治的なスタンスや志向性、行動様式などを一つの理解可能な全体像へと統合しうる」と考えており、したがって世代論は「青年の編制や青年の運動が持つ歴史的ダイナミズム（の分析）にうってつけ」だと確信していた[36]。つまり八〇年代にいたってもなお、世代研究と青年研究とはほぼ同一視されたままだった。

それゆえ、第三五回ドイツ歴史家大会（一九八四年）で世代が歴史学のテーマに選ばれた際も、おもに「階級に関係なく」(klassenneutral)、「現実にある心性の転換」によってもたらされるような、「青年の反抗」(Jugendprotest)

へと議論の照準が合わせられ、またそこで行われた報告も、要旨から判断する限り、その大半が旧来の青年運動史研究の延長にすぎなかったことは、[37]むしろ当然であったといえるだろう。だがその一方で、青年研究の進展は既に「青年（期）」概念に潜むブルジョア・イデオロギーの戦略を暴露しつつあり、[38]そのためドイツの歴史家を中心にして、再び世代をテーマに開催された国際シンポジウム（一九八五年）では、「青年とは本質的に非青年的ではないか」（マックス・シェーラー）という問題意識、つまりは「社会的統制のシステム」としての青年という視点も前景に押し出されざるをえなかった。[39]

とはいえやはり、このシンポジウムでも相変わらず「青年の反抗」を軸に議論が展開されていたために、「世代」をテーマとしながらも、そこではまず「青年とは本来何なのか」[40]という問いこそが第一に再考されるべきものであった。八〇年代の世代研究の特徴は、このように――「世代」というより――「青年」のイデオロギー性が意識された上で、その生成・展開のプロセスを考察することにあったため、[41]かえって「若者が彼ら自身の歴史を作っている」[42]という青年神話に通底する発想自体からは距離を取りにくくなり、結果として世代研究の中心には、引き続き「青年」が据え置かれることになる。

三 「青年神話」を越えて

以上のような「青年の反抗」を中心に置く世代論は、おもに近現代史研究の分野で広く浸透していたが、なかには――六〇年代末の学生運動のインパクトからか――古代や中世を対象とした歴史研究においてすら、たとえば「経験を積んだ老人」よりも感受性の強い貴族の「若者」や、古代ローマの「欲求不満な若き政治家」などに分析の焦点を合わせた研究が現れたりもした。[43]このように世代論には青年神話の痕跡がなお色濃く残っていたが、じつはその一方で、早くも八〇年代にはこうした世代研究の傾向に対して違和感も芽生えており、「社会の変化は『若き世代』だけの課題ではない」と、「『青年』の脱神話化」の必要性が叫ばれていた[44]。

むろんこの違和感の醸成が、すぐに青年の脱神話化につながったわけではない。「世代というテーマを採用した、ドイツ史に関する最初の英語の論集」という自負とともに刊行されたマーク・ローズマンの編著（一九九五年）も、書名に「青年の反抗」（youth revolt）という語が付されていることからも分かるように、そこに収録された論文は、もっぱら若者の行為を刻印づけた経験の諸相か、その帰結としての年長世代との抗争を論じたものであった。たしかにこの書では、青年の「普遍性というブルジョアの言語の下に隠された特殊利害」に関する認識はもはや自明のものとなっていたが、そこでまず言及されるのは、ドイツ史における「青年の反抗という伝統か、断絶の歴史、互いに対話できないコーホートの歴史か」という、あくまで青年を軸とする「連続／断絶」の問題であり、この点でローズマンの編著は従来の世代研究と同じ立脚点に立っていた[45]。

しかし一方では、この書において既に旧来の青年概念が一定程度侵食されていたことも見て取れる。「青年」ないし「若き世代」の「男性性」がほとんど無条件の前提となっていた八〇年代までの世代研究とは対照的に、そこでは新たに、「国民の社会的・政治的身分のまさに深奥にまで達する不安を惹き起こした」ヴァイマル期の「新しい女性」による、マリアンネ・ヴェーバーら旧世代の女性たちとの世代間抗争や、同じくヴァイマル期にプロテスタント青年組織に属していた若い女性のナチズムに対する姿勢、さらにはヒトラー・ユーゲントの下部組織「ドイツ少女団（Bund deutscher Mädel=BDM）」に組織された少女たちの戦後における悲劇的運命など、「青年」という範疇のなかでも、特に「女性」の相貌に意識的に光を当てた研究が登場している[46]。

「史料上の制約によって」、あるいは「女性の青年はその特殊な社会化条件のために、より受動的で非政治的だった」という理由で、その考察の範囲を男性の青年のみに限定していた従来の研究姿勢を鑑みれば[47]、この種の研究によって青年概念に潜む男性性がどれほど相対化されているか分かるだろう。ジェンダー論に端を発するこうした男性性の批判的な捉え直しや相対化の試みは、いうまでもなく世代論に限らず九〇年代のドイツ近現代史全般で流行していたもので[48]、それゆえ右のような女性青年への着目も、ドイツ史研究におけるジェンダー論の浸透の結果にほかならなかったといえるのである。

もっとも、ローズマンらの世代研究においては、なお男性偏重への対抗措置として「女性」という存在が強調されるのみで、「男性性＝男らしさ」（Männlichkeit）そのものへの批判的視点が希薄であり、その意味でそれは当時の歴史研究全体の動向に比べ、むしろ遅れをとっていたといってよい。世代論の文脈で「若き世代」に含まれる「男らしさ」の歴史性とその戦争との親和性、さらにマンハイム以来の「世代」概念に潜む「男性的性質」や女性の表象の排除という契機に分析の照準が合わせられるのは、二一世紀に入って以降のことである[49]。

ところで、青年の脱神話化に行き着く世代研究の流れは、また別の方面からもたらされることになった。アメリカの精神分析家ジュディス・ケステンバーグの先駆的な仕事（一九七二年）を皮切りに、心理学の領域でナチ・ジェノサイドのサバイバー第二世代に注目が集まったことで、特にホロコーストの心理的影響の解明を目指した研究グループが立ち上げられ、一九八二年にはその成果が出版される[50]。このいわゆる「世代貫通性」（Transgenerationalität）、つまり世代間での無意識的なトラウマの遺伝（伝染）という現象は、既にフロイトの時代から知られていたものであったが、戦後はこうして「ホロコーストの記憶」という問題に接続されることで、再び社会の脚光を浴びるようになったのである。

そして世代貫通性に対するこの精神分析のまなざしは、ドイツでは逆に「加害者」の記憶の問題として受容され[51]、戦後ドイツの「過去の克服」という文脈に挿入されていく。たしかに精神分析による「過去の克服」へのコミットは、ミッチャーリヒ夫妻をはじめ既にドイツでも実践されてはいたものの、八〇年代に新たに芽生えた「世代を越えるトラウマ化」（transgenerationelle Traumatisierung）という考え方は、先行世代の犯罪の記憶など「少なくとも意識の上では離れたいと欲するものに結びついたまま」という、「世代継起の息苦しい力」を世代論に否応なく再認識させ、結果として社会・文化科学でもマンハイム以来「共時性」に従属させられてきた、あの「系譜」モデルの復権が果たされることになった。[52]

トラウマ記憶の継承という、この新たな装いの下で「系譜」論が復活することで、世代概念はまた「一つの記憶のカテゴリー」になったといわれる。[53] むろん、この系譜論を抜きにして世代と記憶の関係を論じることは可能であり、実際これまでも、世代間の差異と出来事が想起される仕方との関連性を分析した研究は既に提出されてきた。[54] その上、記憶形態の単なる分析装置として世代を持ち出すだけでなく、ピエール・ノラのように、「刻印仮説」にもとづいて定義された世代概念そのもののなかに「記憶」という原理を組み込んだ例もある。しかもこのノラの場合には、「社会全体の組織原理」、「一個の精神的イマージュ」、「それ自体一個の完結」とされた「青年」（jeunesse）が、世代理念の一つの中核すら形づくっているのである。[55]

だが他方で、精神分析における系譜論の復権が、世代の記憶に関する研究に新たなポテンシャルを提供したことも、やはり否定できないだろう。たとえば序章でも言及したウルリケ・ユーライト（二〇〇五年）の「記憶と世代」の関係に関する論考は、ホロコーストの「唯一性テーゼ」（ホロコーストは人類史上類を見ない悲劇だとする見方）が、親の世代から「ナチズム体験」というトラウマを引き継いだ戦後世代にとって、過去（先行世代）との「断絶」を演出するのにきわめて有用だったとする精神分析の見解を応用し、九〇年代のいわゆる「ホロコースト警鐘碑論争」を考察している。

ここでその議論をもう一度繰り返せば、この警鐘碑論争でナチ犯罪の犠牲者におけるユダヤ人の特権化や唯一性テーゼがもっぱら争点となったのは、一九三〇—五〇年代生まれの年齢集団、つまり唯一性テーゼを世代アイデンティティの基礎とした集団が、当時のドイツ連邦議会で過半数を占めていたことに起因している。つまりこの論争は、ホロコーストという現象を想起する際の集団的合意が、一つの世代に特殊な「想起の形象」(Erinnerungsfiguren)に支配されていたことの表れであり、それゆえそれは、一面では「想起共同体」としての一世代内部における、想起の規範性をめぐる抗争と見ることができるという。(56)

たしかにこうした分析の当否にはなお議論の余地があるだろうし、ましてや精神分析の認識をそのまま歴史研究に当て嵌めようとすれば、個人と集団との安易な混同だという誹りは免れないだろう。(57)とはいえ一方で、かの「集合的記憶」をめぐる議論でも明らかなように、きわめて個人的な記憶でさえ、やはり一定の社会的環境(集団的コンテクスト)への参照なしには原理的に想起不可能であり、(58)その限りでこの「世代の記憶」というテーマには、精神分析と歴史研究とをつなぐ一つの媒体になる可能性があるとすら思われる。そしてこの可能性の探究はまた――世代論の文脈に即していえば――「系譜」と「共時性」の関係において、生物学的な遺伝モデルでも社会学的な「理想の青年」像でもない、別の新たな相貌を見出そうとする試みにほかならない。

＊

以上のように、本章では「系譜」と「共時性」の関係や「青年」の問題に焦点を絞って世代論の歩みを振り返ってきたため、当然ながらその重要性にも関わらず、ここで言及できていない研究成果も数多くある。たとえば現代世代論に顕著な特徴の一つとして、いわゆる「伝記研究」における世代論の浸透(全国保安本部メンバーなど第三帝国の官僚エリートに見られる特殊な世界観や行動様式を、特定の世代経験から説明しようとする動向)という事態を挙げることができるが、それもここでは立ち入って論じることはしていない。この伝記研究の動向に体現されている今日の世代論の特質については、次章で改めて考察することにしたい。

いずれにせよ、これまで見てきたように今日の世代論では「系譜」の復権に伴い、世代間の断絶性を強調するだけではおそらくもう十分ではなくなっている。個別具体的にどのような形をとるにしても、世代の歴史研究に際しては「系譜」と「共時性」、つまり「連続」と「断絶」の絡み合いにより一層意識的に目を向けない限り、今後も実りある学際的研究はそれほど期待できないだろう。「ただ〔世代という〕名が共通するだけ(59)」として、これら二つの契機を分離させたまま放置するわけにはいかない。もちろん、第三節で述べたトラウマ記憶の世代貫通性はあくまでその一例にすぎないが、ほかならぬこうした系譜の潜在的可能性にもっと注意を払うことこそ、マンハイム以来現在なお強力な影響力を誇る青年神話から世代論を最終的に脱却させるとともに、ネイションやミリューのような通時的一貫性の分析に適した概念装置との、より精度の高い併用に向けた手がかりを見出すための一つの方途になりうるだろうと思われる。

とはいえいうまでもなく、世代論をめぐる問題はこうした系譜と共時性の関係にのみとどまるものではない。むしろ、世代という概念にはほかにも種々雑多な諸形象の衝突ないし分裂が重層的に折り重なって詰め込まれており、それゆえその表面上に現れる混乱は、系譜と共時性の関係に照準を合わせるだけでは見通しがたいほど複雑な様相を呈している。そこで次章では、青年神話のさらなる解体を期すためにも、世代論をこの神話に繋留し続けているもう一つ別の「混乱」へ目を転じてみたい。ただしそれは、本章で論じてきたような二つの作業仮説の分裂とはいわば対極的な状況、つまり今度は相互に異なる二つの世代形象の融合という状況に端を発している。すなわち、一ライフステージとしての青年（期）に立脚ないし収斂していこうとする世代と、コーホートとして人口を出生年ごとに細分化しようとする世代という、二つの形象のもつれ合いと摩擦から生じる混乱である。まさしくこの二つの形象が見せる衝突と融合のダイナミズムこそ、今日の世代論を理論的な隘路に追い込んでいるもう一つの主要な要因にほかならない。

◆注

（1）二一世紀に入って以降の、世代をテーマとした代表的な論集だけでも以下のものがある。第四三回ドイツ歴史家大会（二〇〇〇年九月）のセッションにおける報告を『史学雑誌』で特集したものとして、Andreas Schulz, Gundula Grebner (Hg.), *Generationswechsel und historischer Wandel* (*Historische Zeitschrift, Bd. 36*), München, 2003; 世代の理論的問題から、戦後の東西ドイツまで含む二〇世紀全般にわたる世代の諸相を射程に入れた共同研究として、Jürgen Reulecke (Hg.), *Generationalität und Lebensgeschichte im 20. Jahrhundert*, München, 2003; 歴史研究を中心としたこれらの論集のほかにも、歴史学・社会学・心理学・文学など、広範な学際的共同研究がある。たとえば、Ulrike Jureit, Michael Wildt (Hg.), *Generationen. Zur Relevanz eines wissenschaftlichen Grundbegriffs*, Hamburg, 2005;「系譜」と「世代」の関係をテーマとし、文学や芸術史、さらには生物学的アプローチをも含めた、いわゆるドイツ文化科学における共同研究として、Sigrid Weigel, Ohad Parnes, Ulrike Vedder, Stefan Willer (Hg.), *Generation. Zur Genealogie des Konzepts – Konzepte von Genealogie*, München, 2005; 次の論集も、同様の問題関心から編まれたものである。Ohad Parnes, Ulrike Vedder, Stefan Willer, *Das Konzept der Generation. Eine Wissenschafts- und Kulturgeschichte*, Frankfurt a. M., 2008; また、現代社会における家族形態の変容から、今日では家族社会学の成果も世代研究の文脈に組み込まれつつある。この領域における、戦後から現在までの研究動向を概観するには、Andreas Lange und Frank Lettke, Schrumpfung, Erweiterung, Diversität. Konzepte zur Analyse von Familie und Generationen, in: dies. (Hg.), *Generationen und Familien. Analysen – Konzepte – gesellschaftliche Spannungsfelder*, Frankfurt a. M., 2007, S. 14-43.

（2）こうした見解は、今日世代論に携わる研究者の間では一致したものと思われる。たとえば、星乃治彦「ドイツ労働運動史研究全盛世代の世代論」『歴史評論』第六九八号、二〇〇八年、一四―一五頁。

（3）Thomas Schuler, Der Generationsbegriff und die historische Familienforschung, in: Peter-Johannes Schuler (Hg.), *Die Familie als sozialer und historischer Verband. Untersuchungen zum Spätmittelalter und zur frühen Neuzeit*, Sigmaringen, 1987, S. 25.

（4）Sigrid Weigel, Generation, Genealogie, Geschlecht. Zur Geschichte des Generationskonzepts und seiner wissenschaftlichen Konzeptualisierung seit Ende des 18. Jahrhunderts, in: Lutz Musner, Gotthart Wunberg (Hg.), *Kulturwissenschaften*.

Forschung – Praxis – Positionen, Wien, 2002, S. 161-190, bes. S. 172-182; Stefan Willer, „Generation“, ein übersetztes Wort: Zur Wort-, Begriffs- und Metaphergeschichte, in: Parnes, Vedder, Willer, 2008, S. 21-39, bes. S. 22f.; Ohad Parnes, Generationswechsel: Biologische und gesellschaftliche Generationsmodelle im 19. Jahrhundert, in: ebd., S. 188-217, bes. S. 203-209.

（5） Stefan Willer, Zählen, Schichten, Züchten: Die theoretische und politische Modernisierung des Generationskonzepts, in: Parnes, Vedder, Willer, 2008, S. 250f.; Carlo Ginzburg, Familienähnlichkeiten und Stammbäume. Zwei kognitive Metaphern, in: Weigel, Parnes, Vedder, Willer（Hg.）, 2005, S. 267-288.

（6） Weigel, 2002, S. 172-176.

（7）「ひとは誰でも生まれるのが一〇年早いか遅いかによって、自分の教養や外に及ぼす影響がまったく違ったものになったかもしれない〔……〕」（ゲーテ（山崎章甫訳）『詩と真実』第一部、岩波文庫、一九九七年、一五一一六頁）。

（8） フリードリヒ・シュライアーマッハー（長井和雄・西村皓訳）『教育学講義』玉川大学出版部、一九九九年、三六、四一、三九頁。

（9） シュライアーマッハー、一九九九年、四一頁。

（10） シュライアーマッハー、一九九九年、三六頁。

（11） ヴィルヘルム・ディルタイ（伊藤直樹訳）「人間、社会、国家に関する諸学の歴史研究（一八七五年）」牧野英二編集／校閲『ディルタイ全集第一巻　精神科学序説Ⅰ』法政大学出版局、二〇〇六年、五五八頁、強調原文。

（12） Hans Jaeger, Generationen in der Geschichte. Überlegungen zu einer umstrittenen Konzeption, in: *Geschichte und Gesellschaft*, 3. Jg., 1977, S. 432.

（13） ディルタイ、二〇〇六年、五五八―五六〇頁。

（14） ディルタイ、二〇〇六年、五五九頁。ただし、das heranwachsende Geschlecht は「世代は、その成長の過程で…」と訳されている。

（15） ディルタイと同時期に鼓動仮説で世代を論じた者としては、たとえば序章でも言及したグスタフ・リューメリンがいる（Gustav Rümelin, Ueber den Begriff und die Dauer einer Generation, in: ders., *Reden und Aufsätze,* Tübingen, 1875, S. 285-304）。

（16） 代表的なものとして、Max Hildebert Boehm, *Ruf der Jungen. Eine Stimme aus dem Kreise um Moeller van den Bruck*, 3. Aufl.,

Freiburg im Breisgau, 1933 [erst veröffentlicht 1919]; Eduard Spranger, *Psychologie des Jugendalters*, Leipzig, 1924;「新しい人間」イデオロギーについては、Alexandra Gerstner, Barbara Könczöl, Janina Nentwig (Hg.), *Der Neue Mensch. Utopien, Leitbilder und Reformkonzepte zwischen den Weltkriegen*, Frankfurt a. M., 2006.

(17) Wilhelm Pinder, *Das Problem der Generation in der Kunstgeschichte Europas*, zweite durchgesehene und durch ein Vorwort ergänzte Aufl., Berlin, 1928 [erst veröffentlicht 1926], S. XV.

(18) Ebd., S. 11, 22-24, 16, 140f.

(19) Karl Mannheim, Das Problem der Generationen [erst veröffentlicht 1928], in: ders., *Wissenssoziologie. Auswahl aus dem Werk*, Berlin und Neuwied, 1964, S. 509-565, hier, S. 519f., なお、マンハイムのこの論文には既に邦訳が存在するが（鈴木広訳「世代の問題」鈴木広・田野崎昭夫訳『世代・競争』誠信書房、一九五八年、一―一一三頁）、訳者がまだ修士課程在籍中の院生だったためか、ここでその訳文を参照するには困難な個所が数多く見受けられる。そのため本書ではマンハイムの原文のみを参照するにとどめ、その日本語訳も著者自身の翻訳に拠っている。

(20) Ebd., S. 527f., 554f., Hervorh.i.O.

(21) Ebd., S. 532, 534, Hervorh.i.O.

(22) Weigel, 2002, S. 167; Willer, 2008, S. 246.

(23) Kurt Karl Eberlein, Das Problem der Generation, in: *Historische Zeitschrift*, Bd. 137, 1928, S. 257-266; Richard Alewyn, Das Problem der Generation in der Geschichte, in: *Zeitschrift für Deutsche Bildung*, 5. Jg., 1929, S. 519-527; なお、当時はドイツと同じく他国の歴史研究でも鼓動仮説と刻印仮説が並存していた。たとえばフランスでは、序章でも取り上げたように、世代の可能性を強調するブロックはもっぱら刻印仮説を奉じていた一方、懐疑的立場から世代を論じたフェーヴルは、世代を「再生産」や「系譜」、「一定の持続期間」などおもに鼓動仮説にもとづいて理解し、そこから「出来事の年代にもとづく歴史の切断」を拒否して、「人文科学は人間から出発すべき」だと主張している（Lucien Febvre, «Génération», dans: *Revue de synthèse historique*, tome 47, 1929, pp. 36-43, ici p. 38, 42)。

(24) Ohad Parnes, „Es ist nicht das Individuum, sondern es ist die Generation, welche sich metamorphosiert". Generationen als biologische und soziologische Einheiten in der Epistemologie der Vererbung im 19. Jahrhundert, in: Weigel, Parnes, Vedder, Willer (Hg.), 2005, S. 247f.; Parnes, 2008, S. 207f.

(25) この書が出版された当時の時代背景と反響については、Franz-Werner Kersting, Helmut Schelskys „Skeptische Generation“ von 1957. Zur Publikations- und Wirkungsgeschichte eines Standardwerkes, in: *Vierteljahrshefte für Zeitgeschichte,* 50. Jg., Heft 3, 2002, S. 465-495.

(26) Helmut Schelsky, *Die skeptische Generation. Eine Soziologie der deutschen Jugend,* 3. Aufl., Düsseldorf-Köln, 1958 [erst veröffentlicht 1957], S. 96.

(27) Frank Trommler, Mission ohne Ziel. Über den Kult der Jugend im modernen Deutschland, in: Thomas Koebner, Rolf-Peter Janz, Frank Trommler (Hg.), *„Mit uns zieht die neue Zeit“. Der Mythos Jugend,* Frankfurt a. M., 1985, S. 26; Robert Wohl, *The Generation of 1914,* Cambridge, Massachusetts, 1979, p. 42.

(28) Schelsky, 1958 [1957], S. 94, 489, Hervorh.i.O.

(29) 西ドイツを中心に戦後青年研究の展開を追跡したものとして、Cathleen Grunert, Heinz-Hermann Krüger, Jugendforschung in Deutschland von der Nachkriegszeit bis zum Beginn des 21. Jahrhunderts, in: Petra Götte, Wolfgang Gippert (Hg.), *Historische Pädagogik am Beginn des 21. Jahrhunderts. Bilanzen und Perspektiven,* 2000, Tübingen, S. 181-200.

(30) 代表的なものとしては、ウォルター・ラカー（西村稔訳）『ドイツ青年運動――ワンダーフォーゲルからナチズムへ』人文書院、一九八五年［原著一九六二年］；また、戦後の青年・学生運動研究を全般的に概観したものとして、田村栄子『若き教養市民層とナチズム――ドイツ青年・学生運動の思想の社会史』名古屋大学出版会、一九九六年、六一二五頁も参照。

(31) Peter Loewenberg, “The Psychohistorical Origins of the Nazi Youth Cohort”, *The American Historical Review,* Vol. 76, No. 4, 1971, pp. 1457-1502, cit. from p. 1491, 1495; ドイツ青年運動と表現主義文学については、福元圭太『「青年の国」ドイツとトーマス・マン――二〇世紀初頭のドイツにおける男性同盟と同性愛』九州大学出版会、二〇〇五年、八九―一〇二頁。

(32) Jaeger, 1977, S. 444.

(33) Joachim Breitsamer, Ein Versuch zum „Problem der Generationen“, in: *Kölner Zeitschrift für Soziologie und Sozialpsychologie,* Bd. 28, 1976, S. 451-478, hier S. 453; この論文のようにヴァイマル期と西ドイツ期に行なわれた選挙を比較分析し、投票行為における年齢の特殊性――ないしその特殊性を刻印づけた「範疇となる出来事」(kategoriale Ereignisse) ――の影響を見ようとする研究は、この時期の政治学や社会学でしばしば見受けられる。ほかにもたとえば、M. Rainer Lepsius, Wahlverhalten, Parteien und politische Spannungen, in: *Politische Vierteljahresschrift,* Bd. 14, 1973, S. 295-313; こうした動向の背景には、戦

後ヨーロッパの選挙に見られる「ポスト物質主義」の台頭を、一つの世代交代として論じたイングルハートの有名な「静かなる革命」論が、初めて公にされたという事情があるかもしれない（Ronald Inglehart, "The Silent Revolution in Europe: Intergenerational Change in Post-Industrial Societies", *The American Political Review*, Vol. 54, No. 4, 1971, pp. 991-1017; 周知のようにこの論文は後に一冊の著書に結実する。R・イングルハート（三宅一郎・金丸輝男・富沢克訳）『静かなる革命――政治意識と行動様式の変化』東洋経済新報社、一九七八年［原著一九七七年］）。

（34） Alan B. Spitzer, "The Historical Problem of Generations", *The American Historical Review,* Vol. 78, No. 5, 1973, pp. 1353-1385, cit. from p. 1364.

（35） Ute Daniel, *Kompendium Kulturgeschichte. Theorien, Praxis, Schlüsselwörter,* Frankfurt a. M., 2001, S. 337f.

（36） Helmut Fogt, *Politische Generationen. Empirische Bedeutung und theoretisches Modell,* Opladen, 1982, S. 3.

（37） J[ürgen]. Reulecke et al., Generationenkonstellationen und Jugendprotest in Deutschland 1890 bis 1933, in: *Bericht über die 35. Versammlung deutscher Historiker in Berlin. 3. bis 7. Oktober 1984,* Stuttgart, 1985, S. 211-219, zit. nach S. 219.

（38） ギリス、一九八五年［原著一九八一年］; Trutz von Trotha, Zur Entstehung von Jugend, in: *Kölner Zeitschrift für Soziologie und Sozialpsychologie,* 34. Jg., Heft 2, 1982, S. 254-277; Lutz Roth, *Die Erfindung des Jugendlichen,* München, 1983; Ulrich Herrmann, Der „Jüngling" und der „Jugendliche". Männliche Jugend im Spiegel polarisierender Wahrnehmungsmuster an der Wende vom 19. zum 20. Jahrhundert in Deutschland, in: *Geschichte und Gesellschaft,* 11. Jg., Heft 2, 1985, S. 205-216.

（39） Jürgen Reulecke, Jugendprotest – ein Kennzeichen des 20. Jahrhunderts? in: Dieter Dowe（Hg.）, *Jugendprotest und Generationenkonflikt in Europa im 20. Jahrhundert. Deutschland, England, Frankreich und Italien im Vergleich. Vorträge eines internationalen Symposiums des Instituts für Sozialgeschichte Braunschweig/Bonn und der Friedrich-Ebert-Stiftung vom 17.-19. Juni 1985 in Braunschweig,* Bonn, 1986, S. 1-11, hier zit. nach S. 6, 11, Hervorh.i.O.

（40） Dieter Dowe, Vorbemerkungen des Herausgebers, in: ebd., S. X.

（41） たとえば、戦間期にキリスト教系の結社に集まったブルジョア青年層を世代理論の活用によって論じた、Irmtraud Götz von Olenhusen, *Jugendreich, Gottesreich, Deutsches Reich. Junge Generation, Religion und Politik 1928-1933,* Köln, 1987でも、「青年」概念のイデオロギー性は強く意識されていた（S. 13f.）。一方でポイカートは、戦間期のブルジョア青年だけでなく、同年代の労働者階級の青年をも「余計者世代」（überflüssige Generation）として一括している（Detlev Peukert, *Jugend zwischen*

Krieg und Krise. Lebenswelten von Arbeiterjungen in der Weimarer Republik, Köln, 1987; デートレフ・ポイカート（小野清美・田村栄子・原田一美訳）『ワイマル共和国——古典的近代の危機』名古屋大学出版会、一九九三年［原著一九八七年］、七九—八四頁）。

（42）ギリス、一九八五年、v頁。

（43）David Herlihy, "The Generation in Medieval History", *Viator. Medieval and Renaissance Studies*, Vol. 5, 1974, pp. 347-364, cit. from p. 347; 古代の共和政ローマを対象とした、一九七〇—九〇年代におけるこの種の研究については、Elena Isayev, "Unruly Youth? The Myth of Generation Conflict in Late Republican Rome", *Historia*, Vol. 56/1, 2007, p. 2f; ただし歴史学では、前近代を対象とする場合、近代以降に比べて若者重視の傾向は弱かったように見える。たとえば、Thomas Schuler, Der Generationsbegriff und die historische Familienforschung, in: Peter-Johannes Schuler（Hg.）, *Die Familie als sozialer und historischer Verband. Untersuchungen zum Spätmittelalter und zur frühen Neuzeit*, Sigmaringen, 1987, S. 23-41では、世代概念がもっぱら（鼓動仮説に準じた）家族のサイクル、つまり父子間における婚姻・出産時の年齢差を測るという、「家族社会学的」な道具として有用性を持つと主張されている。

（44）Jürgen Reulecke, Jugend – Entdeckung oder Erfindung? Zum Jugendbegriff vom Ende des 19. Jahrhunderts bis heute, in: Deutscher Werkbund e. V. und Württembergischer Kunstverein（Hg.）, *Schock und Schöpfung. Jugendästhetik im 20. Jahrhundert*, Stuttgart, 1986, S. 25.

（45）Mark Roseman, "Introduction: generation conflict and German history 1770-1968", id.（ed.）, *Generations in Conflict. Youth revolt and generation formation in Germany 1770-1968*, Cambridge University Press, 1995, pp. 1-46, cit. from p. 3, 15, 2.

（46）Cornelie Usborne, "The New Woman and generational conflict: perceptions of young women's sexual mores in the Weimar Republic", *ibid.*, pp. 137-163, cit. from p. 138; Elizabeth Harvey, "Gender, generation and politics: young Protestant women in the final years of the Weimar Republic", *ibid.*, pp. 184-209; Dagmar Reese, "The BDM generation: a female generation in transition from dictatorship to democracy", *ibid.*, pp. 227-246.

（47）Olenhusen, 1987, S. 9.

（48）トーマス・キューネ（星乃治彦訳）『男の歴史——市民社会と〈男らしさ〉の神話』柏書房、一九九七年［原著一九九六年］; ジョージ・L・モッセ（細谷実・小玉亮子・海妻径子訳）『男のイメージ——男性性の創造と近代社会』作品社、二〇〇五年［原著一九九六年］; Walter Erhart, Britta Herrmann（Hg.）, *Wann ist ein Mann ein Mann? Zur Geschichte der Männlichkeit*, Stuttgart,

1997.

(49) Jürgen Reulecke, Neuer Mensch und neue Männlichkeit. Die „junge Generation“ im ersten Drittel des 20. Jahrhunderts, in: *Jahrbuch des Historischen Kollegs*, 2002, S. 109-138; Bernd A. Rusinek, Krieg als Sehnsucht. Militärischer Stil und „junge Generation“ in der Weimarer Republik, in: Reulecke (Hg.), 2003, S. 127-144; Christina Benninghaus, Das Geschlecht der Generation. Zum Zusammenhang von Generationalität und Männlichkeit um 1930, in: Jureit, Wildt (Hg.), 2005, S. 127-158.

(50) Judith S. Kestenberg, "How Children Remember and Parents Forget", *International Journal of Psychoanalytic Psychotherapy*, Vol. 1, 1972, pp. 103-123; Martin Bergmann, Milton E. Jucovy (eds.), *Generations of the Holocaust*, New York, 1982.

(51) たとえば、Erich Simenauer, Die zweite Generation – danach. Die Wiederkehr der Verfolgermentalität in Psychoanalysen, in: *Jahrbuch der Psychoanalyse*, Bd. 12, 1980, S. 8-17; Werner Bohleber, Das Fortwirken des Nationalsozialismus in der zweiten und dritten Generation nach Auschwitz, in: *Babylon. Beiträge zur jüdischen Gegenwart*, Bd. 7, 1990, S. 70-83.

(52) A・&M・ミッチャーリッヒ（林峻一郎・馬場謙一訳）『喪われた悲哀――ファシズムの精神構造』河出書房新社、一九七二年［原著一九六七年］; Zit. nach Christian Schneider, Der Holocaust als Generationsobjekt. Generationengeschichtliche Anmerkungen zu einer deutschen Identitätsproblematik, in: *Mittelweg 36*, Bd. 13, 2004, S. 57, Hervorh.i.O. Vgl. Erika Krejci, Innere Objekte. Über Generationenfolge und Subjektwerdung. Ein psychoanalytischer Beitrag, in: Jureit, Wildt (Hg.), 2005, S. 80-107; Hermann Schultz, Hartmut Radebold, Jürgen Reulecke, *Söhne ohne Väter. Erfahrungen der Kriegsgeneration*, Bonn, 2005; Ohad Parnes und Ulrike Vedder, Transgenerationalität: Psychologische und sozialwissenschaftliche Übertragungskonzepte, in: Parnes, Vedder, Willer, 2008, S. 291-313.

(53) Sigrid Weigel, Familienbande, Phantome und die Vergangenheitspolitik des Generationsdiskurses. Abwehr von und Sehnsucht nach Herkunft, in: Jureit, Wildt (Hg.), 2005, S. 125.

(54) アンケート調査の統計分析にもとづいた研究として、Howard Schuman and Jacqueline Scott, "Generations and Collective Memories", *American Sociological Review*, Vol. 54, No. 3, 1989, pp. 359-381; Claudine Attias-Donfut and François-Charles Wolff, "Generational Memory and Family Relationships", Malcolm L. Johnson (ed.), *The Cambridge Handbook of Age and Ageing*, Cambridge University Press, 2005, pp. 443-454.

(55) Pierre Nora, «La génération», dans: *Les France. 1. Conflits et Partages* (*Les lieux de Mémoire*, tome III, sous la direction de

Pierre Nora), Gallimard, 1992, pp. 931-971, ici p. 942; もっともノラは、「子供たちに対する父の最初の投資」なしには、いかに「断絶と否定の原理」が同時に「連続性と伝統の刷新という原理」になるか理解できないと注意しているように、世代の記憶が純粋な断絶から生まれることも否定している。ノラにとって「連続性の仮定なき断絶」や「別の記憶の再生なき記憶の選択」はありえない。また、ノラのいう世代は「記憶の産物、想起の一効果」だが、その記憶とは純個人的な次元のみならず、「社会的な相互関係」(sociabilité) から育まれたものでもあり、その限りで世代は「記憶〔個人〕と歴史〔社会〕の混合物」にほかならない (p. 951, 948, 956, 960, 955)。

(56) Ulrike Jureit, Generationen als Erinnerungsgemeinschaften. Das „Denkmal für die ermordeten Juden Europas“ als Generationsobjekt, in: Jureit, Wildt (Hg.), S. 244-265.

(57) ユーライト自身も、「個人の心理的経過のメカニズムを集団や社会に持ち込む」ことの危険性を意識している (Ulrike Jureit, *Generationenforschung*, Göttingen, 2006, S. 122)。

(58) M・アルヴァックス (小関藤一郎訳)『集合的記憶』行路社、一九八九年。

(59) Alewyn, 1929, S. 521.

第二章　現代ドイツ世代論とそのアポリア——青年主義とコーホート——

■「ライフステージ」と「コーホート」

前章では一九世紀から現代までのドイツ世代論の歩みを概観し、系譜モデルの復権に伴い「青年神話」の伝統が世代論のなかで徐々に相対化されつつある様子を浮き彫りにしたが、それにも関わらず社会学や歴史学などにおける世代の研究では、神話の解体に行き着くはずのこうした系譜モデルの潜在的なインパクトは今日なおほとんど表面化していない。むしろ現在の世代に関する研究においては、たとえば後述の伝記研究の興隆に顕著に見て取れるように——たしかに一九八〇年代とは異なる形とはいえ——相変わらず「青年（期）」が特権的な位置を占める場合が圧倒的に多いといって差し支えない。その主たる理由はもちろん、カール・マンハイムによって確立された古典的な世代概念が、現代の世代論でも最も有力なパラダイムとして多くの研究者によって準拠され続けていることによる。(1) 前章でも少しだけ触れたように、このマンハイムの世代論は青年神話の伝統に即しつつ、系譜の側面を後退させる方向で世代概念の定式化を図ったものであり、したがってそれを論拠として参照し続ける限り、最終的に「青年中心主義」の発想から抜け出すことは（不可能とはいわないまでも）きわめて困難であろうと思われる。たしかにこのマンハイム世代論は、非常に洗練された論理構成を持ち、それだけにその有効射程も広範囲に及びうるものであるが、他方ではその全体的な構成そのものが青年中心主義と高い親和性を持つことも否定できないのである。この点は本章でも改めて検証される。

ところで、今日の世代論が直面する問題は当然ながらこうした系譜と共時性の関係にとどまるものではない。この問題と交差しながらも現代世代論を最も大きく規定しているものとしては、やはり序章でも触れたような「ライフステージ」と「コーホート」の関係をめぐる問題がある。突き詰めていえば、もっぱら特定の人生段階（特に青年期）にのみ照準を合わせる前者と、ある共通の出生年で括られた集団の生涯全体を視野に収める後者とは、本来相互に区別されるべき異質なパースペクティヴである。それにも関わらず、世代について考察した現在の研究に目を通すと、この二つのパースペクティヴがほとんど渾然一体となっており、無意識裡に混同されて用いられていることがよく分かる。たしかに世代の研究は、後述のようにある意味こうした混同のおかげでその射程を大幅に拡張することができたといえるが、その反面ほかならぬこの混乱のためにいわば一つの深刻な隘路に陥ってもいるのである。その行き詰まりは、とりわけ世代の理論的基礎づけの試みにおいてはっきりと見て取ることができる。

本章では、再び二〇世紀から現在までの世代論の歩みを振り返りながら、こうした異質な世代観の同居がもたらす理論上の問題について考えていくことにしよう。すなわち、「ライフステージとしての世代」と「コーホートとしての世代」が、世代論の歴史のなかで互いに収斂していく過程を前章と同じく学術的・理論的次元に焦点を絞って追跡することで、今日の世代論が直面している「隘路」の具体的内容、ならびにその由来を正確に把握することが本章の目的となる。ここでこうした手続きをあえて踏むのは、世代論がいま現在直面しているはずの理論的な行き詰まりについて、現代の世代論者が必ずしも明確に自覚しているわけではないからである。むしろ、二つの世代観がこれまでほとんど無自覚のうちに混同されてきたこともあって、そこから生じるジレンマないしアポリアも、世代論者の間で完全に看過されたまま今日にいたっている。歴史研究における世代概念はいまなお、さまざまな方面からその有用性や波及効果に疑念が呈されているが、こうした懐疑の念を起こさせる理由の一つは明らかに、この種の理論上の困難が解決どころか自覚すらされないまま放置されてきたという事情に存している。学問の水準の高さはその基礎概念が陥った危機の深刻度に比例するというハイデガーの言葉通り、今後の歴史研究で世代という観点からのアプローチ法が定着することを期すならば、まずは現代の世代論に対して徹底した批判的検討を加え、隠された諸問題を暴露した上で、それらを一つひとつ解消していくほかに採るべき方策はないと思われる。

一　ドイツ青年神話

ただその前にまず、近代ドイツの歴史上で「青年」という語が帯びていた特殊なニュアンスについても、ここで若干言及しておいた方がよいだろう。というのは、ドイツ世代論に顕著にみられる青年中心主義の根強さは、やはり二〇世紀初頭のドイツ語圏で花開いた青年神話の内実を知ることなくしては理解しがたいものであり、それゆえ本章の議論の前提としてどうしても踏まえておく必要があるからである。この神話の社会的背景については第六章で改めて詳述することになるが、ここであらかじめその概要だけでも述べておくに如くはない。

まず青年神話とは、一言でいえば青年（期）を個人の人生のなかでも特に繊細かつ価値のある人生段階として審美化・理想化する発想のことで、その系譜をたどればおそらく、一八世紀半ばにおけるヨハン・ヨアヒム・ヴィンケルマン（一七一七―一七六八）の「男性美」の発見まで遡るに違いない。(2)また、既に一九世紀前半には大学における学生文化の登場によって、のちの青年神話の土壌となる思考や生活の様式が萌芽的に形成されてもいた。(3)

とはいえ、序章でも触れたように、こうした神話が一定の社会的な基盤を得て実質的に形を整えるには、やはり一九世紀後半におけるいわゆる「青年期の発見」を待たなければならない。

いずれにせよこうした青年を審美化・理想化する伝統的な思考パターンは、二〇世紀に入って以降——特にドイツで顕著に見られたように——徐々に先鋭化し、やがて擬似宗教的な色彩すら帯びるようになっていく（なお、この発想が具体的な運動形態として発現したのが、いうまでもなく「ヴァンダーフォーゲル」をはじめとするドイツ青年運動だが、この運動の詳細な展開プロセスと諸組織の構成については既に日本でも田村栄子の浩瀚な研究があるので[4]、ここでは立ち入らない）。一例を挙げれば、自身も青年運動にコミットしていたヴァルター・ベンヤミン（一八九二—一九四〇）などは、「覚醒した青年の運動は、我々が宗教に触れるあの無限に遠い地点を指し示す」ものであり、それゆえ「青年の闘争とは神の裁定」にほかならないと断言していたように、青年という存在様態にいわば宗教的な崇高さすら付与していた。ベンヤミンにいわせれば、「みずからおのれの存在を主体的に認める青年とは、いまだ成っていない宗教に等しい」[5]。青年神話が「神話」と呼ばれるゆえんである。

もちろん、このような一種の「カルト」ともいえる青年（期）の極度の理想化は、ひとりベンヤミンにとどまるものではなく、当時の文化人の間で広く共有されたものだった。たとえば保守革命家として名高いメラー・ファン・デン・ブルック（一八七六—一九二五）もまた、「若くある」ことのなかにドイツの希望と「新しい出発」の思想的根拠を見出そうとした文化人の一人である。いわく、「民族は若々しくあろうとすることによって若くなる。目の前の所与の世界から脱し、みずから創造した世界へ向かうことで若くなる。〔……〕青年とは、自分自身に対する勇気次第で獲得できるものである。青年とは一つの決断である」[6]と。

こうした青年への志向性が当時のドイツ語圏で一種の文化的コンセンサスとなっていたからであろう、カフカの『父への手紙』（一九一九年）にしろ、あるいは『トーテムとタブー』（一九一三年）などに見られるフロイトの

「原父殺害」論にしろ、裁定者／抑圧者たる父に対して反抗する青年（息子）の姿は、文学から学術的な理論構成にいたるまで、この時代に活動した文化人の思考のなかでは常に中心的な位置を占めていたものであった。[7] このような青年崇拝・青年中心主義がこれほど広く文化のあらゆる領域に浸透していた状況のなかで、やがてドイツでは青年という語が単なる人生における一つの階梯を指すものであることを越えて、一種の「精神的態度」にまで意味を拡張することにもなる。当時の青年運動で流行していたモットーに従っていえば、「青年とは一つの心構え《ハルトゥンク》のことであって、年齢のことではない[8]」というわけである。

> しかしながら青年にあっては、次のことを心に留めておいてほしいものだ。すなわち、これ（＝年長者に対する補助）が自分の本来の、最も固有の責務ではないということ、そうではなく若くあることこそ、その本来の、かつ最も固有の責務である、責務であり続けるということを。若くあるとは、青年が年長者に勝っている唯一のことである。若くあるとは、青年が人類に与えうる何物にも代えがたい唯一のものである。若くあるとは、もちろん生理学的な意味だけではない。むしろ精神的なもの、つまり人生によってまだ壊されたり歪められたりしていない、まさしくあの偉大な信じる力、熱狂する力のことである。あの究極かつ絶対的な価値への渇望のことである。[9]

もちろん、青年神話に託されたこれらの「ユートピア[10]」的な希望が、「青年期」というライフステージにカテゴライズされた集団を規律・統制しようとする社会の欲望と、表裏一体の関係にあったことはいうまでもない。そもそも青年期の発見をもたらした学校組織が規律化の場であったことは措くとしても、たとえば一九世紀から二〇世紀の世紀転換期に見られた司法の領域における青年保護法の氾濫などは、やはり人生の一段階としての青年期を切り離し、特別な保護措置の対象として構成しようとした限りで、そのまなざしの先にある存在は青年賛美の言説と大きく重複するものだったといってよい。また、規律化の権力がこうして階級の差異を越えた「青年の統一性」という表象を構築していくにつれて、心理学の領域でもエドゥアルト・シュプランガー（一八八二―一九六三）の『青年期の心理学』（一九二四年）をはじめ、青年なる存在の「こころ」のあり方を捉えようとする知の様式が出現することにもなった。二〇世紀初頭に顕在化したこれら一連の動向を通じて、たとえば社会が感知する犯罪の潜在的な危険性も、下層の労働者大衆のなかに探究されるのではなく、むしろ階級の違いを問わず特定のライフステージに属する集団へと投影されるようになる。(11) もっぱら青年に志向するこうした赤裸々な統制の欲望は、一九七〇年代に青年期が最終的に解体されるまで存続していくことになる。(12)

だがいずれにせよ、二〇世紀初頭に端を発する青年神話（青年賛美）の隆盛自体は、第一次世界大戦を経てもなお衰えることはなかった。むしろ反対に、この神話は大戦後のドイツ社会では戦争体験の神話化と相まって、さらなる急進化を遂げたといってよい。ヴァイマル共和国の政治文化を席巻した、あの「前線世代」という表象は――マーク・ローズマンが正しく指摘しているように(13)――若者たちの戦争体験から直接的に生み出されたというより、神話化された前線体験のイメージが旧来の青年神話と合流するなかで、伝統的な青年像に形態変化が起こった結果と見た方がよいだろう。ただどちらにしても、ほかならぬこの前線世代の表象に顕著に見られるように、ヴァイマル期のドイツ社会では、ある意味で帝政期以上に青年を称揚する声がいたるところで噴出していたのであり、それはやがて新旧世代間の対立・抗争を煽り立てる言説をも招き寄せることになる。このヴァイマル期における青年神話の急進化と世代間抗争をめぐる問題については第六章の考察に譲るとして、ここではとりあえず、あのカール・マンハイムの世代論がまさにこうした急進的な青年神話の嵐が吹き荒れるさなか（一九二八年）に紡ぎ出されたものだった、ということを確認できればよい。次節で見ていくように、このマンハイムの世代論は、いわば当時の青年神話をそのまま反映した形で構築されたものであり、それが今日にいたるまで、ドイツ世代論の理論的な思考枠組みを深く規定し続けているのである。

■カール・マンハイムの世代論

ところで、マンハイム世代論における最大の白眉として知られ、現在なお世代に関するほとんどすべての研究が議論の前提にしているものとして、「世代基層」・「世代連関」・「世代統一体」という、いわゆる「世代の三類型」論がある（図2―1）。よく知られているように、こうした類型化が世代論に与えたインパクトはほかに類を見ないほど強烈なものであり、その影響力の点ではいまなおマンハイムの世代論を凌駕する理論は存在しないといってよい。というより現代の世代論は、基本的にはこのマンハイム・パラダイムの上に立って飛躍的な発展を遂げたといってよく、それだけに今日世代について思考しようとする者にとっては、この三類型についての理解は当然ながら必要不可欠である。したがってここでも、世代の三類型とそこに見られるマンハイム理論の特徴に関しては、少し立ち入った説明をしておく必要がある。

まず右の三類型のうち世代基層とは、一方で個々人の経験可能性を枠づける社会的・歴史的環境を指し、これは個々人に対して、その環境への反応様式（思考・行動）を規定し方向づける一定の「視座」を設定する。いいかえれば、本来無限に多様な行動可能性を持ちうるはずの個人は、この環境（歴史的コンテクスト）によって、あらかじめ特定の方向に思考したり行動したりするよう制限されることになる。だが他方で、この世代基層の定義には同時に、その環境の「担い手《トレーガー》」が社会空間全体のなかで占める、一定の布置関係も含まれている。つまり、社会のなかで環境にアクセスするのがいかなる集団か（階級の例でいえば、都市労働者か農民か、教養市民か経済市民か）に応じて、この世代基層の作用の仕方が決定されるということである。それゆえ世代基層とは、環境とその担い手、

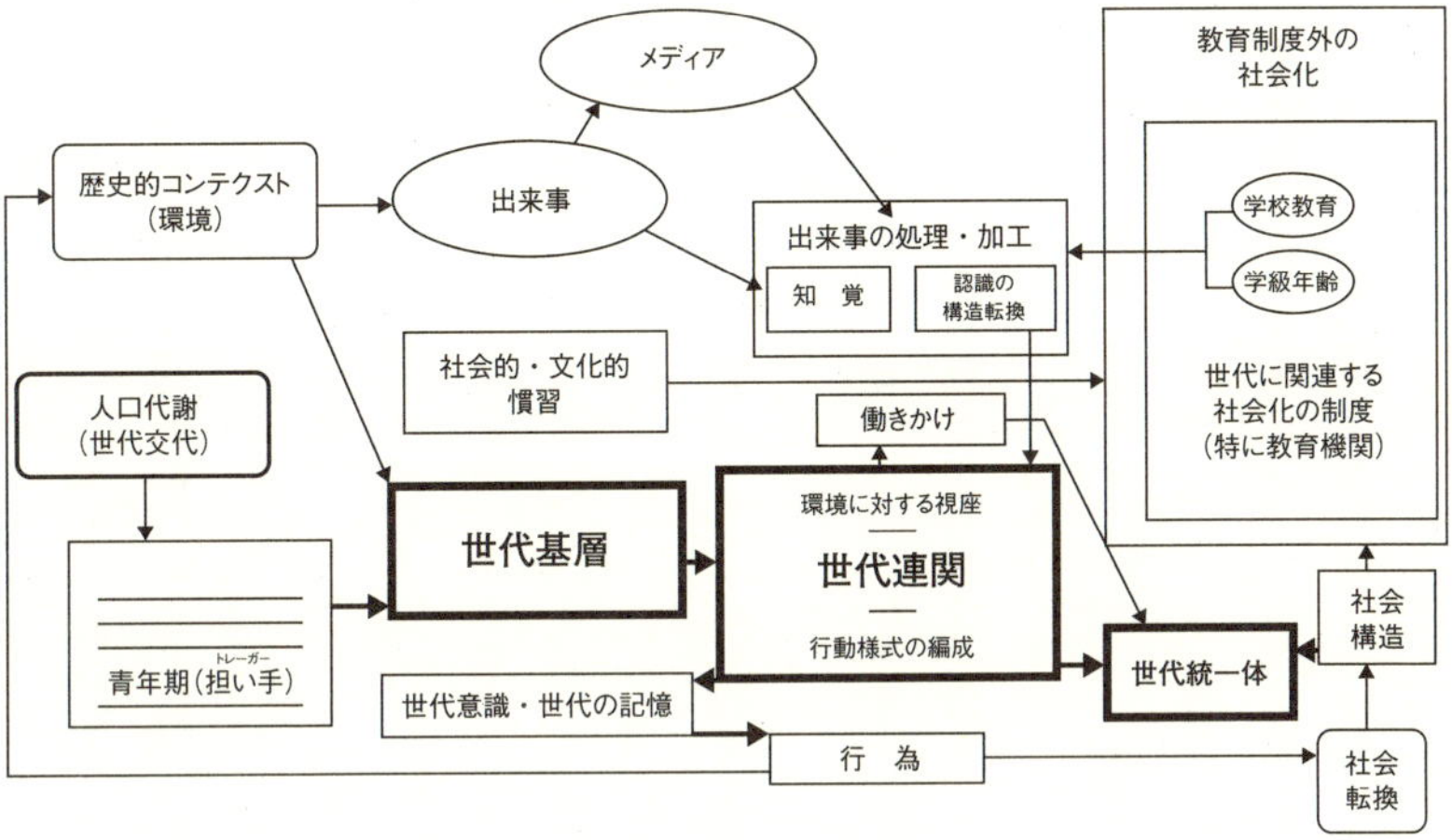

図 2-1　世代の基本構造

客体と主体が――各々の状態に応じて――いわば共振することで成り立つ概念といえる。ただしこの担い手の存在様態は、たとえば階級の基層の場合は経済的・社会的条件に依拠するのに対し、「世代基層の場合、世代交代という自然の与件から、該当する個々人に一定の体験・思考の仕方をもたらす、そのような契機によって決められる[14]」、すなわち人間の（自然な）再生産サイクル――鼓動仮説のリズム――における位置（特に青年期）に依拠するのである。

とはいえ――前章でも触れたように――マンハイムによれば、この世代基層の次元にあっては世代の社会学的特性が現れることはない。むしろこの基層そのものは、「そのまま効果を発揮するか、それとも排除されてしまうか、さもなければほかの影響力ある諸力に組み込まれ、修正された上で作用するようになる潜在的な可能性[15]」にすぎない。世代の様態が社会学的な意味を帯び始めるのは、世代基層から世代連関が形づくられ、前者の潜在的な可能性が現実化する、その瞬間である（これが刻印仮説の局面に当たる）。そしてまさにここにおいて、基層の定義に含まれていた「担い手」の役割が決定的になる。というのは、世代連関とはほかならぬこの担い手が、何らかの形で周囲の環境に働きかけること――マンハイムの言葉を借りれば「歴史的・社会的統一体〔＝所与の環境〕という共通の運命への参与」(16)――で初めて成立する概念であるからだ。マンハイム自身が用いている例をそのまま援用すれば、たとえば都市の青年と農村の青年は、後者が前者と同じく都市部に移り住み、前者と同じ運命に参与する「可能性」がある限りで、同一の世代基層に属しているといえる。だが実際に農村の青年が都市に移住することなく、そのまま農村にとどまり続ける限り、都市の青年と同じ世代連関に属しているとはいえない。いいかえれば、世代基層とはあくまで「可能態」を指すものであって、「現実態」を指示する世代連関とはまったく次元を異にする概念である。それゆえ図2―1で見られるように、歴史的出来事のインパクトを伝達する社会的な諸力（そのつどの諸々のメディアの働きと併せて、より一般的に家庭や学校における社会化過程で獲得された文化的な解釈構造も含まれる）の作用、もっといえばそれらの社会的諸力を通じた「世代に特有の」（generationsspezifisch）意識・記憶や行為などの形成――ここに初めて社会構造を転換する可能性が開かれる――は、この世代連関の次元に限定されることになる。

最後の世代統一体とは、この世代連関のなかから構成される種々の具体的な思想（価値観）と行動、あるいはそれらの思想・行動を担う集団を指す。当然ながら、同一の世代連関に属する人間でも多種多様な思想・価値観を抱懐することは可能であり、また実際そうした状態こそ通常観察されるものだろう。しかしながら個々人が示すそれらの雑多な思想や行動は、一見多様に見えながら、じつはその根底で共通する思考・行為の様式によって規定されている。要は、こうした具体的な形で表出される多様な思想や行動が世代統一体であり、それらを根底で規定している共通の思考・行為の様式が世代連関ということになる。「それゆえ世代統一体とは、単なる世代連関がもたらす結束よりもはるかに具体的な結束のことである。同一の歴史的現実の問題系に志向する青年は、一つの『世代連関』のなかに生きているといえるが、一方でこの世代連関の内部においてそれぞれ違った仕方でこの体験を加工する集団は、同じ世代連関の枠内でそれぞれ異なった『世代統一体』を形づくっているのである」[17]。

さて、以上がマンハイムによる「世代の三類型」論の骨子だが、こうして概観しただけでも見て取れるのは、その分析の射程が、もっぱら世代という集合体が新たに構成されている局面にのみ限定されているということである。いいかえれば、特定の社会のなかで新しい世代が形成される形式的な諸条件とその過程、それに生成したばかりの新しい世代が当該社会に及ぼす諸々の作用、これらこそマンハイムの世代論がその全編にわたって解明しようとした問題であった。当然ながらこうした観点では、分析者の関心が青年（期）の役割へと集中する一方で、逆にたとえば中高年における世代の問題はその視野から外され、ほとんど顧みられることはない。だがマンハイムにとって、このように青年（期）に偏向した視座の設定を正当化する理由は、おのずから明らかであった。すなわち、マンハイムの見るところ、人は一七歳前後になると眼前の世界に対して根本的な疑義を呈するようになるが、ほかならぬこの――現実から距離を置いてそれを見据える――青年の反省的な存在様態、（マンハイム自身の造語を用いれば）「現前者 - 存在」（Gegenwärtiger-Sein）なるあり方こそ、伝統の刷新をもたらす「新しい志向性」の主要な形成契機となりうるからである。その反対に年長の世代は、たとえ現実の変化に直面した場合でも、「かつては新しかった志向性に固執する」傾向が強く、それゆえ世代としての変化には乏しいといわざるをえない[18]。つまり、世代はその生成途上で「刻印」された諸特徴を、その後も継続して維持しようとする性向を多分に持つと仮定されており、それだけに一つの世代の特性を分析しようとするならば、何よりもまずそれが新たに形づくられる局面にこそ目を向けるべきだというわけである。

このようなマンハイムによる新旧世代の対置（新世代の刷新性と旧世代の硬直性）に含まれる問題については、第六章で改めて立ち返るとして、ここではその「青年中心主義」のロジックを確認しておくにとどめたい。すなわち、マンハイムにとって問題となるのは結局のところ、新たな世代が形成される際に見られる、文化刷新に向けた

「基本志向」（Grundintentionen）の生成・展開の形式であって、そうした志向性を生み出すのは、まさに青年期というライフステージに固有の機能にほかならない、ということである。青年（期）に世代形成の起点を探り出そうとするこの種の発想は、第一章でも論じたように一九世紀以来の伝統に忠実に沿うものだったが、それに加えてマンハイムの議論には、執筆当時（一九二〇年代）の時代の雰囲気を濃厚に反映していると思われる箇所も多々見出すことができる。たとえば、「若くあること」を身体的・生理学的なファクターから切り離し、単なる形式的な志向性という意味で捉えるべきだとする次の記述などは、その一つの典型と見るべきだろう。

> この意味で示唆されている「新たな出発の可能性」とは、「保守的」とか「進歩的」などとは一切関係ない、ということは強調しておかねばなるまい。多くの世代の理論家が無批判に前提していることだが、青年が進歩的で老人はおのずから保守的であると考えることほど誤ったものはない。〔……〕「保守的」・「進歩的」とはすぐれて歴史社会学的なカテゴリーであって、一定の具体的な内容を伴う歴史的ダイナミズムに当て嵌められるべきものである。それに対して「老」・「若」、あるいは「世代としての新たな接触様式」という表現などは、あくまで形式社会学的なものである。〔……〕青年の「若くあること」や「新しい接触様式」というのは、ここで例示した思想潮流〔保守主義や社会主義〕の内部で、彼らがまったく新しい状況に向かって、いとも簡単にこの潮流を変革したり順応させたりするという事実に裏づけられている。〔……〕（若くある・老いているという）生体の所与性は、そのまま精神的な行動様式の内容まで含んでいるわけではない（若いことが必ずしも進歩的であるとは限らないということだ）。むしろそうした所与性は、社会的なものや精神的なもののなかでのみ有意となる形式的な傾向性を含むにすぎない。[19]

この文章は一見すると、「老い」や「若さ」を形式的なカテゴリーとして位置づけることで、現実の青年から変革・刷新の特権を剥奪しているように見える。だが、前節で概観したようなドイツ青年神話の特徴を考え合わせれば、それが青年運動で叫ばれていたあのモットー（「青年とは一つの心構え《ハルトゥンク》のことであって、年齢のことではない」）を理論的に昇華し反復したものであることは容易に推察できる。そもそも、「若くあること」を右のようにあくまで「変革」への志向性と結びつけるマンハイムの議論には――先に指摘した全体的な視座の設定と相まって――やはりどうしても青年中心主義の影が色濃く滲み出てしまう。いいかえれば、世代のダイナミズムを作り出すという「若さ」や「青年」の特権性は、マンハイムの社会学的なカテゴリーによっても追認されることになるのである。マンハイムが描き出した世代の基本構造は、このように当時隆盛を極めていた青年神話の発想を高度に洗練された理論図式へ組み替えたものと見るべきであり、だからこそこのマンハイム・パラダイムに準拠して発展を遂げてきたドイツの世代論は、後述のように今日にいたるまで青年神話の呪縛から脱却できないでいるのである。

■「コーホート」概念の侵入

ところで、前章でも言及したヘルムート・シェルスキーの『懐疑的な世代』（一九五七年）は、以上のようなマンハイムの理論図式と同じく、ライフステージとしての青年期を考察の中心に据えていた点で、明らかに青年神話の伝統の延長線上に立つものであった。というより、シェルスキー自身も自覚していたように[20]、この著作はディルタイやマンハイムを拠り所にしながら「青年社会学」という、社会学の新しい研究フィールドを切り開いた先駆的な仕事として位置づけることができ、その限りでドイツ社会学における世代論の歩みがはっきりと青年中心主義の方向へと舵を切る、その一つの大きな契機になったといえるのである。

だがその際目を引くのは、このシェルスキーの著作が、マンハイムのように形式的な理論図式の組み立てに終始するのではなく、むしろ現実の（西）ドイツ社会における具体的な集団をその考察対象として設定していたという点である。すなわち、一九四五―五五年の間に一四―二五歳だった若い労働者やサラリーマンに着目し、先行世代に対する当該年齢集団の行為の特徴、そしてその背景にある社会環境・時代状況を考察するという、全体的な議論の流れそのものである。これは一見すると、特定のコーホート（シェルスキーはこの用語を使用していないが）に照準を合わせる分析スタイルに見え、また実際「懐疑的な世代」とは、まさにこの出生年で明確に輪郭づけることが可能な集団――政治的な公共領域から撤退し、日常の私的領域へ引きこもるという、年長世代には見られなかった行動様式を示す年齢集団――に、シェルスキー自身が与えた名称にほかならない。

とはいえ既に前章でも指摘したように、シェルスキーのいう「世代」はどこまでも一四―二五歳の「青年」の範囲を越え出るものではなく、だからこそ「懐疑的な世代」として括られた集団はもちろんのこと、それに先行する諸々の世代（『懐疑的な世代』では二〇世紀初頭の青年運動の世代、一九二〇年代から第三帝国期の「政治的青年」の世代、そして「懐疑的な世代」の三者が比較検討されている）ですら、青年期というライフステージを抜け出して以降の歩みは、その関心から除外されてしまう。なぜならシェルスキーにとって、各々の時代・社会の構造的な特徴や変容は、特に青年という存在様態において最も鮮明に映し出されるからであり、それゆえ社会学的な時代診断にとってこのライフステージは、ほかのいかなる年齢層にも増して特権的な場を構成するものだからである。

> 青年は全体として、おそらくさまざまな理由で、社会が有する活発な社会勢力の一つといえるだけに、上記のように社会の正常性が根底から覆され、それまで支配的だった社会的要請やコンセンサスが転換を余儀なくされたとき、行為の安定性を求める青年の探求行動にそうした転覆・転換が特にはっきり見て取れるのは、何も不思議なことではない。〔……〕したがって我々は、近代社会の構造における断絶の諸段階を、青年の行為の歴史的位相のなかに再発見できるのである。というのはこれらの位相において、社会的行為の安定性を追求する青年の基本的な志向性が、それぞれ特有の歴史的形態として現実化するからである。本書では、こうした形態を「世代」という概念で取り上げることにしたい。ここ五〇年のドイツの社会史は、こうした青年の行為の世代形態を特にはっ

きりと示してくれる。[21]

このようにライフステージとしての青年期が思考の中心を占めていたためか、シェルスキーにあっては結局のところ、「年齢」という要件は青年期の境界線を設定する以外、何の役割も演じていない。実際シェルスキーは、「懐疑的な世代」の出生年（最大で一九二〇―四一年生まれに相当する）に一度たりとも言及していないように、そのコーホートとしての輪郭にはまったく注意を払っていない。そればかりか、その理論的な視座の設定に目を向けてみても、そこではもっぱら「青年期」概念の定式化に関心が集中しており、年齢コーホートの入り込む余地などほとんど残されていないのである。すなわち、シェルスキーによれば青年とは積極的な形でその社会的役割を規定できない――つまり時代や社会に応じてその内容が異なる――「一種の行為の形式[22]」でしかなく、その形式が具体的な形で現実化するには、社会における三層構造のメカニズムを通過する必要があるという。この三層構造とは、①まずあらゆる時代・地域に共通する社会化形式の基本構造（家族の第一次結合から離れて外界へ自立すること）、②次に長期的な生産関係の変化に規定される社会構造（封建社会や近代産業社会）、③最後に時間的なスパンが最も短い、各時代・社会の歴史的・政治的状況（諸々の歴史的出来事）のことで、これらが重なり合ってそれぞれの時代や地域に応じた青年の社会化と行動のパターンが決定されるという。[23] こうした三層論に典型的に見られる通り、シェルスキーにあっては何よりもまず青年期の枠組みとそのメカニズムがあらかじめ理論的に設定されるのであり、現実のさまざまな年齢集団は、いわばその枠組みを通り抜ける瞬間にのみ分析の網目に捕捉されることになる。

とはいえこうしたあからさまな青年中心主義は、一九六〇年代後半に社会学の領域で新規の分析法が開発されることで、その自明性に大きな揺さぶりをかけられることになった。すなわち、アメリカ社会学を震源地として、人口学から「コーホート」概念を導入しようとする動きが顕在化したことで、それまで世代の社会学を一元的に支配してきた「青年期の解釈学」とは明確に異なる、「コーホート分析」という定量的な分析法が新たに登場したのである。ノーマン・ライダーの論文（一九六五年）を直接の嚆矢とするこの新たな方法は、出生コーホートそれ自体をも分析の対象に据える点で、いわばマンハイムが「世代基層」と呼んだ次元を社会学的な分析の範疇に再び取り込もうとしたものにほかならない。(24) それだけに、こうした動向では「年齢」という要件も、社会学にとってほとんど無意味な生物学的所与という位置づけを越えて、すぐれて社会学的な意味を託されることになった。

コーホート・データはどこまでも我々の心を捉えて離さない。なぜなら、我々はそれらのデータが、通常の期間分析で明らかにされなかった何かを、きっと明らかにしてくれると信じているからだ。換言すれば、一つのコーホートに属する成員はプロパティの定義を越えた何かしらの共通性を示すだろうということである。〔……〕このモデル〔年齢を重ねるにつれて変化に乏しくなるという「固着モデル」のこと〕は、年齢と、何らかの安定から生じる行為の硬直性との間に、一つの関係があると仮定している。しかしながら、それをもっぱら生物学的な用語で思考する必要などないし、それどころかそのような思考はまったく望ましいものでもない。また、いくつかの年齢効果が社会的に条件づけられていることは十分ありうるが、それは何も急激な社会変化であるとは限らない。(25)

ここで注目すべきは、こうしたコーホート分析の台頭と軌を一にして、一九七〇年代には青年期だけに関心を集中させる従来の方法に一定の見直しを迫る新たな傾向が、世代論の内部でも芽生え始めたことである。すなわち、一方で青年期の体験が持つ構成的な意義についての仮定は相変わらず保持されながらも、他方ではもはやシェルスキーのように青年期の行動パターンのみを抽出して世代の特性を論じるのではなく、特定のコーホートをその生涯にわたって追跡するという発想が広がりを見せるようになった。たとえば図2―2をご覧いただきたい。

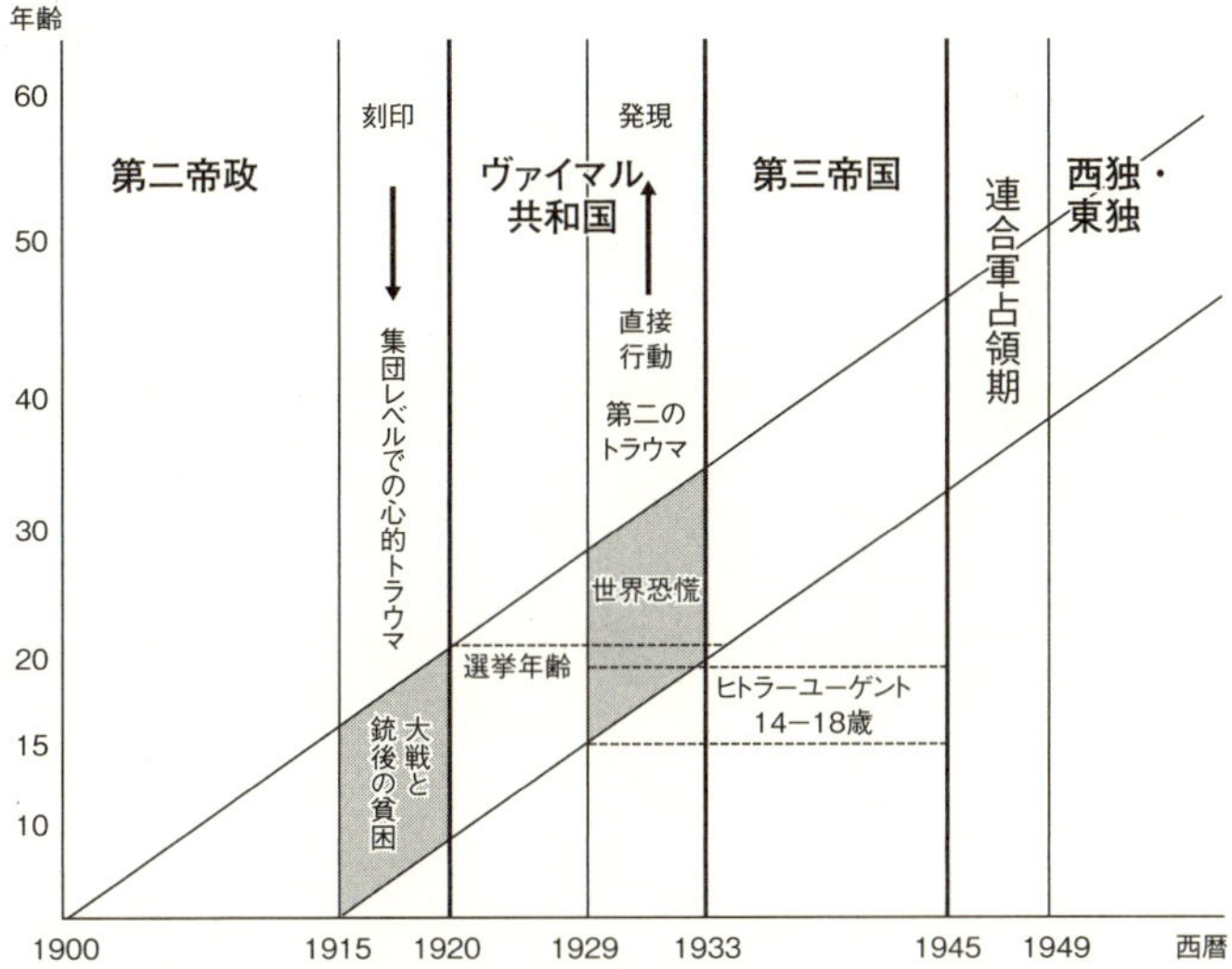

図 2-2　ドイツ史における 1900–15 年出生コーホートの歩み

これはアメリカの歴史家ピーター・ローウェンバーグの論文（一九七一年）に掲載されたもので、見られる通り一九〇〇―一五年生まれのコーホートの人生経路全体が、二〇世紀におけるドイツの歴史的文脈を背景に図式化されている。ローウェンバーグのテーゼによれば、まさしくこの出生コーホート（一般に「戦時青少年世代」という名称で括られる）における銃後の体験こそがナチズムを生み出した、いいかえれば、「第一次世界大戦時に幼児や青少年だった者の戦中から戦後にかけての経験が、国家社会主義の性質ならびにその成功の条件となっていた」のであり、その意味でナチズムの政権掌握という歴史的な現象は、「すぐれて世代に関わるもの」（specially generational）にほかならないという。[26] いうなればこの図は、まさにそのような「ナチズム前後」という怒涛の歴史に翻弄された年齢集団の生涯の歩みを、俯瞰的に一望する目的で作成されたものであった。

なお、たしかにこの論文で披露される歴史的出来事の心理学的解釈（ローウェンバーグは歴史学と精神分析の総合を試みていた）は、あくまで第一次世界大戦からヴァイマル期にかけての時期に限定されており、それゆえ当該コーホートの青年期以降の歩みがその考察に含まれることはほとんどなかった。その限りでこのローウェンバーグもシェルスキーと同じく、青年期の体験がその後の足取りを規定するという、伝統的な青年中心主義の枠内にとどまっていたといわざるをえない。とはいえその一方で、図2―2に表現されているような、特定のコーホートの――青年期以降も含めた――生涯全体を視界に収めるパースペクティヴそのものは、旧来の世代論を支配してきた青年主義的視座、つまりシェルスキーのように青年期というライフステージにのみ照準を合わせる視点とは明らかに断絶している。むしろこのようにコーホートの全体を眺望しようとするまなざしは、六〇年代後半におけるコーホート分析の登場があったからこそ、成立しえたものであったといってよい。実際、ローウェンバーグ自身もおのれのコーホート概念がライダーの論文に負っていることを認めているばかりか、世代という語の指示対象を「親族構造の時間軸上の単位」（つまり祖父母・父母・子という垂直的な親族関係）に限定し、他方で「同一の時期における個人的・歴史的出来事の共通体験を分かち合う諸個人の集積」を指示する語としては、世代に代わって「コーホート」を使用すべきだという提案すら行っている(27)。世代論の概念的混乱を整序しようとするこの種の提言もまた、右のように図示されたコーホート・パースペクティヴにもとづく問題意識から出てきたものと見るべきだろう。

■青年中心主義の反発

特徴的なことに、こうしたアメリカに端を発する新規の動向に対してドイツ世代論が見せた反応は、昔ながらの青年中心主義的発想に依拠しながら、コーホート分析のあり方を論難するというものであった。たとえばヘルムート・フォークト（前章でも指摘したように、その著『政治的世代』（一九八二年）はドイツ歴史学における世代研究導入の直接のきっかけを作った）の批判がその典型で、彼もまたアメリカの社会学や政治学におけるコーホート分析の流行のなかに、「古典的な世代理念の独特の狭隘化」を見て取り、コーホート分析はすぐに「根本的な方法論上・技法上の隘路に陥る」だろうと警告を発していた一人である[28]。というのは、フォークトにとってコーホート分析とは、そもそもそれが依拠するデータ自体が既に雑多な——かつしばしば相互に矛盾する——恣意的・人為的整理で汚染されているだけに、客観的な認識をもたらすどころか、むしろいたずらに混乱を生じさせかねないものだったからである。

コーホート分析のデータは、調査時点の間隔・年齢階層の区分・従属変数に従って整理されている。ここに特徴的な問題が出てくる。しっかりした根拠を持つ世代分析のためには十年以上を要するはずの調査間隔も、二次分析に先立ってあらかじめ定められてしまっているし、同じく年齢集団の標本も既に（たいていは大きすぎる形で）区分されている。極めつけは、これら二つの間隔（＝調査間隔と年齢間隔）が相互に一致しないことも非常に多く、長短さまざまであるという点だ。だからコーホート分析に用いられるデータ資料で、方法的に何の問題もないものなどほとんどありえないのである（とはいえ困ったことに、この種の分析が頻繁に試みられ、いかがわしい研究結果を生んでいるわけだが[29]）。

それに対して、「世代を構成する刻印局面」として青年期というライフステージの範囲を設定することは、心理的にも制度的にもそれなりの根拠を持つ。たとえばピアジェの発達心理学のモデルに従えば、人はたいてい一二—一五、六歳の間に抽象的・形式的に思考する能力を獲得するというし、また多くの青年は一八、九歳に学業の修了という制度的に定められた一種の「断絶」を経験することにもなる。フォークトによれば、これらの心理的・制度的出来事は、いわば政治的な「印象」を受容するための前提条件となりうる。だが政治的な出来事が本格的な影響を及ぼすようになるのは、何より一八—二一歳（少なくとも二五歳が上限）の時期である。なぜなら、フォークトいわく、この青年期に人は次のような特徴を持つ人生段階に突入するからである。すなわち、①選挙権を獲得する、②政治運動への参加も年齢的に可能になる、③政治に関する情報量を成人と同程度に得られるようになるが、その際まだ定まった政治的知見・フィルターを持ち合わせていないため、それらの情報が直接的に刷り込まれる、そのような人生段階である。(30) そしてまさにこの段階でこうむる政治の影響こそ、その後の数十年にわたって持続的に政治的志向性を規定し続ける、いわゆる「政治的世代」の輪郭を構成するものとなる。それだけに、いかがわしいデータに依拠してコーホートの生涯を追跡しようとせずとも、この局面における「政治的刻印」の歴史的特殊性を炙り出すことができれば、当該世代のその後の歩みもおのずから明らかになるだろう。

政治的世代という考え方が、本当に政治的発展の説明に何らかの貢献をなすものだとすれば、世代連関が長期にわたって政治的影響力を及ぼすことを証明しなければなるまい。つまり、数十年に及ぶ安定的かつ持続的な(「首尾一貫した」)指針や考え方、価値観、行為のあり方などが、最終的にはおおよそ思春期の後期以降、人生で最も柔軟かつ多感な時期に政治的世代の構成員に与えられたということを示す必要がある。逆にいえば、一六―二二歳ごろの「刻印局面」で経験された影響が、のちに成人になってからの発達によって打ち負かされるか、相対化されるか、あるいは消え去ってしまうことがあれば、そもそも世代という観念など必要ないではないか、ということになってしまうに違いない。(31)

これはほとんどマンハイムやシェルスキーの世代観の焼き直しにすぎない。すなわち、「青年期」というライフステージがここで再び特権的地位を回復され、世代論の存在理由を基礎づけるかけがえのない枠組みとして、改めて承認し直されているのである。フォークトに見られるこうした青年神話のあからさまな再強化は、コーホート分析の台頭でその正統性を脅かされた青年主義のパラダイムが、いわばその反動として作動させた一種の防衛機制の表れと見るべきだろう。実際そこでは、青年中心主義の妥当性を経験的事実によって「実証」することは問題にならないばかりか（というより、そのような実証が有効になりうる次元の問題ではない）、むしろフォークトは心理学から老年学にいたる、多種多様な理論を動員して青年期の特権性を幾重にも正当化した上で、こう断言しているのである。「たとえ経験的基礎を欠くにしろ、これによって、成人年齢にまで達する政治的志向性の一貫性と持続性が完全に立証されたと見て差し支えなかろう(32)」と。

とはいえ、青年主義パラダイムのこうした反動にも関わらず、結局のところこのコーホート分析が興隆して以降の世代論においては、もはや「出生年」という契機、あるいは「コーホート」という枠組みなしに思考することはほとんど不可能になったといってよい。というのは、世代の研究はほかならぬこのコーホート概念に依拠することで――たとえば福祉国家の「世代間公平」の問題、あるいは「世代間戦争」としての社会的なパイの分配闘争という主題も考察の対象に取り入れたように(33)――その射程を大幅に拡張してきたといえるからである。実際、現在の世代論ではほぼ例外なく、世代という集合体はアプリオリに一定のコーホートの間隔として想定されており、この限りで特定のライフステージにもとづく青年中心主義のパラダイムは、ある程度克服されつつあるといえる。しかしその一方で、次節でも見ていくように、今日の世代論ではまさしくこのコーホート概念からの離脱、つまり、「世代」と「コーホート」をいかに区別すべきかという問題も、一つの切実な理論的課題として浮上しているのである。一方で世代という概念をコーホートの鋳型に嵌め込んでおきながら、他方で両者の分離を図るという、この二律背反ともいえる奇妙な要請は、世代基層の分析を「自然主義」として拒否するマンハイム・パラダイムと、まさにこの基層の次元に立脚するコーホート・パラダイムとの融合から生み出されたアポリアにほかならない。いいかえれば、世代の理論的思惟におけるコーホート概念の浸透は、二つのパラダイム間に世代基層の位置づけをめぐる軋轢を生じさせ、いまや現代の世代論を深刻な隘路に追い込んでいるのである。

三　世代経験

■ポイカートの「四つの政治家世代」論とその批判

少し議論を急ぎすぎたようだ。以下ではまず、右に触れたアポリアの具体的事例を検証することで、現代世代論の現状とその問題点について考えることにしたい。

今日のドイツ史研究におけるコーホート・パラダイムの最も有名な例としては、やはりデートレフ・ポイカートによる「四つの政治家世代」の構想（一九八七年）を挙げておかねばなるまい。図2―3は、二〇世紀前半のドイツにおける政治的指導層を四つのコーホートに分類し、これらコーホート群のヴァイマル時代における布置関係をポイカート自身の手で図示したもので、日本のドイツ史関係者の間でもよく知られた図である。ポイカートの説明に従えば、ヴァイマル共和国の政治的指導層は次の四つの世代に区別できる。すなわち、①幼少期にドイツ帝国の創建を迎え、既に大戦前の十年間に社会的な指導層に属していた「ヴィルヘルム世代」、②帝国が創建された一八七〇年代に出生し、ヴァイマル共和国の時代に政治的指導層の大半を輩出した「創立期世代」、③若くして第一次世界大戦を経験し、大戦後にようやく就業と家族の形成を実現できた「前線世代」、④大戦後の経済的混乱のさなかに労働市場への参入を余儀なくされ、かつ世界恐慌の際にはほかの年齢集団と比べて特に大きな打撃をこうむることで、自分を社会の「余計者」として意識せざるをえなかった「余計者世代」の四つである。なお、ポイカート自身も、「出生が相前後して続いているのであるから、それぞれの生まれ年グループ、それどころか一連の生まれ年をひとまとめにしたいくつかの世代は、明確にほかと区別できる客観的なまとまりではない[34]」と述べているように、このようなコーホートのグループ分けにある種の恣意性が不可避的に伴うことは

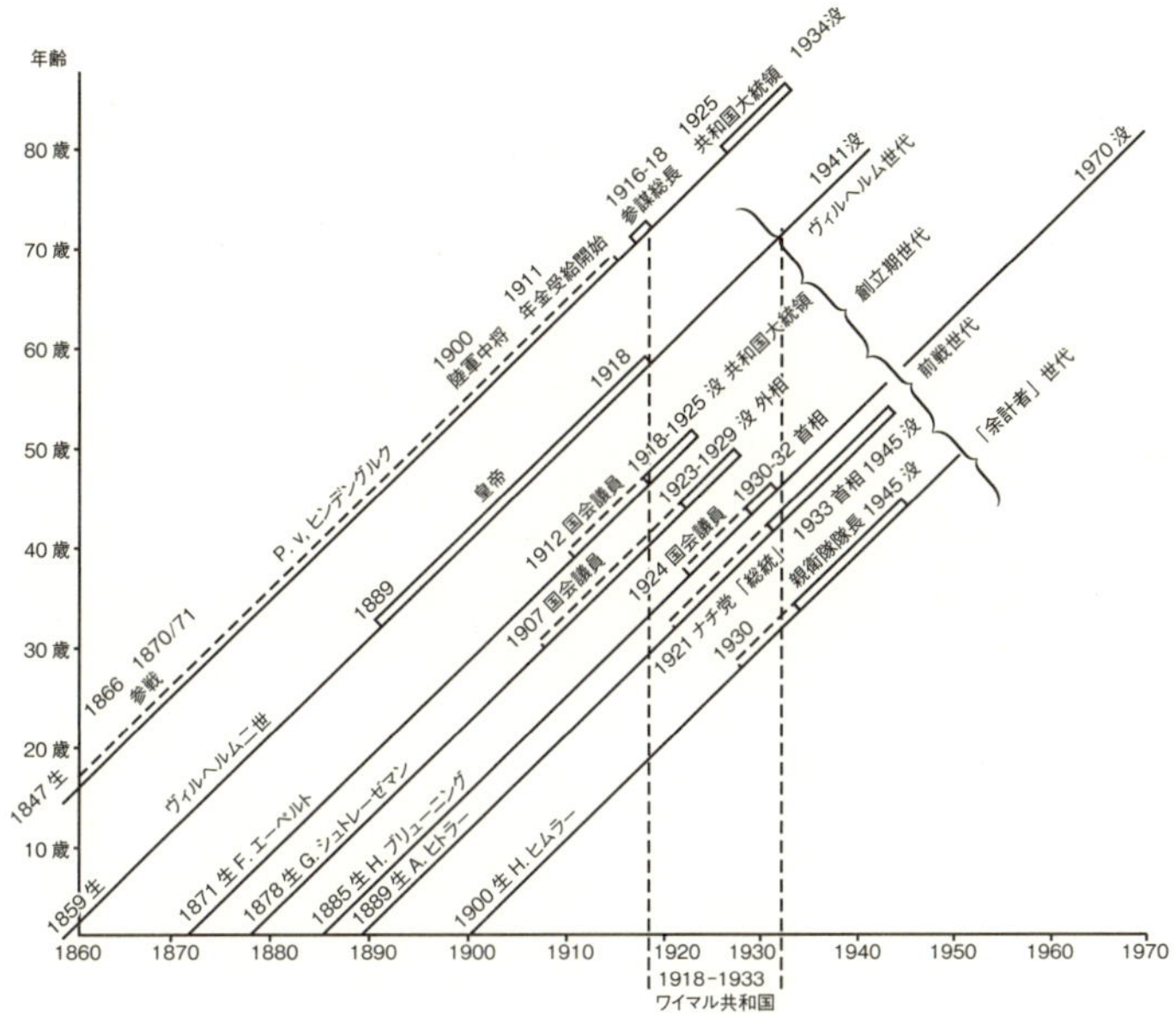

図2-3　ポイカートによる「四つの政治家世代」の図

十分自覚していた。だがいずれにせよ、こうした「四つの政治家世代」という構想が特定コーホートの生涯全体を眺望しようとする、あのローウェンバーグのパースペクティヴ（図2―2）と同じまなざしを共有していることは一目瞭然だろう。

しかしそれだけに、現代の世代論者はこのポイカートの構想にも警戒心を顕わにしている。たとえば、現代ドイツで世代論を推進する歴史家の一人であり、世代をテーマにした学際研究のコーディネートや、その理論的基礎づけにも精力的に取り組んでいるウルリケ・ユーライト（二〇〇六年）などは、そもそも「世代という観点で、単に年齢に特殊な、またコーホートを中心に据えた経験のまとまりだけを研究しても、世代研究の分析上の説明責任を果たしたことにはまったくならない[35]」と、コーホート・パラダイムを主軸とする研究スタイルにほとんど意味を見出していないだけに、ユーライトの目にはポイカートの提示した世代区分も、世代論の発展にとってさほど実り多いものとは映っていないのである。

しかしそれにも関わらず、ポイカートの研究も、コーホートを中心的な手がかりとする視座が持たざるをえない射程の限界を露呈している。つまり、一九一八—三三年の間に責任ある行為者だった者の世代のあり方を規定した刻印の様相を見るだけでは、結局のところ古典的近代の危機という急激なダイナミズムを説明することなどできはしない。〔……〕出生年の区別もまた、しばしば行為者を規定する刻印づけを突き止めるためというより、その時々の議論に説得力を持たせるためになされがちだということもある。一つの出生年がこれこれの世代に属し、別のどれそれの世代に属さないと決定するような基準が、まったくもって恣意的なものであることは、おのずから明らかだろう。だからこそポイカートの研究は、たしかにヴァイマル共和国の行く末を決定した政治上の立役者たちを社会化の背景に従って区分してはいるものの、その世代モデルなるものが、ドイツで最初の民主主義の危機と挫折を説明する手がかりを与えてくれることは決してないのである。(36)

このように今日の世代論では、出生年＝コーホートによる世代の機械的な区分に対しては、あからさまな拒否の所作を示すのが普通である。その限りでそれは、フォークトによる——恣意的処理に汚染された——コーホート・データへの批判と同じ発想に立つものであり、ひいてはマンハイム・パラダイムにおける世代基層の伝統的な位置づけに従うものでもあろう。つまり、世代はコーホートとは異なる何ものかである限りにおいて、歴史学的考察の範疇に含まれるというわけである。とはいえその一方で、先述のようにコーホート概念の導入を通じた世代論の発展はいまや否定すべくもなく、それだけに現代の世代論にあってはもはや、昔ながらの青年中心主義を引き合いに出すこともほとんど不可能に近い。実際、ユーライト自身も「世代の観念と青年概念との伝統的な固い結びつき」のために、「世代研究がしばしば最大でも最初の三〇歳に限定されがち」になるという傾向に対して警告を発しているように、[37] 旧来の青年主義的パースペクティヴへの回帰は問題にすらなっていない。そこでユーライトが世代とコーホートを隔てる主要な契機の一つとして持ち出してくるのが、「世代経験」という解釈行為の一形態であった。

■「体験」と「経験」

ユーライトによれば、世代概念がコーホートとは別次元で意味を持ちうる範囲を画定するものとして、次の五つの原理が挙げられる。すなわち、①同一性、②集合性、③行為、④経験、⑤加工の五つで、これらの原理を線分で結んだ五角形の枠内でこそ、本来の意味での世代の研究が可能になる。このうち①「同一性」とは、ほぼ同一の年齢層に属する者が似たような社会化や教育を経ることで、「年齢に特殊な自己認識」が可能になる状態を指す。②「集合性」とは、「たとえば同年代の人間が、互いに一つの特殊な思考・感情・行為を共有していると想定したり、この〔思考・感情・行為が〕同一であるという推定を通じて互いに結びついていると感じたりする」ことを指す。一言でいえば「想像の共同体」の位相を指すのがこの原理である。③「行為」とは、世代としての自己意識がその年代に属する各々の成員を共通の行為へと促すという事態を指し、④「経験」とは「社会的実践として、常に他者に関係づけられている」経験を指す。この原理に従っていえば、世代とは個々人における諸々の体験が特定の他者と共有可能な経験として解釈替えされることで成り立つ、一種の「経験共同体」である。最後に⑤「加工」とは、個々人の体験を文化的にコード化された形で消化・処理することで、「世代」としての表徴を刻印することを指す。「それ自体としては多様でどこまでも相矛盾する諸々の体験は、ただ領有された経験(angeeignete Erfahrungen) としてのみ世代の刻印を帯びるのである」[38]。

さて、ここで特に注目すべきは④経験と⑤加工の原理で、これら二つの原理が意味するのは、「経験共同体」

としての世代とはつまり「解釈共同体」にほかならない、ということである。ユーライトにとっては、まさにこの二つの原理が内包する解釈・加工の行為こそ世代を単なるコーホートから区別する一義的な指標であり[39]、しかもこうした解釈としての「経験」（Erfahrung）は、出来事の直接的な、解釈以前の知覚としての「体験」（Erlebnis）とは峻別される必要がある。なぜなら、ユーライト自身の定義によれば、世代が成立する際にはこの――体験を他者と共有可能な形に鋳直す――経験＝解釈という行為（＝世代経験）が不可欠である一方、「体験の直接性は、世代の形成にとって絶対に必須というわけではない」からである[40]。

このようなユーライトの「世代経験」論は、明らかに世代論に付きまとってきた伝統的な問題を乗り越えようとしたものだといえる。すなわち、「共通の社会化経験」なるものを根拠に世代が構成されるというとき、当の世代内部に同一の体験を共有しない人間が多数存在するにも関わらず、彼らもまた共通の世代意識を担いうるという事態をいかに理解すべきか、という問題である。右の「体験／経験」の区別に見られるように、ユーライトは世代にとっての構成的な契機を何らかの解釈に汚染される以前の直接的な知覚（＝体験）ではなく、解釈行為を通じて加工された「経験」に求めているが、たしかにこうした理解によって、未体験者による世代意識の共有という問題も解決されるように思われる。後述（第七章）のようにたとえば「前線世代」という世代意識も、本来無限に多様な戦争体験を持つはずの個々人をその構成員として含めようとする限り、「共通の前線体験」というある種の虚構性《フィクション》なくしては成り立ちえない意識である。それゆえ特定の世代に属するためには直接的な体験の有無はまったく問題にならず、出来事に関する一定の解釈を共有できるか否かこそ、その唯一の基準となる。とはいえもちろん、そうした解釈形態への参入も不特定多数の人間に開放されているわけではなく、それを共有するにはあらかじめ社会的に定められたさまざまな資格が求められる（たとえば「性差」や、「年齢」ないし「出生年」という要件なども、しばしばそうした資格となる）。だがいずれにせよ、このように共通の解釈行為への参与が現実の世代を構成する契機とされる限りで、ユーライトの「世代経験」とはまさしくマンハイムのいう「世代連関」の現代版にほかならない。いいかえれば、単に「可能的状態」にすぎないコーホートから世代を分かつ、決定的なメルクマールにほかならないのである。

いうまでもなく、まさにこうした「解釈共同体」という世代の位置づけこそ、コーホート・パラダイムとマンハイム・パラダイムとの両立を図るべく考案された定義といえる。つまりこの定義によって、世代の外枠を出生年で輪郭づけながら、同時に世代基層の次元を分析の範囲から締め出して、世代連関（解釈形態）にのみ考察を集中させることが可能になる、というわけだ。しかもこれは一見すると、前世紀末の歴史学で盛り上がりを見せた、いわゆる「言語論的転回」という名称で括られる巨大な思潮の転換に乗じたきわめて現代的な世代の定式化であり、また実際こうした世代の位置づけによって――右に例示したように――世代論に伴う伝統的な諸問題もいくつか解決可能になると思われる。しかしその一方で、ほかならぬこのユーライトのいう「体験」と「経験」の関係は、突き詰めれば世代基層と世代連関の論理構造とほぼ正確に対応するものであることも見逃せない。すなわち、「潜在的な可能態」（世代基層）としての体験なくしては、「顕在化した現実態」（世代連関）としての経験もまたありえない、という発想である。

> 体験では何か直接的なものが共振し、何か本当のものが含まれているように思われる。〔……〕体験すること（Erleben）はどこまでも「今、ここ」で行われ、直接の現在に関わる。体験するとは、いわば日常生活の単調さから飛び出るような、先鋭化された生といえる。既にこうした性格づけに体験されたものの解釈が顔を出しているとはいえ、それはあくまで体験の持つたしかな直接性にとどまること、また後でなされる体験の加工からこの直接性を区別するということだ。というのは――この点で経験概念と分岐するのだが――体験するとは、出来事

を領有したり解釈したり分類したりすることを意味するわけではないからである。それは、生起したことを検証・解読・抽象するという意味ではない。個々人がその体験を自家薬篭中のものとし、自己の人生経路のなかに統合してようやく、個々の体験から経験が現れる。それゆえ経験概念とはまず、体験を経験へと転換させるための加工のカテゴリー（Verarbeitungskategorie）なのである。[41]（傍点は引用者）

つまりユーライトにとって「経験」（＝解釈）とは、あくまで「直接的」かつ「本当のもの」としての「体験」（＝解釈以前）から成り立つものであって、先に引用したように「体験の直接性は、世代の形成にとって絶対に必須というわけではない」としても、「現実態」としての経験（解釈）の起源にはやはり、「可能態」としての体験の直接性が措定されることになる。ユーライトの設定するこうした体験と経験の関係が大いに問題なのは、結局のところそれが、世代を構成する「解釈」に内包されていた言語論的転回の起爆力を、大幅に殺いでしまうことになりかねないからである。その点を論証するために、ここではジェンダー史家ジョーン・スコットによる経験概念の批判、ならびに文化史家ジョアンナ・バークが提案する「感情の歴史研究」のための方法的視座を取り上げることにしたい。体験／経験と解釈との微妙で複雑な関係については、既にこれまでも歴史家の間で幾度となく論じられてきたものの[42]、このスコットによる経験批判やバークの「感情の文化史」論は、これらの歴史家の議論のなかでもとりわけラディカルなものであり、それだけにかえってユーライトの世代経験論の特徴を最も鮮やかに際立たせてくれる。

■「基礎づけ主義」批判

まずスコットによれば、歴史研究において経験をそれ以上に還元不可能な「歴史の基盤」とする見方、つまり経験こそ何よりの証拠だとする見解は、「所与のイデオロギー体系を批判するよりも再生産してしまう」ものとして斥けられるべきものである。スコットの見るところ、「経験」とは歴史におけるあらゆる客観的事実を剥奪された後の歴史家に残された、「権威」の最後の砦であるが、このような歴史家による経験の自明性への依存は、「言説の外にある領域」を作り出そうという誘惑の表現、いいかえれば、歴史のなかに何らかの基盤を求める「基礎づけ主義」(foundationalism) にほかならない。だがじつのところ、経験それ自体もまた一定のイデオロギー体系を前提とした「一つの言語的な出来事」(既成の意味体系の外側では生起しないもの) であり、「常に既に一つの解釈、かつ、解釈されるのを必要とする何ものか」である。それゆえそれは、歴史において動かぬ「証拠」とはなりえず、むしろ歴史学的分析の対象となるべきものである。[43]

「感情の文化史」ともいうべき研究領野を開拓したジョアンナ・バークの見解も、スコットによるこうした経験批判と軌を一にするものと見て差し支えない。すなわちバークによれば、恐怖や不安などの感情、一見人間に最も根源的で、それゆえ非歴史的だと考えられてきた感情すら、歴史的な変化を免れない。なぜなら「まさに行動の瞬間から、感情を呼び起こした出来事は、解釈・構築・構造化・再構造化されるイメージや言語のなかに入り込む」からであり、こうした感情のナラティヴが依拠する「文法やプロット、ジャンルのメカニズム」が、「歴史的なものである限り、感情を経験するやり方も一つの歴史を持つ」からである。[44] たとえば戦場での戦闘行為においても、「望まれた神話の世界を作り出すために言語や記憶〔……〕を使用するという人間の能力」は、「カオスの出来事に健全で一貫したロジックを与える」ことができる。この戦闘のなかで兵士たちは、「自分が映画や虚構のファンタジー〔これは当然、時代や文化に規定される〕に参加していると想像することで、語りえない死の恐怖を回避する」のであり、それゆえ兵士の多くが「イメージと経験をごたまぜにする」ことも起こりうるのである。[45]

以上のような議論はすべて、いわば「可視性」(visibility) =直接的体験を「知の起源」として特権化する従来の歴史学の認識論的枠組みに、批判の矛先を向けたものだといえる。[46]いいかえれば現実とは、言語・ナラティヴ構造による分節化や線状化を待ってようやく可視化され体験されるのであり、その意味で現実の体験から解釈が生まれ出るのではなく、逆に解釈によって初めて現実の体験が可能になる、というのがスコットやバークの基本的立場である。[47]たしかにユーライトによる「世代経験」論もまた、解釈＝加工を必要不可欠の条件と位置づける点で、一見これらの経験批判と軌を一にしているように見える。だがその一方で、先に見たように体験と経験を截然と区別し、前者を後者の「基礎」ないし「起源」として措定することで、ユーライトの議論はむしろ、この種の経験批判が否定していたはずの「基礎づけ主義」を典型的な形で再現してしまっている。

これは明らかに、マンハイム・パラダイムの論理構造に引きずられた結果といえる。たしかに一方でユーライトは、「恒常的な世代交代を歴史・社会現象の基礎的活動空間となる『天然のファクター』に位置づけている」として、マンハイムの世代基層論のなかに「自然化」の罠に陥りかねない潜在的な危険性を察知していたように、[48]この基層の次元を徹底して除外しようとする素振りを見せている。だが他方では、右のように（世代基層に対応する可能態としての）体験を、「直接的」かつ「本当のもの」として躊躇なく世代経験の基礎に据えることで、ほかならぬこの「自然化」の危険性なるものをそのまま反復してもいるのである。いいかえれば、世代経験として言語化された解釈の根底には、必ず異論の余地なき相応の現実的根拠が存するのであり、それだけにユーライトにあっては、この「根拠」（スコットにいわせれば、これこそ既存のイデオロギー体系を再生産するものにほかならない）そのものに対する批判的な検証可能性は、最終的には斥けられることになる。このように、ユーライト自身がコーホート・パラダイムから脱却すべく依拠したはずの言語論的転回の発想（＝解釈構造の自律性）は、マンハイム・パラダイムを通じていわば中和されることで、結局は潜在的可能態（世代基層）の次元を――しかも今度は「真正性」という価値を帯びつつ――「世代の起源」として復権させる、つまりは「基礎づけ主義」へと再び回帰していくことになるのである。

こうした世代経験論に見られる「現実的なるもののイデオロギー」[49]の問題性については、第七章で——「前線体験」の語りを手がかりに——改めて検討することにしたい。ここではとりあえず、現代の世代論がコーホート・パラダイムとマンハイム・パラダイムの融合によって、右のように一つの隘路に陥っていることを確認できれば十分である。すなわち今日の世代論は、コーホートとしての世代をコーホートではない何ものかとして規定しなければならないという二律背反的な定言命法の下にあること、そしてその突破口として提起された世代経験論（解釈共同体としての世代）も——この命法そのものが世代基層への人為的介入を拒否するマンハイム・パラダイムに由来する限り——結局のところマンハイム・パラダイムの思考構造に回収されてしまうという現状である。

■青年神話の生命力

もちろん、本章でも繰り返し強調しているように、世代という集合をコーホートと同一視することによって、その考察の射程が大幅に拡張されてきたという事実は否定すべくもない。その成果として、福祉国家論における諸々の主題が世代論の文脈にも取り込まれるようになったことは先に言及した通りだが、そのほかにもいわゆる「伝記《ビオグラフィー》」として分類されるアプローチ法——ウルリヒ・ヘルベルトの『ベスト』（一九九六年）やミヒャエル・ヴィルトの『妥協なき世代』（二〇〇三年）がその代表格であろう——が、世代論の興隆を通じて学術的な歴史研究としての意義を広く再認識されたということを、ここでは特筆しておきたい[50]。それが特筆に値する理由は、この種の（個人そのものというより）世代としての集合性を見据えた伝記的叙述のスタイルこそ、世代の全生涯を追跡しようとするコーホート・パラダイムの歴史研究における具体化であると同時に、他方ではマンハイム・パラダイムの基軸をなしていたあの神話、すなわち「青年期の体験が世代を形づくる」という神話も、この叙述スタイルにおいて典型的な形で再現されるからである。つまり「世代の伝記研究」とは、まさしくコーホート・パラダイムとマンハイム・パラダイムの融合を介して、現代ドイツ歴史学の一角に地歩を固めたジャンルにほかならない。たとえば、第三帝国時代の特務機関で第二次世界大戦におけるナチ・ジェノサイドの中核を担った、全国保安本部（RSHA）の幹部――いわゆる「戦時青少年世代」がその四分の三を占めた――のうち二〇〇名以上の経歴を渉猟したヴィルトも、彼らのなかに一貫して見られる（とされる）特殊な世界観の由来を、マンハイム・パラダイムに忠実に則って青少年期における体験の特殊性に求めている。少し長くなるがその個所を引用しておこう。

疑いもなく第一次世界大戦は、二〇世紀の初頭において決定的な断絶となっていた。この戦争はヨーロッパのあらゆる階級、あらゆる世代を巻き込み、またこの戦争で人の意見も経験も分かれることになった。〔……〕／とはいえ年少の若い男性――戦地に召集されるには若すぎ、遠い幼年時代として戦争を想起するには年を取りすぎた者――にとっては、年長者に分け与えられた確証の機会を自分たちは逸したのだという思いから、戦争がいわば獅子身中の虫となった。この戦時青少年世代にとっては、暴力や死という実存的・身体的な体験が欠落していたというのに、戦争は自分のどの経験にも近いところで起こっていたものだった。「銃後戦線」という概念は、単にプロパガンダのために作り出されたものではなく、女性や老人、若者が戦争の苦難に事実上巻き込まれたということも表わしている。女性は男性が召集された後に残された工場や事務所で穴埋めをしていたし、児童は戦時下での生産のために原料をかき集めたり、学校では兵役に備えた訓練を行ったりしていたのである。／それゆえこれらの若者にとっても、大戦はおのれを一つの世代にまとめ上げるほど、その人生において深い断絶となった。たしかに前線兵士との間に横たわる越えがたい世代の差異は、戦場の経験を欠いているという不快な事実を想起させる一つの限界となっていたが、同時にまたこの限界こそが、前線兵士とは違う、自分たちに固有の何かを求める原動力にもなっていた。〔……〕／全国保安本部の立役者たちは、まさにこのような世代から出てきたのである。実際、その四分の三以上が一九〇〇年以降に生まれた者だったし、そのなかでもおよそ六割前後は一九〇〇―一〇年の十年間に出生している。しかも彼らは、戦後の困難で不安定な時代、経済的危機や政治的内戦が支配する時代に思春期を迎えているのである。〔……〕この世代の目には、未来とはどこまでもいま現に在るものへの対抗モデル、一つの新しい、まったく別の秩序でしかありえなかった。彼らにとってその秩序は、「真の」共同体をもたらしてくれるものであり、一人ひとりに自分自身の、それも信頼するに足る意味を与えてくれるものでもあったのだ。(51)

見られる通り、ここでもやはり青年期（思春期）における「時代の断絶」の体験――つまり大戦中の銃後の生活や戦後の経済的混乱――が、この戦時青少年世代の一貫した特殊性を説明する論拠として引き合いに出されている。いいかえれば、青年期における断絶が世代の説明原理として再び特権的な参照点をなしているのであり、その限りでマンハイム・パラダイムにおける刻印仮説と青年神話（世代の起源としての青年期の「断絶」体験）が、ここでも昔ながらの形で反復されているのである。むろん、ヴィルト自身はＲＳＨＡ幹部の特異な行動様式をこうした世代としての特性にのみ求めるのではなく、当該機関そのものの制度的な性格や、第二次世界大戦という異常な時代状況など、複数の次元にまたがる諸要因が複合的に作用し合うなかで生成してきたものと見ており、決して単純な世代還元主義に陥っているわけではない。だがそれでも、ＲＳＨＡ指導部の行動様式を規定した要因の一つに「世界観」の特殊性を挙げ、その源泉として戦時青少年世代における銃後・戦後の体験を持ち出す右のような議論は、「青年期の刻印づけ」という、世代論で伝統的に受け継がれてきた仮定を前提とした発想であることはいうまでもないだろう。

こうしたヴィルトの例からも明らかなように、現在の伝記研究とは、その本性上人為的な区分（統計上の単位）にすぎないコーホートとして世代を輪郭づけながら、同時に青年期の体験を共有する有機的集合体として世代を描き出すという、元来異なる二つの思考法が組み合わさって発展してきたジャンルであるといってよい。だからこそこのジャンルには、世代としての集合体をコーホートの枠組みで思考しながらも、前者を後者に吸収し尽くそうとする力学にあくまで抵抗を示す、青年神話の根強い生命力がまざまざと見て取れるのである。

＊

以上に見てきたように、現代ドイツの世代論はコーホート・パラダイムとマンハイム・パラダイムの融合から飛躍的な発展と射程の拡張を実現した代償として、理論上のアポリア（世代をコーホートと等置すると同時にコーホートから区別する）に嵌まり込むことになった。だがこうした世代論の現状は、そもそも社会的な次元で世代をコーホートと同一視する思考が既に広く定着していることに端を発するものであろう。それだけに、おそらく純理論的な次元にとどまる限りは、右のアポリアは解決困難だろうと思われる。理論は単に、そのような社会レベルの思考パターンを昇華し体系化したものにすぎないからだ。その意味では今日の世代論が陥っている行き詰まりも、単なる論理の混乱というより社会全体で既に共有されている、世代をめぐる思考枠組みから導き出された一つの帰結にほかならない。それゆえこの種のアポリアについて思索をめぐらす際には、理論的次元ではなく、何よりもまず社会的次元における世代形象のあり方に照準を当てる必要がある。

たしかに本章では、見られる通り世代とコーホートとの融合をもっぱら理論の次元に視野を限定して論じてきたが、それはあくまで（この点は特に強調しておきたいが）世代論の現状を確認するためのものであって、決してそのアポリアの「解決」を目指したものではない。むしろ、本書が以下の叙述で解明を試みるのは、まさにこのような世代論の現状をもたらした、その社会的・歴史的背景である。すなわち、そもそもなぜこうしたアポリアを生じさせるような、世代をコーホートとして思考するという習慣が定着するにいたったのか、つまり――理論レベルでのコーホート概念の導入を後押しした――社会レベルでの世代形象の転換（ライフステージからコーホートへ）が、いつ・どのようにして起こったのか、この問いに一つの回答を提示することが本書の課題となる。今日の世代論が世代とコーホートをめぐる二律背反からいったん身を引き離し、両者の関係をリフレクシヴに見直しうる視座を獲得するためには、やはりこうした歴史学的（ないし系譜学的）な検証作業は避けて通れないだろう。

◆注

（1）むろん、マンハイム世代論に対する批判はこれまでも幾度か提出されている（Joachim Matthes, Karl Mannheims „Das Problem der Generationen", neu gelesen, in: *Zeitschrift für Soziologie,* 14. Jg. Het 5. 1985, S. 363-372; Lutz Niethammer, Sind Generationen identisch? in: Reulecke (Hg.), 2003 S. 1-16; Oliver Neun, Zur Kritik am Generationenbegriff von Karl Mannheim, in: Andreas Kraft, Mark Weißhaupt（Hg.）, *Generationen: Erfahrung – Erzählung – Identität,* Konstanz, 2009, S. 217-242）。だがそうした批判にも関わらず、マンハイムの世代概念は――多少の留保を付けられるようになったとはいえ――いまだに唯一の参照点としての地位を保持し続けている。

（2）ギリシア古典美からインスピレーションを得たヴィンケルマンが範例として提示した、調和・均衡・自己抑制の美（高貴なる単純さと静かなる崇高）を体現する存在は、もっぱら「若き運動家」のイメージであった（モッセ、二〇〇五年、四五―四七頁）。

（3）Rainer S. Elkar, "Young Germans and Young Germany: some remarks on the history of German youth in the late eighteenth and in the first half of the nineteenth century", Roseman (ed.) 1995, pp. 69-91.

（4）田村、一九九六年。

（5）Walter Benjamin, Die religiöse Stellung der neuen Jugend, in: *Die Tat. Sozial-religiöse Monatsschrift für deutsche Kultur,* 6. Jg., 1914/15, S. 210-212, hier S. 210f., Hervorh.i.O.

（6）これは一九一九年、すなわち敗戦直後に記された文章である（zit.n. Trommler, 1985, S. 15）。

（7） Reulecke, 2002, S. 117.

（8） Zit.n. Trommler, 1985, S. 25.

（9） Gustav Wyneken, *Was ist „Jugendkultur"? Öffentlicher Vortrag gehalten am 30. Oktober 1913 in der Pädagogischen Abteilung der Münchener Freien Studentenschaft. Mit einem Nachwort über den „Anfang"*, München, 1914, S. 24, Hervorh.i.O.

（10） 二〇世紀前半においてドイツの文化人や青年運動の当事者たちが担った「新しい人間」のユートピア的な待望論については、Jürgen Reulecke, Utopische Erwartungen an die Jugendbewegung 1900-1933, in: Wolfgang Hartwig (Hg.), *Utopie und politische Herrschaft im Europa der Zwischenkriegszeit,* München, 2003, S. 199-218.

（11） Trutz von Tratha, Zur Entstehung von Jugend, in: *Kölner Zeitschrift für Soziologie und Sozialpsychologie,* 34. Jg. 2. Heft, 1982, S. 254-277.

（12） 高橋、一九九七年、一六四―一六六頁。

（13） Mark Roseman, Generationen als „Imagined Communities". Mythen, generationelle Identitäten und Generationenkonflikte in Deutschland vom 18. bis zum 20. Jahrhundert, in: Jureit, Wildt (Hg.) 2005, S. 180-199, hier S. 192.

（14） Mannheim, 1964 [1928], S. 509-565, hier S. 529, Hervorh.i.O.

（15） Ebd., S. 542.

（16） Ebd., Hervorh.i.O.

（17） Ebd., S. 544.

（18） Ebd., S. 539f.

（19） Ebd., S. 535, Anm. 31, Hervorh.i.O.

（20） シェルスキーによれば、たしかに青年期は以前から学問的考察の対象になっていたものの、それはあくまで生物学・医学・心理学・教育学の領域に限定されており、社会学的な概念定義や分析の試みはほとんどなされていなかった（Schelsky, 1958 [1957], S. 11f.）。

（21） Ebd., S. 56f.

（22） Ebd., S. 13.

（23） Ebd., S. 21-26.

(24) ノーマン・ライダーは、みずからの提案する方法を「社会変化の研究に対する人口学的アプローチ」と呼んでいる。なお、ライダーによれば、社会変化と、人口代謝（demographic metabolism）を含む人口の動態とは「相互依存」の関係にあるが、じつはマンハイムの世代論こそ、まさにこうした「コーホートという考えを社会学にもたらした」先駆的な業績であったという（Norman Ryder, “The Cohort as a Concept in the Study of Social Change”, *American Sociological Review,* Vol. 30, No. 6, 1965, pp. 843-861, p. 843, 849）。

(25) Gosta Carlsson, Katarina Karlsson, “Age, Cohort and the Generation of Generations”, *American Sociological Review,* Vol. 35, No. 4, 1970, pp. 710-718, here p. 710f.

(26) Loewenberg, 1971, p. 1458.

(27) Ibd., p. 1465; なお、同じような提言は既にライダーにも見られる（Ryder, 1965, p. 853）。

(28) Fogt, 1982, S. 26.

(29) Ebd., S. 28f.

(30) Ebd., S. 56-62.

(31) Ebd., S. 68.

(32) Ebd., S. 73.

(33) 福祉国家と世代の問題に関する考察は既に膨大な数にのぼるが、歴史的パースペクティヴと関連するものとしてはたとえば以下の論稿がある。Christoph Conrad, Die Sprache der Generationen und die Krise des Wohlfahrtsstaates, in: Josef Ehmer, Peter Gutschner（Hg.）, *Das Alter im Spiel der Generationen. Historische und sozialwissenschaftliche Beiträge,* Wien, 2000, S. 51-72; Gerd Hardach, Der Generationenvertrag im 20. Jahrhundert, in: Reulecke (Hg.), 2003, S. 73-94; Heinz Bude, »Generation« im Kontext. Von den Kriegs- zu den Wohlfahrtstaatsgenerationen, in: Jureit, Wildt (Hg.), 2005, S. 28-44.

(34) ポイカート、一九九三年［原著一九八七年］、一八頁。

(35) Jureit, 2006, S. 30.

(36) Ebd., S. 56f., Hervorh.i.O.

(37) Ebd., S. 47.

(38) Ebd., S. 11-14.

(39) Ulrike Jureit, Michael Wildt, Generationen, in: Jureit, Wildt (Hg.), 2005, S. 13.
(40) Jureit, 2006, S. 81.
(41) Ebd., , S. 80f.
(42) たとえば、John E. Toews, "Intellectual History after the Linguistic Turn: The Autonomy of Meaning and the Irreducibility of Experience", *The American Historical Review,* Vol. 92, No. 4, 1987, pp. 879-907; Kathleen Canning, "Feminist History after the Linguistic Turn: Historicizing Discourse and Experience", *Signs,* Vol. 19, No. 2, 1994, pp. 368-404.
(43) Joan W. Scott, "The Evidence of Experience", *Critical Inquiry,* Vol. 17, 1991, pp. 773-797, here p. 781, 778, 790, 780, 793, 797.
(44) バークに従えば、「人間というのは、恐怖という言説のコンテクストにおいてしか、恐怖することができないのかもしれない」(Joanna Bourke, "Fear and Anxiety: Writing about Emotion in Modern History", *History Workshop Journal,* Vol. 55, 2003, pp. 111-133, cit. from p. 121, 120)。
(45) Joanna Bourke, "The Killing Frenzy: Wartime Narratives of Enemy Action," in: Alf Lüdtke and Bernd Weisbrod (eds.), *No Man's Land of Violence. Extreme Wars in the 20th Century,* Göttingen, 2006, pp. 101-125, cit. from pp. 120-122; また、次の著作も参照。Joanna Bourke, *Fear. A Cultural History,* London, 2005.
(46) Scott, 1991, p. 775.
(47) ただバークは、恐怖のような感情がすべて残らず言説によって構成されうるという、極端な構成主義とは距離を置く。なぜなら、「恐怖の感情は根本的に身体に関する」もの、「感じられる」ものであり、「感覚なくして存在しない」ため、「言説が身体を形づくる」のと同じく、「身体が言説を形づくる」という側面も無視しえないからだ。その限りでバークは恐怖などの感情を、純個人的なものでも、純社会的なもの(つまり個人を超越したナラティヴ構造)でもなく、「個人的なものと社会的なものを媒介する」ものと理解している(Bourke, 2003, p. 123f.)。
(48) Jureit, 2006, S. 32.
(49) Patrick Joyce, "The End of Social History?", *Social History,* Vol. 20, No. 1, 1995, pp. 73-91, here p. 78.
(50) Ulrich Herbert, *Best. Biographische Studien über Radikalismus, Weltanschauung und Vernunft, 1903-1989,* Bonn, 1996; Michael Wildt, *Generation des Unbedingten. Das Führungskorps des Reichssicherheitshauptamtes,* Hamburg, 2003; だがこうした動向に対しては、たとえば特別行動部隊(Einsatzgruppen)などのナチ犯罪実行者がいかに「世代や社会的出自、ないし世界観の刻印

づけに関係なく〔……〕殺人道具に変貌したか」ということを説明できない上に、一つの世代への「責任転嫁」にもなりかねないという懸念が表明されている（Bernd Weisbrod, Generation und Generationalität in der Neueren Geschichte, in: *Aus Politik und Zeitgeschichte*, 8/2005, 21. Feb. 2005, S. 3-9, hier S. 6f.)。

（51） Wildt 2003, S. 847-850.

第Ⅱ部

統計的まなざしの展開

第三章　教養人、この非政治的なるもの——ドイツ教養理念と第一次世界大戦——

■「教養」という障壁

この第Ⅱ部では、世代の形象をコーホートへと転換させる契機となった思考の格子、すなわち統計的まなざしが、社会のなかで普及・定着していった歴史的な諸条件を解明することが課題となる。いうまでもなく統計に関する知は元来、かつて「政治算術」という名称で呼ばれていたように、また統計（Statistik）という言葉自体が国家（Staat）という語から派生したものであることからも分かるように、もっぱら統治実践の技術として開発され発展してきたものである。[1] だがこの技術はやがて、一九世紀を通じて自然科学の営みのなかにも浸透するようになり、いつしか統計的な手法を用いることこそ「科学的」だと考える慣習が、科学者共同体の内部で根づくことになった。これはもちろん、序章でも触れたように、一九世紀の自然科学における確率論の台頭を背景にした思考習慣であったが、同じ世紀の終わりには——たとえばエミール・デュルケーム（一八五八—一九一七）にその一例が見られるように——こうした統計的まなざしは社会科学の領域でも受容され、いまや科学者たちの認識を一元的に支配しつつあったかに見えた。[2]

しかしその一方で、このように個別の分野を越えてあらゆる科学の営みに浸透したことから、統計学それ自体はかえってそれぞれの領域で単なる「補助手段」という従属的な地位に甘んじざるをえず、学問の世界では一個の独立したディシプリンとして認められることはなかった。それだけに、統計学者の間では繰り返しおのれの知を名実ともに「自立化」させようとする動きが表面化していた——この点は次章で詳しく論じる——が、特徴的なことにドイツではそのたびに統計（学）そのものの由来、つまりその統治実践との親近性が問題視されていたのである[3]（そのため統計学者の科学化戦略は、何よりもまず行政技術としての性格を払拭しようとするという特徴を持っていた）。その理由は、このドイツで伝統的に培われてきたいわゆる「教養」の理念、特にその非政治性ないし非実践性——日常的・実践的要請から離れた教養文化の卓越性——という教養の理想が、長きにわたって知的世界を席巻していたことにある。

ところで、いうまでもなく通常新規の解釈格子が社会一般で受容されるには、その分析上の有効性・妥当性（科学的論理）だけでなく、広く公衆を説得する社会的な力、いいかえれば知の権力闘争を勝ち抜くための「権威」（社会的論理）が必要となる。統計的まなざしも当然ながらその例に漏れず、社会のなかで一義的な認識枠組みとして受け入れられるには、やはりこのまなざしそのものがいわば「科学の後光」でその説得力を得る必要があったといえる。少なくとも、これが当時の統計学者や社会衛生学者の間で共有されていた感覚であり、こうした感覚から彼らは執拗に統計の「科学化」のためにさまざまな戦略を練り上げていくことになった。次章で立ち入って見ていくように、たしかにこの統計の科学化戦略をめぐっては、統計学者は反実践志向、社会衛生学者は実践志向というように、それぞれまるで正反対の志向性を見せることになったものの、いずれにせよ公衆をして統計的な知に馴染ませるには、最終的に統計そのものが科学としての正統性を獲得すべきだと考える点では両者ともに一致していたのである。

それだけに、ドイツの知的世界における教養の非政治性・非実践性という伝統的な理想は、元来実践的性格の強い統計にとって、科学的権威を得るにはどうしても乗り越えなければならない障壁であったといえる。したがって、ドイツにおけるこうした統計の科学化をめぐる動向や、統計的まなざしの浸透に伴う当時の知的インパクトを真に理解するには、やはりほかならぬこの教養理念の具体的内実と、さらにはその理念がドイツの知的世界で発揮していた規範としての拘束力の強さとを、あらかじめ踏まえておく必要がある。それゆえ本章では、次章以下で統計的まなざしの展開プロセスを考察するための前提として、まずは二〇世紀初頭のドイツにおける教養理念の実態やその機能の仕方を解明しておくことがおもな課題となる。

一　教養と政治

■教養理念と戦争賛美

「教養」(Bildung) ないしは「教養人」(Gebildete) という語が近代ドイツ史の文脈で帯びる特殊な意味合いについては、もはや周知のものだろう。この語は、一九世紀からヴィルヘルム期にかけてのドイツでは明らかに「知識人」(Intellektuelle) とは意識的に区別して用いられており、それればかりか後者は前者の「ネガ」としてしばしば強い否定性を託されることもあった。(4) この Intellektuelle は、いうまでもなく語源的にはラテン語に由来するもので、既にキケロの時代でも intellegentia や intellectus などは ratio とともに高い心的素質や認識能力、あるいは後天的に獲得された知識そのものを指していた。近代ドイツでも、たとえば観念論哲学の伝統のなかで「知的人間」を指示する語として Intelligenz が使われてはいたが、ドレフュス事件を境にして、intellectuel はもっぱら知性にもとづいて積極的に公共圏へと介入するような人間類型を意味するようになり、それがそのままヨーロッパのなかで広く流通することになった。(5)

一方でBildungは、同じように心的・精神的領域に結びつけられて使用されてきたとはいえ、古代から変わらずformatio（Gestaltung）、つまり「形成」という意味合いを強く帯びており、その限りで右のintellectuelとは異なり、むしろ知の形成の「過程」にもっぱら重点が置かれていたといえる。(6) こうしたニュアンスは、一八世紀半ば以降には教育学の領域で前面に押し出され、やがてこの世紀の末には——実践的知の習得とは区別された——古典的教養の内面化、とりわけギリシア語やラテン語の習熟による人格陶冶という使命が、このBildungなる営みに付与されるようになった。(7)

このような人格陶冶という内面志向の理想から派生した理念として、「個性」の重視や「外面的なもの」の拒否、さらには「非政治性」の称揚などが挙げられるだろう。ドイツの教養人たちは「文化」という名で括られうるあらゆる領域で、これらの理念を忠実に実践していたといってよい。かの「文明（外的所作）／文化（内的精神）」の対立図式や、「法則定立的」科学（自然科学）からの「個性記述的」科学（精神・文化科学）の独立運動、さらにはその非実用性にもとづく「学問の自由」の擁護など、近代ドイツの思想界を特徴づけていたほとんどすべての発想・動向は、まさにこうした教養理念と密接な形で絡み合っていたのである。(8)

あの有名なマックス・ヴェーバー（一八六四—一九二〇）の「価値自由」論も、それが「事実」と「価値」、「科学」と「政治」をそれぞれ別個の規則に従う相互に自律した領域としてはっきり分断していた限りで、ほかならぬこの教養理念の伝統からの一つの派生物と見て間違いない。すなわち、「我々を束ねる規範や理想をつきとめ、そこから実践のための処方箋を導き出すようなことは、断じて経験科学の課題ではない」(9)として、「科学」の名の下に実践領域に介入することを厳格に禁止する価値自由の発想には、実用的な要請からも政治的抗争からも距離を置くことを良しとする、一九世紀以来の伝統的な「教養の理想」の影が色濃く滲み出ているのである。

もちろん、周知のようにヴェーバー自身は学究生活の傍らで実際の政治活動にも精力的にコミットしていたし、その研究活動における主題の選択も、ほとんど一貫して自分の生きている近代ドイツ社会の諸問題をあからさまに投影したものであった（実際、これはヴェーバーのいわゆる「価値関係」テーゼで正当化されている）。たとえば、博士学位請求論文における古代ローマの農業資本主義研究は、東エルベ地域における農場経営の現状（大土地所有者の資本家的経営への移行）に関する調査と並行して執筆されたものであったし、また晩年の古代ユダヤ教研究も、大衆民主主義の時代における政治的デマゴギーへの関心をほぼそのまま反映していた。(10) こうしたヴェーバーに顕著に見られる実践志向には、教養の理念がかつてのような強い拘束力を失いつつあったという事情が透けて見える。とはいえ当然ながら、このヴェーバーに見られた「現代と、遠く離れた過去との間の往復運動」(11)、あるいは現実社会に対する問題関心と研究活動における認識との間の往復運動は、やはりそれ自体両者の間に何らかの断絶ないし乖離があって初めて可能になる運動であり、その限りで知の領域から実践領域へと赴こうとする際には、ヴェーバーもいわば「跳躍」を必要とする一種の断層に直面しなければならなかったのである（もっともヴェーバーは、晩年には多様な価値の間の「神々の闘争」を強調するあまり、政治と科学の分断線を相当程度ぼかすようになっていたが）。

いずれにせよ、このようにドイツの教養人たちは二〇世紀になってもなお、昔ながらの教養の理想に多かれ少なかれ拘束され続けていたといえるが、一九一四年に全ヨーロッパを巻き込む世界大戦が勃発したとき、それまで教養の理想を一身に体現してきたはずの教養人たちは突如として、それもほとんど一斉にドイツの戦争を正当化する言説を紡ぎ出し始め、講演や執筆活動を通じてこの大戦へのアンガジュマンを積極的に推し進めていくことになる。(12) すなわち、かつては内面の人格陶冶を理想とし、実用性や政治性からの分離を至高の態度と見なしていたはずの教養人たちが、ここでは一転して戦争賛美というグロテスクな様相を呈するようになったのであり、それだけにそれは「知識人（clercs）の裏切り(13)」だとして、当時から激しい非難の的となってきた。

開戦に際してのドイツ教養人のこうした振る舞いは、これまで既に幾度となく研究者の注意を惹きつけてきたものの、その説明は事象の純然たる追跡でなければ、たとえば近代化の進展に伴って醸成された教養人の危機意識や文化批判の帰結というような、いわば機能主義的な解釈にもとづくものがほとんどであった。他方、いわゆる「教養市民層」研究の場合、この階層が最も繁栄した一九世紀に焦点を絞るのが主流となっており、したがってこの研究潮流では右のような教養人と二〇世紀の戦争との関連については立ち入った考察がほぼ完全に欠落している。[14][15] だがもちろん、人格陶冶というすぐれて私的な事柄に志向する教養理念の伝統を鑑みれば、当時の教養人たちがいとも簡単にその内向的理想を放棄してあからさまな戦争賛美へなだれ込んでいったことは、やはり解くべき一つの謎である。彼らはいかにして戦争擁護という行為を旧来の教養理念と両立させえたのか。本章ではこうしたドイツの教養理念をめぐる問題から、彼ら教養人たちが祖国の戦争へと介入していった、その正当化のロジックを探ることになる。

■W・ゾンバルトという問題

この種の問題で最も注意を惹く教養人の一人として、ここではヴェルナー・ゾンバルト（一八六三―一九四一）を取り上げることにしよう。もともとこのゾンバルトは、『一九世紀の社会主義と社会運動』（一八九六年）の刊行によって「赤い教授」として名を馳せたように、戦前はマルクス主義的傾向を持つ学者として全ヨーロッパで知られた人物で、[16] さらにみずから編集長を務める『モルゲン』誌では、教養人の「政治からの離脱」をも繰り返し要求していた。[17] だが開戦と同時に彼もまた積極的に戦争の正当化に乗り出し始め、遂には悪名高い『商人と英雄』（一九一五年）なる戦争パンフレットを刊行するまでにいたる。こうしたゾンバルトの「変節」ぶりは、あのヴェーバーも「正直に告白すれば、あなたのナショナリスティックな狂乱には何だかひどく唖然とさせられました」[18] と、ゾンバルトへの手紙で困惑しながら感想を綴っているように、当時の人々の間では驚愕と動揺のなかで迎えられることになった。

このようにヴェーバーが当惑の念を吐露せざるをえなかったのは、当時この一四〇頁余りの小著が同時代のナショナリストたちをはるかに凌ぐ、急進的なショーヴィニズムを示していると受け取られたからであった。実際ゾンバルトはこの書の刊行後、アルフレート・ヴェーバー（一八六八―一九五八）やヨハン・プレンゲ（一八七四―一九六三）に宛てた手紙で、「個々の点でのあらゆる対立にも関わらず」自分たちは同盟者たりうると求愛の姿勢を見せたものの、結局彼らの間でも共感を得ることができず、逆に四面楚歌の状況に追い込まれてしまう。(19)後世から振り返ってみても、ゾンバルトの主張はたしかに一見すると開戦を挟んで左の極から右の極へと一気に跳躍しており、それだけに「学者としての良心の呵責もないまま、ナショナリスティックな扇動を推し進めた(20)」ように見えるのである。

戦前に「左傾」学者として活動し、政治からの離脱をも唱えていたはずのゾンバルトが、なぜ大戦の勃発とともに激烈なショーヴィニストへと変貌し、戦争という政治暴力の極みを正当化することになったのか。これをたとえば、「時代の雰囲気」や「開戦の陶酔」などという曖昧な説明で安易に片づけようとするのでない限り、こうした問いかけは当然、当時の教養人たちによる――無批判どころか精力的ですらあった――戦争協力という奇怪な現象を解明するための、一つのケース・スタディとして重要な手がかりを提供しうるはずである。ゾンバルトにおける「政治からの離脱」と「戦争賛美」という二つの極をつなぐ糸を炙り出してみること――これが、ドイツの教養理念と戦争との関わり合いを理解するために本章で採用される手続きとなる。そこでまずは、大戦前にゾンバルトが掲げた「教養人の非政治性」という要求の具体的な中身について、少し立ち入って見ておかなければならない。

■政治からの離脱

現代からドイツ教養理念の「非政治性」の実相を振り返ってみてやや奇妙に映るのは、「教授代議士」（Professorenparlamentarier）なる言葉もあるように、一九世紀の教養人たちが現実には決して「象牙の塔」に引きこもっていたわけではない、ということである。たとえば一八四八年のフランクフルト国民議会では、八三〇人の議員のうち少なくとも五五〇人は大卒者、つまり教養の洗礼を受けた者であったし、一方で一八四八―七八年のプロイセン下院・帝国議会で企業家議員が占めた割合はわずか四―九パーセントであった。[21] このように、一九世紀ドイツでは経済市民層ではなく、官吏・弁護士・大学教授など伝統的な教養市民が政治的に大きな影響力を誇っており、台頭しつつあった実業家層を差し置いて公権力の一翼すら担っていたのである。

こうした事態から窺えることは、教養の非政治性という理念はそれ自体として現実の政治活動を妨げるものではなかったということである。実際、一九世紀における教養理念は、合唱運動を始めとする「フェアアイン（Verein）活動」など、資格や公職を離れた所で自発的に実践・追求されていたように、その確証の場がほかの公的空間とは独立した形で設けられていた。[22] 当時の教養人たちはこうして余暇の領域を別個に構成することで、「パンという実のなる大樹の蔭で芸術三昧の暮らしを送る」（ホフマン）という言葉そのままに、[23] 教養理念と深刻な矛盾をきたすことなく現実の政治活動や日常業務に邁進することができたのである。

しかしビスマルク帝国が成立した頃から、この教養人の政治活動には変化が生じ始める。たとえば帝国議会における大学教授の比率を見ると、一八七一―七四年には四―五・五パーセントだったのが、一八八四―九八年では一・五―二パーセントの間を推移するようになり、一九〇三年にいたるとじつに〇・七五パーセントにまで落ち込んでいる。官吏やギムナジウム教師など教養理念を共有するほかの公務員まで含めても、その比率は四一・六―三七・三パーセント（一八七一―七四年）から、一七・八パーセント（一九〇三年）へと半減している。[24] たしかにこうした教養人の議会活動からの撤退がそのまま「政治」からの離脱を意味するわけではなく、大学教授が法規の解釈や著作の刊行、また議会外の政治組織における活動を通じて公共での発言力を確保していたように、むしろ政治活動の形態変化と見ることもできるが[25]、いずれにせよ教養人の公（＝国家）権力からの分離――それ自体は産業化の帰結と解釈しうる[26]――は、当然ながら教養と政治の理念的な関係にも少なからぬ作用を及ぼすことになった。

帝政期の教養人をめぐるこの傾向は、そのままゾンバルトの経歴にも反映されている。彼は十代の頃から、政府のあり方に「非常な吐き気」を催しながらも強い政治的野心を抱いており、「政治に関わる事柄で物申す」ための手段として勉学に励んでいたが、長じて博士論文を刊行した（一八八八年）後も特定の政党に所属することなく、おもに教養人サークルのなかで国民自由党員と接触したり、社会改良協会を設立してそのブレスラウ支部長へ就任するなど、みずからの活動をもっぱら議会や政党の外に限定していた。友人テンニースに社会民主党へ入党するよう勧められた際にも、ゾンバルトは「政治への学問の従属化」を怖れ、これら二つの領域を厳格に区別するよう求めていたし、またハンブルクでの港湾ストライキ（一八九六―九七年）が発生した折には、テンニースらによる支持声明への署名すら拒否している[27]。

ゾンバルトのこうした行動の裏には、当時の教養人に特徴的な政治観が横たわっていた。彼にとって社会民主党など特定の政党（＝利害）に関わる活動は、「非政治性」を旨とする教養理念を脅かしかねないものと映っていたが、逆に地方自治への参加や社会改良協会の務めなどは、それが自発的な「市民の自己管理という超党派の形式」である限り「政治」とは見なされず、それゆえ非政治的教養人の活動領域としても容認されうるものであった[28]。帝政期に国家権力から撤退した教養人たちは、このように今度は政治の領域を特定の利害代表機関としての政党や議会に押し込めることで、議会外での政治的影響力を――「非政治性」の名の下に――あくまで保持しようとしていたのである。

注目すべきことに、ゾンバルトに社会民主党への参加を勧めていたテンニースも、政党政治が諸々の特殊な利害間の闘争の場であり、教養人はこの種の闘争から超越した存在であるべきだと考えていた点で何ら変わりはない。彼が入党を勧めたのは、「この党が沈み込もうとしている半端な教養（Halbbildung）の泥沼」、「陰謀家の陰鬱な朦朧状態」から党を掬い上げようとしていたからであり、その限りでテンニースの意図はむしろ、いわば教養の介入による社会民主党の「非政治化」にあったといえる。彼がゾンバルトへの手紙で自分の信条を次のように表現したとき、その念頭にあったのは、まさにこうした党の非政治化という企図にほかならなかったのである。「私たちには多くの心ある人間にとって救済となるような行いができるのです。たしかにそれは私たちに非常な克己を要請するものではありますが[29]」。

このように政治を政党や議会の権力闘争に限定し、議会外での自発的な活動を非政治的なものと見なす傾向は、二〇世紀に入って以降も変わることはなかった。『モルゲン』誌で展開されたゾンバルトの一連の政治批判でも、この境界がほとんど揺れ動くことなく保持されている。ここで注意を惹くのは、ゾンバルトが政治ではないものの筆頭として、「商人における植民政策への関心」とともに、「一民族が突如として偉大な国民的理想に熱狂すること」、「敵を国土から追い立てること」、「愛国主義の祝祭に参加すること」を挙げている点である[30]。つまり、結局のところゾンバルトにとって「政治への関心」とは、「立法や行政を通じた」何らかの社会関係の形成、つまり外部からある規範を押しつけることで社会内での人間の営みを統制しようとする要求であって、ここから政治の特徴としての赤裸々な利害闘争も生じるのである。したがって「すべての政治的行為」の基礎には、立法や行政など「かの外面的な規則の重要性への信仰」が横たわっているはずであり、同時に「かの規則をもたらす機関」、すなわち「国家」や、「はたまた国家を支配する手段としての政党」が持つとされる高い価値への信仰もある[31]。

ここから導き出される結論は、法によって外から強制されない自発的な（＝内面から発する）行為はどこまでも非政治的なものである、ということになる。ゾンバルトにとって「国民的理想への熱狂」や「愛国的な祝祭への参加」、さらには「敵の追放」までもが非政治的でありうるのは、それらがまさに自発性にもとづく行為であるからだ。その限りで、「強制」を旨とする政治に対して教養人は必然的に対立せざるをえない。そもそも教養人と政治とは「自由と秩序、人格的なものと即物的なもの、個性的なものと一般的なもの」という、「原初的な」対立に帰することができるほど互いに相容れない属性を備えており、したがってしばしば見られるように、「政治的に立ち遅れている大抵の国では、政治的に高みにある国よりも客観的・主観的文化が高い水準にある」という事態なども、ほかならぬこうした両者の関係に起因するのである。[32]

こうしたゾンバルトによる政治（強制性）／非政治（自発性）の区分の仕方は、おそらく当時の教養人たちの間でもある程度共有されていたものと思われる。たとえばその最も特徴的な例としては、一九―二〇世紀の世紀転換期に教養人の間で顕在化した議会外での「署名運動」という行動様式が挙げられる。一九世紀の教養人には知られていなかったこの行動様式は、一九〇〇年のいわゆる「ハインツェ法」（文化活動に対する検閲を厳格化しようとした法律）に反対する抗議運動を契機に急速に普及し、いわば「名士たちの宣言」を通じて公権力に圧力をかける手段として教養人の間で広く利用されるようになったものである。実際、教養人の署名運動が最初に大規模に展開されたハインツェ法反対運動では、ゲルハルト・ハウプトマン（一八六二―一九四六）やルーヨ・ブレンターノ（一八四四―一九三一）、ヴィルヘルム・フェルスター（一八三二―一九二一）など当時の錚々たる教養人の面々に加え、エミール・ラーテナウ（一八三八―一九一五）をはじめとする著名な実業家もそろって宣言に署名したこともあって、この運動は帝国議会で当該法案の通過が阻止された際にその強力な後ろ盾になっていたといわれる[33]（図3―1はこのハインツェ法反対運動のマニフェストのテキストで、その下半分から裏面にかけて署名者のリストが並べられている)。こうしたドイツ議会史上でも前例のない教養人の議会外反対運動は、もともとドレフュス事件で結晶化した「知識人」の行動様式、つまりフランス知識人のマニフェスト運動に由来するものだが、特徴的なことに、フランスでこの種のマニフェストと署名運動が知識人たちの政治的アンガジュマンや新党派創設のための一義的な手段になったのに対し[34]、その同じ運動形態がドイツ教養人に受容されたとき、それはむしろ教養の「非政治性」を担保するものに機能変化することになった。すなわち、ゾンバルトに見られたように、自発的な行為や運動を政治ではないものの範疇に数え入れるというドイツ教養人の発想は、まさしくこの署名運動で発揮されるはずの教養人の政治的影響力に、非政治性のアリバイを与えるものにほかならなかったのである。

ところでゾンバルトは、ドイツの教養人が将来的にこの政治の領域と和解できる可能性については懐疑的であった。彼の目には、今の時代ではこのような「特殊事情」はもはや望むべくもないものと映っていた。「ベルリンの『知識人たち』(Intellektuellen)」のような「政治に関心を持つミリューにおける会合」など、「もうまったく考えられない」。というのは、既に「我らの父や祖父を熱狂させた偉大な理想が色

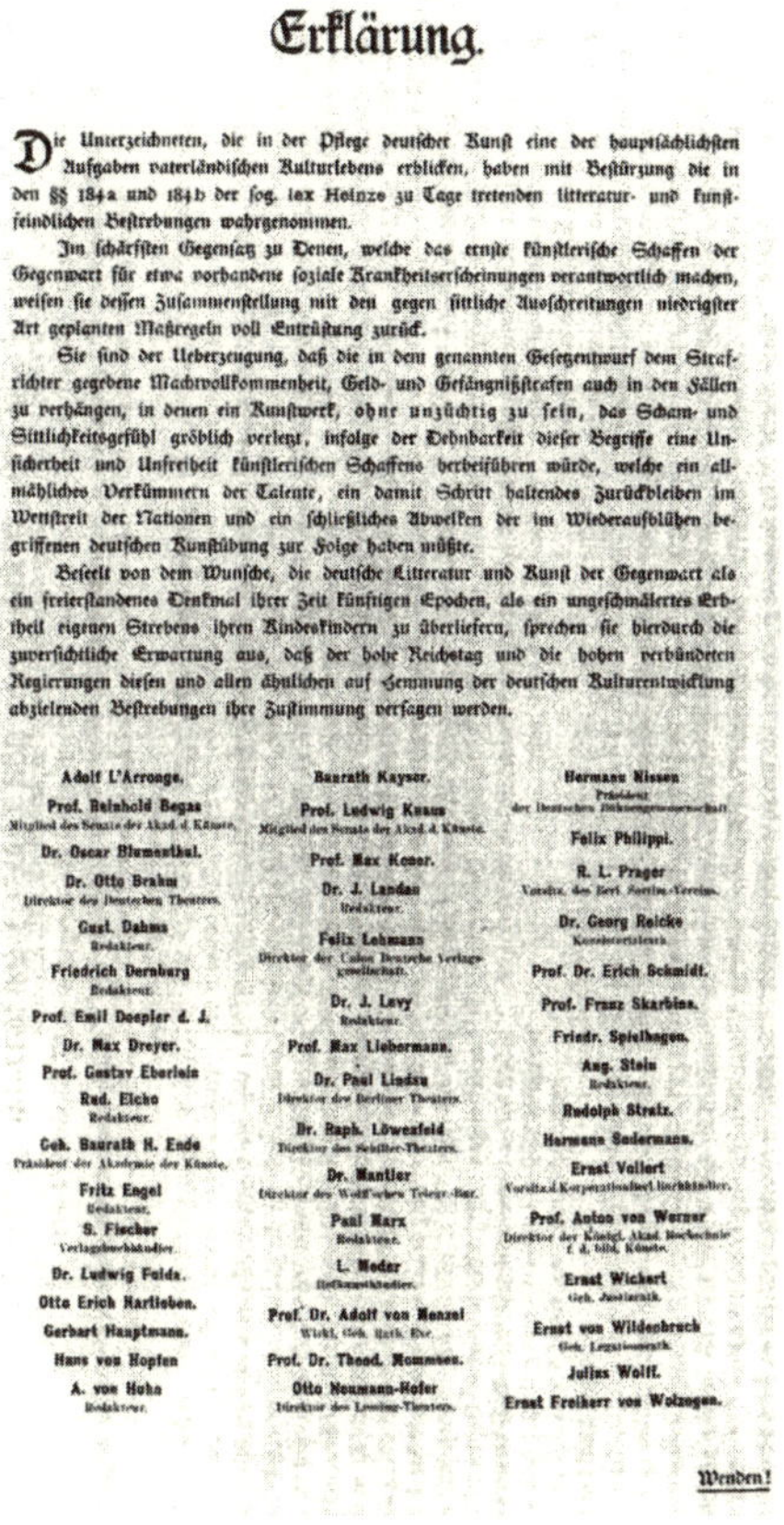

Erklärung.

Die Unterzeichneten, die in der Pflege deutscher Kunst eine der hauptsächlichsten Aufgaben vaterländischen Kulturlebens erblicken, haben mit Bestürzung die in den §§ 184a und 184b der sog. lex Heinze zu Tage tretenden litteratur- und kunstfeindlichen Bestrebungen wahrgenommen.

Im schärfsten Gegensatz zu Denen, welche das ernste künstlerische Schaffen der Gegenwart für etwa vorhandene soziale Krankheitserscheinungen verantwortlich machen, weisen sie dessen Zusammenstellung mit den gegen sittliche Ausschreitungen niedrigster Art geplanten Maßregeln voll Entrüstung zurück.

Sie sind der Ueberzeugung, daß die in dem genannten Gesetzentwurf dem Strafrichter gegebene Machtvollkommenheit, Geld- und Gefängnißstrafen auch in den Fällen zu verhängen, in denen ein Kunstwerk, ohne unzüchtig zu sein, das Scham- und Sittlichkeitsgefühl gröblich verletzt, infolge der Dehnbarkeit dieser Begriffe eine Unsicherheit und Unfreiheit künstlerischen Schaffens herbeiführen würde, welche ein allmähliches Verkümmern der Talente, ein damit Schritt haltendes Zurückbleiben im Wettstreit der Nationen und ein schließliches Abwelken der im Wiederaufblühen begriffenen deutschen Kunstübung zur Folge haben müßte.

Beseelt von dem Wunsche, die deutsche Litteratur und Kunst der Gegenwart als ein freierstandenes Denkmal ihrer Zeit künftigen Epochen, als ein ungeschmälertes Erbtheil eigenen Strebens ihren Kindeskindern zu überliefern, sprechen sie hierdurch die zuversichtliche Erwartung aus, daß der hohe Reichstag und die hohen verbündeten Regierungen diesen und allen ähnlichen auf Hemmung der deutschen Kulturentwicklung abzielenden Bestrebungen ihre Zustimmung versagen werden.

Adolf L'Arronge.
Prof. Reinhold Begas
Mitglied des Senats der Akad. d. Künste.
Dr. Oscar Blumenthal.
Dr. Otto Brahm
Direktor des Deutschen Theaters.
Gust. Dahms
Redakteur.
Friedrich Dernburg
Redakteur.
Prof. Emil Doepler d. J.
Dr. Max Dreyer.
Prof. Gustav Eberlein
Rud. Elcho
Redakteur.
Geh. Baurath H. Ende
Präsident der Akademie der Künste.
Fritz Engel
Redakteur.
S. Fischer
Verlagsbuchhändler.
Dr. Ludwig Fulda.
Otto Erich Hartleben.
Gerhart Hauptmann.
Hans von Hopfen
A. von Hahn
Redakteur.

Baurath Kayser.
Prof. Ludwig Knaus
Mitglied des Senats der Akad. d. Künste.
Prof. Max Koner.
Dr. J. Landau
Redakteur.
Felix Lehmann
Direktor der Union Deutsche Verlagsgesellschaft.
Dr. J. Levy
Redakteur.
Prof. Max Liebermann.
Dr. Paul Lindau
Direktor des Berliner Theaters.
Dr. Raph. Löwenfeld
Direktor des Schiller-Theaters.
Dr. Mantler
Direktor des Wolff'schen Telegr.-Bur.
Paul Marx
Redakteur.
L. Meder
Prof. Dr. Adolf von Menzel
Prof. Dr. Theod. Mommsen.
Otto Neumann-Hofer
Direktor des Lessing-Theaters.

Hermann Nissen
Präsident
Felix Philippi.
R. L. Prager
Dr. Georg Reicke
Prof. Dr. Erich Schmidt.
Prof. Franz Skarbina.
Friedr. Spielhagen.
Aug. Stein
Redakteur.
Rudolph Stratz.
Hermann Sudermann.
Ernst Vollert
Prof. Anton von Werner
Ernst Wichert
Geh. Justizrath.
Ernst von Wildenbruch
Geh. Legationsrath.
Julius Wolff.
Ernst Freiherr von Wolzogen.

Wenden!

図 3-1　ハインツェ法反対運動のマニフェストと署名

褪せてしまった」からだ。現代の政治は停滞して「平板化と荒廃」に陥り、単なる「政局」(Tagespolitik)に堕している。かつてのナショナリズムも、「もうあの時代ほど温めてはくれない二番煎じ」となってしまい、「我らの先祖がそのために死んでいったかの偉大な政治的理想」など、今の若い世代にはただもう「優越感に浸って微笑む」ようなものでしかない。こうした「ドイツにおける政治の歩みは、あらゆる見通しからして次世代でも基本的に同じままだろう」、「ドイツで何か『革命』めいたことが起こるなど、おそらくもう〔……〕ローザ・ルクセンブルクでさえ信じてはいまい(35)」。

このゾンバルトによる「政治の停滞」という時代診断は、当時の教養人の間で感得されていた雰囲気ともおおよそ一致したものだったと見てよい。たしかにゾンバルトの政治論に対しては一度政治家ナウマンから批判が出たものの、その矛先もゾンバルトが描いていた「職業政治家」のカリカチュアに集中しており、彼の時代診断そのものには口を閉ざしている(36)。さらに、「我ら若者」を自称する一私講師にいたっては、「〔政治から〕実践面で距離を取ることが理論面での疎外を意味するわけでないこと、それをあなたはお示しになられた」と、ゾンバルトの政治批判を手放しで賞賛している(37)。

たしかに一面では教養人の戦争への熱狂が、公権力から撤退して以来醸成されてきた、この種の「政治」に対する失望や閉塞感に起因すると考えることは可能だろう。だが、ほかならぬ教養人ゾンバルトがそのような熱狂に躊躇なく身を委ねることができたのは、以上のように教養と政治を分ける独特の境界線をあらかじめ設定していたからこそであった。戦争パンフレット『商人と英雄』の執筆も、右で見たゾンバルトの非政治性の理念と完全に合致していたのであり、それゆえ彼は「愛国主義的省察」の名の下に、「戦後における一つの新しい、ドイツの生」なるものの到来を高らかに宣言できたのである。何より彼にとっての戦争は、とりわけ前線の「若き英雄たち」は、ローザ・ルクセンブルクでさえ信じなかったであろうドイツの刷新をもたらすはずのものであった(38)。

二　教養と戦争

■「精神の戦争」

このゾンバルトの議論のように、政党間の抗争から離れた「超党派」としての姿勢が、一般に当時の教養人たちにとって「非政治的態度」として通用していたことは、早くから繰り返し指摘されてきた[39]。実際リンガーのいうように、彼らはたしかに「統治」の問題にまったく関心がなかったというわけではないにしろ、そのための行政技術の考案や政策決定過程で必然的に伴うはずのさまざまな利害の衝突からは、教養人たる者は超越しておかねばならない、という自意識が常に強く働いていたのである。

〔……〕社会問題や政治問題に関する教授たちの議論はおおむね理想主義的であった。重点はいつも統治の究極目的にあった。〔……〕政治的現実の分析はゆるがせにされ、政治技術の問題には比較的わずかな注意しか払われなかった。その手のことは総じてささいな問題とみなされた。それどころか、日々の政治のこまごましたことは倫理的にも知的にも教養ある人間に似つかわしくないとされた。この意味で――この意味でのみ――ドイツの知識人〔教養人〕は非政治的であったし、またみずからもそう考えていた。知識人〔教養人〕たちは政治過程の実践的側面に嫌悪を感じていた[40]。

しかし大戦の勃発に直面して、彼らがその「党派や社会的利害を超越したものとしての教養人の立場を放棄した[41]」とまで主張することには――これも右のゾンバルトの事例から推察できるように――大いに疑問が残る。む

図 3-2　ドイツの無制限潜水艦作戦を批判したカリカチュア（『文化界に告ぐ』の定型文「……は嘘である」と咆哮しながら外国船を沈めるドイツ）

しろ教養人たちの積極的な戦争の正当化という行為は、後世から振り返っていかに政治的・党派的に見えようとも、彼ら自身がそれを従来の教養理念と齟齬をきたさないものと考えていた限り、やはりそれは政治的だったと確認してみたところでそれほど意味があるとは思えない。問題の真の所在はおそらく、やはり彼らにとっての政治／非政治の境界を見極めることでしか浮かび上がってはこないと思われる。

　さて、既述のようにドイツの教養人たちは大戦の勃発後、公共の場での講演活動や論文・パンフレットの執筆と編纂など、いわゆる「精神の戦争[42]」と呼ばれる戦争擁護のキャンペーンを精力的に展開していった。なかでも国際的に特に有名になったのが、戦争勃発から二ヵ月後の一九一四年一〇月四日にドイツの新聞各紙に掲載された『文化界に告ぐ』（An die Kulturwelt!）と題された声明文である。先にも言及したハウプトマンやブレンターノに加え、グスタフ・フォン・シュモラー（一八三八―一九一七）、マックス・プランク（一八五八―一九四七）、エルンスト・ヘッケル（一八三四―一九一九）、エドゥアルト・マイヤー（一八五五―一九三〇）など、当時のドイツの学界を代表する九三人もの教養人の署名とともに掲載されたこの声明文は[43]、各段落を「……は嘘である」（Es ist nicht wahr...）という定型文から書き出す扇動的なテキストを特徴としており、もっぱら外国での反ドイツ的な風評や批判に対する反批判となっていた。当然その挑戦的な内容は、大戦を通じて各国のジャーナリ

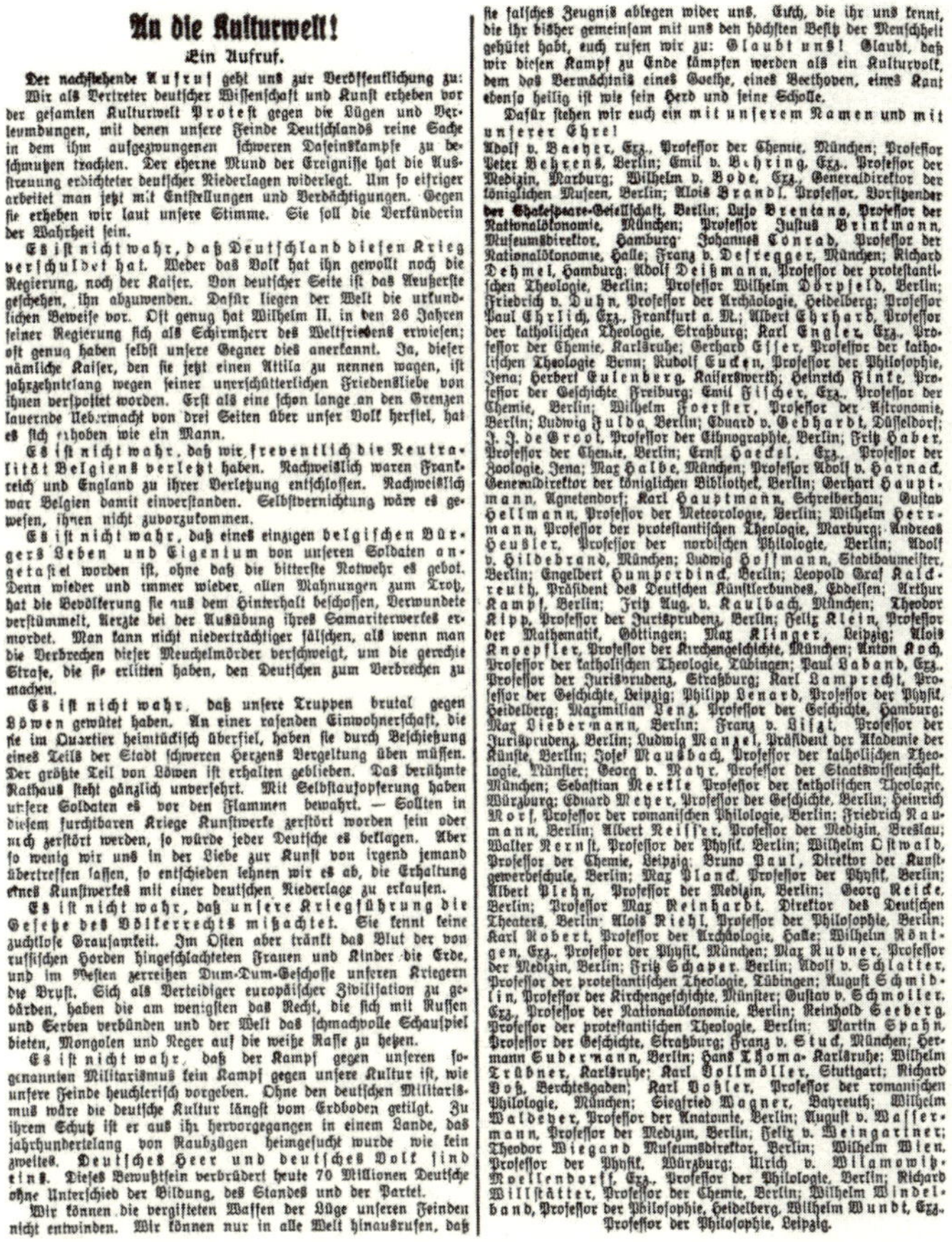

An die Kulturwelt!

Ein Aufruf.

Der nachstehende Aufruf geht uns zur Veröffentlichung zu:

Wir als Vertreter deutscher Wissenschaft und Kunst erheben vor der gesamten Kulturwelt Protest gegen die Lügen und Verleumdungen, mit denen unsere Feinde Deutschlands reine Sache in dem ihm aufgezwungenen schweren Daseinskampfe zu beschmutzen trachten. Der eherne Mund der Ereignisse hat die Ausstreuung erdichteter deutscher Niederlagen widerlegt. Um so eifriger arbeitet man jetzt mit Entstellungen und Verdächtigungen. Gegen sie erheben wir laut unsere Stimme. Sie soll die Verkünderin der Wahrheit sein.

Es ist nicht wahr, daß Deutschland diesen Krieg verschuldet hat. Weder das Volk hat ihn gewollt noch die Regierung, noch der Kaiser. Von deutscher Seite ist das Aeußerste geschehen, ihn abzuwenden. Dafür liegen der Welt die urkundlichen Beweise vor. Oft genug hat Wilhelm II. in den 26 Jahren seiner Regierung sich als Schirmherr des Weltfriedens erwiesen; oft genug haben selbst unsere Gegner dies anerkannt. Ja, dieser nämliche Kaiser, den sie jetzt einen Attila zu nennen wagen, ist jahrzehntelang wegen seiner unerschütterlichen Friedensliebe von ihnen verspottet worden. Erst als eine schon lange an den Grenzen lauernde Uebermacht von drei Seiten über unser Volk herfiel, hat es sich erhoben wie ein Mann.

Es ist nicht wahr, daß wir freventlich die Neutralität Belgiens verletzt haben. Nachweislich waren Frankreich und England zu ihrer Verletzung entschlossen. Nachweislich war Belgien damit einverstanden. Selbstvernichtung wäre es gewesen, ihnen nicht zuvorzukommen.

Es ist nicht wahr, daß eines einzigen belgischen Bürgers Leben und Eigentum von unseren Soldaten angetastet worden ist, ohne daß die bitterste Notwehr es gebot. Denn wieder und immer wieder, allen Mahnungen zum Trotz, hat die Bevölkerung sie aus dem Hinterhalt beschossen, Verwundete verstümmelt, Aerzte bei der Ausübung ihres Samariterwerkes ermordet. Man kann nicht niederträchtiger fälschen, als wenn man die Verbrechen dieser Meuchelmörder verschweigt, um die gerechte Strafe, die sie erlitten haben, den Deutschen zum Verbrechen zu machen.

Es ist nicht wahr, daß unsere Truppen brutal gegen Löwen gewütet haben. An einer rasenden Einwohnerschaft, die sie im Quartier heimtückisch überfiel, haben sie durch Beschießung eines Teils der Stadt schweren Herzens Vergeltung üben müssen. Der größte Teil von Löwen ist erhalten geblieben. Das berühmte Rathaus steht gänzlich unversehrt. Mit Selbstaufopferung haben unsere Soldaten es vor den Flammen bewahrt. — Sollten in diesem furchtbaren Kriege Kunstwerke zerstört worden sein oder noch zerstört werden, so würde jeder Deutsche es beklagen. Aber so wenig wir uns in der Liebe zur Kunst von irgend jemand übertreffen lassen, so entschieden lehnen wir es ab, die Erhaltung eines Kunstwerkes mit einer deutschen Niederlage zu erkaufen.

Es ist nicht wahr, daß unsere Kriegführung die Gesetze des Völkerrechts mißachtet. Sie kennt keine zuchtlose Grausamkeit. Im Osten aber tränkt das Blut der von russischen Horden hingeschlachteten Frauen und Kinder die Erde, und im Westen zerreißen Dum-Dum-Geschosse unseren Kriegern die Brust. Sich als Verteidiger europäischer Zivilisation zu gebärden, haben die am wenigsten das Recht, die sich mit Russen und Serben verbünden und der Welt das schmachvolle Schauspiel bieten, Mongolen und Neger auf die weiße Rasse zu hetzen.

Es ist nicht wahr, daß der Kampf gegen unseren sogenannten Militarismus kein Kampf gegen unsere Kultur ist, wie unsere Feinde heuchlerisch vorgeben. Ohne den deutschen Militarismus wäre die deutsche Kultur längst vom Erdboden getilgt. Zu ihrem Schutz ist er aus ihr hervorgegangen in einem Lande, das jahrhundertelang von Raubzügen heimgesucht wurde wie kein zweites. Deutsches Heer und deutsches Volk sind eins. Dieses Bewußtsein verbrüdert heute 70 Millionen Deutsche ohne Unterschied der Bildung, des Standes und der Partei.

Wir können die vergifteten Waffen der Lüge unseren Feinden nicht entwinden. Wir können nur in alle Welt hinausrufen, daß sie falsches Zeugnis ablegen wider uns. Euch, die ihr uns kennt, die ihr bisher gemeinsam mit uns den höchsten Besitz der Menschheit gehütet habt, euch rufen wir zu: Glaubt uns! Glaubt, daß wir diesen Kampf zu Ende kämpfen werden als ein Kulturvolk, dem das Vermächtnis eines Goethe, eines Beethoven, eines Kant ebenso heilig ist wie sein Herd und seine Scholle.

Dafür stehen wir euch ein mit unserem Namen und mit unserer Ehre!

Adolf v. Baeyer, Exz., Professor der Chemie, München; Professor Peter Behrens, Berlin; Emil v. Behring, Exz., Professor der Medizin, Marburg; Wilhelm v. Bode, Exz., Generaldirektor der königlichen Museen, Berlin; Alois Brandl, Professor, Vorsitzender der Shakespeare-Gesellschaft, Berlin; Lujo Brentano, Professor der Nationalökonomie, München; Professor Justus Brinkmann, Museumsdirektor, Hamburg; Johannes Conrad, Professor der Nationalökonomie, Halle; Franz v. Defregger, München; Richard Dehmel, Hamburg; Adolf Deißmann, Professor der protestantischen Theologie, Berlin; Professor Wilhelm Dörpfeld, Berlin; Friedrich v. Duhn, Professor der Archäologie, Heidelberg; Professor Paul Ehrlich, Exz., Frankfurt a. M.; Albert Ehrhard, Professor der katholischen Theologie, Straßburg; Karl Engler, Exz., Professor der Chemie, Karlsruhe; Gerhard Esser, Professor der katholischen Theologie Bonn; Rudolf Eucken, Professor der Philosophie, Jena; Herbert Eulenberg, Kaiserswerth; Heinrich Finke, Professor der Geschichte Freiburg; Emil Fischer, Exz., Professor der Chemie, Berlin; Wilhelm Foerster, Professor der Astronomie, Berlin; Ludwig Fulda Berlin; Eduard v. Gebhardt, Düsseldorf; J. J. de Groot, Professor der Ethnographie, Berlin; Fritz Haber, Professor der Chemie, Berlin; Ernst Haeckel, Exz., Professor der Zoologie, Jena; Max Halbe, München; Professor Adolf v. Harnack, Generaldirektor der königlichen Bibliothek, Berlin; Gerhart Hauptmann, Agnetendorf; Karl Hauptmann, Schreiberhau; Gustav Hellmann, Professor der Meteorologie, Berlin; Wilhelm Herrmann, Professor der protestantischen Theologie, Marburg; Andreas Heusler, Professor der nordischen Philologie, Berlin; Adolf v. Hildebrand, München; Ludwig Hoffmann, Stadtbaumeister, Berlin; Engelbert Humperdinck, Berlin; Leopold Graf Kalckreuth, Präsident des Deutschen Künstlerbundes, Eddelsen; Arthur Kampf, Berlin; Fritz Aug. v. Kaulbach, München; Theodor Kipp, Professor der Jurisprudenz, Berlin; Felix Klein, Professor der Mathematik, Göttingen; Max Klinger, Leipzig; Alois Knoepfler, Professor der Kirchengeschichte, München; Anton Koch, Professor der katholischen Theologie, Tübingen; Paul Laband, Exz., Professor der Jurisprudenz, Straßburg; Karl Lamprecht, Professor der Geschichte, Leipzig; Philipp Lenard, Professor der Physik, Heidelberg; Maximilian Lenz, Professor der Geschichte, Hamburg; Max Liebermann, Berlin; Franz v. Liszt, Professor der Jurisprudenz, Berlin; Ludwig Manzel, Präsident der Akademie der Künste, Berlin; Josef Mausbach, Professor der katholischen Theologie, Münster; Georg v. Mayr, Professor der Staatswissenschaft, München; Sebastian Merkle Professor der katholischen Theologie, Würzburg; Eduard Meyer, Professor der Geschichte, Berlin; Heinrich Morf, Professor der romanischen Philologie, Berlin; Friedrich Naumann, Berlin; Albert Neisser, Professor der Medizin, Breslau; Walter Nernst, Professor der Physik, Berlin; Wilhelm Ostwald, Professor der Chemie, Leipzig; Bruno Paul, Direktor der Kunstgewerbeschule, Berlin; Max Planck, Professor der Physik, Berlin; Albert Plehn, Professor der Medizin, Berlin; Georg Reicke, Berlin; Professor Max Reinhardt, Direktor des Deutschen Theaters, Berlin; Alois Riehl, Professor der Philosophie, Berlin; Karl Robert, Professor der Archäologie, Halle; Wilhelm Röntgen, Exz., Professor der Physik, München; Max Rubner, Professor der Medizin, Berlin; Fritz Schaper, Berlin; Adolf v. Schlatter, Professor der protestantischen Theologie, Tübingen; August Schmidlin, Professor der Kirchengeschichte, Münster; Gustav v. Schmoller, Exz., Professor der Nationalökonomie, Berlin; Reinhold Seeberg, Professor der protestantischen Theologie, Berlin; Martin Spahn, Professor der Geschichte, Straßburg; Franz v. Stuck, München; Hermann Sudermann, Berlin; Hans Thoma, Karlsruhe; Wilhelm Trübner, Karlsruhe; Karl Vollmöller, Stuttgart; Richard Voß, Berchtesgaden; Karl Voßler, Professor der romanischen Philologie, München; Siegfried Wagner, Bayreuth; Wilhelm Waldeyer, Professor der Anatomie, Berlin; August v. Wassermann, Professor der Medizin, Berlin; Felix v. Weingartner; Theodor Wiegand Museumsdirektor, Berlin; Wilhelm Wien, Professor der Physik, Würzburg; Ulrich v. Wilamowitz-Moellendorff, Exz., Professor der Philologie, Berlin; Richard Willstätter, Professor der Chemie, Berlin; Wilhelm Windelband, Professor der Philosophie, Heidelberg, Wilhelm Wundt, Exz., Professor der Philosophie, Leipzig.

図 3-3　新聞紙上に掲載された『文化界に告ぐ』のマニフェストと署名

ストや知識人の間で憤激と反発を呼び起こし続けたが[44](図3―2)、いずれにせよこの声明文の形式に目を向けてみれば、それが必ずしも教養人たちにとって赤裸々な「政治的アンガジュマン」を意味していたわけでないことが推察できる。図3―3は『ベルリーナー・ターゲブラット』紙に掲載された声明文で、左欄が本文のテキスト、右欄の九行目以下が署名者リストになっているが、見られる通り、これは戦前の署名運動で教養人たちが採った議会外反対運動の形式をそのまま反復したものにほかならない。つまり、ドイツの教養人は開戦当初に「精神の戦争」キャンペーンを展開させる場合ですら、このようにあくまでハインツェ法反対運動以来知られていた、あの「非政治性」のアリバイを確保する行動様式に則っていたといえるのである。

ところで、この声明文の内容に立ち入れば、そこではもっぱら開戦直後に国際的に問題となったドイツ軍のベルギー侵攻やそこでの残虐行為についての弁明と、協商国側が喧伝していたいわゆる「二つのドイツ」[45]論（ドイツ文化とドイツ軍国主義を区別して考えるべきだという議論で、ドイツでは祖国を分断させる陰謀と見られていた）に対する反論が中心となっている。それによれば、ベルギーの悲劇はどこまでもベルギー自身の「自滅」である。ドイツ人兵士が「ベルギー市民の生命や財産を掠奪した」ことは、「まことに痛ましい正当防衛なくしては」ありえなかった。また、ドイツの軍国主義なくしてドイツ文化の繁栄など考えられない。というのは、数世紀に及んでほかに例がないほど他民族の侵略に悩まされ続けたドイツでは、文化の保護のために軍備を必要とせざるをえなかったからだ。「ドイツの軍隊とドイツの民族は一体である」という意識は、今日七千万のドイツ人に「教養や身分や党派の違いなく」共有されており、したがって今次の戦争も文化を守るための必要悪としての防衛戦争にほかならない。「我々はこの闘争を終わらせるために闘うことになるだろう、一つの文化民族として」[46]。

なお、この『文化界に告ぐ』以外にも、ドイツでは大学教授によって数々の声明が発表されているが、大体どれもこの声明文と似たような論調を帯びているといってよい。いわく、「全ヨーロッパ文化にとって救いはドイツ『軍国主義』が勝ち取る勝利にこそかかっている」、ドイツは「ヨーロッパ文化の最も高貴な財のために闘う使命を帯びている」、「ドイツ軍が破壊に踏み切らざるをえなかったのは、ただ闘いの苦しい正当防衛のせいだった」、オックスフォードの歴史家たちによるドイツへの非難は、「学問を政治目的のために誤用した」ものであり、「学問的な仕事の名誉に対する信頼を揺るがすものである」のに対し、ドイツ教養人による戦争への容喙は、

「精神的な使命を究明する前にまず政治的かつ経済的に安全に生きることができねばならない」がゆえに、むしろ学問・文化の正当防衛として容認されうる。「破砕される危機にあるようなドイツ精神など我々は欲しない」、むしろ「我々はドイツ精神に対する要求にもとづいて健全な身体を欲するのだ」[47]。

ゾンバルトの「狂乱」に「唖然」としたヴェーバーもまた、右の教授連の声明とまったく一致してドイツ軍の行為の正当性を繰り返し主張していた。彼によれば、戦前から開戦までのベルギーの中立というのは真の意味での中立とはいえない。「ドイツと向かい合っている国境だけは有効に守りを固めているが、イギリスに対する海上の国境およびフランスに対する陸上の国境の方は完全に防衛不能な状態にしているような中流国家」、このような国家など「軍事的政治的に見るならば、本当に中立であると見なすことはできなかった」。「オランダの中立を我々はスイスの中立と同じように几帳面に尊重していた。同じことは条件が同じならば、ベルギーに対しても明らかに行われるであろう」。だから戦争が勃発した際も、ベルギーがもし真の中立を貫徹してさえいれば、「我々はいかにやむをえない理由からとはいえ、すべてのドイツ人の感情に苦痛を与えた予防のためのベルギー進駐を免れたであろう」、それゆえ「それはベルギーがみずから招いた状況の結果」にほかならない[48]。

しかしその一方で、こうした教養人たちによる戦争擁護の大合唱に対し、数少ないとはいえ違和感も表明されていたことは忘れるべきではない。その例としては、たとえば『文化界に告ぐ』に反対して、医学教授のニコライなる人物の手で起草された『ヨーロッパ人に告ぐ』(Aufruf an die Europäer!)という対抗マニフェストが挙げられる。だがこの声明は――「ドイツのドレフュス事件」として外国で注目を集め、多くの言語に翻訳されたものの――ドイツ教養人の間では誰も署名を引き受けなかったようにほとんど反響を見出せずに終わり、ニコライ自身はドイツでの名誉回復を果たせないままアルゼンチン、さらにはチリへの亡命を余儀なくされてしまう[49]。

ここで特に注意すべきは、このような違和感や批判の表明がいかなる動機にもとづいていたかということである。そしてそれは、単純な反戦・平和主義の動機からというよりも――先の『文化界に告ぐ』の形式に見られたのと同じく――あくまで「教養」の理想に照らした上で提起されたものであった。たとえばある社会主義者は、今日「言論指導者として人民の前に立てると思い違いをしている者たち」のことを「知識人」と呼び、彼らが書き話してきたことは、「聖書やファウストやツァラトゥストラを背嚢に入れて闘いに赴く我らの兵士たち」、つまり前線でも教養理念に忠実であろうとする兵士たちの振る舞いと「厳しい矛盾」を呈しているという。この批判によれば、「芸術や学問のためのすべての才能はただ一つの国民だけに与えられたものだと主張することは、大衆に媚を売るおしゃべり(Boulvardgeschwätz)」にすぎず、人はこうした「さほど魅力的でもない言葉で我々を非精神的なものの深淵に引き入れようと試みる者」の危険性を察知しなければならない。このような扇動が今後も続くようであれば、戦争が終わるころには以前の「精神的なドイツ」は「矮小化」されてしまいかねない。(50)

ここで明確に示されているように、教養理念を前線で闘う兵士に投影してそれを理想化するのは、戦時中の教養人に典型的な発想であった。それだけに、教養の理想を体現する「前線兵士」とそれを裏切る銃後の「知識人」というこの特徴的な二分法は、当時にあっては教養人のアンガジュマンを批判する際にも一つの強力な論拠となっていたのである。戦争を擁護するのであれ、その行為を非難するのであれ、いずれにせよ教養人は――「知識人」とは対照的に――どこまでも「非政治的」な存在でなければならなかったのである。

■『商人と英雄』

以上のように戦争や前線兵士を何らかの形で教養理念と結びつけ、そこから戦争・兵士の賛美を正当化しようとする傾向は、いうまでもなくゾンバルトの『商人と英雄』においてもそのまま反復されることになる。既に大戦が勃発した直後から戦争の肯定的機能を叫んでいたゾンバルトは、(51) この戦争パンフレットのなかでもあからさまな戦争擁護論を展開し、例の「二つのドイツ」論に抗して、教養理念とドイツ軍国主義との一体性をも声高に主張する。いわく、ドイツの軍国主義とは「ポツダムとヴァイマルが最高の形で統一されたもの」であり、かつ「塹壕における『ファウスト』であり『ツァラトゥストラ』であり、そしてベートーヴェンの楽譜」でもある。「ドイツ軍国主義の基礎」には「自己統制と規律」、つまり「内なる秩序と外なる秩序」があるが、じつはこれとまったく同じように、「ゲーテという存在の本質的な構成要素もまた父から受け継いだ強烈な秩序感覚」であって、その意味で戦時中でさえ、というよりまさに戦争に直面している状況だからこそ、「我々ドイツ人は常に『ファウスト』を頭のなかに持っている」のである。(52)

たしかに戦争が勃発する前は、ドイツ精神だけでなく全世界がイギリス的な「商人文化」に圧倒されかけていたことは疑いない。だがゾンバルトによれば、戦争の到来とともに「一つの新しい精神がほとばしり出た。いや、新しい精神などではない！　それはただ灰のなかで燻り続け、今や唐突に再燃するにいたった、いにしえのドイツ的な英雄精神であった」。「我らの精神生活、我らの学問や芸術」もまたこの「祝福」に与っており、それだけに「一九一四年の戦争」とはフリードリヒ大王やビスマルクの戦争のみならず、「ニーチェの戦争」、あるいは「ゲーテの、シラーの、ベートーヴェンの、フィヒテの、ヘーゲルの」戦争でもあり、それゆえそれは一言でいえば、軍国主義と教養理念とが表裏一体をなす「まさにドイツの戦争」にほかならない。(53)

このようにゾンバルトは、戦争＝軍国主義と教養の理想とを不可分の統一体、同根のものと見たために、大戦を政治暴力の極限形態というより、むしろ停滞の澱みのなかにあるドイツ政治を蘇生させる教養理念の一つの発現形態として理解していた。繰り返せば、当時の教養人が前線兵士を理想化した根拠は——ニーチェやゲーテを背嚢に入れて前線に赴くという形象が雄弁に物語っているように——それがドイツ教養理念を余すところなく体現する存在として表象されていたからだが、ゾンバルトにとってもまた、教養が「非政治的」でなければならないように、戦争や前線兵士も世俗的な「政治性」に冒されたものであってはならなかった。むしろ、教養理念と不可分の「軍国主義の精神」が戦争という舞台で「その真の偉大さ」を発揮する以上、それらはあくまで「この地上で最も神聖なもの」でなければならない。こうした戦争（＝教養）の神聖性に対する「信仰」があって初めて、「苦しみに満ちた幾千もの死は、意味と意義とを獲得する」のである。(54)

だが逆にイギリスの戦争は、ゾンバルトの目にはドイツの教養＝軍国主義精神と対置されるべき「商人精神」をそのまま具現化したものと映っていた。イギリスの「商人倫理」では、「その理想は全般的な『永遠の』平和」であり、「必然的にいかなる戦争も拒否するにいたる」。平和こそが彼らの「利潤」を担保するであろう。しかし「最大多数の最大幸福」が人生の目的だとすれば、「個々の人間が戦争のなかで犠牲になるなど、一体どうやって正当化されるというのだろうか」。「なにゆえ——と、敵の弾丸に晒されるよう要求されれば誰もが正当にも問うだろう——私は他人の幸福のために死に赴かねばならないのか。その幸福は私も彼らと同じくらい欲しているというのに」。このように商人精神では戦争を意味づけることはできない。むしろイギリスにとって、「武器を用いた闘争などただ戦争の副次的な部分にすぎない」のであり、平時であれ戦時であれ、「彼らの主要な戦争とは狭い意味での商業・貨幣戦争」である。「しばしば本当に、百貨店が我々と闘っているように思えてしまう(55)」。

こうした「平和主義的」な精神では、英雄的な闘争など必然的に廃棄されざるをえない。「平和的な改良という道で最終目標に到達する手段」としては「政党」以外に選択肢はないのである。たしかに、「労働者の場合では政党への献身を通じて少なからぬ犠牲の感覚が覚醒されていることに疑いはない」が、それでも「それはただ一時的な状態」にすぎない。なぜなら、「政党というのは民族のように生きた全体、そのなかで個々人の生の流れが合流し、そこから個々人があらゆる生の価値を授かるような生きた全体ではない」からだ。政党など「所詮は死んだ組織にすぎない」がゆえに、その「日々の生活のルーティンのなかでは、『最も輝かしい感情』すら硬直化してしまうだろう[56]」。

こうしてゾンバルトは、英独間の戦争のなかに「政治」と「教養」の運命的な対立を見出した。その限りで彼の戦争パンフレットは、一九世紀末に公権力から退いた教養人たちが喧しく叫んできた、教養の理想とその陰画としての「停滞する政治（＝政党・議会）」という図式とをそのまま再現したものであったといえる。たしかにこの種の死の意味づけや戦死者の顕彰そのものは、とりわけ近代国民国家の成立以降、戦争のたびに例外なく現れる現象だが、当然ながらその意味づけのロジックは時代や地域に応じてそれぞれ独自の相貌を帯びることになる。教養人ゾンバルトが兵士の「犠牲」に見出した意味とは、このように彼自身が戦前から希求してきた「非政治的」で、それゆえ「神聖」な教養理念の確証にほかならなかったのである。

三　浄化する戦争／戦争の浄化

もちろん、ゾンバルトのこうした戦争論を安易にそのまま当時の教養人全体へと一般化することは慎まねばならない。一口に教養人の戦争賛美といっても、いうまでもなくそこには多種多様な思惑・動機が介在していたはずであり、違いを見出そうとすればいくらでもその例を挙げることができる。たとえばヴェーバーが『中間考察』（一九一五年）のなかで、暴力の行使を「一切の政治的行為の免れえない」ものと見なし、それだけに戦争もまた「権力による威嚇を現実化したもの」だとあからさまに述べたように、戦争を政治の一形態として認識していたことなどはその一例にすぎない[57]。とはいえ一方で、ほかならぬこのヴェーバー自身が同時にまた、戦争のなかに宗教倫理と競合しうる「神聖化」の契機を見て取っていたことも忘れてはならないだろう。そしてまさにこの論点において、ヴェーバーはゾンバルトとほぼ同じ戦士のイマーゴを何の躊躇もなく引き合いに出すのである。

戦争は戦士自身に、その具体的な意味づけとして独自なあるものを、つまり死の意味とその聖化に関する戦士のみに固有な感情を賦与する。〔……〕人間だれしもに共通な運命だという、ただそれだけのことにすぎないような死の場合には、まさにその人間が、またほかならぬ今、どうして死なねばならぬのかということを知るよしもないままに、運命がすべての人々を捉える〔……〕このような不可避的に訪れるにすぎない死と戦場における死とを区別するものは、戦場における死に際して、そして大量現象としてはこの種の死に際会した場合にのみ、個々人にも自分は何ごとかの「ために」死ぬのだということが分かっている、そう信じることができることである。(58)

ヴェーバーにとって、戦場での死が平時の死と違って「聖化」され「意味づけ」されうるのは、それが「聖なるカリスマや神との交わりの体験と共通に持っている非日常性そのもの」の領域に属するからである。(59) ここには、命令を拒否して将校と流血の騒動を起こしたり、戦線から離脱するためには自傷行為も厭わないような、現実に戦場で暮らす兵士たちの姿はまるで捨象されているが、(60) いずれにせよこのヴェーバーの議論には、戦争を日常の「政局」(Tagespolitik)とは別個の、聖なる領域として構成しようという欲求が明確に見て取れる。

こうしたヴェーバーのような「聖域」への欲求はまた、かつて教養人がおのれの教養を確証する場として日々の労働から「余暇」の領域を分離したように、一九世紀における教養の実践形式の残滓あるいは変種と見なすこともできるだろう。つまり、日常業務と教養の実践との関係と同じく、たとえ戦争が政治の一形態であったとしても、それが日常の政治とは異質の体験を伴う限り、その神聖性の確証可能性は担保されるのである。たしかにヴェーバーにあっては、教養それ自体は永遠に「過程」にとどまらざるをえないというその性格ゆえに、「破滅的な意味喪失」を帰結すると考えられていたが、(61) 他方で非日常性を介した浄化作用というその発想には、たとえばテンニースが社会民主党に施そうとしたように、やはり当時の教養人に特徴的だった「教養の効用」に対する信仰の痕跡が潜んでいたと見ることができる。

このように、多かれ少なかれドイツ教養人の戦争賛美には、単に文化批判的な動機だけでなく――「日常からの離脱」という契機を結節点として――伝統的な教養の理想もほどきがたく絡み合っていた。そしてほかならぬこの非日常性の理想こそ、教養人の戦争に対するアンガジュマンをいわば浄化したり、戦争そのものの浄化作用を根拠づけたりもしたのである。たしかに、既に戦前から教養人の一部では「国民／社会の政治化」が叫ばれ[62]、「国民の政治的教育」（ヴェーバー）や「歴史的教養にもとづいた国民の政治化」（マイネッケ）なるものが明言されていたことは容易に確認できる[63]。だが以上のことを踏まえれば、そこから安直に「教養の政治化」を語ることはできず、むしろ彼ら自身がその「政治化」という語で意味していた事態の具体的な内実に、まずは細心の注意を払わなければならない。戦争に対する彼ら教養人のあの熱狂ぶりは、こうした分析を経なければ十全に理解することなどできないと思われる。

とはいえこの種の探究は、二〇世紀型世代意識の生成過程を追跡するという本書の課題設定を大幅に越え出てしまう。むしろ次章では、今度は世界大戦以降における知の新たな再編プロセスに目を転じることで、この章で記述してきた教養の理想が解体されていくさまを見ていくことにしたい。そして、ここであらかじめ結論を先取りしておけば、教養理念に特徴的であった政治／非政治という観念上の分断を抹消し、かつコーホート意識の普及に顕著な役割を演じたものこそ、戦間期にその知的・社会的意義を飛躍的に向上させた統計技術、もっといえば「統計グラフ」という、広く公衆に開かれた知の技法の台頭であった。

◆注

（1） Hellmuth Wolff, Die Statistik in der Wissenschaft, in: Friedrich Zahn (Hg.), *Die Statistik in Deutschland nach ihrem heutigen*

Stand, München und Berlin, 1911, S. 84.

（2）ハッキング、一九九九年、二五二―二六七頁。ただしデュルケームに関していえば、『自殺論』（一八九七年）の実証研究がもっぱら統計的手法に依拠するものだったという意味でのみ、こうした位置づけが可能である。実際には、その統計的な手法にも関わらず、デュルケーム自身の基本的発想は「原因の複数性」という原理を否定し、逆に「同一の原因には常に同一の結果が対応する」という因果律の命題を固守しようとした（つまり相関性より因果性の確定に科学的認識の使命を見ていた）点で、確率論よりむしろ決定論に近いといえる（デュルケム、一九七八年、二四四頁）。

（3）統計学者自身にとっても、一八世紀の国家論（Staatskunde）における「『政治』と『統計』の混同」は、「当時としてはおそらく不当なことではなかった」ものの、それでも「明らかに必要というわけではなかったし、むしろ統計には害になりかねなかった」ものと映っていた（Wolff, 1911, S. 84）。

（4）「フランスは知識人の誕生の地であり、ドイツは知識人叱責の誕生の地である」（Gangolf Hübinger, Die Intellektuellen im wilhelminischen Deutschland. Zum Forschungsstand, in: Gangolf Hübinger, Wolfgang Mommsen (Hg.), *Intellektuelle im Deutschen Kaiserreich,* Frankfurt a. M., 1993, S. 198）ともいわれるように、ドイツでは長い間「知識人」という語は一種の「罵り言葉」であった。Vgl. Diez Bering, *Die Intellektuellen. Geschichte eines Schimpfwortes,* Stuttgart, 1978.

（5）R. Piepmeier et al., Intelligenz, Intelligentsia, Intellektueller, in: Joachim Ritter, Karlfried Gründer (Hg.), *Historisches Wörterbuch der Philosophie,* Bd. 4, Basel/Stuttgart, 1976, S. 446, 448, 453f.; なお、ドレフュス事件前後のフランスにおいて「知識人」なる社会集団が構成され、その公共圏への集団的な介入様式が確立していく過程については、クリストフ・シャルル（白鳥義彦訳）『「知識人」の誕生　一八八〇―一九〇〇』藤原書店、二〇〇六年。

（6）Rudolf Vierhaus, Bildung, in: Otto Brunner, Werner Conze, Reinhart Koselleck (Hg.), *Geschichtliche Grundbegriffe,* Bd. 1, Stuttgart, 1972, S. 509f.; このように「過程」が重視されたために、究極的には教養の完成は到達不可能な理想郷となった。こうした事態を一九世紀における音楽芸術の成立過程から分析したものとして、宮本直美『教養の歴史社会学――ドイツ市民社会と音楽』岩波書店、二〇〇六年。

（7）Vierhaus, 1972, S. 512-523.

（8）宮本、二〇〇六年、五四―七八頁；フリッツ・K・リンガー（西村稔訳）『読書人の没落――世紀末から第三帝国までのドイツ知識人』名古屋大学出版会、一九九一年、五一―八三頁；W. Perpeet, Kultur, Kulturphilosophie, in: Ritter, Gründer

(Hg.), Bd. 4, 1976, S. 1309-1324, bes. S. 1314-1321; Rüdiger vom Bruch, Friedrich Wilhelm Graf und Gangolf Hübinger, Kulturbegriff, Kulturkritik und Kulturwissenschaften um 1900, in: dies. (Hg.), *Kultur und Kulturwissenschaften um 1900. Krise der Moderne und Glaube an die Wissenschaft,* Stuttgart, 1989, S. 9-24.

(9) マックス・ヴェーバー（富永祐治・立野保男訳、折原浩補訳）『社会科学と社会政策に関わる認識の「客観性」』岩波文庫、一九九八年、二九頁。

(10) Gangolf Hübinger, Kapitalismus, Religion und Herrschaft. Max Webers »universalgeschichtliche Probleme«, in: ders., *Gelehrte, Politik und Öffentlichkeit. Eine Intellektuellengeschichte,* Göttingen, 2006, S. 134.

(11) Einleitung zu Max Weber, Wissenschaft als Beruf, und zu Politik als Beruf, in: *Max Weber Gesamtausgabe [MWG] Schriften und Reden,* [Abt. I/ Bd. 17], S. 6f.

(12) 有名な例として、ノーベル賞哲学者ルドルフ・オイケンなどは開戦の初年に計三六回もの講演を行ったと回想している（Kurt Flasch, *Die geistige Mobilmachung. Die deutschen Intellektuellen und der Erste Weltkrieg. Ein Versuch,* Berlin, 2000, S. 18）。

(13) ジュリアン・バンダ（宇京頼三訳）『知識人の裏切り』未来社、一九九〇年［原著一九二七年］。

(14) たとえば、Klaus Schwabe, *Wissenschaft und Kriegsmoral. Die deutschen Hochschullehrer und die politischen Grundfragen des Ersten Weltkrieges,* Göttingen, 1969; Klaus Böhme (Hg.), *Aufrufe und Reden deutscher Professoren im Ersten Weltkrig,* Stuttgart, 1975; Wolfgang J. Mommsen (Hg.), *Kultur und Krieg: Die Rolle der Intellektuellen, Künstler und Schriftsteller im Ersten Weltkrieg,* München, 1996.

(15) たとえば教養市民層研究の文脈で二〇世紀の教養人を論じたヤーラウシュも、開戦時における教養人の振る舞いについては「当初の愛国主義的恍惚」と一言触れた以外はほぼ完全に沈黙している（Konrad H. Jarausch, Die Krise des deutschen Bildungsbürgertums im ersten Drittel des 20. Jahrhunderts, in: Jürgen Kocka (Hg.), *Politischer Einfluß und gesellschaftliche Formation Bildungsbürgertum im 19. Jahrhundert, Teil IV*), Stuttgart, 1989, S. 180-205, hier S. 190）。

(16) マルクス主義者としてのゾンバルトの半生を概観するには、たとえば、Bernhard vom Brocke, "Werner Sombart 1863-1941. Capitalism – Socialism. His Life, Works and Influence", Jürgen Backhaus (ed.), *Werner Sombart 1863-1941. Social Scientist,* vol. 1, Marburg, 1996, pp. 19-102, esp. p. 25-54.

(17) 『モルゲン』でのゾンバルトの活動については、Friedrich Lenger, Die Abkehr der Gebildeten von der Politik. Werner

Sombart und der „Morgen“, in: Hübinger, Mommsen（Hg.）, 1993, S.62-77.

（18） An Werner Sombart, 30. Juli 1915, in: *MWG. Briefe 1915-1917* [Abt. II/Bd. 9], Tübingen, 2008, S. 80, Hervorh.i.O.; その半年後の手紙でもなお、ゾンバルトが再びナショナリスティックな本を書きはしないかと、ミヘルスが不安を抱いている様子について報告されている（An Gustav Schmoller, 10. Januar 1916, in: ebd., S. 246）。

（19） Friedrich Lenger, *Werner Sombart 1863-1941. Eine Biographie*, 2. Aufl., München, 1995, S. 248-252.

（20） Hans Joas, Die Sozialwissenschaften und der Erste Weltkrieg: Eine vergleichende Analyse, in: Mommsen（Hg.）, 1996, S. 20.

（21） なお一八四八年の国民議会では、議員のうち大学教授の比率は六パーセントである（リンガー、一九九一年、二九頁）。だが公務員選抜のための国家試験も当時は一般教養にその比重を置いていたため、官吏や弁護士・医師などの知的専門職全般にも教養の理想が浸透していた（西村稔『文士と官僚――ドイツ教養官僚の淵源』木鐸社、一九九八年）。

（22） 一九世紀の合唱運動については、宮本、二〇〇六年、八一―一一二頁。

（23） 西村、一九九八年、一一頁から引用。

（24） Bernhard vom Brocke, Professoren als Parlamentarier, in: Klaus Schwabe（Hg.）, *Deutsche Hochschullehrer als Elite 1815-1945*, Boppard am Rhein, 1988, S. 70, 74 [Tabelle 1, 3].

（25） Ebd., S. 66-68; Rüdiger vom Bruch, Historiker und Nationalökonomen im Wilhelminischen Deutschland, in: Schwabe（Hg.）, 1988, S. 105-150, bes. S. 143-145; ders., Gesellschaftliche Funktion und politische Rollen des Bildungsbürgertums im Wilhelminischen Deutschland. Zum Wandel von Milieu und politische Kultur, in: Kocka（Hg.）, 1989, S. 146-179.

（26） 一八七〇―八七年の帝国議会における実業家層の比率は、教養市民層とは反対に（やや偏差はあるものの）恒常的に増加している。だが一八九〇年代以降は、労働者階級の勢力が議会に進出してきたことで減少傾向に転じている（vom Brocke, 1988, S. 74 [Tabelle 3]）。

（27） Lenger, 1995, S. 33, 55-58, 94-97, hier zit.n. S. 33, 94.

（28） Ebd., S. 98.

（29） Zit.n. ebd., S. 94.

（30） Werner Sombart, Unser Interesse an der Politik, in: *Morgen*, 21. Juni 1907, S. 41.

（31）Ebd., S. 43.

（32）Ders., Politik und Bildung, in: *Morgen,* 28. Juni 1907, S. 70f.; もっともゾンバルトによれば、教養人は常に政治と対立してきたわけではない。たとえば帝国建設時代には、「国民の生の問題が賭けられていた」ために、教養人もおのずから政治の問題に関与せざるをえなかった。「道義的義務の履行が本当に問題であるときは、むろん我々もそれを履行するであろう」（ders., Die Abkehr der Gebildeten von der Politik, in: *Morgen,* 27. September 1907, S. 481f.）。

（33）このハインツェ法反対運動については、Jürgen von Ungern-Sternberg, Wolfgang von Ungern-Sternberg, *Der Aufruf ,An die Kulturwelt!' Das Manifest der 93 und die Anfänge der Kriegspropaganda im Ersten Weltkrieg. Mit einer Dokumentation,* Stuttgart, 1996, S. 35-40.

（34）シャルル、二〇〇六年、一三三―一三六頁。

（35）Sombart, 21. Juni 1907, S. 40; ders., Die Politik als Beruf, in: *Morgen,* 26. Juli 1907, S. 199; ders., Die Elemente des politischen Lebens in Deutschland, in: *Morgen,* 9. August 1907, S. 255; ders., 27. September 1907, S. 479f.

（36）Friedrich Naumann, An Herrn Professor W. Sombart, *Morgen,* 6. September 1907, S. 383-387; それに対してゾンバルトは、現代の「政治活動は知的に価値が低いという私の批判をあなたは看過しておられる」と反論している（Werner Sombart, An Friedrich Naumann, in: *Morgen,* 13. September 1907, S. 418f.）。

（37）W. Hellpach-Karlsruhe, Wir Jungen und die Politik, in: *Morgen,* 31. Januar 1908, S. 140.

（38）Werner Sombart, *Händler und Helden. Patriotische Besinnung,* Leipzig, 1915, S. V-VI.

（39）たとえば、Schwabe, 1969, S. 9-14; Böhme, Einleitung, in: ders.（Hg.）, 1975, S. 5.

（40）リンガー、一九九一年、七九頁。

（41）Böhme, 1975, S. 32.

（42）Hermann Kellermann, *Der Krieg der Geister. Eine Auslese deutscher und ausländischer Stimmen zum Weltkriege 1914,* Dresden, 1915.

（43）だが大戦直後に行われたアンケートによれば、この九三人のうち戦後も生存していた七五人のなかで、声明の正当性になお固執していたのは一六人にとどまり、大半はその内容を確認しないまま署名していたという（Hans Wehberg, *Wider den Aufruf der 93! Das Ergebnis einer Rundfrage an die 93 Intellektuellen über die Kriegsschuld,* Charlottenburg, 1920, S. 8, 11）。

（44）フランスの哲学者ベルクソンなどは、ドイツに対する戦争を「野蛮に対する文明の戦い」であると表現している。また、パリの学会のなかには、ウルリヒ・フォン・ヴィラモーヴィッツ＝メレンドルフ（一八四八—一九三一）、アドルフ・ハルナック（一八五一—一九三〇）、オイゲン・フィッシャー（一八七四—一九六七）など、『文化界に告ぐ』に署名した学者に対して会員資格を剥奪したものもあった。それに対してプランクを長とするベルリン・アカデミーは、一九一五年七月に——マイヤーやヴィラモーヴィッツらの反対を押し切って——「戦争終結まで敵国の学会に対するいかなる措置も延期する」ことを決議している（Bernhard vom Brocke, "Wissenschaft und Militarismus". Der Aufruf der 93 „An die Kulturwelt!“ und der Zusammenbruch der internationalen Gelehrtenrepublik im Ersten Weltkrieg, in: Wilhelm M. Calder III, Hellmut Flashar, Theodor Lindken (Hg.), *Wilamowitz nach 50 Jahren*, Darmstadt, 1985, S. 649-719, hier S. 665, 674）。

（45）もともとイギリスにはドイツに対する精神的な借りを主張する議論が根強くあり、文化と軍国主義を区別する「二つのドイツ」論もイギリス側がドイツの教養を尊重しようと採用したものだった（vom Brocke, 1985, S. 669-674）。一方でこの議論は、フランスの歴史叙述では既に普仏戦争直後から芽生えていた（Beate Gödde-Baumanns, «L'idée des deux Allemagnes dans l'historiographie française des années 1871-1914», *Francia. Forschungen zur Westeuropäischen Geschichte*, Bd. 12, 1984, S. 609-619）。

（46）Aufruf an die Kulturwelt! (4. 10. 1914), wieder abgedruckt in: Böhme (Hg.), 1975, S. 47-49, Hervorh.i.O.

（47）Erklärung der Hochschullehrer des Deutschen Reiches (16. 10. 1914), Aufruf Bonner Historiker (1. 9. 1914), Kundgebung deutscher Universitäten (Oktober 1914), Erklärung gegen die Oxforder Hochschulen (3. 12. 1914), Reinhard Seeberg, Seeberg-Adresse (20. 6. 1915), alles wieder abgedruckt in und zitiert nach: Böhme (Hg.), 1975, S. 50, 51, 53, 54, 135, Hervorh.i.O.

（48）マックス・ヴェーバー（中村貞二・山田高生・林道義・嘉目克彦訳）『マックス・ヴェーバー　政治論集』第一巻、みすず書房、一九八二年、一三三—一三五、一八八頁、強調原文。

（49）このいわゆる「ニコライ事件」については、Bernhard vom Brocke, „An die Europäer“. Der Fall Nicolai und die Biologie des Krieges. Zur Entstehung und Wirkungsgeschichte eines unzeitgemäßen Buches, in: *Historische Zeitschrift*, Bd. 240, Heft 2, 1985, S. 363-375; この声明に署名したのは、アルバート・アインシュタイン（一八七九—一九五五）を含めたわずか三名であった（S. 365）。

(50) Paul Westheim, Die Pflicht der Intellektuellen, in: *Sozialistische Monatshefte*, 21. Jg., Bd. 1, Januar bis Mai 1915, S. 347-353.

(51) ゾンバルトは戦争の想定外の帰結として、「〔戦争のような〕非常時には資本主義の内的推進力がそれほど貫徹するものではなくなること」、つまり私的な利潤より公の利益を優先するなど「企業家が赤裸々な利潤追求以外の動因に支配される」という事態を挙げ、そこに「戦争が引き起こす少なからぬ損害が戦争自身によって癒される」ことの根拠を見ている（Werner Sombart, Die Volkswirtschaftslehre und der Krieg, in: *Internationale Monatsschrift für Wissenschaft, Kunst und Technik*, 9. Jg., Heft 4, 15. Nov. 1914, S. 243-258, hier zit.n. S. 256f., 250）。

(52) Sombart, 1915, S. 85f., 126; ちなみにここで言う秩序への志向は、「全体」への自発的服従としての秩序＝ドイツ的自由であって、「政治」が志向する強制的秩序ではない。この問題については、Wolfgang J. Mommsen, Die »deutsche Idee der Freiheit«, in: ders., *Bürgerliche Kultur und politische Ordnung. Künstler, Schriftsteller und Intellektuelle in der deutschen Geschichte 1830-1933*, 2. Aufl., Frankfurt a. M., 2002, S. 133-157.

(53) Sombart, 1915, S. 117, 125, 53.

(54) Ebd., S. 84-89.

(55) Ebd., S. 28f., 42, 44f., 47, Hervorh.i.O.

(56) Ebd., S. 112.

(57) マックス・ヴェーバー（大塚久雄・生松敬三訳）『宗教社会学論選』みすず書房、一九七二年、一二二、一二〇頁。

(58) ヴェーバー、一九七二年、一二〇―一二一頁、強調原文。ただしヴェーバーは、このように戦争で「死を意味深い、聖なる出来事の一つにまで高めるということは、究極において権力を行使する政治的団体の権威を維持しようとする、そうしたすべての試みを基礎づけるものと化してしまう」ことも認めていた（一二一頁）。

(59) ヴェーバー、一九七二年、一二一―一二二頁。

(60) Richard Bessel, "The Great War in German Memory: The Soldiers of the First World War, Demobilization, and Weimar Political Culture", *German History*, Vol. 6, No. 1, 1988, p. 24-26, 32.

(61) ヴェーバー、一九七二年、一五七―一五八頁。

(62) vom Bruch, 1988, S. 134f., 149f.

(63) ヴェーバー、一九八二年、六一頁; vom Bruch, 1988, S. 134f.

第四章　統計的まなざしの展開と変容——統計グラフをめぐる知の相克——

■「知」と「実践」のはざま

一九世紀後半以降のヨーロッパにおいて、社会哲学的な解釈図式から経験的調査にもとづく解釈形態——いわゆる「社会工学」(social engineering)——へと、知の様式が大きく転換したことはよく知られている。その際、自然科学的・医学的知と並んで、統計技術の発達・普及もまたこの転換の強力な駆動力になっていたことは、おそらく誰もが首肯するところだろう。この統計技術に関連してしばしば強調されるのは、こうした知の様式の転換に伴って、たとえば世論研究の発達に見られるように社会科学における調査の対象や方法が時代状況に即応した《コンテクスト・センシティヴ》、つまり人間社会の本質を探究するというより、アドホックな実践的要請に沿う形で徐々に開発・洗練されていったという事態である。また、このような実践志向型の知の台頭と軌を一にしつつ、従来「社会問題」として一括されていた知の介入領域が、学術調査の多様化によって細分化ないし再編されることで、ドイツの知的世界で普遍的教養人《ジェネラリスト》として頂点に君臨していた大学教授の社会的威信は相対的に低下し、代わって特定の問題領域に限定された専門知に権力の源泉を持つ「エキスパート」集団が表舞台に躍り出ることになった[1]。

社会国家研究の分野で広く知られている、ルッツ・ラファエルのいわゆる「社会的なるものの科学化」論の説明図式に従えば、このように社会工学という知の形態に大きな比重が置かれるようになった背景には、近代的な福祉行政の整備・拡張という歴史的状況がある。たとえば公的救貧事業における保険原理の導入は、事故や疾患などのリスク算出、それに保険料拠出／保険給付に関する正確な計算が必要とされるだけに、「偶然を飼いならす」（イアン・ハッキング）統計的な認識形態の意義を飛躍的に向上させる大きな契機となった。たしかに社会の諸現象を数量化し、そこから何らかの規則性を炙り出す統計の手法そのものは、古くから統治の一手段として知られてはいたものの[(2)]、二〇世紀になると社会国家の基本理念――社会の総体の合理的な管理・操作を目指す「社会福祉計画」（Sozialplanung）の実現――に沿う技術として脚光を浴び、ひいては科学的知のあり方そのものを大きく変貌させることにもなったという。「行政に典型的に見られるノルマの側面や能率性の基準が応用志向型の人間科学に作用をおよぼし、逆に新しい専門家たちの目に映る問題が新たな公共事業を生み出していく」という行政と科学の互換的な関係は、ラファエルにいわせれば近代社会におけるこうした科学化過程の不可避的な帰結にほかならない[(3)]。――ごく大雑把にいえば、以上が「社会的なるものの科学化」論を支える説明図式といえる。

見られる通り、この説明では統計技術という共通項を媒介にして、社会国家の生成と社会工学的な知の覇権樹立とが直結させられている。つまり、国家の統治手段としての統計の意義増大が、そのまま科学研究の変容をもたらしてアドホックな実践志向型の知を整えたというのが、ラファエルの想定する基本的なプロットである。たしかに二〇世紀の社会工学的な知の営みにおいて統計データにもとづく分析手法が主流になりえたのは、福祉行政の漸次的拡張という一九世紀後半以来の歴史的経緯を抜きにしては考えられないし、その意味でこの両者（科学と統治）の間の相応性は否定すべくもない。だがそれでも、前章で見たように一方で二〇世紀初頭において統治と知（あるいは政治と科学）がドイツ教養人の間で独特の緊張関係を醸していたことを鑑みれば、一九世紀後半に統治手段としての統計がその実践的意義を高めたことと、科学的な知の領域全般で「実践（応用）志向」が浸透していくこととの間には、やはり一種の断層を想定しておく必要がある。いいかえれば、ラファエルのように統計をアプリオリに統治実践と科学研究の媒介項と見なすことは、結局のところ（当時のドイツでたしかに見られた）それぞれの領域の自律性――独自の論理に支配された二つの界の自律性――を否定することにもなりかねない。むしろ、そもそもいかにして統計はこの二つの相互に自律した領域を合致させ、社会工学という新たな知の様式を普及・定着させることができたのか、まずはこの点を問わなければならないと思われる。

そこで本章では、統計をめぐる知的布置状況の変容過程をたどることで、実践志向型の知（つまり、日常的な実践領域からの離脱を理想とする教養理念とは正反対のベクトルを持つ知）の様式が、いかに二〇世紀前半のドイツの知識界で覇権を確立するにいたったか、そのプロセスを明らかにすることがおもな目的となる。むろんこのような探究は――あくまで本書全体の課題に沿って――コーホート意識の普及に寄与した諸要因の一つを剔出するためのものだが、それはまた同時に「社会政策の権力エリート」[4]としてのエキスパートという、二〇世紀の歴史で馴染み深いあの知識人類型を成立させた背景の一端に光を当てることでもある。いいかえれば、統計が知と実践を架橋するヤヌスの相貌を獲得した瞬間を突き止めることは、そのまま「社会的なるものの科学化」の真の起点を確定することにもつながるのである。

なお、その際ここでも統計に依拠した社会認識、つまり社会の諸現象を何らかの統計的な手法を用いて再現し把握するという認識形態を、序章の規定に従って「統計的まなざし」と呼んでおこう。はじめに強調しておくべきは、本章で記述されるのはこうした統計的な発想＝まなざしそのものの展開・変容の軌跡であって、決して統計学における専門的な方法論の発展史を跡づけようとしているわけではない、ということである。むしろここでいう「まなざし」とは、比喩的にいえば狭義の方法論の土台となるような「統計の言語」であり、他方で方法論の洗練化はいわばそうした特定の言語体系を前提とした「理想言語」の探究に喩えられるかもしれない。いずれにせよ二〇世紀前半のドイツでは、まさに狭義の方法論とは次元を異にするこのまなざしのレベルにおいて、統計のあり方をめぐる知と実践の深刻な闘争が惹起していたのである。

一　統計的まなざしの射程――

だがその前にまず、当時のドイツにおいて統計技術が持っていた歴史的な意義を確認しておきたい。もちろん、本章の冒頭で立ち入って述べた社会国家的な意義もその一つに数えられるが、当時の統計にはまだほかにも看過できない機能があった。その一つは、いわば統計的まなざしそのものが不可避的に備えざるをえないもの、すなわち出生・就学・労働・結婚・疾病・死など、ライフサイクル上で生起するさまざまな出来事を、個人の特殊な体験から特定の集合体全体に関わる抽象的指標に変換することで、個人をこの集合体の一部として想像的に取り込むという機能である。

一般に統計とは、ある集合体（母集団）の全体的な年齢構成や健康状態などを俯瞰的に一望するための技術である。それだけに、そこで想定される集合体はあたかも――若々しかったり年老いていたり、あるいは健康だったり病気がちだったりする――一個の有機体であるかのように立ち現れることになる。その一方で、この集合体に含まれているはずの無限に多様な個々人の特殊性は、この有機体の鳥瞰図からは完全に排除される。むしろ個人は、統計的まなざしのなかではせいぜいのところほかの個人と代替可能な数、それも年齢・国籍・職業・宗派・人種等々の変数に組み込まれた数でしかない。したがって、統計的まなざしが一つの集合体を可視化しようとする場合、少なくとも二重の虚構に依拠することになる。すなわち、調査・分析の対象となる母集団＝集合体が明確な輪郭を持つという虚構と、この集合体を構成する個人は常に、特定の分類スキームのいずれかの変数（アイデンティティ）に包含可能――つまり集合体の内部で確定的な位置を占めることが可能――だという虚構である。ベネディクト・アンダーソンも強調するように、ほかならぬこうした統計に特徴的な虚構によって、人口調査は個々人をナショナルな共同体へと想像的に取り込むための格好のツールになりうる。(5) つまり、元来不可視であるはずの想像の共同体を可視化し、かつ種々の出来事において、そのつど個人に共同体のどこかに居場所を提供するという統計的まなざしの機能は、ナショナルないしフェルキッシュな意識を昂進するのにとりわけ適しているのである。

次に、二〇世紀初頭からドイツ社会でいわゆる「人口問題」が構成されたという事情も、統計的まなざしの知的・実践的意義を高めることになったといえる。よく知られているように、ヨーロッパは一九世紀末から二〇世紀にかけていわゆる「人口転換」と呼ばれる大変動、つまり人口の再生産パターンが多産多死から少産少死へ転換するという、人類史上未曾有の変化に見舞われることになった。とりわけ一九世紀後半に歴史上稀に見る規模で人口増加を経験し、しかもこの増加傾向を前提として社会国家体制を構築してきたドイツでは、この人口転換現象が一時的か長期的か、あるいはその原因が経済的か生理的か等々をめぐって経済学者や統計学者の間で激しい論争が戦わされることになる。またそれと平行して、行政の領域では人口問題が雑多な社会政策を貫通する共通言語として機能するようになり、人口（人種）政策がドイツ社会政策の基底に置かれるようにもなっていく。(6)

なお、ここで少し次章の議論を先取りしていえば、この人口転換現象はウルリヒ・ベックのいう「リスク」概念と、いくつかの点で重複する特徴を持っている。それだけに、当時にあってもこの転換から予測される少子化傾向は、右のように人口政策の発動を刺激したにとどまらず、いわゆる人口科学なる新たな知の模索をも同時に促すことになったと考えられる。したがって、ラファエルのいうように統計そのものが「統治」と「科学」の相互接近をもたらしたというより、むしろこの新しい形の人口問題――と、本章でも触れる総力戦の経験――こそが、両者の接近を加速させたといった方がよい[7]。統計的まなざしは、ある意味ではこうした時代の動きに対応する形で大きな変貌を遂げていったのである。

この点についてはまた後述するとして、ここでは特に二〇世紀型のリスクに直面してその形を整えた「人口科学」の特徴について強調しておきたい。過剰人口恐怖が支配的だった一九世紀末までは、人口問題が科学的知の対象となる場合、この問題はもっぱら経済学の言語で語られてきた。それに対して少子化という前例のない人口動態が顕在化したとき、その謎の解明のために医学・統計学・衛生学などの既存の学問分野を横断する、新たな知の枠組みを創出しようという動きが表面化することになる。だがドイツでは、こうした再編によって人口をめぐる科学的な議論が、①経済学・統計学を主体とした「古典的人口科学」、②衛生学・優生学・医学にもとづく「生物学的人口科学」、③国境・在外ドイツ人研究や民族・地域研究を中心とする「人口社会学」という三つの方向に分岐し、かつそれぞれ相互に絡み合いながら展開していったため、人口科学は互いに異なる複数のパラダイムがぎこちなく同居する、いわばキマイラのような様相を呈するものとなった[8]。

それだけに統計的まなざしは、人口科学にとってはこれらの雑多な知を束ね、一つのディシプリンとしての統一性を維持するための唯一の紐帯として、中核となる意義を担っていったといってよい。だがまさにそれゆえに、このまなざしはまた、各々の専門分野が人口科学内部で主導権を握るべくおのれの知的戦略を貫徹しようとするとき、不可避的にそれらの戦略が相互に衝突し合う共通の闘技場《アリーナ》と化すことにもなった。本章が考察の焦点を合わせるのは、まさにこの統計的まなざしを舞台とした知的闘争だが、いずれにせよそのまなざしは一九世紀後半以来の社会国家の生成プロセスに加えて、二〇世紀初頭における人口転換の衝撃によっても、そのプレゼンスを飛躍的に高めていったといえるだろう。

以上の確認から明らかなように、統計的まなざしは二〇世紀の歴史において、社会国家論からナショナリズム論にいたるまで、複数のテーマ系をまたぐ巨大なアーチを描いている。(9) したがって、このまなざしの展開ないし変容のプロセスを丁寧に追跡すれば、本章の冒頭で述べたような専門家類型の覇権確立の背景だけでなく、同時に二〇世紀型ナショナリズムの特質に関しても新たな光を当てることができるだろう。とはいえ、このように非常に大きなポテンシャルを有しているにも関わらず、統計的まなざしそのものに照準を合わせた歴史研究は現在にいたるまでほとんどなされておらず、いわば研究上のエアポケットとなっている。たしかに近年では、ドイツ人口政策／人口科学に関する歴史研究の興隆とともに、官庁統計をかすがいとした行政と科学の相互関係に関する研究がわずかに提出されているが(10)、議論の重点はもっぱら官庁における統計官僚の動向に偏っており、統計的な発想＝まなざしについてはいうに及ばず、ラファエルと同じく学術研究としての統計学の動向もまったく見えてこない。もちろん以下の考察も、右で示したようなポテンシャルを十全に満たすようなたぐいのものではありえないが、それでもここではそれを暫定的な試論として提示することで、統計的まなざしに関わる今後の研究に一つの方向性を与えておきたい。

二　啓蒙から科学へ

■ドレスデン国際衛生博覧会

統計的まなざしの特徴の一つに不可視の集合体の可視化という機能があることは、先に述べた通りである。とはいえ統計で可視化された当の集合体は、そもそも実体的な輪郭を持たない知的構成物である以上、統計上で用いられる記号やそこで表示ないし想像される集合体の映像は、当然ながら現実世界に物理的な指示対象を持たない純然たるシンボルでしかない。それゆえそれらの記号や映像に反映されるのは、現実世界の「事実」というより何らかの戦略に貫かれた一つの「実践」であり、こういってよければその戦略に沿った形で事実を産出しようとする欲望である。それだけに、統計に潜む権力作用を隈なく炙り出そうとすれば、母集団の定義や分類スキームの設定だけでなく、その調査結果を表示するために採用された形式ないし「メディア」（数表やグラフ）にも目を向ける必要がある。いいかえれば、「何を可視化するか」だけでなく「いかなる形で可視化するか」という点にも、そこで働く戦略の特性が大きく反映されるのである。

このことを端的に物語るのは、世紀転換期に顕在化した、社会衛生学による衛生意識向上のための大衆啓蒙運動である。よく知られているように、この衛生学という知の様式は、一九世紀における医療の実践が個々の患者の治療から疾病予防、あるいは病因の社会調査へとパラダイムを転換させるなかで成立したものであった。それだけに、衛生学は当初からいわゆる社会問題に対する強い志向性を持ち、その専門家も各自治体で都市医療顧問官（Stadtmedizinalrat）として公衆衛生のための医療制度の確立にイニシアチブを発揮していた。ただし、大学におけるディシプリンとしては一九一二年まで衛生学のポストが設置されなかったこともあって、大半の衛生学者は実証的な科学研究よりも、むしろ公衆の衛生意識の向上を目的とした啓蒙活動の方に、もっぱらおのれの職業的使命を見出していたといえる[11]。

その啓蒙活動の一環として衛生学者たちが従事したのが、衛生博覧会という一般市民向けのイベント形式である。この衛生博覧会という形式自体はもともと一九世紀半ばの英仏に遡り、ロンドンやブリュッセルなど西欧の各都市では何度か国際規模での開催が実現していたが、ドイツで初めてこの衛生博覧会が催されたのはようやく一八八二／八三年のことであった[12]。それ以降、このイベント形式はドイツの衛生学者の間で好んで活用されるようになったが、こうした活動のなかでも特に一九一一年にドレスデンで開催された国際衛生博覧会は、ドイツ衛生博覧会史上で最大の転機の一つとして知られる。四千を超える展示物を誇り、五ヵ月半にわたる開催期間で来場者五〇〇万人を数えたこの帝政期最大規模の衛生博覧会は、その後の博覧会活動の模範となったばかりか、何よりも統計調査の社会的意義を広く公衆に知らしめる、一つの大きな契機ともなったのである。[13]

注目すべきは、こうした統計技術の有用性を宣伝するために博覧会の企画者たちが採用した、統計結果をグラフで表示するという方法である。特にこの博覧会の統計部門の責任者として采配を振るったエミール・レスレ（一八七五—一九六二）なる衛生学者は、「統計なくして衛生学は生きられない」という自己の信念に拠りつつ、統計調査の成果を非専門家でも容易に理解可能なグラフで表現し、来場者に「あらゆる文化民族の公的生活で衛生学が持つ意義について明瞭な概観を与える」ことを、博覧会の「本来の目的」と位置づけていた。[14] 彼が見るところ、「高度に実践的な学問である衛生学」でさえ、今日なお「統計の素人じみた使用」という水準を出ていないし、医師もまた「住民全体の健康状態に影響を及ぼす諸要因に関して、統計上の知識をほとんど持ち合わせていない」。つまり、ドイツ社会ではいまだに統計にもとづく思考法・発想が定着していない。それだけに、たとえば感染症の撲滅のために生活習慣の矯正を迫るような国の衛生措置に対しても、住民は理解を見せないどころか拒否的な態度を取りがちである。それゆえこうした状況を打開し、衛生対策を効率よく推進するためにも、まずは広く公衆に「文明国では統計調査が大切であり不可欠でもあること」を認識させる必要がある。[15] だからこそこの衛生博覧会では、統計グラフの表現法をめぐって、ときにラディカルな実験すら試みられることになった。

たとえば図4—1は、「ザクセンの死の行列」というキャプションを付されて展示された統計グラフの一例である。見られる通り、このグラフでは背景に墓標が置かれ、それに向かって年齢階級ごとの死因が頻度の低い順に並べられることで、棒グラフが墓標に近づくにつれてその高度を上げていくというさまが立体的に描かれている。また、ここに記載された種々雑多な死因も、「器質性疾患」、「感染症」、「発達疾患」、「腫瘍」などのカテゴリーに類型化されてそれぞれ色分けされることで、たとえば「発達疾患は乳児期や老年期だけに現れ、青年期には感染症が、成人期には器質性疾患や腫瘍が集中する」というように、年齢層ごとに異なる死因の傾向も一目瞭然となっている。こうした構図によって、博覧会の来場者は「各年齢層の内部でもほかの年齢層との比較でも、どの死因がどれだけ重要か簡単に目で追うことができる」というわけだ(16)。このような事例で典型的に見られるように、このドレスデンの衛生博覧会では、もっぱら視覚に訴えかける工夫を凝らすことで一般市民の好奇心を刺激し、もって統計的な考え方を社会に普及させる足がかりとなることが目指されていたのである。

図 4-1　「ザクセンの死の行列」（部分）

　もっとも、統計調査の結果をグラフで表現すること自体は、いうまでもなく一九世紀後半から知られていた技法であった。たとえば「統計学の良心」と呼ばれ、帝政期の指導的な統計学者だったゲオルグ・フォン・マイア（一八四一―一九二五）も、一八七〇年代には統計グラフを「統計上の結果を容易にかつ通俗的に分かりやすくするのに役立つ」ものと見なし、その種類や作成手順について立ち入って論じているように(17)、グラフ技法はこの時点で既に「大衆教化」の手段として統計学者の間でも認知されていた。また、帝国統計局（Kaiserliches Statistisches Amt）が一八八〇年から刊行している『ドイツ全国統計年鑑』も、一八九〇年（第一一巻）に人口の年齢構成を曲線グラフで表した附録を掲載して以来(18)、ほぼ毎年のようにグラフを添えるようになっていた。とはいえ、こうした技法が広く市民の目にさらされ、人口全体の健康状態や年齢構成を可視化する一義的な手段として一般に知られるようになったのは、やはりこのドレスデン国際衛生博覧会に負うところが大きい[19]。いいかえれば、統計的まなざしはグラフという表現法と博覧会という宣伝形式を媒介することで、いまや社会的現実に対する一般市民の認識枠組みを変革しようとしていたのである。

■「科学化」への欲望

ところで、こうした衛生博覧会におけるグラフ技法には、社会衛生学の知的戦略が非常にはっきりと反映されている。先にも触れておいたように、博覧会の企画者たちはこのグラフに衛生措置の貫徹を可能にする統計的発想の普及という効用を期待していた。つまり、知の公共化を通じておのれの認識枠組みを広く社会に流通させることで、実践領域への効率的な介入を図ろうとする戦略である。実際、統計部門を統括していたレスレ自身も、この統計グラフの目的について、「来場者から統計学者を作り出すことを意図しているわけではな」く、むしろ「統計調査を有用というより煩雑だと考える公衆にその先入見を変えてもらい、もって公衆を統計の仕事に取り込むため」だと明言している[20]。次の記述からも推察できるように、おそらくレスレのこうした言葉の裏には、これまで統計調査のたびに市民の無理解と嘲笑的な態度に直面しなければならなかった、衛生学者としての苦い経験があったと思われる。

まさしく健康状態に関する統計などは、そのような支援〔＝一般市民の理解と協力〕が可及的速やかに必要となる。というのはこれまで、たとえば性病や癌の数量調査のように、医師の協力なしには実施できないような分野で統計の特別調査を行おうとしても、必ずといっていいほど、そんな調査の学術的価値など費やされる労力の割に合わないだろうという、医師の側の無関心と闘わなければならなかったからだ[21]。

ただし、この衛生博覧会が視線を向けていたのは、何も統計に関心を持たない一般市民だけではない。当然ながら、博覧会での展示物は衛生学や統計学の専門家の目に触れることも想定されており、それゆえグラフの傍らには正確な情報を知りたい来場者のために数表が別途配置されていた[22]。こうした措置によって、これらの展示物が「芸術的な観点からの表現法を統計学の真正な言語にうまく適応させた」ものと専門家の目に映ることが期待されていたのである。このように統計グラフの試みは、統計のイロハを知らない非専門家だけに志向したものではなく、それと同時に「科学はいかにして大衆の人気と一般の関心を惹き起こせるか」ということについて、専門家に向けてその範例を示すことを企図したものでもあった[23]。

企画者サイドのこのような企図は、それなりの成功を収めたと見てよい。とりわけ統計部門におけるグラフの実験は、少なくとも同じ衛生学者の間での評判は上々であった。たとえば、「［グラフという］表現法の単純さと簡潔さで〔……〕これらの曲線は容易に理解できるものとなり、しかも現象の奥深くにまで入り込んでいる」、それに「都市や地方の乳児死亡率を示す数多くの曲線などは、乳児保護の改革を希求するための、特筆に値する拠り所を与えてくれた」というように、社会衛生学の領域では博覧会の閉幕直後から好意的な声が上がっていた[24]。だからであろう、博覧会関係者はその閉幕後も統計グラフの普及・定着に向けて引き続き活動を継続し、特に博覧会でのグラフの成功を導いたレスレは、今度はみずからグラフの技法を体系化することで、単なる「通俗的」（マイア）な啓蒙手段から一個の「科学的」方法への昇格をもくろみ始める。本章冒頭の比喩を再び持ち出せば、統計的まなざしという言語体系の内部で、新規の、あるいは俗語的な用語法がその正統性を主張し始めた、ともいえようか。

もちろんここでは、そうした体系化の試みをすべて網羅するわけにはいかない。ただこの試みが、衛生学の領域を越えて統計学の専門家にまで批判の矛先を向けていたことは確認しておきたい。すなわち、「統計の知の宝庫が利用されず発見すらされないまま、あふれんばかりの数字の海に沈み込んでしまう」という危機感から、「近寄りがたい数字の列に、このうえなく明瞭に語り、証明し、警告することができる表現形式で生命を吹き込む」ことこそ「統計学の最重要課題の一つ」であるという提言が、衛生学の立場から発せられることになったのである。(25)

それゆえこうした課題をはたしうる統計グラフは、統計学の専門書で通常用いられる「数表」に取って代わるべきもの、あるいは少なくともその補完物として不可欠なものとされる。何よりこのグラフ技法を採用することで、「さまざまな数字の羅列の相互関係に関する正確なイメージ」が得られたり、「長大な数字の列の相違や傾向が一目瞭然に」理解できたり、「種々の出来事が同時進行する際に見られる関係性を発見」したりすることもできるが、これらは「数表を読むだけでは見て取ることができないか、できたとしても非常に困難」である。(26) いいかえれば、グラフ技法は数表だけでは把握しがたい数字相互の関係性を、視覚的なイメージの提供によって一望することを可能にする。だがまさにそれゆえに、この視覚的なイメージに恣意的な「ぶれ」が生じれば、それはそのままグラフの価値を致命的に損なうものとなる。たとえば図4―2の左図（a）のように、尺度の縮小の際に縦軸・横軸の比率が変われば、そこから得られる視覚的な印象は当然ながらまったく異なってしまうだろう。だからこそ、グラフを作成する際には右図（b）のように、縦軸・横軸の比率は尺度の変更に関わらず常に一定に維持しておかなければならない。「こうした尺度の縮小という方法は単純だが、しばしば誤ったやり方でなされるために、グラフの方法によって意図された明瞭さではなく、かえってこのうえない混乱をもたらすことも多いのである」。(27)

その水準はさておき、少なくとも右の議論から確認できるのは、統計グラフが一つの科学的な方法へと脱皮しようとしたとき、いわばそのネガとして、まずは統計学の数表という形式を好んで槍玉に挙げるようになったと

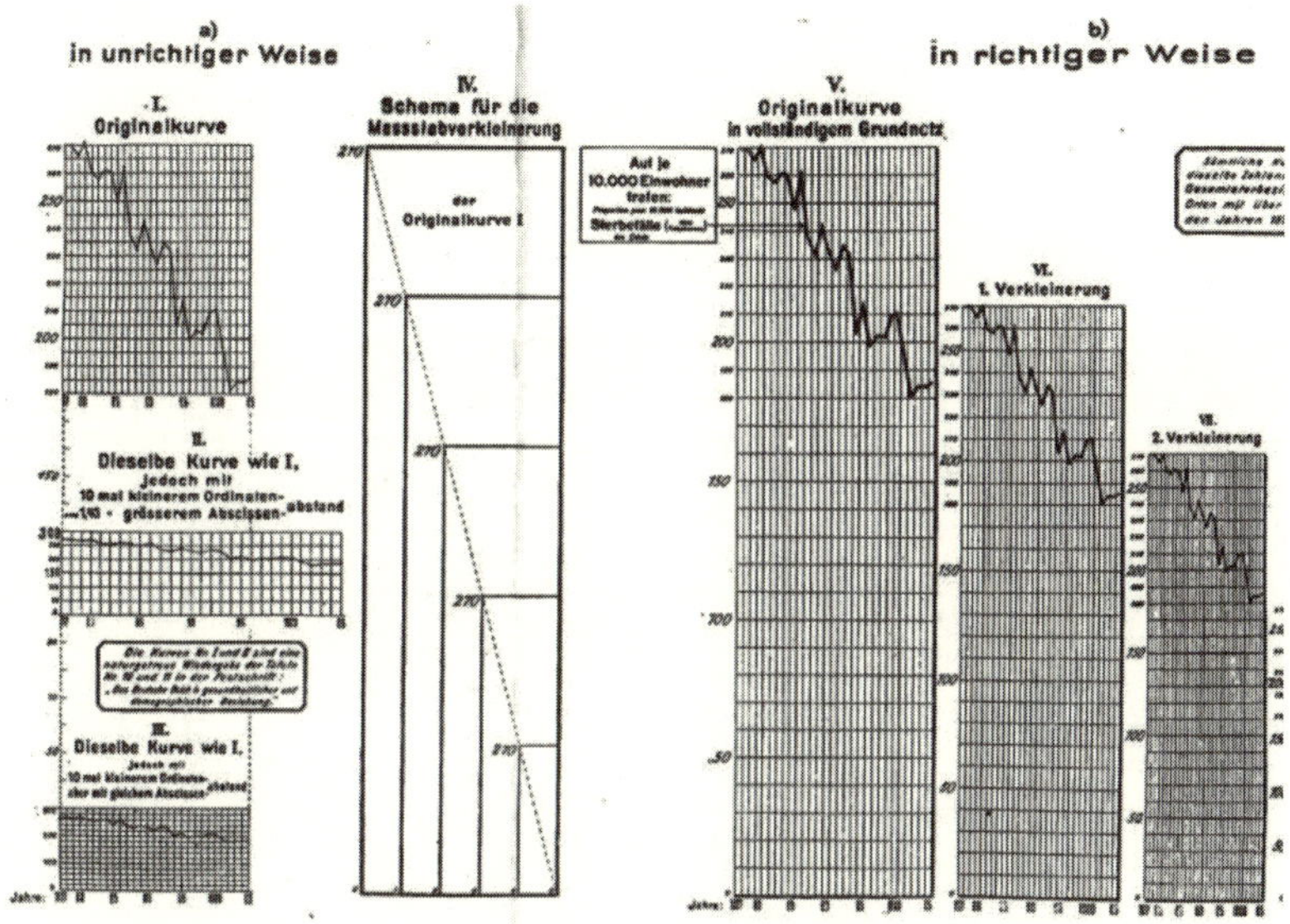

図 4-2　統計グラフの体系化の試み

いうことである。しかもこうした批判は、ちょうどこの時期（一九一〇年前後）に顕在化したいわゆる少子化問題（第五章で詳説）によって、さらなる拍車をかけられることにもなる。先にも述べたように、人口転換の衝撃はひとり統計学のみにとどまらず、医学や衛生学など多様な専門分野をも巻き込みながら「人口科学」なる知を産出しつつあっただけに、統計学の数表に対する衛生学的グラフ技法の闘争でも、非常にしばしばこの人口問題が一つの闘技場と化すことになった。いわく、昨今議論が喧しい少子化問題とは、ほかならぬ数字の羅列から導き出された誤った認識に起因するものにすぎない、というわけだ。

> それゆえここで曖昧さを払拭することが、統計学の最重要課題の一つと見なされなければならない。〔……〕この点において、我々はもちろん新しい統計資料をもたらすことはできないが、自分自身の方法を改善することは可能である。出生・死亡統計の資料は、その量は乏しいものの、それでもこうした改善によって自然な人口発展の調節機能に

ついて我々自身にも重要な情報を与えてくれることだろう。／私はグラフ＝数理研究法(graphisch-mathematische Untersuchungsmethodik)を用いることで、そのような改善の方途が見出せたと考える。〔……〕もし〔人口〕動態現象を数表にもとづいて追跡すれば、我々の眼前に浮かんでくるのは誤った曲線でしかない。というのは、そこから我々が得ることになるのは絶対数という概念のみで、増減関係ではないからだ。〔……〕さらに、さまざまな数字の羅列を比較しようとする際に、それら数字の列の相互関係を確定しないままだと、より深刻な誤謬に見舞われることになる。それだけにグラフ技法の課題とは、それら数表の推移を間違いなく判断できるようにするための表現法を探究することにある。(28)

これはいわば、統計学の正統性に対する社会衛生学の転覆戦略といってよい。元来「大衆教化」の手段でしかなかった衛生学のグラフ技法が、数表という従来の統計メディアを――グラフならば避けうるはずの――あらぬ誤謬の源泉として貶めることで、統計学の領域における正統性＝卓越性を簒奪しようとしているのである。もちろんこうした転覆戦略は、すぐさま統計学の専門家集団から激しい反発を呼び起こし、数表とグラフの間で科学としての正統性をめぐる熾烈な抗争が繰り広げられることになる。しかもそこにはまた、一方で単なる行政の統治手段たる官庁統計から身を引き離そうとする、専門家たちの卓越化戦略も同時に作用していた節がある。このあたりの事情を次の第三節で見ていきたい。

三　グラフをめぐる闘争

■官庁統計への不信

だが数表とグラフの闘争に目を向ける前に、まずは帝政期当時の統計調査をめぐる知的・社会的状況について少しだけ触れておきたい。いうまでもなく国勢調査をはじめ、国家による種々の統計調査の直接的な起源は一八世紀末にまで遡るものだが、ドイツの場合は一八七二年、つまりドイツ統一の翌年に帝国統計局が設置されて以降ようやく、その管理下で帝国全土にわたる国勢調査が実施されるようになった。ただ実際の調査活動やその費用に関しては、もっぱら各邦や各自治都市の裁量に委ねられており、帝国統計局の業務はそれらの邦・市によって作成されたデータの収集、ならびに最終的な仕上げ作業に限定されていた。(29) それだけに、調査の際に採用される分類体系や概念定義は地域によって多種多様であり、当然そのような雑多なスキームにもとづく調査から全国レベルで統一的な結果を導出することは至難の業であった。

とりわけ死亡統計における死因分類のスキームなどは、その性質上自然地理的な環境要因に大きく規定されるものだったため、統一的な統計データの作成は——中央官庁や医療専門家からの規格化要請が繰り返し出されていたにも関わらず——長い間困難な状況にあったといえる。たとえばブレーメンでは、ヴェーザー河畔という地理的特性や港湾都市という都市機能上の性質などもあって、伝染病関連のカテゴリーが際立って多く、それが他邦とのデータ比較を困難にしていた。たしかに一八七〇—一九〇〇年代にはその整理統合が推し進められたものの、一九〇五年に全国レベルの統一的な分類スキームが導入された後ですら、この都市では過去のデータとの比較可能性を確保するために古くからの分類体系も併用するという、いわゆる二重調査法が採られることになったのである。(30)

また、二〇世紀初頭のドイツでは、経済活動に関する官庁の統計調査も死亡統計とは別の意味で隘路に陥っていた。たとえば帝政期に三度（一八八二、一八九五、一九〇七年）にわたって実施された職業センサスの場合、どれも古い経済的観念にもとづいていたために、その調査結果も資本主義が発達を遂げた社会の現状を正確に反映するものとはなりえなかった。これらのセンサスでは、いわば手工業的な発想に依拠しつつ、人はそれぞれ「本来の」職種に割り当て可能だという仮定から質問項目が作成され（たとえば調査時点の業種ではなく、「何が自分にとって通常の、ないし固有の職業と考えているか」を記入するよう求めていた）、結果として労働力の流動性をほとんど視野に入れない時代遅れな経済構造のイメージばかりが再生産されていたのである。(31)

その結果、特にマルクスの『資本論』第三巻の刊行（一八九四年）以降資本主義研究が盛り上がりを見せていた経済学の分野では、こうした官庁の統計業務に対する不平不満が渦巻くことになる。なかでも若手経済学者の代表格であり資本主義研究の草分け的存在でもあったヴェルナー・ゾンバルトは、現代社会では資本主義の論理を免れた業種など存在しないという見解から、伝統的な経済観に囚われた官庁統計の提示する「事実」に対して手厳しい批判を向けている。いわく、統計局が素朴にも「自営業者」として分類したほとんどの人間は、実際のところ従属的な地位に貶められた下請け業者、すなわち「資本主義的通商という巨大な時計仕掛けのなかの小さな歯車」にすぎず、この種の名目だけの自営業者なるものをデータ上でいくら捏造しても現実の経済構造は何も解明されないどころか、資本主義的経済発展のダイナミズムをひたすら見損なわせるばかりである、と。(32)

このような官庁統計そのものの問題に加えて、国家による統計調査への社会的な不信感もその貫徹・定着を妨げた大きな要因であったといえる。とりわけ実業界は自社の機密事項が暴露されることを嫌い、「自由主義の擁護」を口実にしながら官庁の統計調査に対して執拗な抵抗を示していた（農業・対外貿易部門は除く）。なかでも重工業界などは、アンケート調査に対する組織的な反対キャンペーンを展開したり、賃金表や原料コストに関する質問項目を削除させるべく回答をボイコットしたりするなど、国や邦の統計業務をあからさまに妨害する動きすら見せていた。たしかに一九一一年には、一般統計法の制定によって、官庁の統計調査に強制性を持たせようという案が統計官僚の間で浮上したものの、バイエルンの統計局は実業界との信頼関係を構築する方が先決だという理由で反対に回り、またプロイセンでは邦議会における法案の可決が見込まれなかったため、官僚側のこうした対策案も結局日の目を見ないまま立ち消えになってしまう。[33] 統計調査に関していえば、大戦前夜のドイツ帝国は「強い国家」という通説的なイメージからはほど遠い状態にあった。

■行政と科学のはざまで

こうした官庁統計の行き詰まりが背景にあったからであろう、この時期の統計学の専門家たちの間では、相反する二つの志向性が同時に顕在化し始める。一つは――統計学の歴史のなかで何度も繰り返されてきた試みだが――「統計学はそれ自身一つの科学になった」[34]という宣言に示されるように、ことあるごとに行政の調査業務からその知的営みを差別化しようとする「科学化」への志向である。ここでその具体的な方法論に立ち入ることは差し控えねばならないが、少なくともこうした試みの制度的表現として、ドイツ統計学会が新たに設立された（一九一一年）という事実には言及しておきたい。また「統計科学」なるものの確立が求められるのに伴い、専門家の間ではデータの「生産」と「分析」という二つの過程が明確に区別され、前者を行政に割り当て、後者のデータの解析・解釈を科学の管轄に置くという形で、一種の分業体制が主張されるようにもなった。[35] 次のように行政の統計業務を「科学としての統計学」の単なる「用具」に貶めつつ、両者の内容や活動範囲の違いを強調する議論などは、まさにこうした分業思考の好例といえるだろう。

公的な行政は科学の作業場ではないし、またそうあるべきでもない。それはただ、国家や社会についての科学の仕事に用具を提供するだけにとどまるべきである。公的行政に必要なものは科学の範囲に従って決定されるものではなく、むしろ実践的な考量の方に従うべきなのだ。その考量ではまず第一に実務統計、すなわちいわゆる行政統計なるものが求められるが、この種の統計は行政にとってたしかに不可欠ではあるものの、科学としての統計学には確定した結論ではなく、ほとんどいつも研究のための土台しか与えてはくれない。／それだけにこのいわゆる官庁統計の実践というのは、ことあるごとに科学としての統計学の範囲を越え出ずにはいられない。それは、科学としての統計学それ自体に必要なものより余計に多い場合もあれば、少ない場合だってしばしばあるだろう。(36)

もう一つの志向性はこれとは逆に、統計に関する知識の普及を通じて官庁統計の認知度を高めようとする、いわば「啓蒙」にベクトルを向けたものである。たとえば一九〇九年に創刊された『ドイツ統計中央誌』(Deutsches Statistisches Zentralblatt) などは、「官庁統計の刊行物」が行政のために十分活用されていないこと、そして「表形式や統計的考察が理解困難である」ということ以外にも統計学の文献――とりわけ官庁が発行する統計関係の文献――が一般にあまり知られていないこと、この二つの事情が社会における統計調査の認知と活用を妨げているとし、その最新の成果を公共に向けて発信するという目的で立ち上げられた雑誌である。「まずは公的行政の指導層、さらに広くは今日新聞・議会・政治経済団体やその他の民間団体など、統計に関心を持つ広範囲のグループ〔……〕に、統計学の新刊に関する最新の情報をたえず提供することに成功すれば、統計の影響力やそれが活用される範囲はきっといまの何百倍にもなるだろう」(37)。つまり、官庁統計が行き詰まりを見せるなかで、その打開策として統計学の専門家の間でも――ちょうど社会衛生学のグラフ技法で見られたような――啓蒙と科学化という二つの知的戦略が同時に浮上することになったのである。

なお、ここで明記しておかねばならないのは、帝政期において統計学の専門知識を独占していた知的集団が、じつは――大学人ではなく――ほかならぬ国や邦の官庁に勤務する統計官僚であったということである。たとえば『ドイツ統計中央誌』で編集委員を務めていたのも、帝国統計局員のヨハンネス・ファイク、ザクセン統計局長のオイゲン・ヴュルツブルガー、ドレスデン統計局長のフリードリヒ・シェーファーと、いずれも本業は官庁の実務に従事する官僚であった。さらに特徴的なことに、彼らのなかにはこの官僚としての身分と併せて、大学から名誉教授の称号を得る者や新設大学で正教授に招聘される者も少なからずいた[38]。ここには「統治の知」として出発した統計学の性格が顕著に表れているといえるが（たとえばプロイセン統計局では既に一八六二年に、官僚や大学の私講師向けに統計学のゼミナールが開設されていた）[39]、いずれにせよこのような統計官僚による啓蒙と科学化の戦略は、ひるがえって彼ら自身にもきわめてアンビヴァレントな感情を呼び起こすことになったと思われる。

というのも、先に見たように統計学の科学化戦略が行政の統計業務から分離するという方向で構想されたこともあって、二〇世紀に入って以降、統計学の専門家の間では「科学」（理論）と「行政」（実践）とのジレンマという葛藤の言説が広がりを見せるようになったからである。いわく、「自立した統計学の記述」と「統計局の刊行物」とがそれぞれ求めてくる「二つの要請は区別しておかなければならない」が、「二つの規定を同時に満たすのはもちろん容易なことではない。それゆえ統計官僚には、ときおりハンス・ハイリング〔ハインリヒ・マルシュナーの歌劇の主人公。地霊の王だったが地上の村娘と結婚するべく故郷の地底界を去る。〕のように『不幸な二重存在として永遠の葛藤に陥る』ということも本当に起こってしまうのだ」。あるいは、「実践的な問題」はあくまで「科学ではなく行政が決定する」ものだが、その際、「自分の胸中に科学と行政技術という二つの心を住まわせる統計官僚は、しばしば科学よりも行政の方に従わなければならないだろう。けれどもこれはこれで、科学上の問題を原理原則から決定することとは何ら関係のないものだ」と[40]。

この種の葛藤の言説は、社会衛生学の科学化戦略には決して見られなかったものである。むしろそのグラフ技法は、元来が啓蒙の手段として出発したこともあってか、その体系化の試みにおいても非実践的な理論偏重に陥ることを極力避けようとする意識が働いていたと思われる。実際、後述のように統計学の専門家からグラフ技法に批判の矛先が向けられた際にも、そうした批判の「単に理論的でしかない、それゆえ実践的ではないやり口」は、社会衛生学者の間で冷笑の的となっていた。[41] したがって、社会衛生学者と統計学者の間には、啓蒙と科学化という二重の志向性そのものは共通して見られながらも、そこから発現する戦略に根本的な相違があったと見ることができる。統計学の正統性をめぐる数表とグラフの闘争は、ほかならぬこの戦略の相違に起因するものであった。

■統計グラフへの反発

先にも見たように、統計学の専門家たちは科学化と併せて大衆啓蒙の必要性も痛感していたことから、当然ながらグラフ技法にも一定の有用性を認めてはいた。彼らにいわせれば、グラフのような「人気取りの技法」も啓蒙の手段としては「正当であり便利なもの」、いやそれどころか、「数表の理解――その変動や範囲の広さから、かなりの訓練を受けた者でもその相互関係を一目十行に見渡すことはできないのだが――を可能ならしめ、まったく新たな地平を切り開く技法」でさえあった。[42] したがって啓蒙と科学化という二重の志向性のうち、啓蒙の面では社会衛生学と統計学の戦略は互いにほとんど一致していたといってよい。両者が袂を分かったのは、次の記述にもほのめかされてように、社会衛生学がまさにこの啓蒙手段のなかに「統計科学」の正統性を簒奪するための突破口を見出したからである。

衛生博物館の統計部門、また先の国際衛生博覧会の統計オフィスの長として私が携わった統計に関わる活動は、衛生学の観点から見て重要だと思われる人口・医療統計のあらゆる結果を収集し、統一した方法で加工し、一般人にも簡単に理解できるような形で表現するというものだった。この一風変わった活動から、私は統計科学の一つの領域に没頭する機会を得た。もっともその領域にはまだ師範と呼べるような人間はどこにもおらず、そのためディレッタンティズムが憚ることなくはびこっているという有様だが。その領域とは、統計結果をグラフで表現するという技術・方法である。／この領域を育成し開発し尽くすこと、これこそ私は統計学の最重要課題の一つであると考える〔……〕[43]。

このようにグラフ技法という手つかずの領域から統計学の変革を試みた点に、社会衛生学における科学化戦略の顕著な特徴があったことは先に述べた通りである。しかしそれだけに、ちょうど同時期に「自立した科学」を打ち立てようとしていた統計学の専門家にとって、この試みはおのれの手から科学化の主導権を奪いかねない一つの挑戦にほかならなかった。だからこそ、社会衛生学が博覧会を皮切りにグラフの科学的有用性を専門家に向けて発信し始めた途端、統計学者の側からその技法に対する否定的言説が噴出することになったのである。

この専門家集団によるグラフ批判の諸傾向のうち、最も顕著に見て取れるのは「高尚／低俗」という価値序列にもとづいて、グラフを「低俗」な手法として貶めようとするものである。たとえば次のような批判の言辞などは、こうした価値序列にもとづいた専門家の反発の典型的な例だといってよい。

それ〔統計図本〕は、ただ単純な統計結果を広く公衆に知らしめるためであれば利用するのもよいだろう。しかし科学的な文献では、反対に統計グラフなど絶対に避けるべきだ。最近、統計学者の間では是が非でも大衆の人気を得ようとして統計関係の刊行物を出店の絵本に貶めてしまう者がいるが、何と嘆かわしいことか。／科学的に見て価値のある図というのは、たいてい非常に複雑なものだけに、万人向けの「統計図本」には移し替えることができない。他方で大衆に分かりやすい図の多くは非常に単純な事柄しか表現しえないため、ほぼ例外なく専門書では図示する必要がないものばかりである[44]。

こうしたタイプの批判にあっては、その矛先は好んでグラフ技法に見られる「趣味の悪さ」に向けられることになる。たとえば図4―1のような実験的な図像など、専門家にいわせれば「悪趣味」以外の何物でもないし、社会衛生学を「無限に有用」とか「人類最高の文化財」などと過度に称賛するカタログ（衛生博覧会の閉幕後にその展示内容を掲載して出版したもの）の序文にも、批判者は「もっと上品に、慎ましやかに書けないものか」と眉をひそめる。「ザクセンの死の行列」というキャプション（図4―1）にいたっては、あまりに空疎な「空文句」であり、こうした「本当に無頓着なドイツ語」をわざわざ選択したことについて、「カタログ作成の時間がなかったというのは言い訳にすらならない」。そもそも、科学の名の下に統計をグラフで表現すること自体容認できるものではない。「卓越した専門の研究者でさえこれまで証明できていない」ものを、「いわんやレスレ氏が概要だけのグラフで証明できるわけがなかろう(45)」。

次に、グラフ批判のもう一つの傾向としてはその「不正確さ」をあげつらうもの、いいかえれば、視覚に訴えかけるという手法が不可避的に持たざるをえない「錯覚」に照準を合わせるものがある。それによれば、たしかに「統計の実践というのは、理論による説得とグラフによる可視化の迫力がともに合わさってなされるもの」であり、その限りで統計学にとってもグラフ技法が今後とも不可欠な手段となることは十分考えられる。「表現を徐々に精緻化し、あるいは少なくとも豊かにするという可能性は、このような子どもじみたお絵かきの場合ですら残されているものだ」。しかしながら現状では、たとえば統計表を棒グラフで表現する場合でも、「そうした置き換えで得られた可視化の利点は非常に少ないので、このような表現に費やされる労力・コストに見合うものではない」。それどころか、「特に憂慮すべきなのは、まさしくこの長方形の表現法ではまったく幾何学的に正確な可視化がなされた場合ですら、観察者は誤ったイメージを抱きやすいということだ。というのは、実験心理学で証明された幾何学的・光学的な錯覚という通常の現象が、この長方形グラフでは顕著な役割を果たすからである(46)」。つまりグラフは人間の「視覚」という、それ自体錯誤を免れない感覚に依拠する技法であるがゆえに、その映像にある程度の歪みやぶれが生じるのは避けがたい、というわけだ。

こうした批判のいずれにも共通するのは、結局のところグラフに対する数表の卓越性へと議論が収斂していくという特徴である。たしかに当時にあっても大半の統計学の専門家は、数表という形式が素人を統計から遠ざける大きな要因になっていることを自覚してはいた。彼らにとっても、まったくの素人が「大きな数字、あるいは数字の長大な羅列を注意深く読むことに拒絶感を示すことは過小評価できない」問題であり、だからこそ統計を社会に普及させるためには、「グラフ技法のなかに非常に有用な補助手段」があることは否定できない事実だった。ところがそのような啓蒙の活動は、統計学者にとって科学としての研究活動とは決して相容れるものではない。「統計数字の科学的加工と、その結果を大衆に広めることとは厳格に分けておかねばならない。後者は前者に比べて明らかに重要なものではないのだ[47]」。

このように、統計学の専門家たちはいわば「科学化」と「啓蒙」という二つの志向を厳しく分離したうえで、前者の方により高い価値を置いていた。先に見たように、この相反する二重の志向性の同居は社会衛生学にも統計学にも共通して見出せる傾向だったものの、前者が啓蒙の延長線上に科学化の好機を見て取ったのに対し、後者の統計学はむしろこれら二つの志向をそれぞれ別個の次元に置く――だが相互の優劣を付けるために同一の価値序列には組み込んでいた――ことで、その両立を図っていたといえる。こうした分断からはっきり見て取れるのは、いわば数表というジャーゴンを防壁にして「素人」を排除することで専門家集団の卓越化を図るという、科学者共同体にしばしば見られる閉鎖型の知的戦略である。それだけに、啓蒙――いうまでもなくこれは非専門家の排除ではなく包摂の戦略である――に端を発するグラフ技法の科学化要求は、統計学者の目には自己の正統性＝卓越性を掘り崩しかねない脅威と映ったのであり、だからこそその否定の言辞も結局はおのれの卓越性の確認に終始せざるをえなかったといえる。とはいえそうした批判の仕方では、社会衛生学者の側には「個々の言葉尻を捉えるばかりで純粋に事柄に関することには首を突っ込もうとしない」「堕落」した批判であるか、あるいは（先にも引用したように）「単に理論的でしかない、それゆえ実践的ではないやり口」としか受け取られることはなかった。[48] こうした食い違いが見られるのも、そもそも両者の戦略が根本から異なっていたからである。

四　開かれた専門性へ向けて――

■卓越化への警鐘

さて、イギリスでもまだ数理統計学が萌芽的な段階にあったこの時期、一口に統計学の「科学化」といっても、その内実は当然ながら論者によって種々雑多であった。たとえば「自立した科学」の根拠として、その認識客体が個人でも国家でもなく社会であるという、対象の独立性が強調されたり、あるいは数字の比較から何らかの法則性を演繹するという「社会学的」性格にその根拠を求めるなど、もっぱら方法的な側面に着目したりするものもあった。[49] とはいえ、やはりこの当時でも応用数学にもとづく方法論の洗練化は一つの主流を形成しつつあり、その基底には次のような考え方が横たわっていた。すなわち、経験的現実はそもそも無尽蔵な集合である以上、どれほどデータを積み上げても決して「確実性」の段階に到達することはできない、だからこそ統計学者は経験的なデータの収集・蓄積に腐心するよりも、むしろ限られたデータの「蓋然性」を精密化する方法を探究するべきであり、そのためには数学的規則の応用と純化をもっと重視すべきだ、という考えである。[50]

このように、統計学の内部では「科学」としての要件を満たすべく、さまざまな形で洗練化が試みられていたが、その一方で第一次世界大戦が終結して以降、その専門家集団の側から一つの注目すべき新たな動きが顕在化することにもなった。つまり、ほかならぬ専門家自身がこうした過度の洗練化に対して警鐘を鳴らし、非専門家に対する卓越化よりもむしろ社会的影響力の確保に重心を置いた提言を発し始めるのである。

たとえば、敗戦直後の一九一九年にいち早く提起された「作家としての統計学者」論なるものがある。それによれば、近年の「統計の仕事では、誰の目にもはっきりそれと分かる作家性というものが現れつつある」、つまり数表の精密化よりも「テキストの精緻化の方に心を砕く」という傾向が目立ちつつある。専門家の間でも長年指摘されてきたように、「表の精密さそのものには優雅さを期待できないので、文章の構成力でもって読者の心をつかもう」というわけだ。いくら理論や方法を鍛えても、それ自体で統計学の社会的重要性が増すわけではない。むしろこれまでの経験から、ペダンティックな「理論と技術から遠ざかれば遠ざかるほど、統計関係の著作の影響力が増していく」ことは火を見るよりも明らかである。「こうした経験を踏まえれば――〔……〕真の科学的仕事を完成させるための熱心な努力と併せて――実践行動に向かっても我らに一つの道が切り開かれることになるはずだ[51]」。

おそらくこうした提言に触発されてのことだろう、その数年後には専門家の手によって「統計学の物語叙述」という奇妙な実験すら企てられている。もっともその主人公は、当然ながら通常の物語で設定されるような「個人」ではなく、むしろ「より高次の秩序にある何らかの個体、そうした属性としての統計的全体[52]」なるものだが、いずれにせよそのような実験の裏には、やはり大戦後の統計学者に共通して見られた、ある種の危機意識が潜んでいたといえる。

いかなる事情であるにせよ、いま問題となっている我々の心配の種は、統計学があまりに人気がないということにある。統計学の数学的な精密化に関しては、それが統計学の科学的純化であるといえるにしても、そこから人の心を開くような鍵を見つけることなど期待してはならない。これは万人に共通する見解だろう。それだけにこの鍵の存在を信じる者は、〔数学的な精密化ではなく〕ほかの所にその在り処を求めねばならない。〔……〕我々はこう問いかけた。なぜいつも統計の記述しか見られないのか、なぜ統計の物語というものに一度も目が向けられていないのかと。(53)

このようにヴァイマル期の統計学者の間では、もっぱら文章に技巧を凝らして公衆の「人気」を得ようという、社会衛生学とは違った形での啓蒙活動がにわかに活性化していた。たしかに先にも論じたように、専門家集団における啓蒙への志向性そのものは帝政期でも見られたものだが、この時期に特徴的なのは――右の記述からも見て取れる通り――この種の大衆啓蒙戦略の顕在化に伴って、行き過ぎた洗練化(=卓越化)による日常感覚からの乖離という事態に、危惧の念を表明する声も高まっていったということである。たとえば、チューリンゲン統計局長を務めたヨハンネス・ミュラーという統計学者も、応用数学によって過度に洗練された統計学を、現実の社会現象から切り離された「観念統計学」(Begriffsstatistik)として批判した一人であった。

このミュラーいわく、人間の悟性が論理的思考を武器とし、かつ数字の体系が純論理的である以上、思考にとって数字はたしかに歓迎すべき補助手段ではある。しかしそれだけに、その数字が現実の単なる二次的表現ないし「量的」側面にすぎないことが忘れられがちであり、数の論理そのものを突き詰めるという誤った方向での洗練化が進められやすい。「この意味での観念統計学は、じつにさまざまな度合いで存在する。四則で間に合う場合、あるいは簡潔かつ健全な人間悟性で十分な場合でも高等数学を安易に応用するものから、こんがらがった数式を打ち立てるのが自己目的になってしまっているものまである」。こうした数学的な洗練化が進めば進むほど、そこから得られる認識はかえって社会経済の現実から乖離してしまいかねない。人間社会の現実は、当然ながら数の論理だけで成り立つものではないからだ。「統計は経済・社会生活のあらゆる事実を把握できるわけではないこと、むしろ単に量的な側面に接近するだけであることを忘れないでほしい。ほかの側面、すなわち質的な側面には、量が質の反映である限りにおいて近づけるにすぎない。それゆえ、経済・社会生活に関する調査の結果として表現される数字を、純粋に数字上でさらに処理することほど嘆かわしいことはない[54]」。

以上のような「作家としての統計学者」論や方法的洗練化に対する警告の声においては、啓蒙と科学化の間に設定される価値序列が戦前とはまったく逆転しているように見える。少なくともこれらの動きを担っていた専門家たちにあっては、かつてのように統計の知見を「大衆に広めること」が、「統計数字の科学的加工」に比して「明らかに重要なものではない」などと安直に断言されることは決してなかった。ヴァイマル期には、このように統計学の科学的洗練化を抑制し、逆に公衆に志向した啓蒙戦略に比重を置く動きが突如として表面化したことで、卓越化戦略の優位というそれまで堅牢としてあった専門家集団のコンセンサスに、いわばひび割れが生じていたのである。

■統計調査に対する意識の拡大

ヴァイマル期の専門家集団に見られたこうした変化の背景としては、少なくとも三つの状況を指摘することができるだろう。まず一つには、このヴァイマル期に初めて中央政府が統計調査を一元管理することで、中央集権化が一定程度実現したという点が挙げられる。その直接的な起源は、第一次世界大戦中に戦時経済体制が確立し、食糧配給・労働管理の観点から全国規模で統計調査を行う必要があり、そのための強制調査の権限を国家が手中にしたことにあった。その制度的な表現としては、一九一六年の戦時食糧庁の設置・翌一七年の戦時経済局・一八年の戦時労働局の設置などが挙げられるが[55]、いずれにせよヴァイマル期にはこの統計調査の集権化という流れの延長線上で統計局が大規模に再編され、大幅な拡張が図られることになる。

表4―1は再編後の国立統計局（Statistisches Reichsamt）における構成員数の変化を示したものだが、見ての通り一九二四～二九年のわずか五年間でスタッフの数が三倍以上に膨れ上がっている。この数字からも、ドイツでは大戦期から一九二〇年代にかけて、国家による統計調査のプレゼンスが漸次高まっていったことが窺われるだろう。加えて一九二五年の国勢調査の際には、調査票の最終確定の権限が中央政府に一元化されただけでなく、罰則規定を含む国勢調査法の制定にもとづいて実施されたように、帝政期に見られた官庁統計の行き詰まりを打開する措置が採られることになった。さらには――こうした国家のせり出しのためか――国民の間にもこのセンサスが賠償金支払いのための租税強化の一環ではないか、という不安や不信感が広がったように、ヴァイマル期には国の統計調査に向けられる社会的な意識も急速に強まっていたといえる。[56] おそらくこうした社会全体の統計調査に対する意識の高まりが、統計学者をして社会的影響力の確保という戦略に転換させた一つの背景となっていた。

表4-1　国立統計局の構成員数の変化

年月	スタッフ数
1923.10	1,300
1924.6	1,000
1924.10	1,030
1925.4	1,299
1926.4	1,538
1927.4	2,093
1928.7	2,566
1929.7	3,016
1930.4	2,695
1931.4	1,685
1932.7	1,784

次に、右の国立統計局とは別個に、一九二五年に設立された「ベルリン景気循環研究所」（Institut für Konjunkturforschung Berlin）という、当時ヨーロッパで最大規模の半官半民シンクタンクを通じて、統計調査の持つ経済的意義が広く認識されるようになったという点も挙げられる。[57] 何より注目されるのは、このシンクタンクが当時国際的に流行しつつあった景気循環モデルにもとづいて、政府の施策に展望を与える実践的研究の推進をその使命としていたこと、またそれと併せて国民所得の概算をはじめとするマクロ経済の分析が、このシンクタンクの主要任務として進められたことである。これはいわば統計を介して経済政策と経済理論を一致させる試

み、いいかえれば、「資本主義経済の変動を飼いならすための方途を国家に教示する実践的経済科学を創り出そうという試み」[58]である。こうした試みがある程度の成功を収めたのは、何よりも敗戦後のドイツ経済が国際社会の監視下に置かれていたことが大きい。賠償金の回収はドイツ経済の支払い能力にかかっていたが、当然その能力の判定には国民所得が決定的な基準の一つとなっただけに、その正確な概算は高度に政治的な色彩を帯びていたのである。[59]統計的まなざしは、いまや「マクロ経済」という新しい革袋のなかで、統治と知を直結させる蝶番として機能し始めていた。

しかも一九二六年以降は、この研究所の成果が『季刊景気循環研究』(Vierteljahreshefte zur Konjunktur-forschung)という雑誌を媒体として継続的に公表されたことで、特に実業界のなかで大きな影響力を獲得することにもなった。実際、この雑誌は既に初号で一〇〇〇部を完売し、さらにその翌年には四〇〇〇部近くの売り上げを見せるなど、発行者自身も瞠目させる反響ぶりを示していた。それだけでなく、当該雑誌に掲載されたデータも、ビジネス新聞をはじめとした民間メディアの盗用や孫引きを通じて広く拡散していったことから(研究所が転載料の徴収を検討するほどはなはだしいものだった)、新聞のビジネス欄も一九二〇年代の間に大きな変貌を遂げるにいたる。すなわち、そこではもうローカルな会社や市況についての情報にとどまらず、「経済」一般の状況が、それも「数字のことば」で語られるようになった。[60]ある著名な重工業経営者(匿名)も、研究所の公表する報告書が財界で持つ影響力について次のようにコメントしている。

一つの企業体である私たちにとって、その〔研究所の〕報告書の意義をはっきりこうだと明確に述べるのは難しい。というのは、私たちが毎日読んでいる新聞は、研究所の報告書を転載しているだけでなく、その新聞自身の見解も何らかの形で報告書の影響を受けているからです。したがって、日刊の新聞を読むということは、それと気づかぬうちに景気循環研究所の仕事に頼ってしまうということなのです。[61]

このように、ヴァイマル期では景気循環研究所の活動を通じて統計業務の意義が実業界でも広く意識されるようになったことから、官庁の統計局には禁止していた企業情報へのアクセスをこの研究所には許可するなど[62]、いまや調査業務にも積極的な協力姿勢を見せるようになっていた。帝政期にあれだけ拒否反応を示していたドイツの実業界も、最新かつ実用的な経済理論を応用した研究所の成果を通じて、統計調査の持つ高い有用性を認識するにいたったのである。[63]

そして第三には、一九二〇年代半ばに医療や健康・公衆衛生に関する啓蒙運動が一つのクライマックスを迎えていたことも挙げられるだろう。その代表例といえるのが、一九二六年にデュッセルドルフで開催された健康博覧会「健康増進・社会扶助・体育のための大博覧会」(通称ゲゾライ)と、同年に実施された「全国健康週間キャンペーン」である。後者は内務省の主導下で推進された全国規模の健康教育運動で、映画やラジオなど当時最先端のメディアを駆使して健康に関する公衆の啓蒙を目的としたものであり[64]、前者はいうまでもなく帝政期以来の流れを直接引き継いだ、医療関係者や衛生学者を中心とする大衆啓蒙イベントである。特にこのイベントは、一九一一年のドレスデン博覧会を超える七五〇万人もの来場者を数えたヴァイマル期最大規模の医療・衛生博覧会として知られるが[65]、その理念は従来と同じく、一九一九年の国勢調査の結果を図4―3のように統計の素人にも「魅力的で簡単に理解でき、かつ印象に残る[66]」形で展示することを企図したものであった。なお、当該図の上の展示品は人口の年齢構成を木製人形で具象化したもの(一体あたり一〇〇〇人で、左が男性の人口、右が女性の人口を示す)、下は「人間の生成と消滅」と銘打たれたオルガンに似た機械装置で、出生・婚姻・死亡の発生頻度をその装置の動きで表現しようとしたものである(装置内に設置された人形のうち、揺りかごの傍らに立つコウノトリは出生、若い男

図4-3　ゲゾライ（1926年）の展示品

女は婚姻、「死」を意味する骸骨は死亡を示しており、それぞれ二四秒ごと・七二秒ごと・三六秒ごとに周回するよう設計されていた[67]。

しかも、こうした医療・衛生学による統計的まなざしの普及戦略は、この時期にはもう非専門家の手にだけ委ねられていたわけではなく、むしろその準備段階から人口統計学者パウル・モンバート（一八七六―一九三八）を統計部門の顧問として招聘していたように、統計学の専門知識にも十分耐えうる展示が目指されていた[68]。いずれにせよ、このように衛生学的啓蒙運動が一九二〇年代に統計学者自身をも巻き込む盛り上がりを見せていたことは――先に挙げた二つの状況とも相まって――閉鎖的な卓越化戦略の優位性を支えてきた価値序列を動揺させ、統計学者が専門知の開放へと重心をシフトさせていく一つの大きな契機にもなっていたのである。

■統計グラフの勝利

実際、この時期には既に統計学の専門家たちも、「今日では『統計上の証拠』が何の役割も演じないような知の領域はほとんどない[69]」と、統計的まなざしが社会のなかでその意義を高めつつあることを多分に意識していた。だからであろう、ヴァイマル期の統計学者たちは、それらの「証拠」の大部分、とりわけ少子化論議の文脈で提出されているものが、「真の統計学という法廷の前では耐えられない」「素人じみた」ものばかりだと見ていたにも関わらず、もはやそこからおのれの卓越性を際立たせようとはしていない。むしろそうした卓越化に行き着く過度の方法的洗練化に対しては――先に挙げたミュラーの例と同じく――ここでも批判的な言辞を投げかけているのである。いわく、「数学的に洗練された確率計算」には「疑わしい価値」しかない。というのは、そもそも統計を用いる際に「高等数学の知識などまったくといってよいほど必要ない」からだ。それだけに（高等数学の利用価値そのものは否定されないものの）あくまで「人間の社会状況に関する統計の育成」は、「高等数学で満たす方が適しているような統計の領域」とは厳格に区別して行わなければならない。「『一般統計学』と『統計数学』という区別を推奨したいものだ」と[70]。

また、こうした統計学の「数学化」批判と併せて、グラフ技法に対する統計学者の姿勢の変化に目を向ければ、当時の専門家集団における戦略の特徴がより一層浮き彫りになる。とりわけ大戦前には衛生博覧会のグラフ技法を激しく糾弾していたその同じ統計学者が、次の記述に見られるように、いまやこの統計グラフに一定の承認を与えるようになっていることは注目に値する。ここではあくまでグラフの使用を前提にしながら、その形状に応じていかによりよい数値の比較が可能となるか、この点をめぐって試行錯誤しているのである。

だが、〔グラフの〕単なる並置では必ずしも良好な比較ができるとは限らない。最も単純な比較は垂直に立てて横並びにさせるか、あるいは水平に寝かせて上下に並べるかした円柱で達成できるだろう。だがその際、立体的な円柱の代わりに帯状の図を用いるべきであり、しかもそれらの間には大きな距離を空けてはならない。中間の隙間が大きかったり立体の側面が見えていたりすれば、比較がそれだけ困難になるからだ。〔……〕円の形状では比較は難しい。円の場合、複数の図は一箇所に集中させて上下に重ねることしかできないが、これでは――図はすべて見えなければならないので――最初の円の上に載せられた図はすべて、下の円よりも小さくなる必要がある。したがって、〔比較における〕基準の統一性という望ましい状態が失われることになり、これは容易に意図せざる誤謬をもたらしかねない。〔……〕場合によっては棒を放射状に配置する、つまり、棒を全部一つの点から周りに放射させるということも考えられる。扇状に半円を描くこともできるし、棒が多ければ完全な円を描くようにすることもあるだろう。(71)

たしかに、この記述の少しあとには博覧会活動における統計グラフに対して、「『通俗的』であろうとするほど些末なことに目が奪われて、まったくの子供だましに埋没する危険に陥ってしまう」と懸念する文章が添えられているが、それでもこうした危惧は――帝政期とは違い――グラフ技法そのものへの攻撃につながることはなかった。むしろこうした懸念は「統計グラフの宣伝価値」を称揚するなかで表明されたもので、実際この論者もすぐさまグラフを有効に活用するための「好ましいヒント」として、ドレスデン衛生博物館（一九一一年の国際衛生博覧会を契機に建設された）の事例を挙げている。すなわち、そこでは「統計の曲線や棒にその対象を可視化するための擬似背景があてがわれている」が、こうすれば「曲線のなかでも決定的な個所が、背景の人目を引く色使いで、あるいは曲線の色彩を変えることでも強調されるため、来場者は説明なしでもそこへ注意を向けることができる」という。(72) 要するに、ここでは相変わらずグラフ技法が「宣伝」ないし啓蒙の手段として位置づけられる一方で、その作成法に関しては、いまや統計学の専門家自身でさえ一家言を持つというわけである。

繰り返せば、以上のようなヴァイマル期の統計学者における方法的洗練化の抑制とグラフ技法への理解の芽生えはともに、大戦を挟んで統計的まなざしの持つ社会的な意義が目に見えて増大していくなかで、一般社会と隔絶しかねない閉鎖的な卓越化から「知の開放」へと大きく重心をシフトさせた、彼ら自身の戦略の転換を物語っているといえる。グラフの作成法に対する統計学者の積極的な容喙も、いわば社会衛生学とともに啓蒙戦略のイニシアチブを分有し、もって統計学の社会的影響力を確保しようとしたものと見ることができるだろう。とはいえ、こうして統計学者の間でグラフ技法が認知され、その使用が一般化するにつれて、この技法そのものにも一定の機能変化が生じることになる。すなわち、グラフは旧来のように啓蒙の手段であると同時に、「科学的」認識の有用な表現形態の一つとして、もっといえば「部分」に光を当てる数表に対して「全体」を浮き彫りにするという認識の分業体制を担うものとして、遂に科学としての正統性をも獲得するにいたったのである。

それ〔グラフ表現〕は、科学的な統計学でも実践統計でも同じく使用されるものであり、かつまた数量的認識の大衆化にも志向するものである。表が――そこに組み込まれた多くの数字によって――全体から個別へ注意を向けるのに対し、統計グラフは逆に個別性を抑えることで現象の全体像・その本質・その基本形態を眼前にもたらす。〔……〕グラフ表現はこうした長所によって、数字による会話や記述とは反対に、分析的な統計研究の方法として、さらには教育法や通俗統計の方法としても特に適しているように思われる。(73)

ここで注目すべきは、視覚イメージに依拠するために細部の誤差を免れないはずのグラフが、もはやかつてのように不可避的な不正確さとして貶められるのではなく、むしろ現象の全体像ないし本質を浮き彫りにするものとして肯定的に論じられていることである。つまり、詳細さを犠牲にして概要のみを表示するというグラフの性質は、いまやその意味を完全に逆転させ、「俯瞰的全体像」という別の正確さ、別の認識をもたらす有効な手法として捉え直されている。そしてまさにこうした俯瞰する「概観」という特徴によって、グラフ技法は「分析的な統計研究の方法」にも「教育法や通俗統計の方法」にも、つまりは科学と啓蒙という二つの志向性に同時に適合的な「ヤヌスの面貌」を持つ手法として位置づけられることになった。いいかえれば、かつて社会衛生学から提起されたグラフの「科学化」要求は、統計的まなざしに対する社会意識の変化に直面した統計学の専門家集団が戦略の転換を余儀なくされるなかで、ようやくその実を結ぶにいたったのである。

五 〈エキスパート〉の誕生――

以上のように、グラフ技法に象徴される実践志向型の知の様式は、たしかに統計技術の社会的意義の増大に伴って統計学者の間でも受容されていったものの、そのためにはまず「卓越化」から「知の開放」へという、専門家集団の側での戦略の見直しが図られる必要があった。というのは、本章で明らかにしてきたように、統計技術は一九世紀後半以来の社会国家の漸次的生成に伴って、そのまま実用的な知の生産様式を確立したわけではなく、むしろそうした実践志向に沿った科学化の企図は、まずは「自立した科学」を標榜する統計学の専門家＝統計官僚の抵抗に直面しなければならなかったからである。統計官僚たちに見られた、官庁統計と「統計科学」の分業体制の提唱や、あの行政と科学に引き裂かれるジレンマの言説は、官庁統計の行き詰まりを背景としつつも、一面ではまさに実践に対する科学の論理の独自性・自律性を守護しようとする声でもあった。ここには――ヴェーバーの「価値自由」論と同じく――非実用性・非政治性を理想とする、かつての教養理念の残り香がある。実際、社会衛生学のグラフ戦略に当時の統計学者があれほど激しい拒否反応を示したのは、啓蒙＝実践に対する知的営みの「高尚さ」を信じて疑わない教養主義的発想がその裏に潜んでいたからであり、だからこそ統計学を含む社会科学のこうした尊大な態度に対しては、次のように社会衛生学者から不満の声も上がっていたのである。

目下のところ、ドイツの一部の社会科学者の間で次のような考えが声高に叫ばれていることは、私もよく承知している。すなわち、社会科学においては諸々の事実やそれらの関連性を確定することで満足しなければならない、つまりこれらの事実を評価することや現状改善のための提言などする必要はない、いやそれどころかやめなければならない、という考えである。衛生学者はこんな考え方に与することなどできない。いうまでもないことだが、衛生学者というのは知ることの次には評価することを、そして評価することの次には改善のための教えを行うものなのだ。[74]

いうまでもなく帝政期の統計グラフをめぐる闘争は、まさにこうした実践志向型の知と（こういってよければ）理論志向型の知との衝突にほかならなかったのだが、一九二〇年代を通じてドイツ社会における統計のプレゼンスが高まったこともあって、結果的にこの闘争は前者の勝利に終わることになった。というよりむしろ、統計の社会的影響力を確保・維持するために、グラフ技法を媒介として両者の同盟が図られるようになった、といった方が正確だろう。いずれにせよ、こうしてグラフ技法が統計学の内部でも正統性を得るのと並行して、ヴァイマル期以降の統計学は「科学」の標榜と同時にすぐれて実践的な志向性をも帯びるようになっていく。このような傾向を最も典型的な形で体現していたのが、一九三〇—四〇年代のドイツ人口統計学で指導的な立場にあったフリードリヒ・ブルクデルファー（一八九〇—一九六七）という人物であった。

このブルクデルファーの人口政策論については既に川越修の有名な研究があるので[75]、ここではもっぱらその執筆スタイルの特徴について触れるにとどめるが、ただその前にこの人物の経歴も少しだけ辿っておきたい。ミュンヘン大学で法学・国家学を専攻していたブルクデルファーは、大戦さなかの一九一七年に博士号を取得したあとそのまま国立統計局の官僚となり、しばらくは実務面での活動に専心していた。この実務活動のうち、一九二五年の国勢調査事業の際に総責任者として調査業務の陣頭指揮を執り、先述のように統計調査の中央集権化という、ドイツ統計調査史上でもエポックメイキングとなる難業を一定程度実現させたことは、ここでもやはり特筆に値する功績である。だがその後、二〇年代末を境に、ブルクデルファーはコラム・論文・著書の執筆や講演などの言論活動にも精力を傾注し始め、やがてドイツにおける少子化問題のスペシャリストとして広くその名を馳せるようになっていく。[76]

既に一九三〇年には、彼のこうした言論活動は時の政府の目にも留まっており、内務省管轄下の「人口問題委員会」に第一作業部会（税制改革担当）の委員として招聘されている。なお、ここで注目されるのはこの委員会の設置目的で、その会合報告によれば当該委員会は少子化対策に関して、科学研究の成果から合意形成を図ろうとする立場を「見当違い」としてきた従来の政府の姿勢を反省し、むしろ科学的成果を踏まえた政策の追求、つまりたとえ「その価値が後世に初めて認識される」ものであっても、「長期的な視野」に立ちつつ、「理論的考察の階梯を踏まえる必要がある」という内務大臣の意向に沿って設置されたものであった。[77] 少なくとも制度上で見られるこうした統治実践と科学的知の蜜月はナチス政権にもそのまま受け継がれ、一九三三年には同じく内務省下で国防軍・党・学者によって構成される「人口・人種政策有識者諮問会議」が設置されているが、このときもブルクデルファーは常任委員として名を連ねている。[78] そればかりか、一九三八年にマダガスカル計画（ヨーロッパ・ユダヤ人を仏領マダガスカル島に強制移住させる計画）が浮上した際には、ユダヤ人の移送可能人数を算定する業務に従事するなど、政策の立案だけでなくその具体化作業にも深くコミットしたりもしていた。[79] このようにブルクデルファーは、一九三〇年代の統治と知の相互接近という流れのなかで、人口統計学の専門家として常に要の位置に居座り続けた人物であり、その限りでまさにラファエルのいう「エキスパート」（専門知にもとづいて政策の立案と具体化に介入し、政治・行政・科学の三領域をまたぐ行動様式を特徴とする知識人類型）をそのまま人格化したような存在であったといってよい。[80]

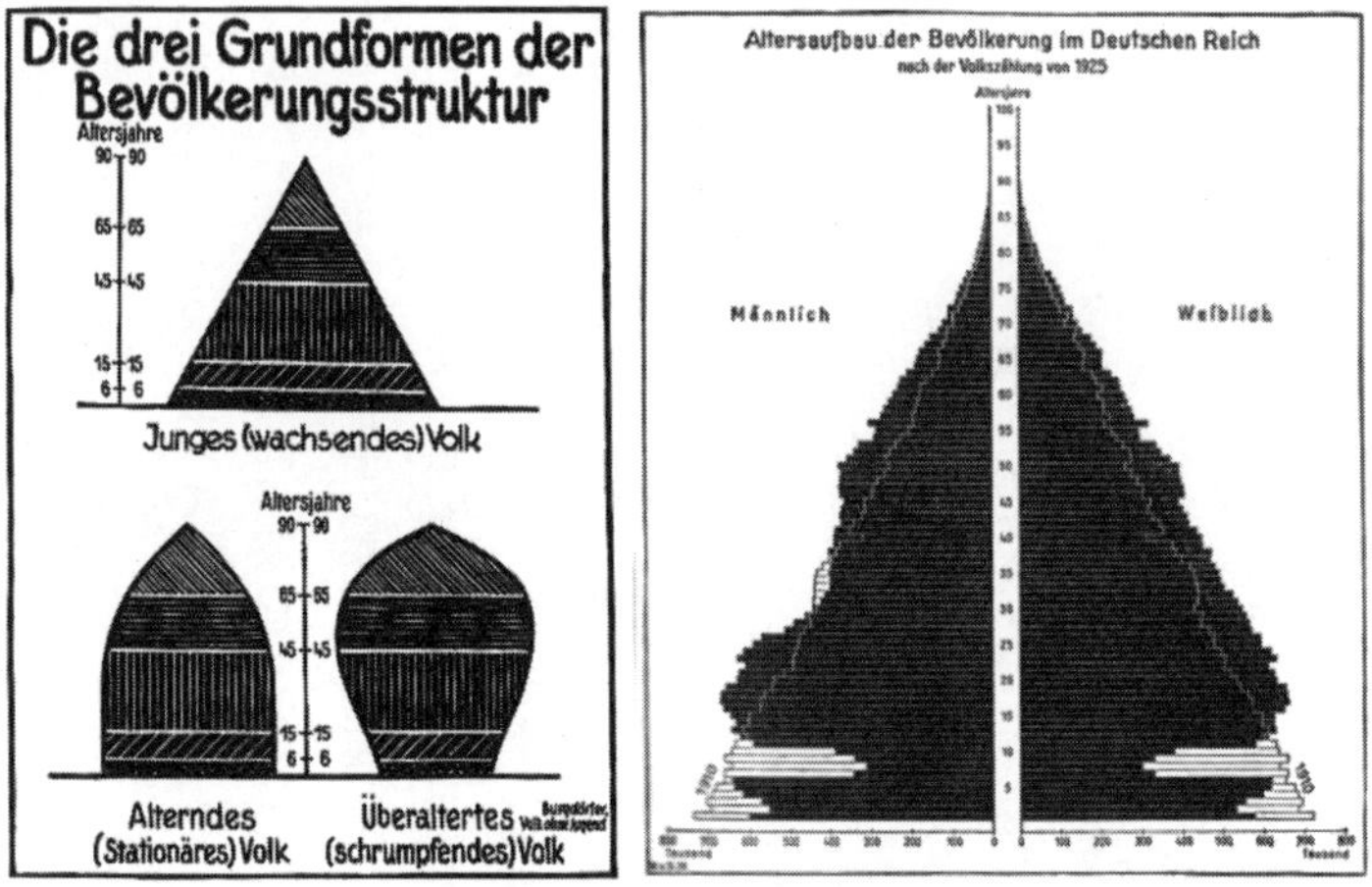

図4-4　ブルクデルファーの統計グラフ

それだけにこのブルクデルファーが、著書や論文のなかで統計グラフをふんだんに使用するという、特徴的な執筆スタイルを採ったドイツで最初の人口統計学者だったことは象徴的である（図4―4）。なかでも「民族の年齢構成」は、彼にとって「民族体の物理的な力と健康を判断するための最も重要な指標」であり、それゆえたとえば図4―4の左図のような「年齢構成のシンボルとしてのピラミッド型・釣鐘型・花瓶型」のグラフ（この「人口構成の三つの基本類型」はブルクデルファー自身の発案ではないものの、彼の著作によって世界的に有名になった[81]）も、「生物学上の民族の力、およびその発展傾向の重要な兆候を鏡に映し出すように認識させてくれる」ものとして、既に科学的言説でも不可欠のツールとなっていた[82]。その一方でこうして可視化された「民族体」の姿は、やはり当時の非専門家にも強烈な印象を与えたようで、「ブルクデルファーが職業柄関わり合った数字は死んだ、冷たい数値のままでいることはない。――それは何物にも動じない真実として彼の眼前で立ち上がり、告発・警告・戒めを行う者に変貌するのだ[83]」と、そのインパクトを評価する声も上がっていた。さらには、このようなブルクデルファーの執筆スタイルは既に当時から国際的にも知られていたらしく、たとえば人種衛生学者オイゲン・フィッシャー（一八七四―一九六七）などは、国際人口科学会議（一九三五年）の席上で、各国の人口学者たちに向けてこう語りかけている。「我々全員がブルクデルファーの花瓶型、ドイツ民族の生活状況を示したあの花瓶型の描写を知っているでしょう。かつてこれほど印象深い形で警告が発せられたことはありませんでした(84)」と。

このように、統計学とそれが生み出す知的生産物が、科学的正統性を保ちつつ広漠とした非専門家の世界にも浸透していくためには、理論と実践の双方をつなぐグラフ技法はいわば格好の導体になっていたといってよい。だが、これまで見てきたように、そもそもこの技法が統計的まなざしのなかでヤヌスの機能を持つにいたったのは、実践の論理が統計学の分野でその比重を高めたからこそであり、その限りで当時のドイツにおけるグラフ技法は、科学的認識を実践領域へと送り出すだけでなく、逆に実践上の要請を知的営みにも反映させる、双方向的な回路を体現していたともいえる。実際、帝政期の統計学者とは違って、ブルクデルファーにあってはもう科学的論理の自律性を守護しようとする姿勢はまったく見られない。それどころか彼にとっては研究を通じて実践的な成果を上げることこそ、人口統計学者としての「喜び」でもあり、また「責務」でもあった。

いずれにせよ人口科学者にとって、自分の研究成果が学問的に顧みられるだけでなく、実践的な人口政策の重要な基礎となり、それによって自分の民族の未来を形成する営みにそのまま直接協力できる、ということを知るのは喜ばしいものだ。／特に人口統計学には、問題となる〔人口の〕状態や発展傾向を判断するための確固とした基盤を創り出すこと、またそれによって一方では実践的な民族・人種育成の手がかりを開示し、かつ同時に人口政策上の措置の成果を測定・点検する機会を提供することが、その責務としてふさわしい(85)。

つまり人口統計学は、アドホックな実践上＝政策上の要請に応える「政治の侍女(86)」（マックス・ヴェーバー）たるべしというわけである。見られる通り、ここにはもはや帝政期に見られたような（ヴェーバーが「跳躍」しなければならなかったような）政治と科学、統治と知を隔てる断層はなく、ましてや非実用性・非政治性を称揚する教養の理想など跡形もなく消え去っている。それに代わって統計は、ここでは時代状況に即応し《コンテクスト・センシティヴ》た知的活動の場を、ひいてはエキスパートという新たな知識人類型が構成される領野を切り開いているのである。本章を通じて追跡してきた統計的まなざしにおけるグラフの機能転換は、まさにこうしたエキスパートの登場を象徴する出来事として位置づけることができるだろう。ここでいま一度繰り返せば、そもそもグラフ技法の正統化とは、科学の論理と実践の論理とが相互に行き交い融合するための、一つの大きな回路が形成されたことをいわば代理＝表象するものにほかならなかったからである。

　ところで、こうしてグラフ技法に科学的な正統性が付与されたとき、当然ながらそれはある種の「権威」を帯びることにもなる。統計的まなざしを視覚的に再現するグラフは、もはや単に素人向けにデフォルメされた現実の戯画ではない。むしろグラフ技法が科学的に正統な手段として認知されていくのに伴い、それはやがて社会の本質を分かりやすく、かつ「ありのまま」に反映する有用なツールとして、一般の市民層の間で流通していくことになる。統計学の専門家・非専門家を問わず、一九三〇年代のドイツで突如としてグラフを多用する執筆スタイルが流行したのは——統計それ自体の社会的意義の増大と併せて——一面ではこのグラフに備わる「説得力」にも拠っていたのだろう。こうしたグラフ技法の「俗化」現象に抗して、専門家の間では再び正統な技法と非正統な技法とを区別しようとする卓越化戦略が浮上することもあったが[87]、統計グラフの氾濫はもはや押し止めようがなかった。

　さらにいえば、こうしたグラフの氾濫は、一方では二〇世紀社会におけるナショナルないしフェルキッシュな意識の昂進にも大きく与っていたと考えられる。既述のように統計的まなざしとは元来、個人の特殊性を抹消しながら集合体の全体的な健康状態や経済状況、年齢構成を俯瞰的に一望するという機能を持つだけに、その眺めを視覚的に再現するグラフは、本来不可視である想像の共同体を一つの有機体として輪郭づけるのにとりわけ適した技法といえるからである。おそらくブルクデルファー自身、次の記述に見られるように、人口統計学がフェルキッシュなイメージを喚起しうる知的様式であることは、強く意識していたと思われる。

我々が人口統計学という手段で民族体の建設と構成、その刷新の法則性等々を探究しようとするとき、あるいは我々が民族の将来を脅かす危険を発見し、それに対して実践的な措置を提示しようとするとき、今日我らの眼前にいるのは抽象的な「人口」ではない。生きた「民族」、我らの民族なのだ。／この「民族」というのは――「人口」のように――個人という原子の集まりなどではなく、一つの有機的な構成体、一つの有機体である。(88)

だが他方で、こうして「民族体」の輪郭を可視化するはずの統計グラフは、逆説的にもこの有機体の統一性を分裂させる方向に作用することがある。それは、この統計的まなざしが民族体のまとまりだけでなく、その身体を構成する一つの変数である年齢階級間の何らかの差異も併せて描き出すことで、国民／民族の意識とは別個に「コーホート」としてのまとまりをも同時に形づくるからである。いいかえれば、グラフの上で再現される各コーホートの特性は、しばしば――パイの配分や労働市場、さらには戦争の体験をめぐる衝突にいたるまで――「年齢」あるいは「生まれのタイミング」による不公平感を根拠づけ、国民／民族を分断させかねない〈世代〉間抗争を促進することもありうる。以下の章で立ち入って論じていくように、一九二〇年代末から三〇年代にかけてのドイツは、まさにこうした統計的まなざしに付随するアンビヴァレントな作用が、とりわけ鮮明に、かつラディカルな形で表面化した時代であった。

◆注

(1) Lutz Raphael, Die Verwissenschaftlichung des Sozialen als methodische und konzeptionelle Herausforderung für eine Sozialgeschichte im 20. Jahrhundert, in: *Geschichte und Gesellschaft,* 22. Jg., 1996, S. 165-193; Margit Szöllözi-Janze, Wissensgesellschaft in Deutschland: Überlegungen zur Neubestimmung der deutschen Zeitgeschichte über Verwissenschaftlichungsprozesse, in: *Geschichte und Gesellschaft,* 30. Jg. 2004, S. 277-313; なお、いうまでもないことだが、「専門家」といってもここでは制度化された知的専門職の担い手だけを意味するわけではない。たしかに専門知識の習得と市場の独占を志向する専門職の制度や組織は、医学・法学・神学の分野では非常に早くから、また技術職や教職などでも一九世紀を通じて発展していた。だが、ここでいわれるような社会科学全体を巻き込む知の転換（社会の本質を見究める思弁的研究から実践上の要請に即したアドホックな調査研究への転換）は、そうした制度や組織とは別個の次元にある、いわば「あるべき知」の理想型、つまり知のあり方に関する社会的規範と知の内容そのものの変化として捉えなければならない。むしろ、長期的な専門職化の過程で伝統的に育まれてきた実践志向型の知の様式は、こうした規範の転換のなかで知識界の傍流から一つの主流を形成していったと考えた方がよいと思われる。ドイツにおける専門職の発展については、チャールズ・E・マクレランド（望田幸男監訳）『近代ドイツの専門職——官吏・弁護士・医師・聖職者・教師・技術者』晃洋書房、一九九三年。

(2) 特徴的なことだが、ドイツでは伝統的にアングロサクソン圏に比べて数量化の方法の洗練化に大きな関心が払われず、むしろ統計表を駆使した記述は、一九世紀初頭から「すべてを数字に還元し」、それゆえ「死んだ国家の描写にすぎない」という批判を繰り返しこうむってきた（Sybilla Nikolow, "A. F. W. Crome's Measurements of the 'Strength of the State': Statistical Representations in Central Europe around 1800", Judy L. Klein and Mary S. Morgan (eds.), *The Age of Economic Measurement,* Durham and London, 2001, pp. 23-56, esp. pp. 43-51）。特に歴史学では、二〇世紀になっても統計的アプローチに対する拒否反応が根強く残っており、ゲオルグ・フォン・ベロウなどは「歴史的個性」や「人格」を軽視するものとして激しい非難を浴びせている（Josef Ehmer, „Historische Bevölkerungsstatistik", Demographie und Geschichtswissenschaft, in: Josef Ehmer, Ursula Ferdinand, Jürgen Reulecke (Hg.), *Herausforderung Bevölkerung. Zu Entwicklungen des modernen Denkens über die Bevölkerung vor, im und nach dem „Dritten Reich",* Wiesbaden, 2007, S. 24）。

(3) Raphael, 1996, S. 171-179, zit.n. S. 180.

(4) Lutz Raphael, Experten im Sozialstaat, in: Hans Günter Hockerts (Hg.), *Drei Wege deutscher Sozialstaatlichkeit. NS-Diktatur, Bundesrepublik und DDR im Vergleich*, München, 1998, S. 231-258, hier zit.n. S. 254.

(5) 「すべての人がそのなかにいること、そしてすべての人が一つの、そして一つだけの、きわめてはっきりとした場所を持っていること、これが人口調査のフィクションである。分数はあってはならない」（ベネディクト・アンダーソン（白石さや・白石隆訳）『増補　想像の共同体――ナショナリズムの起源と流行』ＮＴＴ出版、一九九七年、二七七頁）。

(6) Josef Ehmer, „Nationalsozialistische Bevölkerungspolitik“ in der neueren historischen Forschung, in: Rainer Mackensen (Hg.), *Bevölkerungslehre und Bevölkerungspolitik im „Dritten Reich“*, Opladen, 2004, S. 21-44.

(7) ただしラファエル自身ものちに、ナチス期におけるエキスパートの活動を考察した論稿で「人口政策」の中心的意義を認めるようになっている（Lutz Raphael, Radikales Ordnungsdenken und die Organisation totalitärer Herrschaft: Weltanschauungseliten und Humanwissenschaftler im NS-Regime, in: *Geschichte und Gesellschaft*, Jg. 27, 2001, S. 5-40）。とはいえ、この論稿で想定されているのは少子化問題を含む包括的な人口政策というより、いわゆる「質的」政策、つまり「人種衛生学的人口政策」や「圏域研究」に限られている。しかも、ここではエキスパート類型の成立局面も脇に押しやられ、むしろ既に完成した形態でその特徴が論じられているため、統計的まなざしがいかに統治と科学という二つの界を融合させたかという問題は、相変わらず等閑に付されたままである。

(8) Bernhard vom Brocke, *Bevölkerungswissenschaft – Quo vadis? Möglichkeiten und Probleme einer Geschichte der Bevölkerungswissenschaft in Deutschland. Mit einer systematischen Bibliographie*, Opladen, 1998, S. 67-87.

(9) その限りで、社会国家とナショナリズムをともに「長い二〇世紀」のキー概念として位置づけようとする川越修の提言は、まさにこの統計的まなざしに対する視座によって発展可能だと思われる（川越修「二〇世紀社会の分析視角」川越修・矢野久編『ナチズムのなかの二〇世紀』柏書房、二〇〇二年、一一―二七頁）。

(10) 二一世紀に入って以降、ドイツ人口科学の多面性に応じた学際的な共同研究が矢継ぎ早に刊行されている。なかでも二〇〇一年に設立された「ドイツ人口学会」（Deutsche Gesellschaft für Demographie）の成果報告や、ドイツ研究振興協会（ＤＦＧ）の重点事業などはその代表例といえる。ドイツ人口学会の成果報告として、Rainer Mackensen (Hg.), *Bevölkerungslehre und Bevölkerungspolitik vor 1933*, Opladen, 2002; ders. (Hg.), 2004; ders. (Hg.), *Bevölkerungsforschung und Politik in Deutschland im 20. Jahrhundert*, Wiesbaden, 2006; ＤＦＧの重点事業として、Rainer Mackensen, Jürgen Reulecke

(Hg.), *Das Konstrukt „Bevölkerung" vor, im und nach dem „Dritten Reich"*, Wiesbaden, 2005; Ehmer, Ferdinand, Reulecke (Hg.), 2007; Rainer Mackensen, Jürgen Reulecke, Josef Ehmer (Hg.), *Ursprünge, Arten und Folgen des Konstrukts „Bevölkerung" vor, im und nach dem „Dritten Reich". Zur Geschichte der deutschen Bevölkerungswissenschaft*, Wiesbaden, 2009; 統計官僚における行政と科学との関わり合いに焦点を合わせた研究としては、Robert Lee, Michael C. Schneider, Amtliche Statistik zwischen Staat und Wissenschaft, 1872-1939, in: Mackensen, Reulecke (Hg.), 2005, S. 50-91; Robert Lee, "Official Statistics and the Development of Population Science – A Critical Review", Mackensen, Reulecke, Ehmer (Hg.), 2009, pp. 165-192. なお、川越修『社会国家の生成――二〇世紀社会とナチズム』岩波書店（二〇〇四年）は、二〇世紀前半における少子化問題をめぐるドイツの人口言説・人口政策を手がかりにして、ここでいう社会国家論とナショナリズム論の架橋を実現した一つの先駆的業績であると見て差し支えない。本章の構想も、ほかならぬこの川越の提示した視座に多くを負っている。ただ、川越の議論が人口をめぐる問題に焦点を合わせるのに対し、本章でいう「統計的まなざし」とは、人口統計にとどまらず死亡統計・犯罪統計・経済統計等々を含めた、あらゆる統計の実践を可能にする思考の格子のことである。

(11) Paul Weindling, *Health, race and German politics between national unification and Nazism, 1870-1945*, Cambridge University Press, 1989, pp. 214-230.

(12) ヨーロッパにおける衛生博覧会の歴史を概観したものとして、Alfons Fischer, Zur Geschichte der Hygieneausstellungen, in: *Deutsche Medizinische Wochenschrift*, Nr. 34, 1935, S. 1365-1367.

(13) このドレスデン国際衛生博覧会については、Sybilla Nikolow, Der statistische Blick auf Krankheit und Gesundheit. »Kurvenlandschaften« in Gesundheitsausstellungen am Beginn des 20. Jahrhunderts in Deutschland, in: Ute Gerhard, Jürgen Link, Ernst Schulte-Holtey (Hg.), *Infografiken, Medien, Normalisierung: Zur Kartografie politisch-sozialer Landschaften*, Heidelberg, 2001, S. 223-241.

(14) Emil Roesle, *Sonder-Katalog für die Gruppe Statistik der wissenschaftlichen Abteilung der Internationalen Hygiene-Ausstellung Dresden 1911*, Dresden, 1911 [1911a], S. 15-18.

(15) Emil Roesle, Die Statistik auf der Internationalen Hygiene-Ausstellung in Dresden 1911: 1. Statistische Darstellungen im Allgemeinen, in: *Deutsches Statistisches Zentralblatt*, 3. Jg., Nr. 4, 1911 [1911b], S. 97-103.

(16) Roesle, 1911a, S. 128.

(17) ゲオルグ・マイア（高野岩三郎訳）『社会生活における合法則性（復刻版）』栗田出版会、一九七一年［原著一八七七年］、八一—一〇一頁。

(18) *Statistisches Jahrbuch für das Deutsche Reich,* hrsg. vom Kaiserlichen Statistischen Amt, 11. Jg., 1890 の巻末参照。

(19) Sybilla Nikolow, Die graphisch-statistische Darstellung der Bevölkerung. Bevölkerungskonzepte in der Gesundheitsaufklärung in Deutschland vor 1933, in: Mackensen（Hg.）, 2002 [2002a], S. 297-314.

(20) Roesle, 1911b, S. 101.

(21) Ebd., S. 101f.; レスレがこの博覧会での実験の一部を再現したカタログを出版したのも、「一般の素人に刺激を与え、統計への関心を呼び起こす」というのがおもな目的であった。彼の言い分では、この種の大衆向けの書籍がもっと以前に世に出されていれば、「これまで色んな方面で嘆かれてきた統計結果に対する公衆の無関心も、早々に除去されていたはずだ」（Emil Roesle, Kritische Bemerkungen zu der Kritik über den Sonderkatalog der Gruppe „Statistik“ der Internationalen Hygiene-Ausstellung Dresden 1911 von Dr. Wilhelm Feld in dieser Zeitschrift, Jahrgang 1912, No. 9, in: *Zeitschrift für Socialwissenschaft,* N.F. 3. Jg., 1912, S. 890-893, hier zit.n. S. 890f.）。

(22) Roesle, 1911a, S. 16.

(23) Roesle, 1911b, S. 102.

(24) G. Radestock, Die Internationale Hygieneausstellung Dresden 1911 und die in sozialhygienischer Hinsicht bemerkenswerten statistischen Darstellungen auf derselben, in: *Archiv für soziale Hygiene mit besonderer Berücksichtigung der Gewerbehygiene und Medizinalstatistik,* Bd. 7, 1912, S. 237-246, hier S. 238f.

(25) Emil Roesle, Graphisch-statistische Darstellungen, ihre Technik, Methodik und wissenschaftliche Bedeutung, in: *Archiv für Soziale Hygiene mit besonderer Berücksichtigung der Gewerbehygiene und Medizinalstatistik,* Bd. 8, 4. Heft, 1913, S. 369-406, hier S. 369.

(26) Ebd., S. 402.

(27) Ebd., S. 380.

(28) Emil Roesle, *Der Geburtenrückgang. Seine Literatur und die Methodik seiner Ausmassbestimmung,* Leipzig, 1914, S. 23f.

(29) Robert Lee, “Official Statistics, Demography and Population Policy in Germany, 1872-1933”, Mackensen（Hg.）, 2002, pp.

253-272.

（30） Barbara Leidinger, W. Robert Lee, Peter Marschalck, "Enforced convergence: political change and cause-of-death registration in the Hansestadt Bremen, 1860-1914", *Continuity and Change*, vol. 12, No. 2, 1997, pp. 221-246.

（31） J. Adam Tooze, *Statistics and the German State, 1900-1945. The Making of Modern Economic Knowledge*, Cambridge University Press, 2001, pp. 51-55.

（32） *Ibd.*, p. 49f.

（33） *Ibd.*, pp. 56-60; なお一九一一年現在、欧米諸国のうちすべての調査に強制性を伴う一般統計法を有していた国はノルウェーのみであった。その他の国では、強制性は大規模調査においてのみ認められるか（オーストリア＝ハンガリー・ベルギー）、統計調査に適用される法律があっても強制性を伴うものではなかった（アメリカ・イタリア・スイス・フランス）。ドイツを除いて統計法を持っていなかった唯一の国はイギリスだが、センサスの際にはしかるべき立法措置で対応していたという（p. 59, fn. 45）。

（34） Friedrich Zahn, Vorwort, in: ders. (Hg.), 1911, S. V, Hervorh.i.O.

（35） Lee, 2009, p. 174.

（36） Wolff, 1911, S. 66-111, hier zit.n. S. 103, Hervorh.i.O.

（37） Die Herausgeber, Zur Einführung, in: *Deutsches Statistisches Zentralblatt*, Nr. 1, 1909, Sp. 1-8, hier zit.n. Sp. 1f.

（38） たとえば、ベルリン統計局長のリヒャルト・ベック（一八二四―一九〇七）はベルリン大学から教授資格を取得し、プロイセン統計局のカール・バロット（一八六四―一九三二）は同大学から、ヴュルテンベルク統計局のヘルマン・ユリウス・ロッシュ（一八六三―一九三五）はテュービンゲン大学から、ライプチヒ統計局長のエルンスト・ハッセ（一八四六―一九〇八）も地元の大学から、それぞれ名誉教授の称号を得ている。なお、マンハイム統計局長であったジクムント・ショット（一八七四―一九三四）はハイデルベルク大学から同称号を得た翌年、商科大学の設立（一九〇八年）に伴いその正教授に就任している（Lee, 2009, p. 169f.）。

（39） vom Brocke, 1998, S. 42f.

（40） Sigmund Schott, Die Unfruchtbarkeit „rein statistischer" Arbeiten, in: *Deutsches Statistisches Zentralblatt*, Nr. 5, 1919, Sp. 87-90, hier Sp. 88; Johannes Müller, Begriffsstatistik, in: *Allgemeines Statistisches Archiv*, Bd. 14, 1924/25, S. 438-455, hier zit.n. S.

451.

(41) Roesle, 1913, S. 387.

(42) Eugen Würzburger, Die Statistik auf der Internationalen Hygiene-Ausstellung in Dresden 1911. 3. Die Arten und Gegenstände der Darstellung in der Gruppe „Statistik“, in: *Deutsches Statistisches Zentralblatt*, 3. Jg. Nr. 6, 1911, Sp. 161-168, Nr. 8, Sp. 225-232, hier Sp. 161.

(43) Roesle, 1913, S. 369.

(44) Wilhelm Feld, Volkstümliche Statistik, in: *Zeitschrift für Socialwissenschaft*, N.F. 4. Jg. Heft 7, 1913, S. 611-621, hier S. 613.

(45) Wilhelm Feld, Rez. von Emil Roesle, Sonder-Katalog für die Gruppe Statistik der wissenschaftlichen Abteilung der Internationalen Hygiene-Ausstellung Dresden 1911, in: *Zeitschrift für Socialwissenschaft*, N.F. 3. Jg., 1912, S. 673-676, hier zit.n. S. 674; ders., Erwiderung, in: ebd., S. 893-895, hier zit.n. S. 894.

(46) Sigmund Schott, Graphische Darstellungen, in: Zahn（Hg.）, 1911, S. 187-194, bes. S. 188-190.

(47) Würzburger, 1911, Sp. 161; Feld, 1913, S. 611.

(48) Roesle, 1912, S. 890; ders., 1913, S. 387

(49) Wolff, 1911; Ferdinand Tönnies, Die Statistik als Wissenschaft, in: *Weltwirtschaftliches Archiv*, Bd. 15, Heft 1, 1919, S. 1-28; Wilhelm Feld, Die Statistik als Wissenschaft, in: *Deutsches Statistisches Zentralblatt*, 12. Jg. Nr. 1/2, 1920, Sp. 1-4.

(50) Walter Simon, Die statistische Methode als selbständige Wissenschaft, in: *Allgemeines Statistisches Archiv*, Bd. 15, 1925, S. 400-413.

(51) Karl Brämer, Gedanken über die Würdigung der Statistik, in: *Deutsches Statistisches Zentralblatt*, 11. Jg. 1919, Sp. 1-16, 49-56, hier Sp. 1-4, Hervorh.i.O.

(52) Sigmund Schott, *Der Lindenhof. Statistik und Erzählung*, Mannheim, 1925, S. 16.

(53) Ebd., S. 15, Hervorh.i.O.

(54) Zit.n. Müller, 1924/25, S. 442-445.

(55) Tooze, 2001, pp. 63-75. ただし、この大戦中の集権化の試みそのものは、またもや地方政府や実業界の抵抗で失敗しており、ある程度実のある成果を上げるには戦後を待たなければならなかった。また、一九一六／一七年センサスの際には簡易調査を主張した帝国統計局ではなく、大規模調査を目指した戦時局学術会議がイニシアチブをとったものの、後者は戦時中に実施するにはあまりに非現実的であったため、回収されたデータも不正確きわまりなく、結局ほとんど利用価値も見出せないまま調査が打ち切られてしまった（p. 67f., 73f.）。

（56） Jutta Wietog, *Volkszählungen unter dem Nationalsozialismus. Eine Dokumentation zur Bevölkerungsstatistik im Dritten Reich*, Berlin, 2001, S. 25-31.

（57） この景気循環研究所を概観したものとして、J. Adam Tooze, “Weimar’s statistical economics: Ernst Wagemann, the Reich’s Statistical Office, and the Institute for Business-Cycle Research, 1925-1933”, *Economic History Review*, vol. 52, No. 3, 1999, pp.523-543.

（58） Cit. from Tooze, 2001, p.130.

（59） 国民所得の計算は、それ以前からドイツ工業家連盟をはじめ各種利害団体が独自に行っていたものの、その数値はたとえば一九二四年で二六〇億マルクから四四〇億マルクまで大幅なぶれを見せており、一義的に信頼できる統計データは存在していなかった（*ibid.*, p. 123f.）。

（60） *Ibid.*, pp. 150-152.

（61） Cit. from *ibid.*, p. 152.

（62） *Ibid.*, p. 140.

（63） 実業界は研究所の設立以来、その予算の三〇～五〇パーセント弱を出資していた（*ibid.*, table 4）。

（64） この内務省による健康週間キャンペーンについては、Weindling, 1989, pp. 411-413.

（65） 一九二六年のゲゾライについては、Sybilla Nikolow, Anormale Kollektive. Die Darstellung des »Altersaufbaus der Bevölkerung des Deutschen Reiches« auf der Gesolei von 1926, in: Hans Körner, Angela Stercken (Hg.), *Kunst Sport und Körper. 1926-2002: Gesolei*, Hatje Cantz Verlag, 2002 [2002b], S. 217-226.

（66） Marta Fränkel, Allgemeine Organisatorische Fragen der Wissenschaftlichen Abteilungen, in: Arthur Schloßmann (Hg.), *Gesolei. Große Ausstellung Düsseldorf 1926 für Gesundheitspflege, soziale Fürsorge und Leibesübungen*, Bd. 2, Düsseldorf, 1927, S. 397-421, hier S. 411.

（67） Nikolow, 2002a, S. 306.

(68) Nikolow, 2002b, S. 225.

(69) Eugen Würzburger, Die Zukunft der Statistik, in: *Deutsches Statistisches Zentralblatt*, 20. Jg. Nr. 10, 1928, Sp. 145-152, hier Sp. 145.

(70) Ebd., Sp. 146, 149f.

(71) Wilhelm Feld, Allerlei Graphisches, in: *Deutsches Statistisches Zentralblatt*, 20. Jg. Nr. 5/6, 1928, Sp. 67-74, hier Sp. 67-69.

(72) Ebd., Sp. 70-74.

(73) Wilhelm Henninger, Graphische Darstellungen, in: Friedrich Burgdörfer（Hg.）, *Die Statistik in Deutschland nach ihrem heutigen Stand. Ehrengabe für Friedrich Zahn*, Bd. 1, Berlin, 1940, S. 143-149, hier S. 143.

(74) Alfred Grotjahn, Der Geburtenrückgang im Lichte der sozialen Hygiene und der Eugenik, in: *Zeitschrift für Sexualwissenschaft*, Bd. 1, 1914/15, S. 156-164, hier S. 160.

(75) 川越修『社会国家の生成――二〇世紀社会とナチズム』岩波書店、二〇〇四年、特に一一七―一八〇頁。

(76) ブルクデルファーの伝記については、Thomas Bryant, *Friedrich Burdörfer 1890-1967 Eine diskursbiographische Studie zur deutschen Demographie im 20. Jahrhundert*, Stuttgart, 2010.

(77) この「人口問題委員会」の目的と構成メンバーについては、O.A. [Hans Harmsen], Reichsausschuß für Bevölkerungsfragen, in: *Archiv für Bevölkerungspolitik, Sexualethik und Familienkunde*, Jg. 1931, S. 62-66, zit.n. S. 62.

(78) ただしこの諮問会議では、ヒムラー率いる「生命の泉」協会が非嫡出子も含めた出産奨励策を主張し、嫡出子を優遇するブルクデルファーの家族理念に強硬に反対していたように、内実は行政・党・科学の立場が相互に衝突し合う場となっていた。なお、このヒムラーの政策自体は党・軍・教会などさまざまな勢力の抵抗に直面したため「生命の泉」に限定することを余儀なくされたものの、全体としてこの会議の政策立案作業では、ときを経るにつれて科学的な正確性・正当性は軽視され、もっぱら党の理念の実現に重点が置かれていった（Heidrun Kaupen-Haas, Die Bevölkerungsplaner im Sachverständigenbeirat für Bevölkerungs- und Rassenpolitik, in: dies.（Hg.）, *Der Griff nach der Bevölkerung. Aktualität und Kontinuität nazistischer Bevölkerungspolitik*, Nördlingen, 1986, S. 103-120）。

(79) マダガスカル計画におけるブルクデルファーの算定業務については、Bryant, 2010, S. 184-186; 川越、二〇〇四年、一七二頁。

(80) 戦後東西ドイツまで含めた二〇世紀全般におけるエキスパートの活動については、Raphael, 1998.

(81) ピラミッド型・釣鐘型・花瓶型のグラフについては、Bryant, 2010, S. 282f.

(82) Friedrich Burgdörfer, *Volk ohne Jugend. Geburtenschwund und Überalterung des deutschen Volkskörpers*, Berlin-Grunewald, 1932, S. 113.

(83) Adolf Damaschke, Rez. von Friedrich Burgdörfer, Volk ohne Jugend. Geburtenschwund und Überalterung des deutschen Volkskörpers, Berlin-Grunewald, 1932, in: *Jahrbuch der Bodenreform*, Jg. 28, 1932, S. 188-192, hier S. 189.

(84) Eugen Fischer, Ansprachen, in: Hans Harmsen, Franz Lohse (Hg.), *Bevölkerungsfragen. Bericht des Internationalen Kongresses für Bevölkerungswissenschaft. Berlin, 26. August – 1. September 1935*, München, 1936, S. 39-60, hier S. 42.

(85) Friedrich Burgdörfer, Bevölkerungsstatistik und Bevölkerungspolitik, in: ders. (Hg.) 1940, S. 157-166, hier S. 158, Hervorh. i.O.

(86) 一八九五年のフライブルク大学教授就任講演でヴェーバーが「経済政策に関する科学」を指して使った表現（ヴェーバー、一九八二年（第一巻）、五一頁）。

(87) この新たな卓越化戦略の典型としては、次のように曲線や棒など幾何学的な記号を用いる統計グラフと、画像を使用するいわゆる「雄牛の技法」とを差異化する議論が挙げられる。「言葉本来の意味での『画像による比喩』がグラフ表現には含まれないことが確認されたのは正しい。マイアが『雄牛の技法』（Oechslein-Technik）と呼んだやり方、たとえば畜産統計の結果を動物の挿絵の大きさで可視化したり、ワイン生産を果物の挿絵で示したりするやり方は、農業博覧会に訪れた人々に大まかな情報を与えるという意図であれば多分許されるものだろうが、グラフ表現とは何の関係もないものである」（Henninger, 1940, S. 149）。

(88) Burgdörfer, 1940, S. 162.

第五章　〈民族老化〉の系譜——ヴァイマル期の人口言説と高齢者問題——

■リスクとしての人口問題

前章であらかじめ言及しておいたように、ヨーロッパでは二〇世紀に入ってまもなく、多産多死から少産少死へという未曾有の人口転換現象が顕在化し、それ以降この人口動態は幾度となく、社会の存立基盤を揺るがしかねない脅威として人々の意識に上せられてきた。とりわけ一九世紀末に空前の人口成長を経験したドイツでは、早くも二〇世紀初頭にはこの転換から帰結する人口減少社会の到来という未来像が市民層の間で語られ始め、「民族消滅」に対する危機意識が公衆の間でも徐々に浸透していくことになる。このいわゆる過少人口恐怖が社会のなかで猛威を振るうにつれ、ドイツではやがて「人口政策」(Bevölkerungspolitik)や「人口科学」(Bevölkerungswissenschaft)なる理念が人口言説のなかで中軸を占めるようになり、「危機の告知者」としての人口統計学者はまさしく政策(統治)と科学(知)の中間領域に位置することで、ヴァイマル時代には——統計グラフという技法の科学化と相まって——専門知にもとづいて政策立案・決定のプロセスに深く関与する、いわゆる「エキスパート」と呼ばれる新たな知識人類型を形成していくことになった。

このように人口問題が政治と科学、統治と知の折り重なる領域で構成されたのは、前章でも示唆したように、それがウルリヒ・ベックのいう「リスク」概念とかなりの程度重複する特徴を持つという点に、おそらくその理由の一つがあると思われる[4]。たとえば、①リスクとは本質的に——放射能やダイオキシンのように——人間の知覚では認識不可能な脅威であり、何らかの知的操作（計算・実験・測定器具など）を介してのみその姿を現すことができる。それだけに、ほかならぬこの操作のノウハウを独占する集団にはある種の特権的地位が与えられることにもなる。いうまでもなく人口もまた本質的に不可視の集合体であり、その形姿や変動が可視化されるには必ず知的加工を経なければならない。この人口問題が構成された際に人口統計学者がエキスパートの中核的存在となりえたのは、まさしく彼らがこの変動を可視化するための手段と資格を有していたからにほかならない。

②リスクは理論的であると同時に規範的側面をも併せ持つ。つまり、計算や実験の結果がそれ自体でリスクとされるわけではなく、むしろそれらの結果が従来の生活規範を侵害するものと認められたときに初めてリスクとなる。いいかえれば、リスクとは——それがいかに技術的な体裁をとろうとも——最終的にはある規範を捨て、別の規範を受け入れるか否かの選択を迫るものであり、そこでは「いかに生きるべきか」という古くて新しいテーマが常に浮上する。いうまでもなく人口問題も、少子化という公的な問題のなかで個々人の私的な生き方（独身と結婚・生活水準と家族計画・労働と家事等々）が問い直されるという意味で、生活規範をめぐる問いにそのまま直結する主題である。実際、後述のように二〇世紀前半の人口問題をめぐる議論でも、まさしくこの規範的側面こそが中心的な論点となった。すなわち、人口転換の原因は近代的教育の普及を通じた道徳意識の変化にあるという、いわゆる「性生活の合理化」論である。

③また、未来予測が重要な要素となる点もリスクと人口問題に共通する特徴である。つまり、未だ生じてはいないが既に脅威の対象となっている諸々の破壊と関わるもの、「時限爆弾の針が時を刻んでいる[5]」ものこそがリスクであり、それゆえそれは回避されるべき将来の事象にもっぱら志向している。その限りでリスクとは本質的

に現実であると同時に非現実でもある。リスクに関して現在の行動を決定づける原因は、かつて起こった過去にではなく未だ起こっていない未来、「非実在的なもの、虚構のもの、擬制的なもの」[(6)]であるはずの未来にある。人口問題もまた、未来の脅威が現在へと回帰することで構成されるものであることはいうまでもない。

④リスクはその拡大過程で、いわゆる「ブーメラン効果」を発揮するようになる。つまり、リスクを生み出し、リスクから利益を得ていた集団も遅かれ早かれその渦に巻き込まれてしまう。いわば「作為者と犠牲者の一体化」[(7)]である。この論点もまた、二〇世紀初頭から人口転換をめぐる議論のなかで顕著に見られた特徴といえる。すなわち、たしかに家族計画で個々の家庭の生活水準は維持・向上しうるが、それはやがて国民・民族全体を没落の危機に陥れるだろう（社会的原理と国民的原理の両立不可能性）という議論である。

このように、二〇世紀初頭に顕在化した人口転換現象は、同じ世紀の後半に人間社会を覆い尽くしたリスクの先駆形態であるように見える。少なくともそう考えれば、この現象が政治と科学の間に引かれた境界線――この分断こそ産業社会の段階に見られる特徴であった――を消し去って、両者が相互に浸透し合うという再帰的近代のような状況を作り出していったことも、容易に納得できるところであろう。ベックによれば、産業社会がリスク社会へ移行する再帰的近代化の段階にあっては、科学による認識の独占体制は崩壊を余儀なくされ、科学的認識は科学の外部にある諸々の要請に従属するようになる。そうすると、科学的有効性とはもはや真理の問題ではなくなり、社会的に受容されるか否かがその一義的な判断基準となる。「そこでは、仮説定立がどこでコントロールされるか、どのような規準で行われるかに変化が生じる。すなわち、〔科学の〕内部ではなく外部との関係でコントロールされるようになり、方法論という観点からではなく、政治の観点から判断されるようになり、その結果、科学は理論というより社会的に受容されたものへと変化してしまう[(8)]」。

もちろん、ベックが念頭に置く再帰的近代化とは、あくまで科学的認識それ自体が合理性の懐疑にさらされる二〇世紀後半以降に出現する段階である。だが人口転換現象もまた、それが個人の生活規範に関わるだけでなく、社会全体をも巻き込む脅威として思考されるなど、リスクとしての特徴を顕著に帯びていた限りで、その認識は純粋な「真理」の次元にとどまることはできず、多かれ少なかれ外部（実践）の要請に開かれざるをえない。それだけに二〇世紀以降の人口問題もまた、それ自体として政治と科学の間にそびえる隔壁を溶解する作用を不可避的に伴っていたのであり、その点で旧来の教養理念を侵食する一つの大きな契機になったと考えられる。第二次世界大戦後に原子物理学者という姿で登場した「普遍的知識人と特定的知識人の蝶番」（フーコー）、すなわちその局限された専門知が——世界の命運を左右するという意味で——普遍的射程を持つがゆえに、それ自体で政治権力による追求の対象になるという知識人類型(9)は、いわばその原型《プロトタイプ》を二〇世紀前半の人口統計学者のなかに持っているのである。

一　世代論と社会国家論のはざま——

ところで、エキスパートの誕生過程でほかならぬ人口統計学者が一つの中心たりえたもう一つの理由は、「人口政策」という概念によって「健康・家族・社会政策など、相互に異なった個別領域でなされる政府の対策や企てが全体の連関のなかで最もよく捉えられる」、いいかえれば、人口に関する問題が多種多様な社会・福祉政策を貫通するものとして構成されたからであった(10)。それだけに、人口統計学から演繹される特定の認識形態やそれにもとづく不安・恐怖は、エキスパートの間ではひときわ強い規定力を持つようになり、この集団が行使する「名づけの権力」(11)（社会集団の理論的定義づけとそれに対応した実践領野の開拓）も、多かれ少なかれ人口をめぐる知の布置状況によって方向づけられることになった。さらには、このヴァイマル期に人口言説が優生学（人種衛生学）

と融合することで、人口問題は数量的次元を越えて人間の「選別」と「淘汰」に主眼を置く、質的な人口（人種）政策をも喚起するにいたったのである。(12)

したがって、二〇世紀の社会国家に特徴的なものとして通常引き合いに出される問題の多く——専門家《エキスパート》集団に体現される知と権力の絡み合い、あるいは人種や遺伝性疾患に即した「生きるに値しない存在」の理論的・制度的画定など——は、その基底に人口政策という共通言語を潜ませていたといってよい。だからこそ、社会国家研究では川越修をはじめとして人口政策やその政策をめぐる言説がしばしば中心的なテーマとして設定されてきたのであり、(13)とりわけ人口問題の「量」から「質」への転換というトピックは、ナチス期の人口・人種政策にそのまま直結するものとして好んで取り上げられてきた。(14)このようにヴァイマル期の人口言説は、社会国家体制が確立していくなかで、少子化問題から人種・医療（さらには結婚や住宅）の問題にいたるまで、雑多な諸領域を束ねる蝶番として独特の機能を担っていたのである。(15)

それゆえ、当時の人口問題に関する議論を分析することは、一面では生成期にあった社会国家の発展方向を決定づけた、その起点を探り出すことにもつながるだろう。だがその際あらかじめ注意しておくべきは、本章ではこうした分析を試みるにあたって、右に触れた量（出生低下）から質（人種・遺伝性疾患等）への転換論、あるいは——量に対する質の重視がイタリアに対するナチス人口政策の特徴だという議論に典型的に見られるような(16)——「量的／質的」人口問題という二分法は極力避けられる、ということである。いうまでもなく人間の数をめぐる問題は、人口言説が優生学と結合して「選別テロルへの急転」(17)を果たしたことで突如として立ち消えたわけではなく、むしろ実際は人間の質に関する議論とともに、引き続き人口政策の両輪として相補的に展開されていった。つまり川越やエーマーが既に指摘しているように、「価値ある者」と「価値なき者」の質的な選別は、二〇世紀では前者の増殖の希求と後者の増殖の恐怖という形で、数量的な問題とも不可分に絡み合ってきたのである。(18)そもそも、二〇世紀前半の人口言説が直面した人口転換という社会変動が、まずは統計上の数字を根拠に知覚・構成され、また社会国家体制が整えられてからも、人間の量（人口爆発であれ人口減少であれ）をめぐる問題系が途絶えることなく持続してきただけに[19]、やはり「量」と「質」の二分法は両者の相補性という観点から補完される必要がある。

ところで、このヴァイマル期に人口動態の推計から導き出された問題のうち、当時最も公衆の耳目を集めていたものの一つとして、長期的な少子化傾向から予測される「民族体の高齢化」（Überalterung des Volkskörpers）という事態が挙げられる。とりわけ、前章でも取り上げたヴァイマル期の代表的な人口統計学者フリードリヒ・ブルクデルファーは、同時にまたこうした高齢化現象に対する危機意識を最も執拗に煽り立てた一人でもあった。その主張によれば、過去の長い人口成長で生じたモメンタムのおかげで、少子化傾向のなかでも人口全体の規模自体は今後当分縮小には転じない。だがその内実は、出生率の低下で若年層が減少していく反面、六五歳以上の老年層が「将来的に不釣合いなほど増えることになり、五〇年後には今日の三倍近くにまで上昇する」。それゆえ未来のドイツ民族は、「人口全体の数が同じでも、今日よりもさらに重い死のリスクを抱え込むことになるだろう」。それだけにこの高齢化傾向は、ブルクデルファーの目には「ドイツ民族が生物学的に深淵へと追い立てられている」徴候と映っていたのである[20]。

この種の「民族老化」に関する議論は、人口言説を扱った研究ではこれまで少子化論議と比べてほとんど等閑に付されてきたか、あるいは少なくとも考察の中心には置かれてこなかったきらいがある[21]。だが少子化傾向を憂慮していたヴァイマル期の統計学者は、程度の差はあれこのような人口高齢化への恐怖にも取り憑かれており、それゆえ当時の人口言説の特徴を洗い出そうとすれば、この高齢化に対する危機意識にも目を向けることは避けられないはずである。こうした研究上の空隙は、何らかの形で補填されねばならない。

だがじつは、この民族老化論はまた世代論の観点から見ても興味深い現象である。特に——第I部でも詳しく見たように——ドイツ世代論が伝統的に著しく青年偏重の傾向を示し、それ以外の年齢集団を等閑視してきたことを鑑みれば、この「青年ならざるもの」に関する言説が構成されてきた社会的条件（それはまた当時の青年神話のあり方を規制したものでもある）の解明は、世代論の文脈ではそのまま青年中心主義からの脱却にもつながることになるだろう。その限りで、このヴァイマル期の民族老化論とは、今日では世代論と社会国家論という二つの研究潮流にまたがる射程を持ちうるテーマであり、さらにここで結論を先取りしていえば、当時にあっては右のような「量的／質的」人口問題という二分法から明確に逸脱する主題ともなっていたのである。

二　少子化への警鐘

■性生活の合理化テーゼと第一次世界大戦

人口転換に関する言説＝認識は二〇世紀の初めころから、当時主流だった新マルサス主義流の過剰人口恐怖に対抗する形で紡がれ始めていた。とはいっても、当然ながらドイツの人口論がこの時期に突如として、過剰人口問題から少子化問題への完全な「パラダイム転換」[22]を成し遂げたというわけではない。むしろ、当時はなお出生率低下の信憑性に対して疑問を呈する声も上がっていたように[23]、過剰人口恐怖と過少人口恐怖とは、世紀転換期における人口論の主要な対立軸として相互に激しい主導権争いを繰り広げていた。

こうした状況のなかにあって、経済学の少子化論議には一つの大きな方向転換が見られるようになる。それまで出生率低下の原因については、都市への人口集中（都市化理論）や富の蓄積（富裕理論）、あるいは死亡率低下に対する反動など、もっぱら機能主義的説明が主流だったのに対し、二〇世紀が一〇年も過ぎたころから少子化を人間の「意志」ないし「心性」の問題として語る傾向、つまり「主意主義」を基本的な説明原理とする議論が台頭し始めたのである。(24) この転換以降、ドイツの人口は何らかの規則性に従う（準）自然現象というマルサス以来の人口観から解放され、むしろ――原理的には――人間の意識のあり方次第でその動きを変化させる、一義的に文化的な存在として立ち現れることになる。一九一二年に当時ブレスラウ大学の経済学者だったユリウス・ヴォルフ（一八六二―一九三七）が提唱した「性生活の合理化」テーゼは、まさにこうした主意主義への歴史的なターニングポイントを決定的に印づけたものにほかならなかった。

このヴォルフにいわせれば、二〇世紀の少子化の原因は都市における人口密度の上昇でもなければ、死亡率低下に対する反作用でも、ましてや富の蓄積によって生じるとされる生活水準維持の傾向にあるのでもない。むしろ少子化の直接的な原因は、義務教育の時代における「計算感覚」の普及にある。つまり、義務教育を通じて生涯設計を可能にする合理的な思考が大衆の間で育成されたからこそ、子供の数を抑制しようという配慮もまた社会的に共有されるようになったのである。義務教育が大衆に普及した現代では、富裕層のみならず、「むしろ貧しくとも『計算する』夫婦が子供の数を制限している」。それゆえ、都市化理論や富裕理論では見落とされてきたこの「秩序感覚」、（宗教的）伝統の拘束から解放され、将来を見据えた人生設計を可能にするこの「合理主義」の普及こそ、ほかならぬ今日の少子化をもたらした根本的な要因である。(25)

このヴォルフのテーゼ以降、ドイツの人口論は基本的に生活規範をめぐる問題として論じられていくようになる。すなわち、「個人の幸福」を優先する産児制限か（社会的原理）、それとも「国民の繁栄」のための多子家族の追求か（国民的原理）、という規範の二者択一をめぐる議論である。いわく、性生活の合理化に体現される産児制限の傾向は、「個々人に可能な限り多くの経済的財をもたらす」ことを良しとする「社会的理想」の表れである。この理想に従えば、たしかに「子供の数が少ないことは望ましい」ものとなるが、その反面少子化の傾向を促進し、ひいてはドイツの国力を削ぎ落とすことにつながる。逆に「国民的な考慮」に従った場合、当然ながら「個々人の幸福など顧みないで、一国民に高い力を与えてくれる人間の数の増加を優先させる」ことが第一の課題となるはずだろう。このように、人口問題にあっては「社会的」原理と「国民的」原理とは互いに相争う運命にあり、また一概にどちらを優先させるべきかを決められるものでもない。それゆえ「政治家が場合に応じてどちらの立場を『支持』し、どちらを優先させるか決断しなければならない」[26]。

だがまもなく第一次世界大戦が勃発し、生産年齢人口の男性たちが兵力として大量に求められるようになると、この少子化問題はにわかに国家による出産奨励政策を促進させていくことになる。つまりは、人口問題を解決すべく、国家の手によって国民の生活規範のあり方をも統制しようとする動きがせり出してきたのである。たとえば、一九一四年に在野で「ドイツ人口政策学会」(当初はヴォルフが議長となった)が設立された際には、その設立宣言で次のように「国民的原理」を貫徹すべく行政の強力な介入が希求されている。

我々が直面する危機は、か弱い実験や半端な措置で斥けることはできない。その危機は全力を尽くしてかろうじて成功裡に対処できるものである。〔……〕本会の抱負としては、家族が多いことを良しとしたかつての思考に同調する者が新たに現れること、だがそれに劣らず立法や行政に断固たる介入が必要であると確信させること、以上のことが挙げられる[27]。

この学会設立を皮切りに、その翌年にはプロイセン内務省で少子化対策を目的とする専門家委員会が、続けて帝国議会でも出生力回復へ向けた立法措置を審議する「人口政策諮問会議」が設置されているように、人口問題が戦争の勃発とともに官民問わず社会の関心を一身に浴びるようになった[28]。また、戦時中に政府が実施していたいわゆる戦時多産奨励政策も、その出産手当の対象が、戦争の長期化とともに、疾病保険加入者の妻から事実上国民全体へ広げられていく。このように、大戦のなかで制度化と拡張の動きが加速度的に進展することで、やがて人口政策は国家によって担われるべき原理・義務として広く認められるようになっていったのである(29)。それに加えて、川越がいうようにまさにこの戦争という圧倒的現実を前にして、人口の「量」を確保しようとする小児科医と「質」を重視する人種衛生学者という両極の立場も、相互に歩み寄る姿勢を見せることになった(30)。

ところで、このように大戦中に少子化問題にコミットしていた論者を当時最も苛んだのは、出生力の低下による後続世代の欠如、つまり「民族の緩慢な死滅」への不安である。「民族の力にとって決定的なのは子供の数」だと見る彼らにとって、「一民族の出生数とはその最も重要な生の要素の一つであり、出生数の低下はフランスでかなり以前から起こっているように、この偉大な文化民族の緩慢な死を意味するものにほかならない」。たしかにドイツの場合、まだフランスほど深刻な状況に陥っているわけではないものの、それでも「見たところこの深淵にゆっくりと近づきつつある(31)」。ほかならぬこうした不安から、彼らは繰り返し出生力の回復を求めて悲痛な叫びを発することになる。たとえば次のように。「我らは常に子供が何を意味するか意識しておこう。つまりそれは国家の最も貴重な所有物であるということ、それを維持するためにはどんな労苦も大きすぎず、どんな犠牲も重すぎないということを(32)」。

だがそもそも、なぜこのような少子化という前代未聞の人口変動がこれほど大規模な形で生起したのか。その回答として当時一致して提出されていたのは、やはりあのヴォルフのテーゼを踏襲した、大衆レベルでの意識的な家族計画＝産児制限の実践である。現在の少子化は、たとえば性病やアルコール中毒の蔓延といった外的要因ではおよそ説明がつかないし、ましてや「遺伝素質の生物学的な変化、〔生殖質の〕疲弊・退化という事象とは何の関係もない(33)」。つまり病理的・生理的現象などではない。その決定的な契機はむしろ、夫婦の間で「子供に対する意志がない」こと、「子供の数を制限しようという意志が民族の魂に入り込んだ」ことにある(34)。具体的には、大衆のなかで「生活向上、地位改善への衝動」が支配的になったことで、「生活観全体の物質的側面への移行、理想の喪失、宗教的・道徳的原理からの解放」が進み、これが「少子化へ加速度的に影響を及ぼしてきたし、今日なお及ぼし続けている」[35]。それゆえ少子化の原因は経済的・社会的・生物学的な環境ではなく、まずは「心理的領域」において探究・分析されねばならない。いいかえれば少子化現象とは、すぐれて人為的な所業の帰結である以上、「経済上の問題であるとともに公的モラルの問題」[36]でもあり、したがってそれに対する「国家のあらゆる措置」も、「結局のところ単に子供への意志の外面上の障害を取り除く」にすぎない。何より、現今の少子化傾向を覆すという「より良きものへの真の転換は、まずは内面から湧き上がってこなければならない」のである[37]。

このように、戦時中の少子化をめぐる議論は、それが生活規範に直結する問題であったがゆえに、一方で国家による介入の限界を意識しながら、他方では国民一人ひとりの規範意識（公的モラル）の変革を迫るものとなっていた。これはまさしく、「民族消滅」というリスクによって侵害された従来の生活に代わる、「新しい規範」を求める声そのものであろう[38]。リスクを除去する唯一の方法は、いうまでもなくこの新たな規範（国民的原理）を受け入れることにほかならない。だが注意しなければならないのは、ここで追求された生活規範とは、裏を返せば家族計画を通じて社会的上昇を図ろうとする労働者の階級戦略に対して、階級間の境界を維持しようとするブルジョアの対抗戦略を反映したものだったということである。いわく、「子供の多さというのはかつて、下層民や中層民の間では名誉だった。だが近年見られるこの階層の上昇志向には、それは一つの障害となり、それゆえ躓きの石となった」。本来「固定給をもらっている者は収入に応じた暮らしを営むべきなのに、彼らは子供の大群を養育することで、いかに家や子孫を分相応に（standesgemäß）保つことになるかを見ていなかったのだ」[39]。それゆえ少子化を危険視する識者の間では、「子供の多さがいかに自分の生活の負担となっているか」を教え諭す社会主義や、「女性のために新たな職業への道を開けさせ、多くの婦人を結婚への決定から遠ざけてしまった」女性運動は、ほぼ例外なく敵視されることになるのである。(40)

■〈民族老化〉の欠如

とはいえ、それよりもここで注目されるのは、この大戦当時の人口言説においては冒頭で触れたような「民族老化」に対する切迫した危機感が、少子化から帰結する「民族消滅」への不安から完全に抜け落ちていたことである。そこではもっぱら、出生低下とともに（乳児）死亡率の低下という現象、そしてその結果として生じた出生超過という「奇妙な現象」が、同時代人の目を最も引くものであった。「出生の低下がほぼ同じ程度の死亡低下と平行して進んでいたために、相変わらず毎年八〇万人の余剰が残っていた」。だがこの余剰は、少子化傾向が続く限り早晩底を尽く。なぜなら「人間は死すべき運命にあるのだから、死亡率は一四〇か一三〇‰あたりで一度最小限に達し、それからその曲線は停止する」のに対して、「出生率の低減に限界はない」がゆえに、「出生率がさらに後退し続ければ、余剰はますます小さくなり、遂にはまったくなくなってしまう」からだ。「出生と死亡が平衡して人口の停滞が起こるのは、たとえ死亡率が一五〇から一四〇に押し下げられたとしても、おそらくこの一〇年のことだろう」(41)。ほかならぬこうした人口の停滞・減少＝「民族消滅」こそが、この時点で人口転換から演繹される唯一の未来予想図であって、決して「民族老化」という事態ではなかったのである。

たしかに長期的に見れば、この時期の人口全体における高齢者の比率は決して高いとはいえない。たとえば表5—1をご覧いただきたい。ここで見られる通り、ケルンの場合、一八一二年に男女合わせた六〇歳以上の人口が既に一〇・〇パーセントに達しており、一九世紀初頭までのヨーロッパ社会が二〇世紀初頭に比べて大きな高齢者集団を抱え込んでいたことが分かる。その後、この集団は一九世紀を通じてその割合を低下させ続け

表5-1　60歳以上の高齢人口の割合推移（ケルン）

年	男性		女性		計	
	数	%	数	%	数	%
1812	2,018	9.4	2,688	10.6	4,704	10.0
1849	2,275	4.6	2,949	6.5	5,224	5.5
1864	3,029	4.9	3,888	6.5	6,917	5.7
1867	2,940	4.6	3,956	6.4	6,896	5.5
1871	3,129	4.8	4,532	7.0	7,661	5.9
1875	3,338	4.9	4,801	7.1	8,139	6.0
1880	3,912	5.5	5,514	7.4	9,426	6.5
1885	4,102	5.2	6,429	7.8	10,531	6.4
1890	6,059	4.4	9,126	6.4	15,185	5.4
1895	6,877	4.4	10,326	6.3	17,203	5.3
1900	7,995	4.4	11,795	6.2	19,790	5.3
1905	9,449	4.5	13,531	6.2	22,980	5.4
1910	11,864	4.7	16,363	6.2	28,227	5.5
1916	16,380	5.9	22,314	6.6	38,694	6.3
1919	17,797	5.9	23,648	7.1	41,445	6.5
1925	23,156	6.9	28,896	7.9	52,052	7.4
1933	33,620	9.4	38,803	9.8	72,423	9.6
1939	44,373	12.4	49,659	12.1	94,032	12.2
1950	40,467	14.6	47,907	15.1	88,374	14.9
1961	55,912	14.7	80,737	18.8	136,649	16.9
1970	64,514	16.0	102,364	23.0	166,878	19.7
1987	66,277	15.0	120,697	24.8	186,974	21.2

ることで、一九〇〇年には五・三パーセントにまで落ち込むことになる。またその一方で、国際的に見ても世紀転換前後のドイツにおける六〇歳以上の人口は突出して多いわけでもなく、たとえばベルリンの五・九パーセント（一九〇〇年）に対し、ウィーンは五・七パーセント（一九〇〇年）、ジュネーヴは九・四パーセント（一九〇〇年）、ルツェルンは一〇・六パーセント（一九〇〇年）、ボルドーは一二・七パーセント（一九一一年）と、むしろほかのヨーロッパ諸都市に比べてその割合は小さいものであったといえる。[42] したがってドイツのこうした人口構成上の特質、特に長期の人口動態から、一見するとヴァイマル以前の人口言説におけ

る「民族老化」問題の欠如を説明することも可能に見えるかもしれない。

とはいえ、既にヴァイマル以前からドイツで高齢化を示す予兆が現れ始めていたことも否定できない。表5―1をもう一度見てみれば、一九〇〇年に五・三パーセントで底を打ったケルンの高齢層は、一九一六年に六・三パーセント、さらに一九一九年では六・五パーセント（一九世紀後半における最高水準と同値）にまで回復しているように、早くも二〇世紀初頭には高齢人口の増加傾向が顕在化しつつあったことが分かる。また、一八七六―八〇年で二〇歳だった男性の四七・五パーセントが六〇歳に達した（女性は六一パーセント）のに対して、その二〇年後の一八九六―一九〇〇年では、同じく六〇歳に到達したと推定される二〇歳男性が五四・四パーセント（女性は六八・九パーセント）へと上昇しているように、既に一九世紀後半から高齢化の一指標となる期待寿命の伸長も目に見えて進展していたのである。(43)

それにも関わらず、ヴァイマル以前の人口言説は人口動態上で将来の高齢化を示唆するこれらの兆候に対して盲目であり続けた。若きブルクデルファーもまたその例に漏れず、この大戦当時には、もっぱら少子化の果てに「国民規模での自殺」、すなわち出生低下による民族の規模縮小と他民族による征服のみを見ていたのである。

未来の明るい民族にあっては――アルトゥーア・ディックスいわく――出生数の人工的な制限などまったく見られない。その民族が配慮するのはただ、おのが種族の新参者に基盤を与えるために地上で場所を確保するということにすぎない。〔……〕生きられないという恐怖から、出生制限によって国民規模での自殺を犯すような国民は、生きる喜びに満ちて青年のように力強い、ほかの諸民族に場所を明け渡す以外の運命にはないのだ。(44)

むろんこのブルクデルファーにあっても、このような少子化に対する警告の裏には、ブルジョア特有の階級意識が深く浸透していた。「プロレタリアートの『出生ストライキ』の狂信的な伝道者は、民衆にもっと多くのパンを提供できると信じているが、じつのところ民衆自身の墓石を差し出している」。というのは、「たとえ労働者階級がこれらの伝道者に従っても、生まれなかった者たちの場所が空白のままとどまるわけではな」く、逆にその場所には「文化の程度が低い他者の群れ〔スラヴ民族〕が居座ることになる」からだ。したがって、生活水準向上のために産児制限を唱導する新マルサス主義の運動は、「国民的な利害を後回しにして私的で経済的な利害を一面的に強調すること、つまり過度の個人主義」を吹聴する点で危険である。民族全体の存続を図るためには、決して各人の生活向上ではなく、「何よりもまず量的な未来、家族の繁殖と維持とが目指されなければならない」。さもなければ、ドイツ民族はいつしかこの地上から消滅してしまうだろう。「歴史と現代の教えるところでは、民族の死の前には常に、真の家族に見られるような再生産の観念が四方八方で消滅するという事態が先立っているのだ(45)」。

このように、少子化傾向から予測される「民族消滅」への不安は、同時に階級間の境界線が流動化することに対する市民層の恐怖心を表現したものにほかならなかった。もっともこうした恐怖心は、右で論じたように、ヴァイマル以前のこの時期ではなお――人口動態では既にその兆しが見え始めていたとはいえ――高齢化に関する言説を引き合いに出すまでにはいたっていない。「民族老化」に対する強烈な危機意識は、ドイツの人口言説ではヴァイマル期になって突如として現れ、瞬く間にその優位を確立していったのである。

三 「高齢者」の誕生

それゆえ、ヴァイマル時代に叫ばれた「民族老化」問題を真に理解するためには、単に当時の人口構成を示す統計数字を眺めるだけでは足りず、それとは異なる諸要因にも目を向けなければならない。ここでまず結論を述べておくなら、ほかならぬこのヴァイマル期に人口の高齢化が意識されたのは、社会・福祉政策における救済対象として「高齢者」というカテゴリーがその輪郭を整え始めたからであった。

とはいえもちろん、ヴァイマル以前に実際の高齢者たちが社会福祉の対象から除外されていたわけではないし、ましてや彼らが一般にまったく意識されていなかったというわけでは決してない。むしろ社会政策の分野でも、老化に伴うさまざまな問題は伝統的に議論の俎上に載せられてきたし、特に高齢の男性労働者はしばしば救済対象の範疇に包摂されることもあった。

たとえば、既に一八世紀の絶対主義国家の下でも、「高齢者の構築に決定的に寄与した」といわれる軍人・官吏のための退職金が制度化され始めていたし、その後もこの制度がさまざまな社会集団に拡張され続けることで、一八八〇年代には鉄道・郵便・電信事業に携わる労働者のための特別な恩給機関も設立されるにいたっている。また、この一九世紀後半には「社会問題」という概念の下に老年期に差しかかった労働者の問題が意識され始め、世紀転換頃には資本主義体制下で利用しにくい人生段階として社会政策学会の目にも留まるようになっていた。さらに二〇世紀初頭には、この老年期の問題が医学的まなざしに捉えられ始め、いわゆる「老人医学」（Geriatrie）という新たな試みも登場している。[46]

このように、老人が早くからさまざまな社会政策のなかで意識されてきたのは、「貧困」と「老い」の結びつきが伝統的に広く知られていたからである。たとえば既に一八三〇年代でも、ベルリンでは救貧事業における長期的な支援受給者の七割近くが六〇歳以上の者で占められており、それだけに当時の救貧局員も、こうした統計数字から「無力な老人が我らの支援のおもな対象であることが十分明らかになっている」という結論を下していたほどである。[47] しかしその一方で、ある意味ではまさにこの老いと貧困との固い結びつきのために、老人扶助の営みは長い間――早くから救貧とは別個のものとして構成された青少年保護の領域とは対照的に[48]――社会・福祉政策で独自のカテゴリーを与えられることなく、ほかの諸々の被支援者集団とともに伝統的な救貧事業に包摂されたままだったのである。

たしかに一八八〇年代以来、救貧行政のなかでも被支援対象をさらに細かく分類することを目指して、労働不能者として一括された貧民のなかから性別や戸籍身分とともに、高齢の集団を分離させるための指標を見出そうとする動きが表面化してはいた。とりわけケルンでは、「一時的／長期的」年金給付という区分が設けられ、後者ではもっぱら高齢の人間に給付（大抵は一年間）があてがわれていたし、また「老衰」（Altersschwäche）というやや恣意的な部類を作り出すことで、六五歳以上の人間ないし医師にそう診断された者を一括してこの部類に取り込んだりもした。そのため既に大戦以前から、救貧事業においても「老衰」は「疾病」とともに支援給付のための重要なメルクマールになっていたといってよい(49)。

だがこうした高齢者の独立という動きは、大戦以前の救貧事業では十全な発展を遂げることは決してなかった。たとえば、一九世紀半ば以降に進展してきたいわゆる「施設化」（Ver-anstaltung）のプロセスでも、高齢者に特化した施設の建設は長い間普及することなく、また高齢の人間集団がそれ自体で施設収容の対象として分類されることもなかった。このプロセスで最初に貧困の混合体から解離したのが狂人であったように、医学的まなざしもまずは精神病者や身体障害者へと注がれるか、そうでなければ幼児や青少年に向けられるばかりであった。また、老化現象はこの医療施設への収容過程ではほぼ一貫して「廃疾」と同義のものとして扱われており、それゆえ治療を「回復可能な」病人のみに限るか否かをめぐって一九―二〇世紀初頭に行われた長期の論争でも、高齢の人間は不治の廃疾の一つとして、治療行為から排除されるべき対象となっていた。したがって、逆にこれらの医療ないし養護施設へ収容する際にも、決して「年齢」が一義的な基準とされることはなく、どこまでもすべての年齢集団を含む「廃疾」というカテゴリーが問題にされ続けていたのである(50)。

さらにいえば、国際的にはいち早く強制保険原理の導入に成功した一八八九年の「廃疾・老齢年金法」（施行は一八九一年）でも、以上と同じく老齢はあくまで廃疾の一特殊ケースと見られており、それゆえこの年金制度は——名目上も実質上も——もっぱら廃疾保険として機能していたと見てよい。(51)また他方では、民間企業における恩給制度でも、実際の給付基準については年齢という画一的なものより、身体的な労働不適性を個別に確定するやり方の方が好んで用いられていたのである。(52)

このように、老年期の問題は近代の社会政策の分野では「貧困」ないし「労働者問題」などの古典的な問題群のなかに溶け込んでおり、ヴァイマル以前の時代ではそれらから分離した独自の問題領域として構成されることは遂になかった。こうした事情が一変し、老年期の問題がヴァイマル期のドイツ社会で一躍脚光を浴びるようになったのは、ちょうどこの時期に雑多な諸要因が積み重なって社会国家体制の存立基盤が脅かされたからにほかならない。

その要因の一つとしてまず言及しておくべきは、第一次世界大戦での総力戦を通じて、国家の介入機能が社会のあらゆる領域・集団にまで拡張されたことである。このように国家の介入範囲が拡張したのは、これまで貧困とは関わりのなかった中間層（サラリーマン・公務員・手工業者・知識人・自営業者等）が戦争のなかで経済的に大きな打撃を被り、その大部分が社会的に没落したためであった。たとえばサラリーマンの場合を見れば、戦時中はたしかに名目賃金の上昇が見られるものの、生活費の急激な高騰に直面したために実質上の収入低下に見舞われ、その物質水準はほぼ労働者階級と同等にまで下落していた。また手工業者も、大半が戦争に動員された（一九一七年ではその動員率が五〇パーセントに上った）ことで、およそ三割の店舗が閉店に追い込まれたといわれる。このように、伝統的な貧民集団とはかけ離れた層が没落して公的扶助に頼らざるをえなくなるという、「貧困の階層転換」が戦争によって惹き起こされたことで、公共の扶助事業は量的にも質的にも変化を余儀なくされることになる。具体的には、生存に必要な最低限の給付（最低生活保障）を旨としていた救貧事業とは違い、戦時扶助では社会的立場を維持しうる程度の支援（従前所得保障）が目指され、またその対象も伝統的な「貧民」カテゴリーの枠組みを突き破って、広く人口全体へと拡大されていったのである。[53] 公的機関に支援されることは、もはや一部の貧民集団が独占する――だがネガティヴなスティグマを伴う――特権ではなくなったといえる。

それに加え、高齢人口の増加傾向による年金支出の漸増と大戦後のインフレが重なって、ドイツ社会国家体制がそのひずみを一挙に噴出させたことも、「高齢者問題」の分離独立に大きく寄与したといえる。具体的には、全国民所得のうちに占める年金・恩給支出の割合は、一九一三年の三パーセントから一九二五年に九・二パーセントと、八年間で三倍以上にも膨れ上がっており、さらに一九三一年には一七・六パーセントと、戦前のおよそ六倍にまで跳ね上がっている。それに対し、原資の収入分は大戦後のインフレの影響で、一四・五パーセント（一九一三年）から二・九パーセント（一九二五年）と激減しており、その後相対的安定期を経てやや回復するものの、一九三一年では六・九パーセントと戦前の半分にも満たない水準にとどまっていた。[54]

それにも関わらず、当時の政府は若年層の失業対策として高齢の就業者を労働市場から締め出そうとしており、[55] その手段として老齢年金や恩給制度を積極的に活用していた。一九二九年に老齢年金の受給開始年齢が六五歳から六〇歳へと引き下げられたのも、より多くの労働不能人口を養うためというより、若年層に労働市場を開放するために高齢の労働人口を市場から排除しようという思惑があったためである。[56] 伝統的な貧困混合体が解体し、公的扶助の対象が人口全体に拡張されたいま、高齢人口はヴァイマル社会国家のなかで「手に余る」存在として新たに意識されつつあった。

四　「民族老化」の果てに

実際、ほかならぬこのヴァイマル期に、社会・福祉政策の領域で高齢者のための特別介護の必要性がにわかに叫ばれ始めている。たとえば、ドイツ・ソーシャルワーク[57]の中心組織「ドイツ官民養護連盟」(Deutscher Verein für öffentliche und private Fürsorge) で議長を務めていたヴィルヘルム・ポリヒカイト（一八七六—一九六〇）などは、元々戦前の青少年保護運動で頭角を現し、青少年福祉法（一九二二年）の成立にも尽力した人物だが[58]、一九二八年には一転して高齢者介護の体系的な制度設計を要求する建白書を執筆しているのである。そしてその動機はまさしく「我らは民族高齢化 (Ueberalterung unseres Volkes) の時代を迎えつつある[59]」という危機感であった。

長年青少年保護運動に携わってきた経験からか、ポリヒカイトは「おのが未来の安全を確保するために奮闘する民族は、まず全力を尽くして青少年を保護し強化しようとする」と断言する。だがそれだけに、「我らが老年層に対しても計画的な介護を行う義務を持つことは、民族の意識のなかで浸透させるのがさらに困難である」ともいう。たしかに、「通貨の混乱や生活費の高騰で高齢者大衆の自立的な生存基盤が取り去られるか弱められ、突如として老年期の困窮が新たな大衆の問題として眼前に立ち現れてきた」。とはいえ田舎ではいまだに、「独自の施設を必要とするはずの老人たちが、ほかの貧民集団と一緒くたに救貧院に収容されている」のである。しかし老人をほかの貧民と同列に扱うべきではない。「人口における高齢化、つまり高齢者の割合の空前の上昇」が見込まれる社会では、高齢者問題を解決するには伝統的な救貧の枠を越えた独自の対策が求められるのである[60]。

こうした老年期の生活保障に関する問題意識は、当時の医療施設の改革論でも共有され、意識的に煽り立てられることになった。ベルリン中央保健所の医師フランツ・ゴルトマン（一八九五—一九七〇）も、大戦後にいち早く「老年期障害者」の問題に着目し、彼らに特化した施設の建設を声高に主張した一人である。そしてその動機はポリヒカイトと同じく、「慢性疾患や老年期障害のために施設に送り込まれる人間たち」が、「矯正施設や労役所、ホームレス用の避難所や監獄、狂人施設や救貧院の間を行き来しながら、都市や田舎でやっかい者として生きている」ような人間との同居を強いられている、という現状認識からであった(61)。

だがこの老年期障害者のほかに、「就労不能にも関わらず老年期疾患の現象がまだ表立っていない老人たち」の問題も、人口高齢化の時代にあっては看過されるべきではない。たとえば老人ホームは、こうした人々の老後の生活を保障しうる制度的支柱の一つである。ゴルトマンいわく、今日の「老人たちの困窮には、ドイツにおける近年の経済状況が最も心を打つ形で反映されている」。「人口のこの年齢層に生じた社会構造上の転換によって、彼らは自分の衛生状態をみずからの手で維持する可能性を奪われてしまった」。だがそれは反面、ゴルトマンにとって「老人保護のための介護施設の拡張や、民間の療養所と救貧院との間にある溝を埋めるきっかけを与えてくれた」ものでもある。そもそも「老人ホームと、限定的にしか就労できない者のための仕事場とを結びつけようという発想が、今までこれほどわずかしか普及しなかったのは驚くべきこと」であろう。労働力が減退したとはいえ健康な老人たちは、「無為に日々をやり過ごしたいという望みを持っているわけでは絶対になく、むしろ――何の機会も与えられないのだから――無理やり有用な労働を休まされている」にすぎない。「経済的困窮に加えて心の困窮が生じる。彼らは『役立たず(altes Eisen)』だという感情をかろうじて耐え忍んでいるのだ」(62)。

このように、「高齢者」という社会集団はヴァイマル期になってようやく、社会・福祉政策による救済対象として独立したカテゴリーを構成し始めていた。冒頭で見たような「民族老化」への恐怖は、まさにこのような高齢者の誕生と時期を同じくして人口言説を捉えたのであり、決して人口転換そのものの認識と同時に芽生えたものではない。むしろ、この種の高齢者福祉が論じられる際に、その正当性の根拠として高齢人口の増加という事態がことあるごとに引き合いに出されていたように[63]、ある意味で高齢者福祉論と人口高齢化に対する恐怖心は、表裏一体となって顕在化してきたといってよい。

　実際、ブルクデルファーの主著『青年なき民族』（一九三二年）において最もセンセーショナルな形で表現されたように、ヴァイマル期の人口言説が描く未来像では、もはや大戦中とは違って単に「民族消滅」にとどまらず、今やその脅威と絡み合いつつ、「数学的な確実さで予見しうる〔……〕ドイツ民族体の異常に強度な高齢化」という事態も中心に据えられることになった。つまり、六五歳以上の高齢人口が、五〇〇万人（一九三八年）、六〇〇万人（一九四六年）、七〇〇万人（一九六〇年）と急激に膨れ上がっていき、一九八〇年前後に九五〇万人で「その最高値に達する」と予測される、「老人膨張」のプロセスである[64]。

　こうした高齢人口の増加からいかなる事態が帰結するか。ブルクデルファーの回答は明快である。いわく、「我らは老齢恩給生活者、老齢年金生活者の民族になるであろう」。そうなれば、まずは現行の年金保険制度が破綻に行き着かざるをえない。というのは、少子化で保険料を拠出すべき被保険者層が著しく縮小していく一方、「同時に年金受給者の数は、戦前のベビーブーマーが年金受給年齢（六五歳以上）へ到達することによって空前の規模で増加する」ために、将来的には数十億マルクに上る恒常的な支出超過は避けられないからだ。「出生の消滅と民族体の慢性的な高齢化とは、ここでは致命的な形で影響を及ぼすことになる[65]」。

　それだけではない。ブルクデルファーにとって、「疾患と老齢とは互いに緊密な関係にある」がゆえに、今まさに「進展しつつある民族体の高齢化では――ほかの事情が同じならば――人口全体、とりわけ医療保険に加入する就業人口のなかで入院件数が増加することも考慮しなければならない」。つまり、「人口がなお増加する限り、医療負担も絶対数では――高齢化の進展の結果として――もっと急速に上昇する」はずである。しかしだからといって、「今世紀末に予想される人口収縮の際に、絶対的な医療負担が――これもまた民族体の高齢化のせいで

――〔人間の数と〕同じ程度に後退するわけではない」。そのため「典型的な老年期疾患〔動脈硬化・リューマチ・癌など〕は、将来的に――人口構成の変化の影響で――数の上でまったく顕著な意義を持つだろう。反対に幼年期疾患は、数の上では相対的にその意義を低下させるだろう」。したがって、「人口構成の変化はドイツ民族の疾病グラフの顕著な悪化という結果を導くに違いない」(66)。

しかしブルクデルファーにとって、この高齢化の脅威は以上のような制度的・財政的側面にのみとどまるものではなかった。このプロセスの果てに到来するはずの超高齢社会のなかにブルクデルファーが見出した真の脅威とはむしろ、若年層の収縮と高齢層の膨張に伴って社会のあらゆる領域に蔓延する「若さ」の圧殺であった。

老人の成熟した人生経験、冷静さ、慎重さはたしかに民族共同体の重要な、かつ不可欠な財産ではある。だがこの賜物・美徳が一民族のなかであまりに強く顕現すると、また老人の人生観が――その数の優位のおかげで――決定的となり、若き後継者がいないために、老人のびくびくした慎重さで青年らしい大胆さや行動力、青年らしい弾力性、青年らしい跳躍力が消えてしまうか、麻痺させられるか、または影が薄くなってしまうと、その民族からは容易に健全な向上心が奪われてしまう。それなしには何の進歩もないというのに。この危険は公的生活のあらゆる領域にある。一方では民族体の高齢化と若き後継者の欠如、他方では老人のますますひどくなる重み、これらは疑いなく経済的・社会的領域だけでなく、精神的・政治的・文化的領域にも、つまりはドイツ民族の生活全体にも影響を及ぼさずにはいないだろう(67)。

今や高齢人口は、それ自体で民族全体の存亡に関わる喫緊の問題となった。たしかにブルクデルファー自身も、こうした高齢人口の膨張による「若さ」の圧殺という脅威に関して、「これらの作用は数字の上では測りえない」と認めてはいたものの、それでも彼にとってその可能性は、「我らの公的生活、我らの経済や政治全体にわたる発展の意味深いファクターとして、何かしら考慮されねばならない」ものであった。ブルクデルファーにいわせれば、数量的に計測しえないこの種の脅威もまた、「数学的な確実さ」で予測できる高齢者の増加の影で、「シュペングラー流の『西洋の没落』という展望に難なく組み込める」ような破滅をもたらすものだったのである。[68]

それゆえここでは、人口高齢化という問題は既に単なる数量的な次元を越えたものとして知覚されている。本来「価値あるもの」に分類されうるはずの老人の「成熟」も、その数が過度に増加すれば「健全な向上心」を窒息させかねない、危険な「価値なきもの」へと質的に選別し直される。その意味でこのブルクデルファーの人口高齢化論は、「量」と「質」という人口に対する二つのまなざしが互いに交差し反響し合う、特有の座標点に位置していたのである。

五　「価値ある存在」の消滅／「価値なき存在」の増殖――

以上のように、二〇世紀ドイツの人口言説における「民族老化」への危機意識は、人口転換という全般的な変動を背景としつつも、大戦からヴァイマル期にかけての社会構造の転換、そしてそれに起因する社会国家の危機的状況から、新たに「高齢者」というカテゴリーが生成し始めるなかで芽生えたものであった。それだけに、人口高齢化という傾向は純粋に数量上の問題にとどまらず、むしろ当時の人口言説では高齢者そのものを（量的かつ質的に）新しい脅威として認知し、ネガティヴな意味づけが施される根拠として利用されていった。したがって、大戦以前の人口転換に関する認識（少子化不安）と、ヴァイマル期の高齢化に関する恐怖の言説とは――しばしば混同されてきたが――はっきり区別して考えなければならない。ブルクデルファーが描いた超高齢社会の到来という終末論的な未来像は、人口転換から演繹される「苦々しい真理」[69]という仮装の下で、新たな存在者に直面したヴァイマル社会の危機意識を表現したものにほかならなかったのである。

こうした危機の言説を紡ぎ出していたのがまさに人口統計学者であったということも、ここでは再度強調しておきたい。先にも述べたように、二〇世紀の人口問題そのものが統治と知の境界線を溶解させるリスクとしての特徴を顕著に帯びていたばかりか、この問題は生成期の社会国家にあっては多様な領域を通約可能にする共通言語ともなっており、そのためエキスパートという新たな知識人類型が形成される際には、人口統計学者はその中核に位置し、国家の政策決定プロセスに深く関与することになったのである。特に、福祉国家が社会空間で引いた数多くの境界線に理論的な定義を施し、ひいてはこの定義に沿って制度化された支援受給資格をおのれの存在条件とする社会集団（たとえば生活保護受給者や未成年、身体・精神障害者など）を作り出すのが、これらエキスパートの主要な機能の一つであった。[70] それだけに、社会福祉の領域で高齢者問題が構成されるのと軌を一にして統計学者が人口高齢化の危機をにわかに叫び出したのも、おそらく偶然ではない。ブルクデルファーの議論が数字で計測可能な範囲を越えて、（貧困や廃疾とは完全に区別された）高齢者という存在の本質的属性にまで足を踏み入れたのは、やはり当時の人口言説のなかで、社会空間に新たに引かれつつあった境界線を定義づけようという欲求が、多かれ少なかれ働いていたからだと仮定することができる。

とはいえ、高齢者があれほどまでにネガティヴな形で語られた根本的な理由は、その背景にドイツに特徴的な青年神話の伝統が横たわっていたことにある。次章で改めて詳述するように、このヴァイマル期は、ちょうど大戦を経て教養市民の間で「新しい人間」という表象が普及し、年長世代との和解可能性を排除する方向で青年神話が急進化を遂げた時期でもあった。この急進化の過程で青年の敵として設定された形象も、高齢者カテゴリーが分離独立するに伴って、父や教師に体現される「抑圧者」から「硬直した老人」へと変貌し、ドイツの刷新・再建の妨害者として激しい攻撃の標的となっていったのである。

ここで繰り返しを厭わず次章の議論を少し先取りしておけば、いわゆる「前線世代」にとっては、「年を取っている」とはすなわち、「古い形式が乗り越えられねばならないということを理解しない」、つまり「歴史を諦める」ことと同義であり、「革命的」だと自負する青年は、ドイツ再建のためにまずはこうした「老齢による硬直」(Alterserstarrung) こそ打破せねばならないとされていた[71]。したがって、彼ら「前線世代」にとっても（というより彼らにとってはとりわけ）、老人の膨張は「憂慮」の種や「負担」であるばかりか、民族の没落すら招きかねない高度に危険なプロセスと映っていたのである。「自惚れた医師の介護が、病弱で劣等な生〔高齢者〕を人工的に維持して優等な生をなおざりにすれば」、それは「民族の確実な没落を意味することになるだろう[72]」。

こうした老人攻撃の雰囲気やレトリックは、当時の高齢者福祉論にも深く浸透していた。たとえばゴルトマンなどは、「老年期障害者」を「非社会的要素」に分類し、彼らを「老齢で現れる精神的崩壊の徴候」を帯びる者、「特に重度の性格変化、混乱、妄想、火の元やガスに対する不注意、自殺企図、そしてとりわけ不潔さ」を特徴とする存在として描いていたし、ポリヒカイトも――新旧世代の激しい社会的対立を念頭に置いてか――親子二世帯の同居について、「世代間の違いということで自然に説明できる、生活観や生活習慣の違いでしばしば困難になる」ものだと躊躇する素振りを見せていた。加えてこのポリヒカイトは、そもそも老人を「変化した環境へ容易に適応するという能力をもはや持ち合わせていない」存在、したがって「余計者であり、自分にとっても他人にとっても負担となっているという感情を発達させる」存在としか見なしていなかったのである[73]。

ブルクデルファーによる高齢化への警告は、まさにこのような時代の雰囲気のなかで発せられたものであった。先に見たように、彼が「老人のびくびくした慎重さ」を「青年らしい大胆さや行動力」に対置させ、その「精神的・政治的・文化的」危険性なるものを語ることができたのも、ひとえにこうした「前線世代」を軸とする青年神話の急進化という社会的風潮が背景にあったからこそである。その限りでブルクデルファーの「民族老化」論には、ほかならぬ彼自身が一八九〇年生まれ、つまりいわゆる「前線世代」として括られる年齢集団に属していたという事実が、何らかの形で大きな影を落としていたようにも思われる。

だが、ブルクデルファーの警告に見られた右のような青年と老人の対置はまた、こうした青年神話の急進化と併せて、明らかに当時のより一般的な思考パターンをそのまま反復したものでもあった。すなわち、人口を社会にとって「価値ある存在」と「価値なき存在」とに二分し、前者が漸次減少していくのに反比例して後者は自己増殖を続け、将来的には社会全体を覆い尽くしてしまうという、周知の終末論的発想のパターンである。たとえば、図5―1（いずれも一九三三年）にも見られるように、上図の生産年齢人口（価値ある存在）に対する高齢人口（価値なき存在）の長期的な増加傾向（一九二五〜二〇〇〇年）は、そのパースペクティヴの点で、下図の「良きドイツ家族」（価値ある存在＝白枠）に対する犯罪者の家系（価値なき存在＝黒枠）の長期的な増加傾向（一二〇年スパン）にそのまま正確に対応している。つまり、これらの図が表しているのは、「出生の異常な（abnorm）制限」[74]から帰結する「価値なき存在」（犯罪者予備軍・遺伝性疾患者・高齢者等々）の勝利という破滅へのプロセスを俯瞰的に展望する、いいかえれば長期の時間的広がりのなかで浮かび上がってくる「非正常《アブノーマル》」な傾向を見据える、あの統計的まなざしにほかならない（優生学が統計学の直接的な派生物であることをここで改めて想起しておくべきだろう[75]）。いうまでもなく、正常状態からの持続的な逸脱傾向を可視化するこの種の統計図――それがどれほど通俗化されたものであれ――こそ、人口の「正常化《ノーマライゼーション》」という生権力的な調整戦略を反映しているばかりか、リスクの場合と同じく、遠い未来に訪れるはずの破滅の脅威をむしろ一つの規範として、現在の行動指針を規定するための参照点となるものなのである。

良きドイツ家族は、平均して二・二人という子供数のために没落を余儀なくされているばかりか、強力に自己増殖する階層――犯罪者であれ精神薄弱者であれ、あるいはほかの民族・人種の者であれ――にその場所を明け渡さざるをえないだろう。たしかにこうした犯罪者気質の人間が蔓延するという危険に対しては、新政府〔ナチス政府〕の公布した断種法が我々をある程度は守ってくれる。しかし我らの人口の内部でさほど高い価値を持たない分子が蔓延することや、出生力の高い異人種が浸透してくることに対しては、我々が十分な数の価値ある子孫を持たない限り、自分自身を守り抜くことなどできはしない。(76)

このように、一九二〇年代末から三〇年代にかけての「民族老化」をめぐる議論は、当時の社会に蔓延していた終末論的な恐怖心とまったく同じパースペクティヴに立つものであった。いいかえれば、ヴァイマル期に「発見」された人口高齢化の傾向は、まさしく「価値ある存在」と「価値なき存在」の二分法に則ったこの種の思考枠組みのなかで語られることで、すぐさま社会的な反響を呼び起こすことができたともいえる。ヴァイマル期の

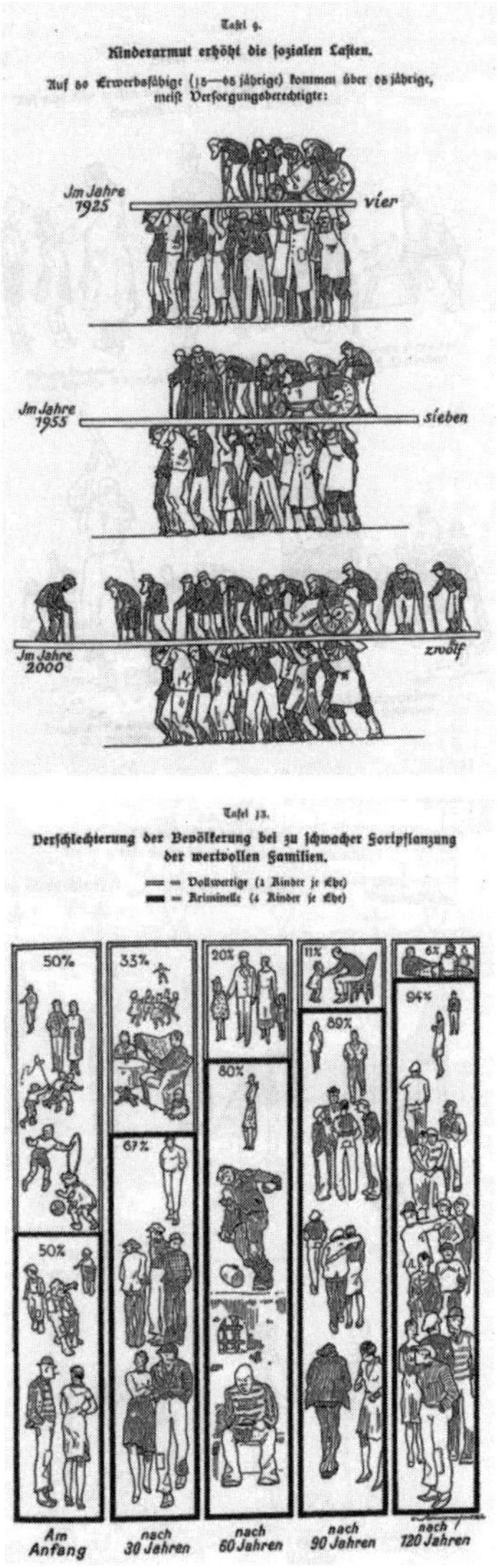

図 5-1　価値ある存在の消滅と価値なき存在の増殖（上図：高齢人口の増加・下図：犯罪者家系の増加）

人口問題は、少子化傾向と併せて社会福祉の領域で新たに構成された高齢者問題を経由することで、統計的まなざしを広く社会一般へと広めるのに寄与したが、その一方で既にこのまなざしが終末論的思考という形で社会のなかに根づきつつあったからこそ、あの超高齢社会の到来という未来像も高度に現実味を帯びた情景として、広い範囲で恐怖心を掻き立てることができたのである。

◆注

(1) ドイツにおけるこの人口転換についての詳しい分析は、たとえば、桜井健吾『近代ドイツの人口と経済——一八〇〇〜一九一四年』ミネルヴァ書房、二〇〇一年、七九—一三一頁。

(2) ドイツの人口は、一八九〇—一九〇〇年では年平均一・四パーセント、一九〇〇—一九一〇年では一・五パーセントを超える成長率を示している(ヨーゼフ・エーマー(若尾祐司・魚住明代訳)『近代ドイツ人口史——人口学研究の傾向と基本問題』昭和堂、二〇〇八年、一〇—一一頁)。

(3) Christiane Reinecke, Krisenkalkulationen. Demographische Krisenszenarien und statistische Expertise in der Weimarer Republik, in: Moritz Föllmer, Rüdiger Graf (Hg.), *Die „Krise“ der Weimarer Republik. Zur Kritik eines Deutungsmusters*, Frankfurt/New York, 2005, S. 211.

(4) ベックのリスク概念については、いうまでもなく次の文献に拠っている。ウルリヒ・ベック(東廉・伊藤美登里訳)『危険社会　新しい近代への道』法政大学出版局、一九九八年。

(5) ベック、一九九八年、四六頁。

(6) ベック、一九九八年、四七頁。

(7) ベック、一九九八年、五三頁。

(8) ベック、一九九八年、三四一頁。

(9) フーコーは原子物理学者のなかに、「知識人が、もはや彼が語る一般的言説に関連してではなく、彼が保持者である知のために、政治権力によって追求され」るというあり方、すなわち普遍的知識人（万人にとっての真理や正義を探究する知識人＝文筆家）と特定的知識人（特定の諸部門で労働する専門家＝エンジニア・官僚・教授）の中間形態を見出している（ミシェル・フーコー（石岡良治訳）「知識人の政治的機能」ミシェル・フーコー（松浦寿輝編）『ミシェル・フーコー思考集成Ⅵ　セクシュアリテ・真理』筑摩書房、二〇〇〇年、一四七頁）。

（10）　Raphael, 2001, S. 9..

（11）　Raphael, 1998, S. 244.

（12）　この問題に関する研究成果を整理したものとして、Ehmer, 2004.

（13）　川越、二〇〇四年。

（14）　たとえば、Gisela Bock, Gleichheit und Differenz in der nationalsozialisitischen Rassenpolitik, in: *Geschichte und Gesellschaft*, 19. Jg., 1993, S. 277-310; Maria Sophia Quine, *Population politics in twentieth-century Europe: fascist dictatorship and liberal democracies*, London, 1996, pp. 92-96.

（15）　たとえば一九一九年に新設された国民福祉省の初代大臣も、「人口政策こそ、我々の国政全般、経済政策、税制、さらに公共生活そのものをリードする考えにならねばなりません」と明言している。こうした人口問題への強い関心が、大戦後における乳幼児保護・母性保護・住宅・性病撲滅などの諸政策、ひいては社会国家の制度化にあたって根本的動因となった（川越、二〇〇四年、七九―一一三頁）。

（16）　Victoria de Grazia, Die Radikalisierung der Bevölkerungspolitik im faschistischen Italien: Mussolinis Rassenstaat, in: *Geschichte und Gesellschaft*, 26. Jg., 2000, S. 219-254, bes. S. 234.

（17）　川越、二〇〇四年、一七三頁。

（18）　川越によれば、人口の「量」の問題を重視していたグロートヤーンにおいてすら、「社会衛生的な方策による人口の量の確保と生殖衛生策による人口の質の改善」という組み合わせが、人口問題の解決にとって決定的な鍵であった（川越、二〇〇四年、五〇頁）。つまり量の確保を優先させる社会衛生学でも質の問題は避けて通れず、逆に質を重視する人種衛生学でも量の確保は不可避の問題であった（Ehmer, 2004, S. 33-37）。

（19）　二〇世紀全体にわたってヨーロッパで展開された人口言説・政策を概観したものとして、M・S・タイテルボーム、J・M・ウインター（黒田俊夫・河野稠果訳）『人口減少――西欧文明　衰退への不安』多賀出版、一九八九年。

（20） Burgdörfer, 1932, S. 125, 143.

（21） たとえば世紀転換期の過剰・過少人口恐怖やその人口政策との関係を論じた、Ursula Ferdinand, Geburtenrückgangstheorien und »Geburtenrückgangs-Gespenster« 1900-1930, in: Ehmer, Ferdinand, Reulecke (Hg.), 2007, S. 77-98でも、当時の高齢化に関する議論はほとんど見られない。川越、二〇〇四年でもこの人口高齢化に対する危機意識の分析が欠けているため、この問題に視点を特化した考察で補完される必要があると思われる。なお、帝政期の高齢者問題を扱っているものとしては、原葉子「誰が年金をもらうべきか――遺族保険（一九一一年）導入時の議論にみるジェンダー・世代・階層」川越修・辻英史編著『社会国家を生きる――二〇世紀ドイツにおける国家・共同性・個人』法政大学出版局、二〇〇八年、一〇三―一三六頁。この論文では、当時の年金制度が寡婦を「救貧」の地位に留め置くものであったこと、とりわけ中高年の寡婦たちは「母性」規範にすら組み込まれず、周辺化されていったことが明らかにされており、本章執筆にあたって大いに参考になった。とはいえ、本章では原が扱ったような被支援者の実態に関する問題はひとまず括弧に括られ、制度設計・改正の前提となる言説生成のレベルに分析の照準が絞られる。

（22） Ursula Ferdinand, Geburtenrückgangstheorien in der Nationalökonomie Deutschlands zwischen 1900 und 1930. Fallbeispiel Julius Wolf (1862-1937), in: Mackensen (Hg.), 2002, S. 136.

（23） ヴァーグナーによれば、仮に出産年齢人口が数年にわたって同じ出生率のままであれば、統計上の数値は低下傾向を示すため、少子化とは統計による錯覚にすぎない。むしろ、「近年得られた最新の数字でも、いやかえってその数字から、特にドイツでは生活環境が顕著に改善されればすぐに人口増加が強く促されるだろうと結論せざるをえない」(Adolf Wagner, *Agrar- und Industriestaat. Die Kehrseite des Industriestaats und die Rechtfertigung agrarischen Zollschutzes, mit besonderer Rücksicht auf die Bevölkerungsfrage*, zweite, großenteils umgearbeitete und stark vermehrte Aufl., Jena, 1902, S. 48-84, zit.n. S. 55, Hervorh.i.O.)。

（24） Ferdinand, 2007, S. 78; こうした人口観を通じて少子化が新マルサス主義の産児制限運動に結びつけられ、その「出産ストライキ」の是非をめぐって社会民主党内でも論争が繰り広げられた。この論争については、水戸部由枝「ドイツ社会民主党と性倫理――一九一三年、『出産ストライキ』論争を中心に」『西洋史学』第二一六号、二〇〇四年、四五―六二頁。

（25） Julius Wolf, *Der Geburtenrückgang. Die Rationalisierung des Sexuallebens in unserer Zeit*, Jena, 1912, S. 134f.

（26） Ebd., S. 167.

（27） Gründung einer Deutschen Gesellschaft für Bevölkerungspolitik, in: *Zeitschrift für Socialwissenschaft*. N.F., 4. Jg., 1915, S.

747.

(28) Fridolf Kudlien, "The German response to the birth-rate problem during the Third Reich", *Continuity and Change*, vol. 5, 1990, p. 226; Ehmer, 2004, S. 29.

(29) 川越、二〇〇四年、五六―五七頁。それにも関わらず、ドイツ人口学の制度化は他国に比べてかなり立ち遅れることになった。たとえば国立の人口学研究所は、フランスでは一九四五年に設立されたのに対し、西ドイツでは一九七三年、東ドイツは一九七八年まで待たねばならなかった（vom Brocke, 1998, S. 15-21.）。

(30) 川越、二〇〇四年、五七―六一頁。

(31) Geh. Hofrat Prof. Dr. Ehrenberg, Geburtenrückgang und Volkswirtschaft, in: Dr. H. Brüning, Dr. Ehrenberg, D. Dr. Heinrich Behm, *Geburtenrückgang und Volkskraft. Drei öffentliche Vorträge, gehalten in der Aula des Realgymnasiums zu Rostock*, Leipzig, 1917, S. 22f.

(32) Prof. Dr. H. Brüning, Geburtenrückgang und Volksgesundheit, in: ebd., S. 20.

(33) Ernst Bumm, *Ueber das deutsche Bevölkerungsproblem. Rede zum Antritt des Rektorates der Kgl. Friedrich-Wilhelm-Universität in Berlin, gehalten in der Aula am 15. Oktober 1916*, Berlin, 1917, S. 13.

(34) Brüning, 1917, S. 12; Bumm, 1917, S. 13.

(35) Bumm, 1917, S. 17f.

(36) Ebd., 31.

(37) D. Dr. Heinrich Behm, Geburtenrückgang und Volkssittlichkeit, in: Brüning, Ehrenberg, Behm, 1917, S. 43.

(38) ベック、一九九八年、三八頁。

(39) Behm, 1917, S. 41.

(40) Bumm, 1917, S. 17.

(41) Ebd., 43f., 24.

(42) Christoph Conrad, *Vom Greis zum Rentner. Der Strukturwandel des Alters in Deutschland zwischen 1830 und 1930*, Göttingen, 1994, S. 62f. [Tabelle 2], S. 64f. [Tabelle 3]

(43) Ebd., S. 63 [Tabelle 2], 73.

(44) Fritz Burgdörfer, *Das Bevölkerungsproblem, seine Erfassung durch Familienstatistik und Familienpolitik, mit besonderer Berücksichtigung der deutschen Reformpläne und der französischen Leistungen*, München, 1917, S. 4f.

(45) Ebd. S. 7, 10, 22, Hervorh.i.O.

(46) Josef Ehmer, *Sozialgeschichte des Alters*, Frankfurt a. M., 1990, S. 39-48, 64-77, hier zit.n. S. 39.

(47) Conrad, 1994, S. 152.

(48) 世紀転換期の青少年保護事業については、Christoph Sachße, Florian Tennstedt, *Geschichte der Armenfürsorge in Deutschland, Bd. 2, Fürsorge und Wohlfahrtspflege 1871-1929*, W. Kohlhammer GmbH, 1988, S. 32-36.

(49) Conrad, 1994, S. 157.

(50) Ebd. S. 169-175; 一八八八年では、収容対象となる集団の基準が「不治かつ要看護の病者、高度に病弱のためか高齢のために自活不能な者」と規定されている。また被収容者の年齢幅は、一八七〇年では男性の場合一八―八六歳、女性の場合一四―一〇〇歳である。それゆえ、たとえ一八八八年の時点で被収容者の七割以上が六〇歳以上の高齢者であったとしても、収容基準はあくまでほぼすべての年齢層を含む「廃疾者」であった（S. 174f.）。

(51) Ehmer, 1990, S. 92-94; 原、二〇〇八年、一〇六―一一一頁。このうち老齢年金の受給開始年齢は七〇歳と高齢に規定されていたため（一九一六年に六五歳まで引き下げられる）、被保険者はその給付を受ける以前に廃疾年金の方を受給する場合が多かった。その結果、一九一四年までに廃疾年金受給者の数は老齢年金受給者を一一倍以上も上回ることになる（G・A・リッター（木谷勤・北住炯一・後藤俊明・竹中亨・若尾祐司訳）『社会国家――その成立と発展』晃洋書房、一九九三年、八四―八五、九一頁）。

(52) その結果、たとえばジーメンスの場合、一八七二―九七年の間に職員が恩給の受給を開始した平均年齢は五四歳、労働者の場合では五一・五歳であった（Conrad, 1994, S. 329f.）。

(53) Sachße, Tennstedt, 1988, S. 46-56.

(54) Conrad, 1994, S. 263.

(55) 一九世紀以来このヴァイマル期にいたるまで高齢者の就業率は相対的に高く、一九二五年には六〇―六九歳の高齢人口（男性）のうち七七・四パーセント、六五―六九歳では五二・一パーセントが何らかの労働に従事していた（ebd. S. 113 [Tabelle 9]）。この点で、ヴァイマル期を通じて他の年齢層よりも高い失業率に悩まされていた一四―二五歳の若い男性労働者とは対照的であった（cf. Detlev Peukert, "The Lost Generation: Youth Unemployment at the End of Weimar Republic", Richard J. Evans and Dick Geary (eds.), *The German Unemployed. Experiences and Consequences of Mass Unemployment from Weimar Republic to the Third Reich,* London & Sydney, 1987, pp. 172-193; Elizabeth Harvey, *Youth and the Welfare State in Weimar Germany*, Oxford, 1993, pp. 104-112, 306 [Table 5])。

(56) Ehmer, 1990, S. 117.

(57) 二〇世紀前半におけるドイツ・ソーシャルワークの展開とその基盤であり続けた「家族保護」思想については、中野智世「『家族の強化』とソーシャルワーク――マリー・バウムの『家族保護』構想から」川越・辻編著、二〇〇八年、二〇七—二三九頁。

(58) 青年福祉法の制定過程におけるポリヒカイトの関与については、Sachße, Tennstedt, 1988, S. 102f.

(59) Wilhelm Polligkeit, *Forderungen für den systematischen Ausbau der Altersfürsorge*, Frankfurt a. M., 1928, S. 3.

(60) Ebd., S. 5f., 19, 8, Hervorh.i.O.

(61) Franz Goldmann, Sozialhygienische Untersuchungen bei Siechen und Altersgebrechlichen. Beitrag zur Planwirtschaft in der Gesundheitsfürsorge, in: *Zeitschrift für Gesundheitsfürsorge und Schulgesundheitspflege*, 37. Jg., Nr. 4, 1924, S. 112.

(62) Franz Goldmann, Siechenhäuser und Altersheime, in: *Handbuch der Sozialen Hygiene und Gesundheitsfürsorge*, Bd. 6, 1927, S. 180f., 191, Hervorh.i.O.

(63) 特にゴルトマンは、「次の数十年では限定的にしか就労できない、さらにはまったく就労できない者の割合が異常に高くなることで、生産力が減退した社会に予測できない負担を強いる」と、人口構成から予測される陰鬱な未来像を繰り返し描いている（ebd., S. 97, Hervorh.i.O.）。

(64) Burgdörfer, 1932, S. 144, 218.

(65) Ebd., S. 219, 225; ブルクデルファーの試算によれば、今後の廃疾保険における支出超過は、一九三八年には五億マルク、一九五〇年前後には一〇億マルク、一九七五年までには二〇億マルク以上に達する。これは累積ではなく「年度ごと」の赤字である（S. 234f.）。

(66) Ebd., S. 245, 259-261. なお、主要な死因が伝染病による呼吸器官系の疾患から動脈硬化等の循環器系の疾患に移行した、いわゆる疫学的転換と呼ばれる長期的なプロセスは、ドイツでは世紀転換以降に人々に意識され始めたといえる。この点をホメオパシー系の啓蒙雑誌と、帝国衛生局発行の一般向け啓蒙書や週刊誌の記事とを統計的に比較して論じたものとして、服部伸「世紀転換期ドイツにおける病気治療の多元性――ホメオパシー健康雑誌の記事を中心に」川越修・鈴木晃仁編著『分別される生命――二〇世紀社会の医療戦略』法政大学出版局、二〇〇八年、一六三―二〇二頁。

(67) Burgdörfer, 1932, S. 219f.

(68) Ebd., S. 220, 427.

(69) Ebd., S. XV.

(70) 行政権力と結びついてエキスパートたちが作り出していくこうした「社会福祉上のアイデンティティ・パターン」は、一九世紀の階級理念以上に現実味を帯びた集合体を構成する力を持っていた (Raphael, 1996, S. 192f.)。

(71) Max Hildebert Boehm, *Ruf der Jungen. Eine Stimme aus dem Kreise um Moeller van den Bruck*, 3. Aufl., Freiburg im Breisgau, 1933, S. 34, 48, 54.

(72) Edgar J. Jung, *Die Herrschaft der Minderwertigen. Ihr Zerfall und ihre Ablösung*, Berlin, 1927, S. 267f.

(73) Goldmann, 1927, S. 107, 115, Hervorh.i.O.; Polligkeit, 1928, S. 16, 6.

(74) Otto Helmut (Hg.), *Volk in Gefahr. Der Geburtenrückgang und seine Folgen für Deutschlands Zukunft*, München, 1933, S. 24.

(75) ハッキング、一九九九年、一七六―一七七頁。

(76) Helmut (Hg.), 1933, S. 32.

第Ⅲ部

二〇世紀型世代形象の成立

第六章　ドイツ青年神話と〈青年ならざるもの〉——その変貌の軌跡——

■陽画《ポジ》と陰画《ネガ》

第Ⅱ部では、統計的まなざしが二〇世紀前半のドイツ社会において、教養の理想を侵食しながら普及・定着していくプロセスを追跡したが、第Ⅲ部では目を転じて、このまなざしが世代形象に及ぼした諸々の作用——特に、序章でも述べたようなライフステージからコーホートへの変容過程——の解明に取り組むことになる。いうまでもないことだが、統計的まなざしはそれ自体でそのまま世代形象の変容をもたらしたわけではない。それが旧来型のライフステージと競合し、ひいてはこのライフステージに取って代わるまでには、世代なるものをめぐる思考そのもののなかに、ほかの多種多様な歴史的ダイナミズムが反映される必要があった。むろん、前章で見た人口転換現象もその一つの巨大なダイナミズムにほかならないが、世代形象の変容の軌跡を少し掘り下げてみると、この人口転換と密接に絡み合いながらも、それとは別個に独自のロジックを有する諸現象がさまざまな形で影響を及ぼしていたことが分かる。

本章では、それら諸々の影響の一端を具体的に浮き彫りにするために、特に二〇世紀前半におけるドイツ青年神話の変化（急進化）という問題に照準を合わせることにしたい。いうまでもなくこの青年神話とは、青年（期）

というライフステージの一段階を理想化ないし特権化した近代に特有の発想で、第二章でも述べたようにとりわけドイツ語圏では芸術から学問にいたるまで、文化のさまざまな領域で人々の思考をその深奥から規定していたものであった。それだけに同じく二〇世紀前半にドイツ社会で定着しつつあった統計的まなざしが、世代の思考内部へと侵入し、そこでコーホートとしての形象を打ち立てるには、何よりもこの青年神話という形で頂点に達していたライフステージの支配体制を覆す必要があった。ここで議論を先取りしていえば、コーホートとそれが根差す統計的まなざしは、この青年神話の急進化を促した種々のダイナミズムに乗じて世代をめぐる思考のなかに浸透したものの、この急進化は当然ながら神話の強化を意味していたがゆえに、結局のところこの文脈では統計的まなざしもまたライフステージの形象のなかに回収されてしまう。本章の分析で焦点が当てられるのは、いわばこのような青年神話の急進化という事態に見られたコーホートとライフステージとのせめぎ合い、あるいはライフステージ支配体制の動揺と再強化の局面である。

ところで、一般に青年や未成年などの年齢カテゴリー、とりわけその上下限の設定は、社会的・文化的闘争の賭け金としてさまざまな操作の対象になりやすい。特に一九世紀後半における「青年期の発見」以来、その境界をめぐって熾烈な闘争が繰り広げられることも多く、そのつどこうした境界線も流動化を余儀なくされていた。たとえば、一八七一年のドイツ帝国犯罪法は犯罪行為の責任が問われる下限を一二歳に設定し、それ以上の年齢をほぼ成人と同等に扱っていたが、その後刑罰の教育的側面を重視する近代派の改革運動を経て、一九二三年に施行された少年裁判所法（Jugendgerichtsgesetz）では、この境界年齢が一四歳へと引き上げられることになった。一方でこの法は、教育上の配慮から犯罪の責任に一定の制限が課される上限を一八歳と規定しており、それゆえ一四―一八歳の犯罪者は、行為の犯罪性を認識するに足るほど理性的だと見なされた点で児童とは区別され、裁判において教育的措置が講じられる点で完全な成人とも区別される、「青年」という独自の範疇に包摂されてい

たのである。(1)

このように青年の境界画定という行為には、単に便宜上の区分にとどまらず、保護・教育・規律化を施すべき「未熟」な集団を輪郭づけようとする欲望も多分に内包されている。そしてこうした欲望は同時に、翻って「成熟」した人間の輪郭をもある程度整えようとするものにほかならず、その意味で「青年ならざるもの」のあり方も、この青年カテゴリーの規定の仕方に応じて決定づけられることになる。右の少年裁判所法の例でいえば、青年が規律化の客体である限りにおいて、成人は規律化の主体として構成されるのである。

二〇世紀初頭からドイツで社会的広がりを見せた「青年運動」と総称される若き学生たちの反抗は、一面ではまさにこうした規律権力に抗して、青年定義のヘゲモニーを奪還しようとした運動と見ることができる。この運動は青年独自の、つまり「若さ」を構成しているあらゆるものの美徳や審美性を強調するか、あるいは文化・民族を刷新する主体として青年を語るという、右に述べた青年神話の肥沃な土壌となっていたが、(2)こうした青年による自己規定＝陽画《ポジ》には、当然ながらおのれの影＝陰画《ネガ》として——明示的にせよ暗示的にせよ——「青年ならざるもの」の形象が常に伴っていたはずだと推察される。というのは（いうまでもないことだが）一般に「真」や「美」とされるものがまさに真や美でありうるのは、それらがいわば「偽」や「醜」とされる対極の存在と相互に参照し合う限りにおいてであるからだ。その意味で陽画（真／美）と陰画（偽／醜）は文字通り表裏一体の関係にあらざるをえず、一方をなくしては他方も成り立たない。それゆえ青年神話においても、青年のポジティヴなあり方が何らかの変化をこうむった際には、同時に「青年ではない存在」のネガティヴな形象もまたそれに応じた変容を余儀なくされるはずであり、逆に後者の変貌が前者の変化を惹き起こすこともありうる。

たしかにこれまでも、青年神話がヴァイマル期に「神話化の『新たな』段階」へ突入し、最終的には「一種のメシア信仰」の色彩すら帯びるまでになったこと、つまり青年神話が大戦を経て一定の変化＝急進化を遂げたことはつとに指摘されてきた。[3] しかしながら、この青年神話を対象に据えた従来の研究は、青年の審美化・神話化に付随する諸問題には繰り返し光を当ててきたものの、それを裏側で支えていたはずの「青年ならざるもの」の形象については、ほとんど完全に沈黙してきたといってよい。[4] そもそも青年の形象にのみ視野を限定して青年神話の問題性を解き明かそうとするこの種の傾向は――世代論の文脈で見られたのと同じように――ほかならぬその青年神話の伝統へと容易に回収されかねない姿勢であり、実際これまでも、第Ⅰ部で詳述したように、まさしくこうした青年中心主義の発想こそが青年運動研究や世代研究の発展を妨げてきたのである。それだけに、今日なお思考の奥深くにまで根差しているこの神話の呪縛から脱却するためにも、まずはその一つの方途として、当時の青年神話からあえて青年ではない形象を炙り出す――つまり神話の脱構築――という作業も不可欠であろうと思われる。

一　抑圧からの解放

冒頭でも触れたように、青年（期）という概念はその発端から社会的統制・規律化の対象という性格を強く保持してきた。それだけに、この理念が社会に浸透するにつれて若者たちの「犯罪性」や「非行」、さらには「犯罪の低年齢化」が叫ばれるようになり、それに応じて若者を対象とした保護立法が氾濫し、少年院など青少年向けの矯正・福祉施設も叢生することになった。[5] 一八九六年にベルリン郊外シュテークリッツで産声を上げたヴァンダーフォーゲル運動は、一般にこのような社会の規律・統制に意図的に背を向けた「個人的・感情的・逃避的運動」[6]とされるが、いずれにせよ市民層の学生たちを主体として自然を経巡るその「渡り歩き」という形式は、まもなくドイツ全土に広まって服装やジャーゴンで独特のスタイルを確立しただけでなく、周知のようにユースホステル網の整備や各地の民謡の収集・出版など、今日までその影響を残す独自の文化的業績をも挙げることになった(7)。

たしかに、この運動の（事実上の）創始者カール・フィッシャー（一八八一―一九四一）の追放劇を皮切りにヴァンダーフォーゲル運動は分裂に分裂を重ねるようになり、以後ヒトラー政権下での完全な消滅にいたるまで、青年運動の全歴史は無数の離合集散で彩られていく。そして当然ながら、こうした「分裂とかりそめの再結合(8)」を演じた運動内のさまざまな組織は、それぞれ多様な主張・信条を奉じており、それゆえこれらの雑多な違いをすべて捨象して青年運動を過度に一枚岩的に描写すれば、危険であるばかりかおそらく誤謬の誇りを免れまい。しかし、ここでの目的は青年運動そのものの経歴を正確に再構成することではなく、あくまでこの運動を含めた当時の青年神話一般の分析に重点が置かれるため、以下の叙述でもこの運動における諸々の差異・対立の側面は背景に退かざるをえない。

以上の点に留意しつつ、ここでまず結論を先取りしていえば、大戦以前の初期青年運動全体に共通する特徴として、濃淡の差はあれ何らかの形で「青年の独立・解放」が志向されていたという点が挙げられる。たとえば、追放後のフィッシャーを中核に設立された「古ヴァンダーフォーゲル」の声明文によれば、成人の代名詞たる「父母や教育者」は必ずしも無条件にこの組織から排除されるわけではない。「男の子や若者たちの渡り歩きが、できるだけ我ら男子の自由な自己規律＝訓練に、そしてただ学生紳士諸君の監督にのみ依拠するべきだという意見の持ち主」ならば、父母・教師もこの青年組織の評議会に迎え入れられる。また、学童・生徒自身が担うべき「責任」を「専門教育の世界が可能な限り免除されている」ならば、「学校の宿題、つまり教員の高き任務――その厚情は数年来我らを養い続けてくれた――は、むしろ最もよく奨励されるだろう(9)」。つまり、青年自身の自由と責任を認める限りにおいて、成人の運動参加は容認され、さらには成人世界の論理も受け容れられるのである。

もちろん当時の青年運動の担い手たち――市民層出身の高校生や大学生――にとって、学校という装置そのものが赤裸々な規律・監視・強制の象徴であり、それゆえ運動の第一の脅威と目されていたことに変わりはない。だからこそ運動内では、「学校の支配領域との葛藤に陥ることなしに」大多数の生徒や学生に影響を及ぼすことは困難だと見られていたし、また他方では学外での「ハイキングの強制のなさや簡潔さ」が、「自立した思考と行為、多方面における自己教育」に結びつくものとして称揚されていたのである。彼ら青年にとって、このような学校権力から離れた「自己教育への教育」こそ、「健全な身体的・精神的・道徳的発達の基礎」となるものであり、さらには「人間性の真の進歩へ向けた将来の闘争のための準備」にもなるものであった。(10)

したがってヴァンダーフォーゲルとは、「学校や家庭の強制に対する青年の憤慨」から出発したものにほかならず、「青年の独り立ち」を実現しようとする点に、まさにその意義がある。とはいえそれはあくまで「学校の外における青年の自由や自己決定権を維持する」ことが目的であり、「学校に対して何らかの反対をしようというわけでは決してない」。この運動の「強み」は「無綱領」、つまり「あらゆる人生の問題や将来の責務のために、しなやかに爽やかに、かつ偏見や偏狭から自由に若き人間を保ちたいという意志へ局限」していることにある。(11)いいかえれば、青年による独立運動は学校や家庭に象徴される成人世界の転覆ではなく、むしろ成人世界と青年世界の「平和共存」をその到達すべき目標として設定するのである。

以上の議論で垣間見えるように、戦前の初期青年運動が全体として想定していた「青年ならざるもの」の形象は、教師や父母など「強制」と「規律」を核とする「抑圧者」のイメージである。青年は学校という「学習の監獄に閉じ込められる」ばかりでなく、家庭においても「父母の所有物、極言すれば奴隷状態にある」というわけだ。その結果、当時の青年運動では「老人に対する闘争」はそのまま「『檻』に対する闘争」となり、「学校や家庭に対する闘争」は「千年にもわたる締めつけからの避難」となる。(12)つまり、「抑圧からの解放」という語りに回収される。ベンヤミンの次の文章なども、まさしくこの「学校教師」に体現される抑圧者によって行動を束縛された青年が「抑圧からの解放」を希求する、その叫びの一つの典型にほかならない。

一つの世代が岐路に立とうとしている。だがどこにも分岐点はない。昔から青年は選択を迫られてきたが、その選択の対象は青年にとって明瞭この上ないものであった。しかしながら今日の新しい青年はいまや混沌のなかにある。そこではその選択（神聖な）の対象は消え去ってしまっている。「純粋」とか「不純」とか、「神聖」とか「邪悪」とか、そういうものが行き先を照らしてくれているわけではない。ただ「許されているか—禁止されているか」という学校教師の言葉だけが、青年の行くべき道を照らしているのだ。(13)

同様に、青年運動の大同団結を目指して開催されたホーアー・マイスナーでの「自由ドイツ青年大会」（一九一三年一〇月）でも、ほかならぬこうした抑圧者の形象を前提にした独立・解放の語りがその大義名分となっていた。たとえばこの大会への招待状などは、次のように青年の「抑圧」と「独立」というパターンの確認から筆がおこされている。

ドイツの青年は今日一つの転換点に立っている。これまで国民の公共生活から排除され、学習という受動的な役割や遊び半分で何でもない交際、また年長世代の単なる取り巻きに甘んじてきた青年は、今や正気に戻りつつある。老人の怠惰な慣習や醜悪な因習の掟から離れ、自分で自分の人生を形づくろうと試みているのだ。〔……〕ここからドイツ青年の生の新たな時代が開かれんことを。おのれの力への新たな信仰、おのれの行為への新たな意志とともに。(14)

このような青年における独立への希求は、一見逆説的ながら、年長者の間でさえ一定の共感を呼び起こしていた。ホーアー・マイスナーでは彼ら年長者の側からも、青年は「父の成し遂げたものを賞賛するだけで満足しては決してならず、むしろ新しい理想に満たされ、新しい行為に駆り立てられていなければならない」とされ、「年長世代が難なく自分の理想や生活観を注ぎ込める古びた容器」であるかのような、受動的役割に甘んじるべきではないという声がしきりに上がっていた。青年運動に賛同したこれら年長者の間では、「我々は傍観者として脇に立っていよう、だが望まれればいつでもありとあらゆる助力を惜しまないだろう」という、「無口な教育者」としての立場を自認することが一種の良識として通用していたばかりか、さらには「生全体の刷新」は「青年の生の刷新からのみ出発しうる」[15]と、青年の独立・解放を通じた自己自身の変革への期待すら芽生えていたのである。

このように、初期青年運動が年長者にもシンパシーを喚起することができたのは、青年の独立が直接的に年長者の存立を脅かすとは考えられていなかったからであった。たしかに年長者自身においても、「老人」にあっては「精神の種子が人生のイバラやアザミで窒息させられやすい」と、青年のような瑞々しさが欠如していることは自覚されていたし、「うら若い学童青年の思考」というものが、「我ら成人には――もちろん教師も含めて――我らが予感する以上に未知の領域である」ことも強く意識されていた。[16]とはいえ、こうした意識が青年運動への無理解を意味するわけではもちろんなく、むしろ学校や家庭を「青年を孤立させ、受身にし、かつ不活発にさせるよう強いてきた」、あるいは「若き成員に年寄りの猿真似をするよう強いてきた」限りで「監獄の一種」だと断罪する声もあったように、[17]青年運動における解放の大義は年長者の間でも積極的に容認されていた。

それは何より、こうした青年の解放が年長者にとって「文化財に体現される精神をきたるべき世代へと委ねる」ために必須だと見られていたからだ。「青年は単に、まだ成人ならざるものというだけでなく、未完ないし準備の時代でもなく、固有で何物にも代えがたい価値である」という青年礼賛は、まさにこうした「文化の伝達・向上」の担い手としての青年を称揚する声にほかならない。というのは、「青年の感受性の純粋さ」こそ「文化のあり方にとって最良の土壌」となりうるからであり、それゆえ「人類の文化生活への青年の組み込み」は、「同時にまた青年固有の生に奉仕せねばならない」のである[18]。

したがって青年運動に共感する年長者たちは、青年解放の大義を自己の存立に対する脅威というより、その文化の継承・発展にとって不可欠なものと認識しており、その限りで新旧ライフステージ間の連続性は、むしろ青年の解放を通じた文化刷新のなかで保証されるべきものであった。翻って青年運動の側でもまた、こうした理念は自明の事柄として共有されており、文化活動への積極的な参与を通じて「維持する価値があるものを中継・増大させる」という、「〔文化の〕内面的な共同創造」（ein innerliches Mitschaffen）なるものが青年自身の課題として要請されていた[19]。

このように、当時はまだ文化の維持・発展（＝連続性）という名目で青年と年長者とは相互に一致しており、それだけに両者の平和共存という夢も、ある程度の現実味を帯びつつ語ることができたのである。だが、こうしたライフステージ間の蜜月はそう長くは続かず、大戦を挟んで青年神話が急進化していくなかで儚くも破綻する運命にあった。

二　「民族老化」への恐怖――

実際、ヴァイマル末期において「青年」と「青年ならざる存在」を対比して語る口調には、大戦前に見られたような両者の蜜月の痕跡はもはや影も形もない。たとえば、『青年と老人』（一九三二年）と題する小冊子では、「我ら年配の者」（wir Älteren）を自称する著者ヘーデマン（一八七八―一九六三）自身が「今日の青年」の声を次のように代弁する。「過去からは何も求めない。我らはただ現在と未来のみ欲する。お前たちのように年老いた者はもう我らを理解できないだろう。世界が我らを分け隔てているのだ。お前たちは去るがいい。それで新たな帝国、新たな世界観への道が開けるのだから」[20]。

このような青年の声に対して、ヘーデマンはこう呼びかける。「こうした声は我らにもよく聞こえている。だがそれでも我らは君たち若い人間を放ってはおかない」。「我らが君たち今日の若者にもたらそうとするもの」、それはほかならぬ「警告と任務」である。「我らの長く豊かな人生の、しばしばつらい経験から君たちに対する警告が湧き上がってくるのだ」。「だからこそ、若き戦友、若き学友よ、運命が君たちに与え、我ら年配の者が君たちに告知する任務に対して、誠実さと畏敬の念を身につけてほしい」[21]。

ここでは明らかに、戦前に語られていた平和共存とは異なるトーンが支配的である。青年と老人とは異なる「世界」に分割され、かつ青年は「新たな帝国」のために老人の排除を要求する。老人は相変わらず青年との平和共存を夢見ているように見えるが、それでも時折、「君たち（若者）みんなの胸中に敵が宿っている」と不満を漏らさずにはいられない[22]。ヘーデマンには、青年のあまりに「野蛮で度を越している」次のような雄叫びは、ドイツ民族の一体性を脅かすものと映っていたのである。「我らには未来がある！　老人に災いあれ！」[23]

このいわゆる青年神話の「急進化」という事態は、これまで既に多くの研究者の注意を惹きつけ、先述のようにさまざまな視点から分析の対象となってきた。もっともそのほとんどは、この神話の急進化の原因を――そのなかで前線体験の賛美が目立ったせいか――何らかの形で世界大戦の衝撃に帰しており、それゆえこうした「青年カルト」を分析する際は、しばしば「戦争の審美化」をその第一の支柱となる構成要素と見なしてきた。もちろん、大戦で育まれた「新しい人間」という形象がヴァイマル政治文化に大きな影を落としていたことや、次章でも論じるようにその後の世代（戦時青少年世代）でも戦争への憧憬が色濃く見られたことを思えば、戦争とその社会的・政治的帰結がドイツ青年神話に与えたインパクトは否定すべくもない。だが「青年ならざるもの」の形象に着目した場合、この神話の急進化は戦争の衝撃だけでは説明できない契機を孕んでいたことが分かる。たとえば先のヘーデマンなどは、青年と老人との差異を次のように描写する。

生と死。若き友よ、老人と青年との最も深い差異は、この生と死という二つの言葉に包摂されているのだ。我ら老人は君たちよりも死に近い。しかしだからこそ、我らはおそらく君たちよりも生とは何か、とりわけその人生を棒に振ってしまったとはどういうことかを感じ取っているのだ。(24)

ここで明確に見られるように、もはや青年ならざるものは強制や規律を施す「抑圧者」の顔ではなく、「死」の影をまとう「老人」に変貌している。ヘーデマンは、こうした死の影をむしろ青年に対する優越性の根拠として利用しようとしているが、いずれにせよ青年と老人を対比するメタファーとして、「生と死」を持ち出すことに何の疑念も抱いていない。

だがもちろん、このような老人と死、あるいは青年と生との連想関係は決して自明のものではなく、むしろ人口転換をはじめとする近代以降の長期的な変動を一つの背景としている。たとえば「疫学的転換」と呼ばれる、主要な死亡原因の変化もその一つとして挙げられるだろう。一九世紀初頭には――天然痘・チフス・はしか・コレラなどの伝染病のために――死者のほぼ半数が五歳以下の乳幼児だったのに対し、一九世紀後半以降の医療技術の発達や都市の衛生政策を通じて、人口全体のおもな死亡原因が伝染病・消化器官の疾患から心臓・血液循環の疾患へと移行し、それに伴い乳幼児も徐々に死の影から解放されていった。いうまでもなく、コレラをはじめとする伝染病のような「外生の死亡原因」は、とりわけ抵抗力の少ない児童にとって脅威となりうるものだったが、心臓・血液循環の疾患や癌など、「生涯の負担や不具合と結びつく内因的ないし身体固有の死亡原因」は特に高齢者層を脅かす。その限りで、この疫学的転換という過程はそのまま、「死が高齢者の下へと退却した」こ

とを意味している。(25)

もっともそれに加え、ほかならぬこのヴァイマル期に初めて高齢者と死の親近性が広く公的に意識され、社会・福祉政策の救済対象として構成され始めたという点も強調しておかねばならない。前章でも詳述したように、もともと社会福祉の領域では「高齢者」として独立したカテゴリーは存在せず、老年層の諸問題は「貧困」や「疾病」、あるいは「労働者問題」など古典的な問題群に分散されていた。だが、一方では世紀転換以降の老年人口の増加傾向とそれに伴う年金支出の増大、他方ではヴァイマル期の社会国家体制が経済状況の劇的変化に大きく左右されるなかで、一九二〇年代末から「人口の高齢化」に対する危機意識が突如として醸成されていく。しかもこうした高齢化とその悪影響に対する同時代の危機感は、ブルクデルファーをはじめとする当時の人口統計学の専門家たちによって執拗に煽り立てられ、やがて高齢者は民族を没落させる「価値なきもの」の代表的存在としてその増殖が社会的な恐怖の対象になっていった。ブルクデルファー自身、「青年」を「一民族の未来」と表現する一方で、六〇歳以上の人口を「死の抵当権」を持つ集団、あるいは「死に脅かされた年齢階級」と見なし、そこから大戦後に顕在化しつつあった高齢化の傾向を、「ドイツ民族が生物学的に深淵へと追い立てられている」徴候だとして声高に警告を発している。(26) 彼にいわせれば、「戦争やインフレ、さらには戦後の困窮を通り抜け、早くにボロボロになってしまった世代」には、人生を延長したところでもはや「大きな希望はない」のであり、むしろその余命伸長とは単に「死の先送り」、「無聊の延長」でしかないのである。(27)

いずれにせよ、ヴァイマル期に急進化した青年神話のなかで「青年」の陰画として機能していた「死にゆく老人」という形象は、必ずしも戦争の衝撃から直接的に引き出せるものではなく、むしろ一九世紀以来の長期的な疫学的転換や、世紀転換以後に顕在化した人口転換、またインフレや恐慌による社会国家体制のひずみと専門家集団による危機意識の煽動、それらすべてを合わせて構成された高齢者問題へのまなざしなど、雑多な諸要因が複雑に絡み合いながら生成してきたものであったといえる。しかし一方で、こうして形づくられた「青年ならざるもの」の新たな相貌は、翻って青年自身の「あるべき姿」にも強力な反作用を及ぼすことになる。そこではもはや青年は、抑圧者からの「独立・解放」を希求すべき存在ではありえなかったのである。

三　ライフステージ間の抗争――

■老人の硬直と没落

ところで、前章でも繰り返し論じたように、そもそも少子高齢化という人口転換が生じた根本的な原因として当時の少子化論者の間で一致していた見解は、大衆における道徳規範の変化、すなわち「性生活の合理化」による産児制限にある、というものであった。たとえばブルクデルファーにとっても、それは純粋に生物学的な現象でも、近代化という社会経済的要因にのみ起因する現象でもなく、むしろ少数の子供に投資を集中しようとする、いわば社会的上昇のための階級戦略[28]、つまり――彼にとっては――すぐれて人為的かつ利己的な所業の帰結にほかならない。そこで彼はこう問いかける。「民族体の『老化』」がこうした「出生制限の深刻な裏返し」である以上、今日「誰が老人大衆の面倒を見るというのだろうか。若い時分に子孫の育成を怠ってきた、その彼らを」。そして元閣僚の発言を引用しつつ、次のように断言する。「青年期に犯した罪は、老年期に罰せられるのだ[29]」。

このように、少子高齢化の責任を老年世代に転嫁するブルクデルファーの激しい口調は、当時の青年／老人をめぐる社会的な風潮を反映していたといえる。たとえば、青年保守派の論客として知られたエドガー・ユング（一八九四―一九三四）もこの人口問題に大きな関心を払い、主著『劣等分子の支配』（一九二七年）のなかで丸ごと一章を割いて論じていることは注目される[30]。そしてこのユングもまた、今日のような高齢化傾向を有機体としての「民族体」全体の利害を顧みない、「際限なき個人主義の時代」の産物と見ていた。彼によれば、出生制限と人口構成の「悪化」の原因は戦争や貧困など外的要因ではなく、「個々の人間の神格化」たる個人主義の支配、つまり人間の「心の疾患」にある。何より父母における「社会的上昇への意志」こそ、「子供の制限へと行き着いた」一つの大きな要因である。「子供を持つことを拒絶するというのは、経済的困窮のためというより、むしろ〔子供を〕欲しないことに起因する」。それゆえこうした状況から脱し、「ドイツ人の再興」を実現するには、何よりもまず「精神的な再生」が求められるのである[31]。

こうした議論から見て取れるように、ヴァイマル期に広がっていた「新しい人間」や「精神的変革」への待望論は[32]、その裏返しとしての「古い人間」の罪の語りとともに、少子高齢化という人口転換現象の認識にも深く浸透していた。もちろん、この「新しい人間」という理念自体はもっぱら戦争体験に関するイマージュを根拠にして構築されており、その限りで大戦が青年神話の急進化に大きな影を落としていたことは否めない。ほかならぬユング自身、「戦争とは古きものの崩壊であった」として、そこから「新たな種族、新しい人間が生まれたのだ」と固く信じていた[33]。また、「戦争文学のマルティン・ルター」としてヨーロッパでその名を馳せたエルンスト・ユンガー（一八九五―一九九八）などは、早くも一九二二年にこう書き記している。「ちょうど原生林がますます力強く高みにそびえ立とうとして、その成長の養分をおのれの没落から、つまり泥土のなかで朽ち果て腐敗した部分から吸い上げるように、人間の新しい世代はどれもある土壌の上で育まれる。その土壌とは、生命の輪舞から離れてここで静かに眠る、無数の先代の崩壊によって堆積されたものなのだ[34]」。

戦争による「古きもの」の没落と崩壊。ヴァイマル期において「青年」を語る際に繰り返し持ち出されたこのクリシェは、大戦の衝撃とは別個に構成されてきた「死にゆく老人」という形象と、おそらく高い親和性を持つものであった。だからこそ、戦争体験を自身の「精神的紐帯」と語る元青年兵士たちにあっては、抑圧者たる父母や教師に代わって「年老いゆく世代」ないし「没落しつつある世代」なるものが[35]、青年の敵として設定されえたのである。

いわく、「我が民族の刷新を徹底して信じ抜く」がゆえに「革命的」だと称する彼ら「若者」にとって、「年を取っている」とはとりもなおさず、「古い形式が打破されねばならないことを理解しない者」、つまり「歴史を諦める」者にほかならない。この「老齢による硬直」(Alterserstarrung)には「転換の体験がまったく欠落している」だけに、かつて初期青年運動で語られたような新旧世代の平和共存・同盟関係など夢物語にすぎない。むしろ「我らは戦争のなかに古い世代とその世界の瓦解、ならびに若者の覚醒を見ているのだ」。何より青年にとっての「戦争は、その指導者たちとは違って単なる軍事的・経済的出来事ではなく、根底的な世界の転覆の幕開けであり第一段階である」。したがって、老人には「ドイツの再建を完遂することなどできはしない」。ドイツの再建・刷新という「この困難な責務は、我ら若者の手に委ねられるだろう」。「死んだ戦友たちの血が我らの血管に流れ込み、意志・希望・信頼に溢れて今にもはちきれんばかりだ。ドイツは没落してはならない」[36]。

ここでは既に青年の「あるべき姿」が、自身の独立・解放からドイツの再建・刷新へとずらされている。この祖国の刷新のためには、「硬直」し「没落しつつある」老人たちはむしろ妨げとなるがゆえに、ドイツの再興という使命は同時に、戦争によって幕を開けた「古い世代とその世界の瓦解」をさらに推し進めることを意味する。それゆえここには、もはや青年と非青年の和解の可能性はない。あるのはただ、両者の赤裸々な対立・抗争のみである。むろんこのように「祖国の再建」を求める口調は、敗戦という歴史的事実を抜きにしては考えられないものの、それがほかならぬ「硬直した老人」に対する攻撃を帰結する必然性は、当然ながらまったくない。それにも関わらずこうした声が元青年兵士たちの間で広く叫ばれたという事実は、やはり大戦のインパクトのみならず、その背景で進行していた別の変動——社会・福祉政策の領域で「高齢者」問題への意識を目覚めさせた諸々の変動――にも目を向けなければ理解できないだろう。

■青年の失業傾向と「アカデミック・プロレタリアート」

だがそれに加えてもう一つ、ヴァイマル期における「青年の失業傾向」という要因にも注意しておかねばならない。とりわけ一九二〇年代には、二〇世紀初頭に生まれた――ヴァイマル以前では最後の――ベビーブーム・コーホートが労働市場に参入してきたことで、青年の失業問題は政府にとって一つの大きな懸案となっていた。たとえば、経済が相対的に安定していた一九二六年でも一四―二一歳の男性失業者数は二七万人に上っており、全失業者中一七パーセントを占めていた。その後の好況でこうした状態はやや改善されたものの（一九二七年で九・五パーセント）、世界恐慌の到来で再び悪化し、一九三一年には一六・三パーセントにまで上昇している。[37] だがこの恐慌で最も深刻な打撃を受けたのは二〇―二五歳の年齢集団であり、一九三三年でこの年齢の男性人口のうち三〇・八パーセントが、特に経済危機の影響が大きかったハンブルクでは四七・二パーセントが失業の憂き目を見ていた（表6―1）。[38]

こうした青年層の失業傾向とは対照的に、六〇歳以上の高齢者就業率は二〇世紀でも比較的高い水準にあった（表6―2）。たとえばケルンの場合、一八九五年には六〇―六九歳の男性高齢者の六八・〇パーセント、一九〇七年には六四・六パーセント、さらに一九二五年には六七・八パーセント（うち六〇―六四歳は七七・四パーセント、六五―六九歳は五二・一パーセント）が何らかの職業に従事している（女性はそれぞれ一五・七パーセント、一六・一パーセント、一一・六パーセント）。それに比べ、年金受給資格を持つ七〇歳以上の就業者はそれぞれ三三・四パーセント（一八九五年）と三〇・四パーセント（一九〇七年）と相対的に低いものだったが、年金受給年齢が六五歳に引き下げられた（一九一六年）後でも、たとえば一九二五年で六五―六九歳の男性の五二・一パーセントが働き続けており、よう

表6-1　ドイツにおける青年層の失業状況（1933年6月16日現在）

	ハンブルク		全国	
	失業者数	当該年齢階級の生産人口比（%）	失業者数	当該年齢階級の生産人口比（%）
年齢階級	14 － 18			
男性	1,215	11.0	90,624	8.9
女性	1,549	18.6	57,462	7.3
計	2,764	14.3	14,8086	8.2
年齢階級	18 － 20			
男性	5,234	35.6	265,526	24.4
女性	3,452	25.0	107,618	11.7
計	8,686	30.5	373,144	18.6
年齢階級	20 － 25			
男性	20,758	47.2	900,752	30.8
女性	10,168	26.7	293,222	13.6
計	30,926	37.7	1,193,974	23.5
年齢階級	14 － 25			
男性	27,207	39.0	1,256,902	25.0
女性	15,169	25.2	458,302	11.9
計	42,376	32.6	1,715,204	19.3
	全年齢階級			
男性	127,373	32.7	4,712,432	22.6
女性	41,053	23.9	1,142,586	9.9
計	168,426	30.0	5,855,018	18.1

やく世界恐慌にいたってその数を劇的に低下させることになる（一九三三年で六五歳以上の男女の就業率は一二・四パーセント）。このように高齢者の就業率が高かった理由としては、元来老齢年金制度は受給者の減退した労働力を補填するという目的で導入されたことから、そのスキームでは年金だけで生活する「年金生活者《レントナー》」というカテゴリーを形成しにくかったこと、また実質上の年金生活者が高齢人口の半数以上を占めた一九三〇年ごろですら、年金生活には「社会の底辺」というスティグマが伴っていたこと、さらには都市労働市場でさえ当時は高齢者に対しても就業の可能性が開かれていたこと、などが挙げられるだろう(39)。

いずれにせよ、こうした青年層の失業傾向と高齢層の就業傾向というヴァ

表6-2　高齢人口の就業率（1895－1933年・ケルン）

<table>
<tr><th colspan="5">男性（%）</th></tr>
<tr><td></td><td colspan="4">年齢階級</td></tr>
<tr><td></td><td>50-59</td><td colspan="2">60-69</td><td>70+</td></tr>
<tr><td>1895</td><td>88.3</td><td colspan="2">68.0</td><td>33.4</td></tr>
<tr><td>1907</td><td>88.6</td><td colspan="2">64.6</td><td>30.4</td></tr>
<tr><td></td><td>50-59</td><td>60-64</td><td>65-69</td><td>70+</td></tr>
<tr><td>1925</td><td>91.1</td><td>77.4</td><td>52.1</td><td>24.8</td></tr>
<tr><th colspan="5">女性（%）</th></tr>
<tr><td></td><td colspan="4">年齢階級</td></tr>
<tr><td></td><td>50-59</td><td colspan="2">60-69</td><td>70+</td></tr>
<tr><td>1895</td><td>19.1</td><td colspan="2">15.7</td><td>8.6</td></tr>
<tr><td>1907</td><td>19.5</td><td colspan="2">16.1</td><td>8.6</td></tr>
<tr><td></td><td>50-59</td><td>60-64</td><td>65-69</td><td>70+</td></tr>
<tr><td>1925</td><td>17.0</td><td>13.3</td><td>9.3</td><td>5.2</td></tr>
<tr><th colspan="5">男女（%）</th></tr>
<tr><td></td><td colspan="4">年齢階級</td></tr>
<tr><td></td><td>50-59</td><td>60-64</td><td colspan="2">65+</td></tr>
<tr><td>1933</td><td>52.4</td><td>40.5</td><td colspan="2">12.4</td></tr>
</table>

イマル社会に特徴的な状況は、右に述べてきた「青年」の「老人」に対する攻撃の風潮を先鋭化させる方向へ作用したものと見てよい。ただし、このような労働市場をめぐる年齢集団間の利害の衝突が、当時の青年神話の中心的な担い手であり、かつ市況に関する情報の発信者であり受信者でもあった集団に一層切迫した危機意識を植えつけるには、右の一般的な失業／就業傾向に加えてさらにおのれの身近な状況、すなわち「大学修了者《アカデミカー》の過剰問題」という特殊な文脈にも投影される必要があったと思われる。いうまでもなく二〇世紀ドイツの青年運動・青年神話の担い手は、伝統的にもっぱら市民層出身の高校生や大学生であったが、彼らは大学修了後には右のような社会問題についての情報を生産・発信する知的階層を構成することになる、いわば当時のエリート集団にほかならなかった（「アカデミカー」（Akademiker）という言葉自体に、一つの独立した階層としての意識が反映されている）。それだけに、まさにこのヴァイマル期に顕在化した専門職市場における供給過多といわゆる「アカデミック・プロレタリアート」の問題は、一般的な青年労働者層の失業傾向と相まって若きアカデミカー

の危機意識を促進し、ひいては青年神話の急進化にさらなる拍車をかけることにもなったのである。

たしかに、このアカデミカーの供給過剰という問題そのものはヴァイマル期に初めて登場したわけではなく、むしろ一八世紀末以降の高等教育と専門職の歴史のなかで周期的に現れる、構造的に不可避の病理といってよい[40]。とはいえ当然ながら、このアカデミカーの過剰問題が歴史のなかで頭をもたげてくるたびに、この問題をめぐる危機の言説はそのつどの歴史的文脈に応じた独特の色彩を帯びることにもなる。たとえば「アカデミック・プロレタリアート」という言葉そのものも、労働者階級の脅威に対する市民層の恐怖が高度に現実味を帯びていた一九世紀末に、ちょうどこの過剰問題が浮上したことから編み出されたものであった。当時のアカデミカーの過剰問題は、落ちぶれた「教養あるプロレタリアート」が労働者階級と手を結んで国家や社会を脅かすにいたるだろうと、階級問題の文脈に移し替えられて語られることで、いわば一種のセンセーションを巻き起こしていたのである[41]。

一九二〇年代末から三〇年代にかけてこの問題が再び集中的に語られ始めた背景には[42]、いうまでもなく非常に雑多な諸要因がある。たとえば法律専門職の場合、戦争から復員した学生たちが法学部へ殺到したことや、またヴァイマル期には継続的に裁判官や検事のポストが削減されていたことなどが、既に若き「待機者」たちを市場に溢れさせる主要な契機となっていたが、世界恐慌の到来はそれらに加えて市場規模のさらなる縮小をもたらしたものと推定される[43]。いずれにせよ、こうして一九三〇年前後にアカデミカーの過剰問題が再び回帰してきたとき、特徴的なことに今度はあの人口問題の文脈に移し替えられてその危険性が語られることになった。たとえば、大学入学資格《アビトゥーア》取得者の割合が二五〇人に一人（一九〇〇年）から二七人に一人（一九三二年）へと激増しているという「衝撃の事実」に直面して、例の「価値ある存在」と「価値なき存在」の二分法を持ち出してくる議論もあった。すなわち、全体的にアビトゥーア取得者や大学生の数は増加傾向にあるにも関わらず、その内実は、大学に子息を送り込む「良きドイツ家族」の産児制限によって全体的に良質な人口部分が減少し、代わって悪質な人口の部分がますますその比重を増大させつつある、という議論である。

少し前の調査結果によれば、教養あるドイツ家族は一・九人の子供を持つのに対して、〔障害者用の〕特別学校出身の父母は一家族につき三・五人の子供を持ち、犯罪者を父母に持つ子供にいたっては一家族につき四・九人にも達するという！　健全なドイツ家族は、子供たちに高等学校の理論偏重教育と大学の勉学こそが唯一追求に値するとして、その道を「昇らせる」べくいよいよ一人ないし二人の子供しか「もうける」ことをせず、二人目・三人目・四人目の子供は産まないでおくという傾向を強めている。理論的なものなら何でも見境なく過大評価することから、組織だった「未来の殺害」が始まったのだ。〔……〕我々が「青年なき民族」になってしまったのは「ドイツの学校化」のせいだったのである。(44)

このように今回のアカデミカーの過剰に対する危機意識は、階級間の対立よりも――人口動態の逸脱傾向を通じて――むしろ民族全体の質の低下に焦点が合わせられている。いいかえれば、高齢化の言説と同じく、ここでは「アカデミック・プロレタリアート」の問題をあの終末論的思考枠組みのなかで語ることで、当時の知的階層に対してセンセーショナルな訴求力を持たせようとしていたのである。だが、このアカデミカー過剰問題に持ち込まれた人口転換現象の役割は、こうした二分法的終末論への移し替えにとどまるものではない。そこではまた、一九世紀末までの出生増加傾向と二〇世紀以降の少子化傾向のはざまに立たされた、ヴァイマル期に特有のもう一つの心性が反映されてもいたのである。すなわち、次のように数の上で膨大な中高年層による市場の占拠と、相対的に数の少ない若年層における発言力の低下という、別の角度からこの過剰問題に光を当てようとした議論がその一例である。

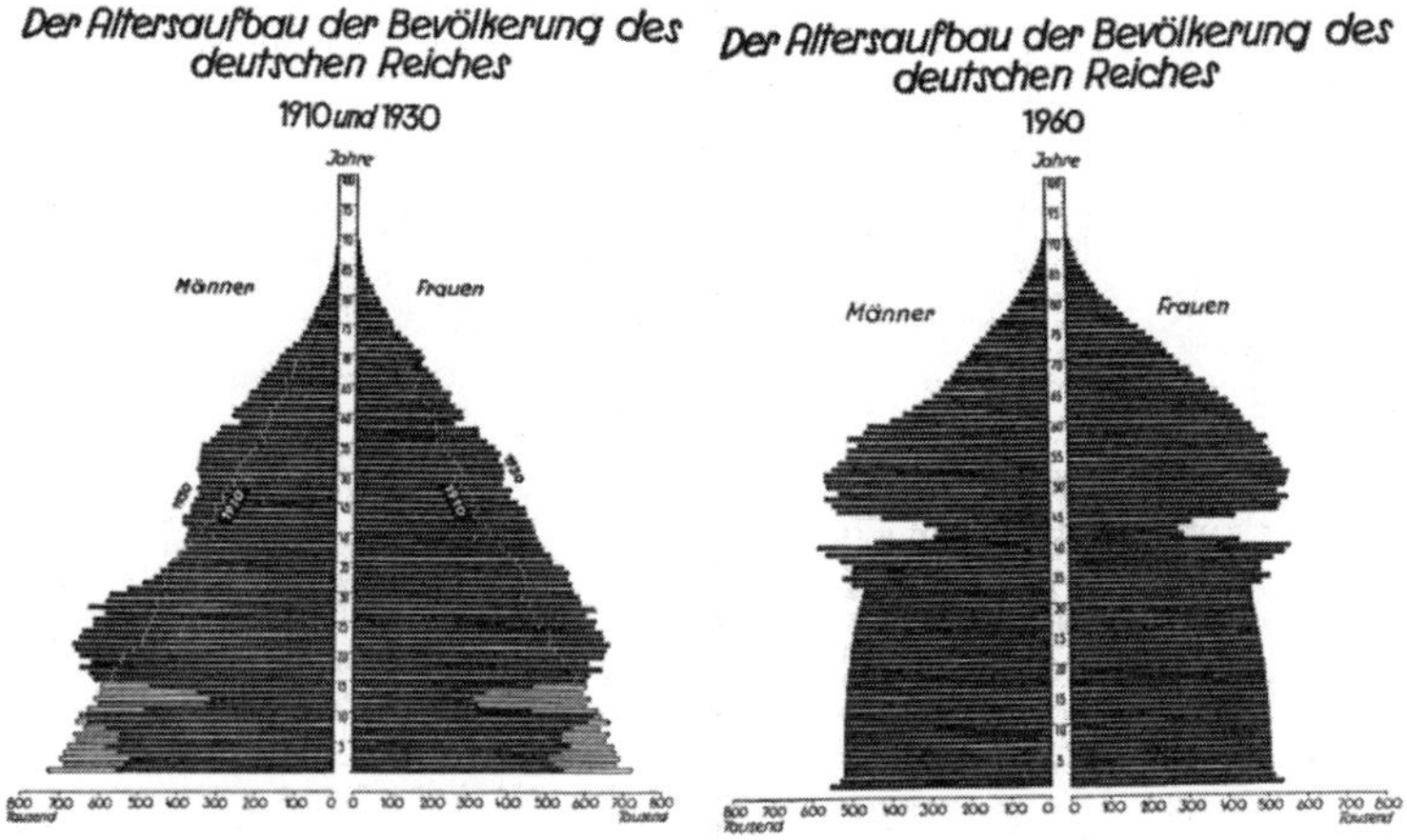

図6-1　アカデミカー過剰問題で使用された人口構成図

この出生ピラミッド——その恐るべき姿はあらゆるドイツ人にますます強いインパクトを与えている——は、四〇歳以上の平均年齢が驚くほど上昇しつつあることを示していると同時に、その後に続くはずの年齢層が戦争によって、また一時的な膨張のあと、近年の窮乏化によってどんどん消え去りつつあることも示している。〔……〕若い年齢層が専門職で影響力を持つことはもうないし、いわんやその発展に参与する可能性を持つこともないだろう。そうした可能性は、まさに各年齢層の精神的・心的な態度が急激に転換しつつある今日では、後続の若者たちへの橋渡し役として特に切実に望まれるものだというのに[45]。

ここで引き合いに出される出生ピラミッドとは、まさしくあのブルクデルファーが用いていた統計グラフそのものである（図6—1）。図6—1の左図（これは一九一〇年と一九三〇年の人口構成を重ね合わせた図で、白棒が一九一〇年、黒棒が一九三〇年をそれぞれ示す）で見られる通り、一九三〇年に二〇代である若年層は、その膨大な人口のために今日の狭隘化した専門職市場には吸収不可能である。反対に、その直後に出生した年齢集団では——大戦による出生率の激減と少子化の影響で——その人口に劇的な低下が見られるが、これは市場に対する圧迫軽減の福音というより、むしろ第一には若年層の社会的影響力が殺がれることを意味している。それゆえもし現在の少子化が突如として止まり、出生率が変化しないまま推移すると仮定しても（右図）、一九六〇年にはなお四五歳以上の人口が数の上で優位を保ち続け、若年層は相変わらず劣位に置かれたままになるだろう。その結果、今後とも長期にわたって専門職の世界では中高年層（四〇歳以上）による支配体制が継続されることになる。「こうした発展は、アカデミック・ポストの不足を通じて、単に数の上だけでなく、特に質的な面でこの上なく致命的な影響を及ぼすことになるはずだ(46)」。

ここにはいわば、ライフステージとコーホートのせめぎ合いが見て取れる。すなわち、この統計グラフで可視化されているのは、一見コーホートとしての年齢集団にほかならないように見える。一九三〇年に二〇代に属していた集団は、一九六〇年には当然五〇代の位置へと上方にシフトするが、そのコーホートとしての人口規模にはもちろん左図・右図ともに変化は見られない。その限りで三〇年間の推移を比較してみせたこの二つのグラフは、どちらも人口全体のなかで当該コーホートがどこに位置しているかを、そのつど確定し可視化しているといえる。だが右の議論からも見て取れるように、このグラフの傍らで語られているのは、どこまでもライフステージ間の市場をめぐる闘争である。つまり――いま一度繰り返せば――一九三〇年の若年層はその数の多さで市場から締め出されるが、逆に一九六〇年の中高年層（これはいうまでもなく一九三〇年当時の若年層にほかならない）は、まさしくその膨大な数のために後続の若年層を圧迫するがゆえに、青年層は将来的にも高齢層の支配下に置かれ続けるだろう、という議論である。

それだけに、特徴的なことにこのアカデミカーの過剰問題では、「生まれのタイミング」によって運命が決定されるという発想はほとんど前面に現れていない。あるのはむしろ、非正常な人口動態から展望される長期的な「高齢層の支配」への嘆息と、それに対する青年層の鬱積した憤懣のみである。いわく、「しかし私はあなた方（年長者〕に何度でもいっておきたい。私たち〔青年〕がこれほど重要な問題に無関心でいる根本的な理由は、結局のところ私たちの側ではなくあなた方の側、あなた方の世代の側で探究されねばならないということを。あなた方の世代は、かつて自分が道を均してもらったというのに、私たちにはそうやって道を均すこともできなかったのだ！」と。(47)

これこそライフステージとしての意識の典型的な表明にほかならない。すなわち、年長者がかつて青年期に享受した恩恵は、今日の青年もまた同じく享受してしかるべきだという意識、いいかえれば、青年期という段階に付随する特権は――出生年に関わりなく――あらゆる人間がその恩恵に浴する権利を持っているという意識である。このように、ヴァイマル期のアカデミック・プロレタリアートをめぐる議論は、人口構成図を介して統計的まなざしに大きく浸潤されながらも、なおライフステージとしての意識のなかで展開されていたものであった。それだけに、そこで持ち出された統計グラフに〔年齢階級は中央縦軸に書き込まれているとはいえ〕出生年が記載されていないことも偶然ではない。つまりこのグラフは、アカデミカーの過剰問題を論じる際には、あくまで青年層と高齢層というライフステージ間の対立を可視化するための機能を担っていたにすぎず、その意味でそれは、どこまでもあの「人生の階段」の延長線上に位置するものにほかならなかったのである。

四　場所を空けろ《マハト・プラッツ》……！

いずれにせよ、青年層の失業傾向と高齢層の就業傾向というヴァイマル社会一般の状況は、このようにアカデミック・ポストをめぐる年齢集団間の抗争という特殊な文脈に置き直されることで、当時の知的階層にも差し迫った危機意識を喚起していたといえる。ヴァイマル時代に青年神話があれほどの急進化を見せたのは、ひとえにこの神話を担った若きアカデミカー集団の、当時の市況に対するこうした感性――パイをめぐるライフステージ間の衝突――にその根拠を持っていた。さらには、「硬直した老人」という形象がこの急進化のなかで浮上して瞬く間に広がっていったのも、人口高齢化や青年の失業傾向による社会国家一般の危機的状況と併せて、やはりこのアカデミカー過剰問題のなかで、ライフステージとしての意識が再強化されていたからでもあった。新たに台頭してきた統計的まなざしも、こうした青年と老人の対立という形で展開された抗争の渦のなかでは、いわば旧来型のライフステージの形象へと回収されざるをえなかったのである。

とはいうものの、その一方でこの統計的まなざしがライフステージ間の対立で一定の役割を果たしていたことの意味も、やはり看過されるべきではない。つまり、ライフステージを中核とする青年神話の急進化のなかにあってさえ、旧来のような「人生の階段」を再現するという手法ではなく、まがりなりにもコーホートを思わせるグラフ技法で世代としてのまとまりが可視化されていたのは、そのとき既に――統計的まなざしが定着していたこともあって――このコーホートの形象が、世代という容器のなかで一定の地歩を固めつつあったことを示唆している。それだけに、仮に異なった文脈でいわゆる「世代間抗争」が勃発した際には、その文脈次第ではコーホートがライフステージに取って代わることもこの時期には十分起こりうることだった。実際、次章で論じるように、同時期に顕在化した「前線体験」をめぐる抗争のなかでは、まさしくこのコーホートの形象がにわかに世代を輪郭づける一義的な枠組みとして立ち現われてくることになる。グラフ上で描かれた世代に出生年が書き込まれるための必要条件は、既に整っていたのである。

ところで、右で見たようなヴァイマル社会の労働市場をめぐる争いは、何も青年と老人の対立軸のみを際立たせていたわけではなく、実際のところ「青年」を自称する年齢集団の内部でも深い亀裂を生み出していたといってよい。特に一九二七年の失業保険法などは、二一歳以下の若年失業者に対する差別的規定（二一歳以下の失業者は失業保険の受給条件として政府の義務労働奉仕への参加が求められた）を含んでいただけに、こうした青年層内部の亀裂をさらに深刻化させる方向に作用していたと考えられる。[48]その結果、次章でも述べるように、とりわけいわゆる「前線世代」と「戦時青少年世代」の間の抗争は、形を変えて文学の領域でもテーマ化されるほど、当時の公衆に強く意識されることにもなった。しかし他方では、この後者の戦時青少年世代のメンバーは、「戦争を生き抜いたこの年齢階級の者たち〔前線世代〕が本来の若き世代と結びつくにいたれば」、前線体験のような「共通の体験」を欠落させた戦時青少年世代の人間も「歴史を作り出すよう働きかけうる」と信じており、だからこそ彼らの間では同時に、この両者の対立を「一つの全体性内部での集団ごとの専門化」にすぎないとして、「若き世代」（四〇歳以下）の結束と「古き世代」（四一歳以上）との闘争を呼びかける声も上がっていたのである。[49]

このように、ヴァイマル期の青年失業問題は「青年」を自称する年齢集団のなかですら亀裂を生じさせてはいたものの、その内部分裂を決定的な形で推し進めるまでにはいたらず、やはりあの「青年」と「老人」という、ライフステージ間の対立・抗争を煽り立てる方向へともっぱら収斂していくことになったといえる。「場所を空けろ老いぼれども！」(Macht Platz, ihr Alten!) というナチ党の活動家の叫びは、まさに以上に見てきたような錯綜した時代状況のなかで発せられたものであり、その限りで当時の社会は既に――特に若き学生やアカデミカーにおいては――次のような呪詛に近い老人攻撃にさえ共鳴しうる素地を整えていたと見てよいだろう。

場所を空けろ、場所を空けろ、無能者ども、弱き者よ、盲にして聾唖の者よ、名誉を失くした卑怯者、裏切り者で臆病者よ〔……〕場所を空けろ老いぼれども、お前たちの時代は過ぎ去ったのだ。――未来が湧き上がってくる。我らのなかでおのれを告げ知らせる未来が!![50]

なお、あのカール・マンハイムの世代論もまた、ほかならぬこの時代風潮のなかで紡ぎ出されたものであったことは忘れるべきではない。もちろん、その高度に洗練された概念構成は現在の研究水準でもなお応用可能な要素を数多く含んでおり、その意味では戦後の世代研究でこのマンハイム世代論がことあるごとに参照されてきたのは理由のないことではない。だが一方でその理論の構成にはヴァイマル時代特有の発想・前提が色濃く反映されているばかりか、むしろそれらが彼の議論を根底で支えていた、あるいは議論のあらゆる論点に浸透していたようにも見える。この点については既に第二章でも論及しておいたのでここで改めて再論することは控えるが、ただ一つそこで触れた点以外にヴァイマル期の特徴的な発想が反映された個所を挙げておくとすれば、たとえば次のような記述がある。ここでマンハイムは、世代交代が「文化の刷新」を成就しうる根拠として、このように述べているのである。

老人が若者より経験豊富だというのは多くの点で長所だが、他方青年がはるかに経験に乏しいということは、一つの重荷の緩和、この先の人生〔の重圧〕を軽減させることを意味する。年を取っているというのはとりもなおさず、みずから得た、一定の枠組みのうちで展開する特殊な経験のまとまりのなかで生き、どんな新しい経験でもそのまとまりを通じてある程度まで形と場とを受け取る、ということである。新たな生〔青年〕のなかでようやく、このまとまりに対抗して形を整えようとする力が生じ、その基本志向も、新しい状況がもたらす刻印の力を、なお自分のなかに消化することができる。永久に生きていく人類は忘れることを学ばねばならず、こうして新しい世代の欠陥が補われるのである。(51)

ここには、第一次世界大戦後に形づくられた「老齢による硬直」と「青年による刷新」という特徴的なコントラストが鮮明に現れている。マンハイムにいわせれば、「もし世代交代というものがなければ」、つまり「いつも同じ人間が文化財の発展の担い手であれば」、新しい人間による「さらにラディカルな『新たな参入』という形式はありえないだろう」。そのような社会は、「一度確立された基本志向（体験の仕方・思考の向き）が一貫して保持され続ける――それ自体一つの長所だが――ものの、一定の、だが致命的な一面性というものを負わざるをえない」。それゆえ現実の社会では常に、「新しい人間の新たな参入」だけが「もはや必要のないものを忘却し、いまだ獲得されていないものを欲する」ことを可能にするのである[52]。

このように、マンハイムもまた「年を取っている」ことを一定の枠組みのなかで硬直していることと断じ、文化の「ラディカルな」刷新のためには青年がこの硬直を打破せねばならない、つまり不必要な過去を忘却し、新たな出発を画さねばならない、という発想を議論の前提に据えていた。その限りで、彼の世代論に顔を覗かせる青年ならざる老人もまた、どこまでも文化を硬直させるだけの存在、そしてやがては消滅・没落していくがゆえに、ただ青年に「場所を譲る」べき存在でしかない。ほかならぬこうした「青年ならざるもの」の形象に根を下ろして構築されたマンハイムの世代論は、当時もすぐにいわゆる前線世代や戦時青少年世代の学者の間で共感を呼び起こしたが[53]、既に述べたようにそれはさらに第二次世界大戦をも越えて、戦後西ドイツの青年神話にも豊富な養分を補給し続けていくことになる。

◆注

（1）Harvey, 1993, p. 54f., 176-180.

（2）二〇世紀前半におけるドイツ青年神話の諸相については、Trommler, 1985.

（3）Zit.n. Barbara Stambolis, *Mythos Jugend – Leitbild und Krisensymptom. Ein Aspekt der politischen Kultur im 20. Jahrhundert*, Schwalbach/Ts., 2003, S. 11-13.

（4）こうした研究の例は、第二次世界大戦後も執拗に見られた青年神話の伝統（本書の第一章を参照されたい）と相まって、それこそ枚挙にいとまがない。とはいえ、この神話が乗り越えられつつある二一世紀以降の研究に限っても、こうした点はなお克服されているとはいいがたい。ここで思いつくままに列挙すれば、たとえばBeninnghaus, 2005, S. 127-158は、マンハイム世代論における女性の排除を問題視した画期的なものだが、まさにこの世代論に強く反映されていたはずの青年神話が、いかなる「非青年」の形象に支えられていたかという問題は視界の外にある。ロイレッケの一連の業績（Jürgen Reulecke, *»Ich möchte einer werden so wie die...« Männerbünde im 20. Jahrhudert*, Frankfurt a. M., 2001; ders., 2002, S. 109-138; ders., 2003）も、青年兵士の表象の変貌やユンガー流の「新しい人間」理念の射程（スターリングラード戦にまで及ぶ）、またヴァイマル政治文化における青年神話の強力な規定力などを論じたものだが、これらのなかでも「青年ならざるもの」の論点は完全に抜け落ちている。

（5）ギリス、一九八五年、二〇九―二八三頁。von Trotha, 1982, S. 254-277, bes. S. 258-263; Ulrich Hermann, Der „Jüngling“ und der „Jugendliche“. Männliche Jugend im Spiegel polarisierender Wahrnehmungsmuster an der Wende vom 19. zum 20. Jahrhundert in Deutschland, in: *Geschichte und Gesellschaft*, 11. Jg., Heft 2, 1985, S. 205-216; 川手圭一「ヴァイマル共和国における『青少年問題』」『現代史研究』第四〇号、一九九四年、三七―五三頁。

（6）田村、一九九六年、五三頁。

（7）ラカー、一九八五年、三三―三六、四三―五一頁。

（8）ラカー、一九八五年、五八頁。

（9）Aufruf [1905], in: *Die Wandervogelzeit. Teil I. Quellenschriften zur deutschen Jugendbewegung 1896-1919*, Herausgegeben im Auftrage des Gemeinschaftswerkes „Archiv und Dokumentation der Jugendbewegung“ von Werner Kindt, Bd. II, Eugen Diederichs Verlag, 1968, S. 119.

（10）Aufruf an die Alkoholgegner [o. J.], in: ebd., S. 147, Rückblick und Ausblick [1908], in: ebd., S. 151, Hervorh.i.O.

（11）Jungwandervogel [1913], in: ebd., S. 211.

（12）Alles zitiert nach: Klaus Laermann, Der Skandal um den Anfang. Ein Versuch jugendlicher Gegenöffentlichkeit im Kaiserreich, in: Koebner, Janz, Trommler (Hg.), 1985, S. 371f. ここでも、「学校に対する闘争は学校のための闘争、その改善のため」であることが強調されている（S. 372）。

（13）Benjamin, 1914/15, S. 211, Hervorh.i.O.

(14) Freideutscher Jugendtag 1913. Jahrhundertfeier auf dem Hohen Meisner am 11.-12. Oktober [Einladungsflugblatt zur „Jahrhundertfeier auf dem Hohen Meisner“], in: Winfried Mogge, Jürgen Reulecke (Hg.), *Hoher Meisner 1913. Der Erste Freideutsche Jugendtag in Dokumenten, Deutungen und Bildern,* Köln, 1988, 68f.

(15) Hans Delbrück (1848-1929), Nationale Aufgaben unserer Zeit, in: ebd., S. 139; Ludwig Gurlitt (1855-1931), [ohne Titel], in: ebd., S. 161, 163; Paul Natorp (1854-1924), Aufgaben und Gefahren unsrer Jugendbewegung, in: ebd., S. 214, Hervorh.i.O.; vgl. z. B. Alfred Weber (1868-1958), [ohne Titel], in: ebd., S. 247.

(16) Wyneken (1875-1964), 1914, S. 17, 36.

(17) Ebd., S. 9f.

(18) Ebd., S. 15-18.

(19) Einleitungsworte Bruno Lemkes bei der Ansprache des ersten Freideutschen Jugendtages, am 10. Oktober 1913, auf dem „Hanstein“, in: *Die Wandervogelzeit. Teil II [„Archiv und Dokumentation der Jugendbewegung“, Bd. III],* 1968, S. 498.

(20) Justus Wilhelm Hedemann, *Jugend und Alter. Die Folge der Generationen. Ein Blick auf unsere Zeit,* Jena, 1931, S. 5f.

(21) Ebd., S. 25, 27, Hervorh.i.O.

(22) Ebd., S. 28; この著者のように「一九一四年八月一日」の「統一王国」を体験した者は、「当時母の手のなかにあった若い人間が、今日別のドイツ人を刃物で突き刺すことを、何かのスポーツか美徳だと」勘違いしている様子を見れば、「きっと頭を覆い隠したくなるだろう」(S. 29)。

(23) Ebd., S. 25.

(24) Ebd., S. 30.

(25) エーマー、二〇〇八年、四六―五六頁。

(26) Burgdörfer, 1932, S. 113, 124, 143.

(27) Ebd., S. 208.

(28) Ebd., S. 156-164.

(29) Ebd., S. 238.

(30) ユングの政治理念の全体像については、小野清美『保守革命とナチズム――E・J・ユングの思想とワイマル末期の政治』

名古屋大学出版会、二〇〇四年。特に人口政策論については、七八―八六頁。

(31) Zitiert in Reihenfolge nach: Jung, 1927, S. 250, 260, 263, 259, 261.

(32) Gerstner, Könczöl, Nentwig (Hg.), 2006.

(33) Edgar J. Jung, Die Tragik der Kriegsgeneration, in: *Süddeutsche Monatshefte*, 27. Jg. 1930, S. 517.

(34) Ernst Jünger, *Der Kampf als inneres Erlebnis*, Berlin, 1922, S. 5.

(35) Boehm, 1933, S. 32, 35 und passim.

(36) Zitiert in Reihenfolge nach: ebd., S. 33f., 54, 59, 44, 43, 65, Hervorh.i.O.

(37) Peukert, 1987, p. 175.

(38) Harvey, 1993, p. 104-112.

(39) Conrad, 1994, S. 112f., 327; 原、二〇〇八年、一〇九―一一〇頁。

(40) なお望田幸男はこの過剰問題を専門職に限定せず、一般に「開放」の形式と「排除」の内実を持つ資格制度が広く整備された「資格社会」に潜むジレンマと見ている（望田幸男『ドイツ・エリート養成の社会史――ギムナジウムとアビトゥーアの世界』ミネルヴァ書房、一九九八年、二二一―二三頁）。一八世紀末から二〇世紀前半までの、長期にわたるドイツ・アカデミカーの過剰の周期を論じたものとして、ハルトムート・ティッツェ「ドイツにおける大学就学者の拡張と大卒者の過剰」コンラート・ヤーラオシュ（望田幸男・安原義仁・橋本伸也監訳）『高等教育の変貌　一八六〇―一九三〇――拡張・多様化・機会開放・専門職化』昭和堂、二〇〇〇年、五一―七九頁。

(41) Hartmut Titze, *Der Akademikerzyklus. Historische Untersuchungen über die Wiederkehr von Überfüllung und Mangel in akademischen Karrieren*, Göttingen, 1990, S. 234f.

(42) 正確には二〇世紀におけるアカデミカー過剰問題は、大戦終了後から戦間期全般にわたる「長期のテーマ」になったという特徴を持っていたが、そのなかでもおよそ一九二七年から一九三三年にかけて、この問題がとりわけ集中的に語られることになった（ebd., S. 263）。

(43) マクレランド、一九九三年、二五三―二五六頁。なお、恐慌の到来によって一九三一年には弁護士のおよそ一五パーセントは「プレタリアート」の水準とされる三〇〇〇マルク以下の収入に落ち込んでいた（二五二頁）。

(44) Gerhardt Giese, Volksbiologische Schulpolitik, in: *Soziale Praxis. Zentralblatt für Sozialpolitik und Wohlfahrtspflege*, 43. Jg. Heft 5,

Sp. 65-71, hier Sp. 68f.

(45) Reinhold Schairer, *Die akademische Berufsnot. Tatsachen und Auswege*, Jena, o.J. [1932?], S. 75-77.

(46) Ebd., S. 75, Anm. 1.

(47) Ebd., S. 83, Hervorh.i.O.

(48) この規定は若年失業者における犯罪傾向への恐怖から国家がその規律・統制を目指したものだったが、それによって二一歳以下の若者による保険支給の申請割合が低下することになった（Harvey, 1993, p. 113-121）。

(49) Leopold Dingräve [i.e. Ernst Wilhelm Eschmann (1904-1987)], *Wo steht die junge Generation*? Jena, 1931, S. 13; E. Günther Gründel（1903-?）, *Die Sendung der Jungen Generation. Versuch einer umfassenden revolutionären Sinndeutung der Krise*, München, 1932, S. 53, 61-63, Hervorh.i.O.

(50) Gregor Strasser（1892-1934）, Macht Platz, ihr Alten! [1927], in: ders., *Kampf um Deutschland. Reden und Aufsätze eines Nationalsozialisten*, München, 1932, S. 173f.

(51) Mannheim, 1964 [1928], S. 534.

(52) Ebd., S. 531f.

(53) Kurt Karl Eberlein（1890-1944/45）, Das Problem der Generation, in: *Historische Zeitschrift*, Bd. 137, 1928, S. 257-266; Richard Alewyn（1902-1979）, Das Problem der Generation in der Geschichte, in: *Zeitschrift für Deutsche Bildung*, 5. Jg., 1929, S. 519-527; Karl Hoppe（1892-1973）, Das Problem der Generation in der Literaturwissenschaft, in: *Zeitschrift für Deutschkunde*, 44. Jg., 1930, S. 726-748; 世代をめぐる当時の雰囲気についてはほかにも、川手圭一「二〇世紀ドイツにおける『世代』の問題」『歴史評論』第六九八号、二〇〇八年、三―七頁を参照。

第七章 〈戦争体験〉をめぐる抗争と世代形象の変容——戦争文学と「銃後」の反抗——

■悪魔の相貌

人類史上初の機械戦・総力戦が展開され、空前の規模での大量殺戮を可能にした第一次世界大戦は、戦後の国際政治の情勢を大きく転換させたのみならず、戦前のヨーロッパ社会における伝統的な文化的規範や価値観の崩壊をももたらした。特に機関銃や戦車、迫撃砲や毒ガスなどの大量殺戮兵器によって「死」が日常と化した西部戦線の塹壕では、大戦前に育まれてきた諸々の市民的価値観がいち早く浸食され、それに伴い旧来の言語体系も——とりわけ市民層出身の兵士たちには——前線体験の描写に不適格だと意識されるようになる。[1] 当時の前線兵士が銃後の家族に宛てて書いた手紙に目を通すと、彼らがいかに自己の体験の言語化に困難を覚えていたか、その様子が赤裸々に綴られているのが分かるだろう。たとえば一九一八年七月に西部戦線で戦死したあるドイツ人学生は、文字通り「言語に絶する」戦場の光景を次のように表現している。

数日の行軍の間、目に映るのはただ荒地の惨状だけでした。〔……〕中世は悪魔に恐ろしい、醜い顔を与えました。でも誰が悪魔を描けるというのでしょうか。この掘り返され撹乱された地形、死んだ森林、十字架また十字

架――それらはすべて悪魔の醜い相貌にある一つの表情にすぎないのです。(2)

誰が悪魔の顔を描きうるか。――こうした「表象の限界」をめぐる問いは、「暴力の世紀」(アレント)としての二〇世紀を経験した現在では、とりわけホロコーストの悲劇を軸に展開されているが、(3)伝統的な歴史のナラティヴへの挑戦という点では、まさに第一次世界大戦での前線体験こそ、この種の問題を初めて深刻な形で提起したものであったといってよい。とはいえ結局、当時は戦争の災禍によっても、少なくともドイツでは歴史叙述の方法が根本的に再考されるまでにいたらなかったため、(4)ドイツの歴史家はホロコーストの場合と同じく、前線兵士が直面した悲惨な体験を語りえず、その迫真の力を持つ描写は詩や文学の手に委ねざるをえなかった。(5)

しかも敗戦国ドイツでは、大戦の想起は濃厚な政治的意味合いを帯びることになり、それだけに戦後社会ではこの戦争の記憶をめぐって激しい攻防が繰り広げられることになる。若くして戦地へ赴いた教養ある青年たちは、このような状況の下で、自身の戦場での体験を――文学の形式を借りつつ――戦後の社会に伝達しようと試みていくのである。(6)

本章では、この元青年兵士による「前線体験の語り」を分析することで、彼らの描く「悪魔の相貌」が、ヴァイマル期の社会状況の移り変わりとともにいかなる変貌を遂げたのか、その変化の様相を検証することが第一の目的となる。その際、これまでほとんど注目されてこなかったが、この変容を規定した背景の一つとして、ヴァイマル中後期に表面化した「大戦の記憶」をめぐる抗争にも議論の焦点が当てられることになる。いわゆる「戦時青少年世代」による挑戦の言説で火蓋を切ったこの抗争こそ、じつは世代の形象をライフステージからコーホートへと決定的に転換させる最大のターニングポイントとなったものにほかならず、その意味でそれは、いわば二〇世紀の「世代」の歴史のなかで巨大な断層を生じさせた、文字通り画期的な抗争であったといえるのである。

とはいえその前にまず、本章におけるアプローチの仕方、具体的にはなぜ実際の戦争体験の再構成を試みるのではなくその「語り」にもっぱら着目しようとするのか、その理由をより明確にするためにも、ここであらかじめ留意すべき点をいくつか述べておくのが至当だと思われる。これらはすべて、戦争体験を介した世代意識なるものの形成局面を見ようとする場合には、実際の体験そのものではなく、むしろその語り部たちの「口調」の方に構成的な契機を見出すことの妥当性を裏づけてくれる。

①まずこれらの戦争文学では、その叙述が前線における個人的体験や印象の描写に限定されていたため、客観的な史料との照合による記述内容の検証可能性は最終的に排除されていた。たしかに戦争文学の多くは前線体験を「読者に対しありのままに描く」こと、戦争の「印象をできるだけそのまま紙に持ち込む」ことを意識して執筆されていたものの[7]、このように叙述の客観的検証が不可能である場合、その妥当性・現実性が判断される基準は唯一、当時の公衆がその現実効果を適切なものとして受け入れるか否か、つまり読者層が戦場の描写を「真実らしい」と見なすか否か、という点にのみ依拠する。いいかえれば、戦場の語りにおける真偽の判定基準は――告白という行為一般における真理の産出メカニズムと同じく[8]――語り手ではなく読み手（聴き手）の手のうちにあり、それゆえ「未曾有」の前線体験を描写する場合でも、それを読者が理解し共感できる形で言語化しようとすれば、必ず当時の社会に認知された語りの作法に沿う必要があった。それゆえ戦争文学のなかに現れる戦場の描写とは、あくまでこうした社会的な語りの作法を反映するものであって、決して語り手の「なまの」体験ではないのである。

②次に指摘できるのは、これと関連することだが、これらの戦争文学の叙述によって前線体験の「典型」ないし「単一性」というフィクションが構築されたことである。実際には、大戦に召集された男性は多種多様な軍務に従事しただけでなく、病気や負傷、捕虜生活など、千差万別の仕方で戦争を体験していた[9]。それらの雑多な体

験から何を「例外」として排斥し、何を「典型」として採用するかを決定するのは、「実際に何が起こったか」ではなく、「何が起こったと公的に認められるか(10)」という問いにほかならない。ヴァイマル期に成功した戦争文学は、多かれ少なかれこの問いに正確な回答を提供することができたものと推定される。

したがって――以上の二点から引き出しうる結論として――「戦争体験の共有」で世代が形成されるというとき、そこで構成的な契機となるのは決して個々人の体験そのものではない。むしろ、その本性上社会的なものである世代ないし世代経験とは、いわばこうした語りの作法に即して整えられた「典型的」かつ「集合的」な経験の形象、いいかえれば既成のナラティヴ構造にのみ依拠して形づくられたフィクショナルな形象にほかならない。個々人が直面するような諸々の戦争体験なるものは、この社会的な語りの構造で作り出された集合的な世代経験の形象とは、本質的にどこまでも無縁である。というより、第二章で立ち入って論じたように、出来事そのものが既成のナラティヴ構造を通じて初めて可視化され、個々人に体験可能なものとなる以上、「なまの体験」と「語られた経験」という二分法はあまり意味をなさない。仮に個々の行為者による出来事の体験に「語りえぬもの」の契機を認めるにしても、他者との共有可能性を絶対条件とするという意味で、本質的に社会的次元に位置する世代経験の形象にその契機が入り込む余地は残されていない。いいかえれば、世代の経験を形づくるとされる出来事（ここでは戦争体験）の形象は、当の出来事そのものに含まれる「語りえぬもの」の次元とは独立して生成・変容するのであり、それゆえユーライトが死守しようとした「体験」による基礎づけ（第二章）なるものは、じつのところ世代経験の構成に際しては何の役割も演じることはないといえる（それゆえここで諸々の「世代」の動向を語るとき、それは実体としての人間集団ではなく、あくまで公的領域における言説上の「働き」でしかない点に留意されたい）。

③だがここでは最後にもう一点、このいわゆる「前線世代」として括られる若き兵士たちが、帝政期にドイツ全土で広がりを見せた、あの青年運動の担い手たちと同じ年齢集団に属していたことも改めて再確認しておこう。

かつてヴィルヘルム社会に反旗を翻し、「『若き世代の反乱』が新たな国を創り出す《ライヒ》(11)」という青年神話を育んだ彼らが、年長者を排除した形で固有のアイデンティティを構築したのはもちろん偶然ではない。右に述べたように、前線体験そのものの統一性が虚構であるにも関わらず、戦争という経験を軸に一つのアイデンティティを形成することができた一つの歴史的理由は、ほかならぬこの旧来の青年神話が大戦後の社会でも強力に持続していたからである。(12) それゆえ彼ら元青年兵士たちによる大戦の語りに注目する際には、当然こうした青年神話の伝統にも目を向けておく必要がある。

一　「死の差別化」から「死の平等化」へ――――

■「偉大なる体験」としての死

いうまでもなく第一次世界大戦の衝撃はひとりドイツに限らず、全ヨーロッパ規模で波及したものであり、それだけに戦後はヨーロッパ全土で「一九一四年の世代」に関する言説が大きな比重を占めることになった。(13) だがその一方で、当然ながらこの言説の表出形態は各国の伝統にも大きく制約されており、とりわけドイツでは強力な青年神話の伝統から、「世代」ないし「青年」の言説がヴァイマル期の公的論議や政治運動で一際目立った役割を担わされる。(14) ベンヤミンの青年論（第二章）で見られたように、大戦前からドイツの「青年」は宗教的な色彩を強く帯びていたが、(15) 一九一八年以後には「前線体験」の神話化とともに急進化して明確な政治性を帯び始め、「政治の青年化」と「青年の政治化」というパロールが、一つのスローガンとしてヴァイマル社会の公的領域で広く叫ばれるようになった。(16)

こうした青年神話の背景としては、これまで繰り返し述べてきたように、一九世紀後半のヨーロッパにおける

「青年期の発見」や、あるいは立法や教育を通じたその保護と規律化の進展が挙げられるが[17]、特に急激な近代化を経験したドイツでは、ラガルドやラングベーンをはじめとする文化批判から青年礼賛の声が早くから現れており、既に戦前には「ホーアー・マイスナー大会」(一九一三年)でその頂点に達する、ドイツ青年運動へと結晶化していた[18]。「老いぼれたちの精気なき慣習や醜悪な因習の掟」を捨て去り、「みずからの生を形成する」こと[19]、つまり「青年の自立」や「青年文化」の確立を目指したこの運動では、青年期を成人への単なる過渡期と見るのではなく、それに固有の「美」や「価値」を強調するような言説が生み出されるようになる[20]。

一方で、ヴィルヘルム社会に対するこの青年の反乱が、「民族」ないし「祖国」への強烈な信仰に貫かれていたことも忘れてはならない。当時の青年組織が一時的ながら団結したあのホーアー・マイスナー大会が、ライプチヒ解放戦争百周年記念祭に対抗して開催されたのも、「父たちの英雄的行為を大げさな言葉によって横取りし、自分で行為しようという義務を感じない」ような、「安っぽい愛国主義」を拒否するためであり、「万一の場合いつでも生命を賭して自民族の権利を擁護する準備がある」、青年の「新鮮で純粋な血を祖国に捧げる」という意識は、この大会の主催者にとっても青年の反抗を正当化する根拠と見なされていたのである[21]。

それゆえ当時の青年たちにとって一九一四年に勃発した大戦は、「英雄的行為」を通じて祖国信仰を「確証」できる機会にほかならなかった。ヴァンダーフォーゲルや自由ドイツ青年、さらにアカデミック義勇団も、当時の青年運動団体はほぼ例外なく戦争の熱狂に巻き込まれ、ヴィルヘルム社会に対する敵意もひとまず脇に置いて、「最後の一人まで祖国防衛のために」戦うことを宣言するにいたる[22]。もちろんこうした熱狂は、兵士の間では戦闘が塹壕戦の様相を呈してくるにつれて急速に冷めていくものの、塹壕で幻滅が広がるまさにこの時期に、銃後では「世界に冠たるドイツ」を唱和しながら敵の戦線を突破する「若き連隊」、「騎士道精神と英雄的戦士という理想」を体現した、あの「ランゲマルクの青年」神話が構成されることになった[23]。

この神話が成功したのは、戦前の青年運動が担った旧い理想としての「英雄」や「犠牲」といったトポスが、前線では塹壕戦によって浸食された後も、なお銃後の社会で息づいていたからである。実際、神話形成の起点となったランゲマルクの戦況報告は、ほかならぬこうした銃後の雰囲気を念頭に置きつつ執筆されており[24]、結果としてこの「ランゲマルクの青年」も、新たな理想を体現するというより、むしろ「その利用者が単にこの伝統を刺激することに甘んじる[25]」というたぐいの神話にとどまっていた。

銃後で読まれた当時の戦争文学にも、こうした青年運動以来の旧い理想的英雄の形象が正確に反映されていた。たとえば戦時中に出版され、一九一九年までに一三万部もの売り上げを達したといわれる[26]戦争文学の代表作の一つ、『二つの世界の遍歴者』(一九一七年)では――著者ヴァルター・フレックス(一八八七―一九一七)自身が「青年運動の詩人[27]」とも称されるように――ニーチェのツァラトゥストラやゲーテのヴィルヘルム・マイスター、そしてキリストをすら彷彿とさせるカリスマ的な英雄としての青年兵士という、典型的に教養市民的な理想の権化が、エルンスト・ヴルへ(一八九四―一九一五)という実在の人物の姿を借りつつ(図7―1)、代表=表象されている[28]。

図7-1　エルンスト・ヴルへ(1894–1915)

この英雄の死、「ドイツの将来のあらゆる栄光と救済」をもたらすはずの「ヴァンダーフォーゲルの精神」を「純粋かつ明朗に体現する」者であった[29]ヴルへの戦死は、まさしく世紀転換期以来の青年神話の真実性を確証するものであった。実際、ヴルへの遺体に対面したフレックスは、その安らかな死に顔のうちに、選ばれた者のみが持ちうる「偉大なる魂」の刻印を見出すことになる。

そして僕は彼の前に跪き、繰り返し繰り返し、その誇り高く若々しい顔が休日のように静かな安らぎのうちにあるのを見て、自分の惨めったらしさを恥じた。〔……〕偉大なる魂には、死は最も偉大な体験なのだ。〔……〕神と語る者は、もう人間には語りかけない。(30)

「神と語る者」のみに許される、「最も偉大な体験」としての死。この「戦死者の選民性(31)」、つまり「死の差別化」と「死のカルト」という契機は、フレックスのテクストでは戦前の青年神話と密接に絡み合っている。「純粋なまま成熟すること(Rein bleiben und reif werden)。――これこそ最も美しく、かつ最も困難な生きざまだ(32)」。こう述べたのは、みずからの戦死を通じてまさにこの生きざまを実践し、「休日のように静かな安らぎ」を得たヴルへ自身である。彼にとっては、ただ「行為」と「死」こそ、青年を「成熟させ、かつ若く保つ」ものにほかならなかった。(33)

このように、大戦中でも旧来の青年神話をそのまま反復する『二つの世界の遍歴者』が、当時の読者に「真正な、まったく自分の経験の記録として知覚されえた」のは、「自身の体験と並んで集合的(無)意識のストック、つまり文学のモチーフ、あらゆる種類のイデオロギー、宗教的な考え方のパターンなどが著者の材料に」なったため(34)、端的にいえば銃後社会になお存続する伝統的な価値規範がそこに反映されていたからである。いいかえれば、「『教養』に由来し、自主的な判断能力を持つ人格の自由な展開」という、教養市民層の「古典的理想」は、大戦を通じて銃後の市民的公共性のなかでなおも生き続けていたのであり、この伝統的な文化的価値規範が動揺の兆しを見せたのは、後述のように革命からヴァイマル共和国初期にかけての危機の時代、つまり街頭という公共の領域で政治暴力が荒れ狂うさなかのことであった。(35)

■「死の凄惨さ」の語り

そしてまさにこの時期に、「大戦の語り」の口調にも一つの変化が生じる。「戦争文学のマルティン・ルター」[36]とも称されたユンガーの問題作『鋼鉄の嵐のなかで』(一九二〇年)である。この作家は、「人類史上最も野蛮な体制をもたらしたあのドイツ〔……〕に抵抗し」た、「最後の巨匠」と評される一方、「新しいものに対する近代主義的崇拝のファシスト的な変種」である「反動的モダニズム」の一人として弾劾されるなど、今日なおその評価が両極に分裂しているように[37]、現代ドイツの思想界に多大な影響を与えた人物にも関わらず、ナチズムに対する思想的関係はきわめてアンビヴァレントなもので、その一義的な確定は困難といわざるをえない。それゆえここでは、そうした視点はひとまず括弧に括って、ユンガーによる大戦の語りを同時代の歴史的文脈に即しながら考察するにとどめたい。

結論を先取りしていえば、ユンガーが『鋼鉄の嵐のなかで』において用いたナラティヴには、もはやフレックスのような「死の差別化」は見られず、むしろ「休日のように静かな安らぎ」とは無縁な、死の凄惨さが赤裸々に語られる。そこには、「魚のように腐った肉がちぎれた軍服から緑白色に光り」、「空っぽの眼孔とこげ茶色の頭蓋骨」を曝け出す、「不気味な死の舞踏のなかで硬直した」無数の死体があり、「敵と顔を見合わせることなく経過する戦闘や、突然の榴弾の飛来でわけもなく「一三名の犠牲者を出す」情景がある。この近代テクノロジーを駆使した「物質戦の壊滅的作用」を前に、兵士たちは「戦争のまったく新しい形に適応しなければならなかった」結果、時として戦友の死すら数量化される。「僕と一緒に出撃した一四名のうち、たった四名しか帰ってこなかった」。これが、ユンガーを「意気消沈」させた戦闘の語り口調である。[38]

このような語りでは、ヴルへのように知性やカリスマによって石を「手のなかで水晶に」[39]変えてしまう英雄的個性や、死へといざなうその主体的な行為のための余地は残されていない。そこで生と死を分けるのはひとえに偶然のみであり、その意味で兵士だろうが、「窪みのなかで落ち葉を探していた八歳の小さな少女」[40]だろうが、死は平等に降りかかる。まさに砲弾の嵐のなかでこそ、対象を選ばないこの「死の平等化」は、完全な形で実現されるのだ。

お前は塹壕のなかで小さくなってうずくまり、情け容赦もなく、めくら滅法に破壊してやろうという意志にさらされていると感じている。お前は自分のあらゆる知性・能力・精神的身体的な長所が、意味のない、ばかげたものになったと気づいてぎょっとしているだろう。まあ、お前がそう考えているうちに、鉄の丸太ん棒がドンとあがって、お前などすっかり跡形もなく木っ端微塵にしてしまうかもしれないがね。[41]

こうした語りの変化は、『鋼鉄の嵐のなかで』が出版された当時、つまりヴァイマル初期にドイツの市民的公共性が直面していた社会状況に目を向けなければ理解できない。そこでは、暴力装置が国家の手を離れることで、街頭を舞台とした政治暴力が市民の眼前で初めて大規模に展開される、いわゆる「暴力文化」（Gewaltkultur）と呼ばれる状況が現出していたのである。

一九一八年一一月のドイツ革命を境に、社会民主党の新政府に共産主義革命の鎮圧を望む軍部との「打算的な結婚」（エリアス）、いわゆる「エーベルト＝グレーナー協定」の締結を強いた、国家における独占的軍事力の欠如という事情、そして連合国の支持すら得た右派の準軍事組織「義勇軍」（Freikorps）の活動などにより、ヴァイマル共和国はその誕生の瞬間から、「国家暴力が弱体化し、私兵や民間暴力が復活」するという「歴史の逆転現象」に直面していた。[42]たしかに街頭という公共の空間を政治的意見の表明の場として利用することは、既に戦前の社会民主主義者によって知られていたが、この革命期に初めてブルジョア市民層が街頭に繰り出したことで、そこで革命的な労働者大衆との衝突が引き起こされることになる。[43]

カール・リープクネヒト（一八七一―一九一九）やローザ・ルクセンブルク（一八七一―一九一九）の暗殺、さらにエルツベルガー（一八七五―一九二一）やラーテナウ（一八六七―一九二二）などの要人暗殺など、明確に政治的意図を持った過激派の暴力行為もさることながら、一般市民の眼前で頻繁に繰り広げられていたのはむしろ、治安権力ないし義勇軍とストを行う労働者大衆との、いわばなし崩し的に発展していく流血の騒擾であった。たとえばカップ一揆に続く一九二〇年三月の大規模衝突では、ひと月に及ぶ「軍と労働者との戦争を思わせる戦闘行為」によって、ザクセン地方ではハレだけで二七人の兵士が死亡し、労働者を含む一般市民からは一〇〇人以上もの犠牲者を出すことになった。その際、店のレジに立っていた女性が苛立った兵士の無許可の発砲で命を落とすこともあれば、別の老婦人などは装甲車からの無差別射撃で、さらには孤児院の婦長も子供らと教会へ向かう途中に狙撃されて死亡するなど、住民が軍と労働者大衆との衝突に巻き込まれるケースも相次いで発生していた(44)。

こうした街頭での政治暴力の行使による、死の恒常的な脅威と日常生活への浸透は、ドイツの市民的公共性が伝統的に育んできた価値規範を徐々に浸食し、やがて「ヴァイマルからの離反を可能にし、かつ国家社会主義の暴力支配を刻印づけた新たな価値の地平」、「新しい暴力パラダイム」を確立するにいたる(45)。先に見たユンガーの「死の平等化」の言説は、まさにこの暴力文化が生成していく過程のさなかで紡ぎ出されていたのである。

たしかに彼の戦争ナラティヴ、とりわけ近代テクノロジーの自律化と人間疎外の描写には、一九世紀以来のロマン主義的な文明批判との連続性が明白に認められるし、後の著作にはジョルジュ・ソレル（一八四七―一九二二）の「暴力の神話」論とかなりの程度重複するような言説も少なからず見出せる(46)。だが、この種の言説が――戦時中ではなく――ほかならぬヴァイマル初期に戦争の語りと融合して一つの文学作品へと凝集されたのは、「戦後期の精神に対して戦争体験を擁護する」ためというより(47)、むしろ当時の市民的公共性が直面していた街頭暴力の嵐と、その暴力を通じた戦前の価値規範の動揺によって、別のナラティヴが要請されたという面があったことも見逃されるべきではない。

とはいえ戦前以来の伝統的規範はなお、当時は完全に覆されるまでにいたっていない。右の一九二〇年三月の衝突では、市民層も労働者も互いの犠牲者を「戦死者」(Gefallenen)と呼び合い、ブルジョア系新聞は彼らを、「平穏と秩序を守るため」に「義務」を果たした「英雄」として顕彰している。[48] これに対応して『鋼鉄の嵐のなかで』でも、砲弾の嵐のなかで戦場にとどまり戦い続ける「義務と名誉」の感情という形で、かろうじて前線兵士の英雄性を確証するための余地が残されていた。[49] この前線兵士に備わる英雄性そのものへの挑戦は、前線体験を欠いた若い年齢層が新たに台頭してくるまで待たねばならなかった。

二 「銃後」の台頭

■銃後との軋轢

ところで、今日なお反戦小説として世界中で親しまれているエーリヒ・マリア・レマルク(一八九八―一九七〇)の『西部戦線異状なし』(一九二九年)には、以前の戦争文学ではほとんど見られなかった情景が、この小説を構成する主要なテーマの一つとして前面に押し出されている。たとえば、主人公パウル・ボイマーが休暇で前線から帰郷した際に、父が戦場での体験談をせがんでくるというシーンがある。

父は僕に向かって戦場の話を少しして聞かせたらといった。父の聞きたいということは、僕がばかばかしいと思うことであり、涙が出そうになることである。僕の気持ちは、どうしてももう父とはぴったり合わないと思った。

なんでもかんでもむやみやたらに聞きたがるのである。なんぼなんでも、そんなことは口に出していえるものではないということが、父にはわからないのだ、と僕は了解した。(50)

このように父をはじめ戦場の話を聞きたがる銃後の人々に対し、「ばかばかしい」と感じ「涙が出そうになる」パウルにとって、故郷は既に「まるで違った世界(51)」になっていた。ほかにも、息子の死を伝えられた戦友の母親の姿でさえ、パウルのように「あんなにたくさんの死人を見た者には、たった一人ぐらいの人間の死んだのを、こんなに悲しむ心持ちは、もうはっきりと頭に入ってこない」。このように前線での戦闘の日々で変わり果ててしまった彼は、自分に最も理解を示してくれるはずの実の母にすら、「決しておわかりにはなりますまい」と自身の体験を語りえず、やがて自分を苛み苦悶した挙句に、「僕は決して休暇をもらってくるんではなかった」と、帰郷を後悔するのである。(52)

この種の「前線体験に対する銃後の無理解」という主題が、物語の一つの支柱として作品の大きな部分を占めることは、それ以前の戦争文学ではほとんど見られない、レマルクの語りに固有の特徴であるといってよい。たしかにレマルク以前にあっても、萌芽的な形では前線体験と銃後との断絶を語る記述が散見されることはある。たとえばユンガーは、「僕らの戦闘に居合わせなかった者が、戦争について語ってよいものだろうか(53)」と、戦後社会による戦争の表層的な総括に激しい嫌悪感を示しながら、前線体験の伝達不可能性を次のように強調している。

僕らの昔の生活は、僕らにとっては濁った夢だった。その夢と僕らはますます関係を失っていった。僕らがふるさとに手紙を送っても、僕らはただありふれたことを書くか、戦争のそとづらを描いているだけで、その核心ではないのだ。おそらく、それを明確に意識している僕らのなかのわずかな者だけが、郷里の人間はその裏にあるものを決して理解することはないだろうということを知っている。(54)

とはいえ、フレックスやユンガーにあってはそうした「断絶」の語りはあくまで例外にとどまっていた。この二人はむしろ、突撃による息子の戦死を知りながら「それは彼の望みだった」と喜ぶ「ドイツの母」を描いたり（フレックス）、あるいは、「晴れやかなドレスに身を包み、テニスラケットを抱えて談笑しながら通り過ぎる三人の少女」の姿を、休暇中の「生活の輝かしい暇乞い」として語ったりしていた（ユンガー）ように、(55)銃後との齟齬や軋轢をその語りの内容からほとんど締め出していたといってよい。それにも関わらず、レマルクにおいて突如前線と銃後の断絶や、相互の理解不可能性を饒舌に語るナラティヴが浮上してきたのは、その背景に、大戦中に国内で幼児期を過ごしたいわゆる「戦時青少年世代」（Kriegsjugendgeneration）が、ちょうどこのヴァイマル中後期にいたって、公共の場で遂にみずからの言葉を発し始めたという状況が現出していたからである。

この戦時青少年世代とは、世紀転換前後のベビーブームのなかで生を受けた年齢集団を包摂する世代意識として構成されたもので、そこには従来の世代とは異なるまったく新たな特徴が備わっていた。この点を理解するために、ここでしばらくこの世代に括られた年齢集団の大戦後の歩みを振り返っておきたい。彼らが一九二〇年代に学業を終えて社会へと進出してしたとき、ドイツ経済はちょうど大戦後のハイパーインフレに見舞われており、労働市場が極端に縮小・停滞していた。そこへ、ほかの年齢層と比べて相対的に人口の多いこの集団が市場へと殺到したことから、さらに労働力が供給過多に陥ることになり、失業者人口で若者の占める割合が急激に膨張していくことになった。(56)

このヴァイマル期における青年の失業傾向については前章でも述べたが、ここでもう一度当時の青年層の人口状況と併せて確認しておきたい。たとえば、全男性人口における一四―二〇歳の男性の割合は、一九一〇年の一一・九パーセントから一九二五年には一二・九パーセント、同じく二〇―二五歳の割合も八・七パーセントから一〇・一パーセントと増加し、それに比例して労働可能人口も一九一〇年の一八五〇万人（全人口の六三・三パーセント）から一九二五年の二三九〇万人（同七一・一パーセント）に上昇している。その一方で、一九二六年には一四―二一歳の失業者は二七万人強であり、これは全失業者数の一七パーセントを占めていた[57]。その後、相対的安定期には状況がやや改善されるものの、この若年層の失業傾向はヴァイマル時代を通じて基本的に途絶えることなく、表6―1に見られるとおり、世界恐慌の到来によってこの傾向にさらなる拍車がかけられることになった。

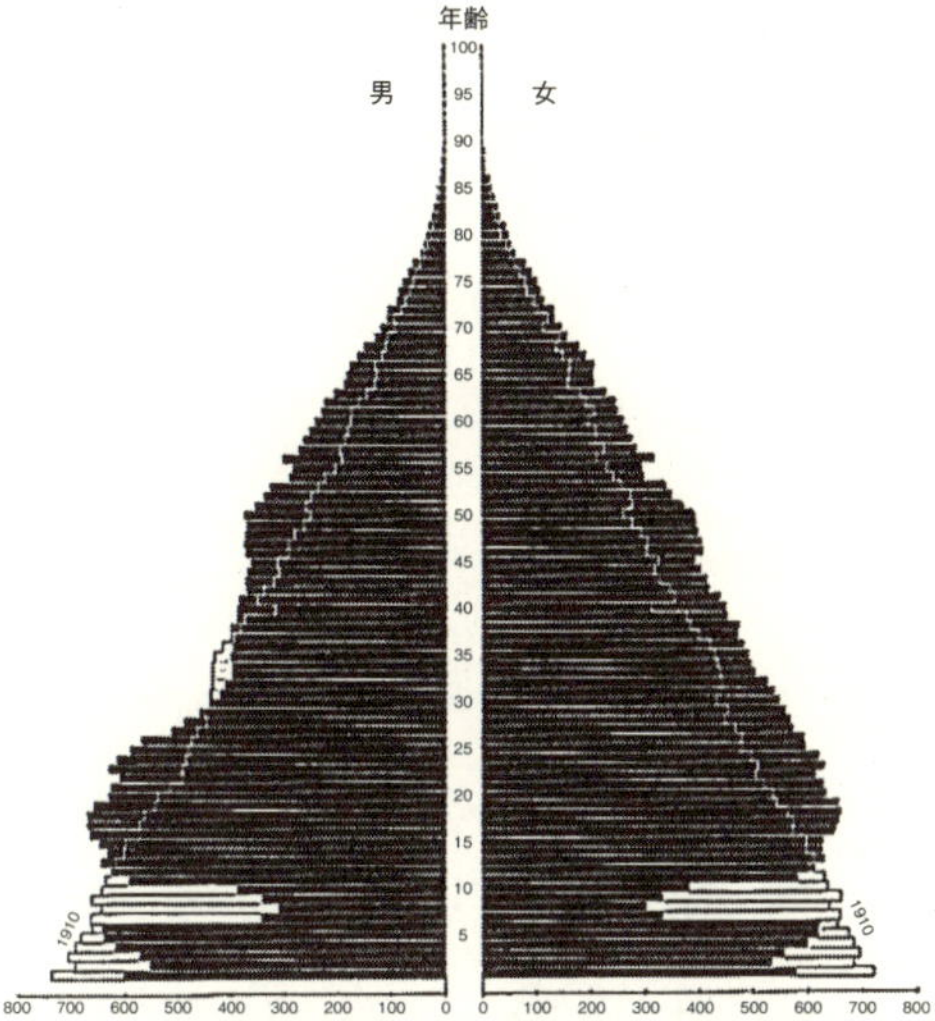

図7-2　1910年と1925年の人口構成比較
（白棒＝1910年・黒棒＝1925年）

たしかに戦地に赴いた年長者は大戦中に大量の戦死者を出しており、たとえば（これまで本書でも繰り返し見てきた）図7―2のような統計グラフからもはっきり見て取れるように、とりわけ一九二五年（黒棒）に三〇―三五歳だった男性（いわゆる「前線世代」に相当する）の場合、一九世紀末の出生率増加にも関わらず、その人口は一九一〇年当時（白棒）の同年齢の数値以下へと減少している[58]。しかも労働可能人口に関しては、ここからさらに戦傷によって労働不能になった男性の数も差し引かれねばならない。とはいうものの、この人口動態の変化に比例して大戦後に雇用の間口が拡大したとは考えにくい。

というのは、一九一八年初頭には二一〇万人、同六―七月には二五〇万人もの兵士が、内地に戻って戦時経済部門の仕事に従事しているように、国内の職場は戦時中ですら（女性とともに）兵士の間で確保される傾向があったからだ。たとえば、二万人の従業員のうち一二、一一四人が徴集されたある鉱業会社では、一、二九七人が戦死したものの、休戦の際には既に五、四七七人が元の職場に戻っている。さらに休戦後は、雇用者側が元兵士たちへの仕事の斡旋に努めており、彼らのほとんどは短期的に失業の憂き目を見たものの、最終的には何らかの職に就くことができたという[59]。

このように、インフレによる労働市場の狭隘化に加え、元兵士たちが市場を占拠していたために、のちに戦時青少年世代として括られる年齢集団は、いわば社会に進出した時点で先の人生の見通しがほぼ閉ざされていたといってよい。こうした窮状から、この集団は政治的に急進化して左右両極へと分裂し[60]、街頭における政治暴力のおもな担い手となっていく。たとえば一九二一年の「三月行動」では、治安権力に反抗した群集のおよそ四分の一がこの世代の男性だったが、彼らは既に相対的安定期にはザクセン地方で有名な暴徒の半数を構成し、さらに世界恐慌を経たヴァイマル末期にいたると、街頭暴力の推進役となったナチ党の突撃隊で半数以上を占めるようになった。この年齢層を中核とした暴力はやがてその性格を変質させ、もはや治安権力とのなし崩し的な騒擾ではなく、政治的に敵対する党やほかの組織に対し計画的・意識的に衝突を惹起させるという、戦前の規範にはないまったく新たな行動パターンを確立していくことになる[61]。

■「一九〇二年生まれ」の反抗

以上が戦時青少年世代に含まれる年齢集団の直面していた、一般的ないし集合的傾向として復元可能な社会状況である。こうした状況のなかで刊行されたエルンスト・グレーザー（一九〇二―一九六三）の自伝的小説『一九〇二年生まれ』（一九二八年）は、まさにこの戦時青少年世代の声を代弁するものとして、出版直後から大きな反響を呼んだ文学作品であった。特にその文学的意義に関しては、当時の反応はおおむね好意的であり、たとえば、「敏感な年頃に戦争勃発の熱狂の眩暈を体験し、思春期の迷妄が終ったまさにその時期に〔……〕全世界の崩壊に立ち会わねばならなかった」、「我々一九〇二年の世代」の「現実」を描いたもの、あるいは「戦争のなかで成長し、社会という世界の形が崩壊したときに自意識を目覚めさせた」、「いわゆる戦後世代の運命における尋常のなさ」を語ったもの、さらには比喩的に、「単純だが稀にしか証明されない方程式を再び解く」ような作品だとして、一定の評価が与えられている。[62]

その理由はまさに、この作品が「La guerre - ce sont nos parents（戦争——それは僕らの親のことさ）」という——その後頻繁に引用される——銘句（作中人物の科白）を巻頭に掲げつつ、大戦中における銃後の青少年の日常と、前線で戦う父への反感の芽生えを語っていたからにほかならない。実際、当時の読者に「一九〇二年の世代」こそ「年長世代の犠牲者」だという意識を呼び起こしたように、[63]この書では主人公が前線からの父の声、「青年が我々の心配を侮蔑し自分の頭で生きていこうとするなら、〔……〕その青年の未来のために父がこの戦場で生命を危険にさらす価値などない」という、押しつけがましい「英雄気取りの感傷」に「びっくり仰天」し、反発する心情が克明に描かれている。

これが前線からの声なのだ。これが、かつては僕らの父であり、だが今や、数年来僕らから遠く離れ、見知らぬ人となり、恐ろしげで、偉大で、強大で、重苦しい影を持った、何か記念碑のように息苦しい、あの男たちの声なのだ。あいつらは僕らのことで何をまだ知っているというのだ？　あいつらは、たしかに僕らがどこに住んでいるか知っている。だけど僕らがどんな様子で、どういうふうに考えてきたか、それをあいつらはもう知らないのだ[64]。

ところで、この作品が『一九〇二年生まれ』（Jahrgang 1902）というタイトルを冠していることには、改めて注意しておく必要がある。これはグレーザー自身の生まれ年であると同時に、何よりも大戦で召集されなかった若年層のなかで最年長組、すなわち戦争が終了した時点で一五、六歳だったコーホートの出生年も意味している。その前年の一九〇一年生まれはなおその一部が終戦直前に召集されるという経験を有したのに対し、このコーホートはそうした経験からも——少なくとも公式には——完全に締め出された年齢集団、いいかえれば「前線体験」の共有資格を剥奪された集団である[65]。このように出生年が一義的に「銃後」のシンボルとなりえたのは、いうまでもなく総力戦という、第一次世界大戦の戦争形態にその根拠を持っている。一七歳以上の男性人口に前線体験への通路が開かれるという史上未曾有の出来事は、そのまま男性人口全体を出生のタイミングによって前線（軍務）と銃後とに二分することを意味していた。しかも、右に述べた元前線兵士たちによる労働市場の占拠や、彼らに対する国家・企業の優遇措置などは、新たに市場に参入してきた若年層にとっては、年長者が文字通り「早く生まれたことの恩寵」（Gnade der frühen Geburt）を享受するという不当な措置にほかならない。そうした偶然に依拠する不条理さへの集合的な不満が、「一九〇二年生まれ」という、出生年をシンボルとする自己規定に結晶化していったといえる。

いずれにせよ、このように元前線兵士たちを含む年長者への反抗の言説は、当時の若年層が直面していた失業傾向を一つの根拠として生み出されたと考えられるが、当然ながらそれはまた前線世代として括られる年齢集団からの反発をも招くことになった。いわく、「敵は今までのように我々の前にいるだけでなく、もっと強力でもっと危険に我々の背後に立っている」が、じつのところ彼らは「我々の前にまだ居座っているあの老人どもと何ら変わらない」、それゆえこの「我々が一九〇二年生まれとして体験した青年」にも、「我々は闘いを宣告する」ことになるだろう。あるいは、今日の青年の「即物性」に潜む「英雄主義」は、「かつて若い世代を戦争へと追いやった」ものと同じであり、それゆえ彼らは「新しい青年」などではない。さらに、「戦後世代」は「戦争世代」のような「困難な体験を背負っていない」ために「瞑想熟慮も深化」もない、それゆえ彼らの「行動主義は犠牲を覚悟したものというより、遊び半分にやって嬉しがるもの（spielerische Tatfreude）」でしかない、云々……。(66)

レマルクの『西部戦線異状なし』は、こうして公共の場で元青年兵士と「一九〇二年生まれ」との抗争が激しく繰り広げられるまさにその渦中で執筆されていた。先に見たようにレマルクにおいて前線と故郷の断絶の語りが突然現れたその理由は、やはりこの「一九〇二年生まれ」による反抗の言説と、それに対する元青年兵士の反発という文脈なしには理解できないだろう。実際、当時の元青年兵士たちにとって、『西部戦線異状なし』は――「反戦小説」などではなく――何よりも「我々の世代の名誉挽回」であり、その成功は「我々の日常で初めての慰み」となるものであった。エルンスト・トラー（一八九三―一九三九）の次の言葉もまた、いわばこの「名誉挽回」された元青年兵士の快哉の叫びにほかならない。「ドイツの歩兵はこうやって塹壕で生きていたのだ。フランスの歩兵も、イギリスの歩兵も(67)」。

さらにはレマルク自身もまた、あるインタビューのなかで、自分の作品は「戦争を事実として前提にしている」ものの戦争小説としては「完璧ではない」し、また「そうした完璧さなど私はまったく望んですらいなかった」とはっきり断った上で、次のようなやり取りを残している。

Ｅ〔エッゲブレヒト（一八九九―一九九一）＝インタビュアー〕：では、あなたは「戦争本」を書こうとはしていなかったということですか。それについてあなたは序文でもおっしゃっていますね。私の誤解でなければ、あなたの本は戦争という出来事にはそれほど重きを置いていない、むしろあなたが描いたような、若い人たちに対する戦争の影響の方に重点が置かれているのではないですか。

R〔レマルク〕：そうです。それこそ物事の核心にあることなのです。私たちの世代はそれ以前・以後のすべての世代とは違ったふうに成長しました。私たちの世代の最も強力で直接的な体験は戦争でした。戦争を肯定するか否定するか、国粋主義的に捉えるか平和主義的に理解するか〔……〕などはまったくどうでもよいことなのです。[68]（傍点は引用者）

このように、レマルクと同じ年代の読者にとっても、またレマルク自身にとっても、『西部戦線異状なし』とは決して「反戦小説」のたぐいとして読まれるべきものではなかった。レマルクがこの作品の執筆にあたって特に望んでいたのは――再び彼自身の言葉を引き合いに出せば――あくまで「戦争によって破壊された一つの世代」の物語を書くこと、いいかえれば、「ちょうど生命の鼓動を感じ始めていた決定的な年齢で死と直面」したために、「ほかの世代よりも死や苦闘、そして恐怖の四年間から戻って、労働や進歩という平和な場へと続く道を整えるのが困難だった、一つの世代への理解を目覚めさせる」ことであり、だからこそレマルクが「〔戦場で〕ひっきりなしに起こっていたような、典型的・標準的状況をできるだけ描いた」その動機は、「政治的でもなければ、平和主義的でも軍国主義的でもなかった」のである。[69]

たしかにここではレマルク自身の政治的意図はもとより、彼が自分で描写したような戦争体験を実際に持っていたか否かという問題も、さほど重要ではない（というのは、当時レマルクの「前線体験」には真相不明な疑惑がつきまとっていたからだが）[70]。注目すべきはむしろ、インタビューのなかでレマルク自身が、「私の本で描かれた状況は真実であり体験されたものです」と強調するのに呼応して、同年代のインタビュアー（一八九九生まれ）も、「もちろん。それは私自身の思い出から知っています」とすぐさま同意を示しているように、[71]『西部戦線異状なし』を介して、一つの「典型的な」戦争体験なるものが元青年兵士たちの間で共有されていたことだ。これまでの議論から明らかなように、前線と銃後の断絶の語りを含めたこの虚構の「典型性」は、『一九〇二年生まれ』を「同年齢の運命」[72]として、別の「典型的な」戦争体験を語り始めた若年層を前に、かつての青年兵士たちが構築した一種の防壁ないし対抗武器にほかならなかったのである。

三　「コーホート」との融合――

以上のように、ヴァイマル時代における大戦の語りは、街頭での政治暴力や、元青年兵士と「一九〇二年生まれ」との抗争の表面化など、新たな社会状況が現出するたびに変容を余儀なくされており、一個の戦争ナラティヴが完全に勝利することは遂になかった。だがこうした戦争の語りの流動性は、従来の研究では等閑視される場合が多く、むしろフレックスやユンガーを当時の代表的な言説として取り上げ、それらを回顧的に固定化する傾向が強かったように見える。[73]あるいは、その流動性に着目しながら、それをたとえば「詩的マトリックス」の変化と捉え、その変容の背景にある社会的動因が考察から脱落している場合もある。[74]いずれにせよ、こうした研究上の視点の欠落から、たとえばヴァイマル末期に突如として沸き起こった戦争ブームの原因も、「社会的経験の一部として容易に位置づけられない大戦体験の深刻さ」により、「社会的実践の提言へと熟すまでに一〇年の歳月を要した」という心理的理由か、「アヴァンギャルドの勝利」、「アイロニーと不安」、「途方に暮れた自己憐憫」などのような、いわば時代の雰囲気の産物として説明されてきた。[75]

だが、今まで論じてきたように、ちょうどこの時期にいわゆる元青年兵士と戦時青少年世代の争いが表面化し、戦争の記憶をめぐる闘争が激しさを増していたことも、このブームをもたらす一因になったと考えられる。実際、相対的安定期にはいわゆる前線世代に包摂される年齢集団の間でも、戦争小説による過去の回想を「もう十分」だとして、「前を見据える」ことを求める主張が出ていた一方、わずか数年後のヴァイマル末期には、ほかならぬこの年代の人間から、「戦争が心に生じさせる大いなる映像」を描いたレマルクに匹敵するような、「偉大な戦争本」を待望する声が上がっている。(76) 若い世代の攻撃にさらされ始めた元青年兵士たちにとって、過去の大戦の見直しこそ、そのアイデンティティを再確認し、かつさらに強化させるための最も有効な手段だったのである。

他方、「年長世代の犠牲者」として世代意識を形成した「一九〇二年生まれ」たち、すなわち戦時青少年世代も、戦争自体を否定したわけでないことは強調されねばならない。むしろ、一九三一年の社会民主党の党大会で、「戦争を繰り返すな！（Nie wieder Krieg!）というスローガンは青年にわずかなインパクトしか与えていない」と慨嘆されたように、戦争への憧憬はこの年齢層のなかにも強烈に存在していた。(77) それだけに彼らのなかには、元青年兵士を同じ「二〇世紀の人間」、あるいは「若き世代」として、自己の陣営に取り込もうとする動きすら頭をもたげることにもなる。たとえば戦時青少年世代による次の提言（一九三〇年）は、大戦を若くして経験した年齢集団と大戦以後のすべての世代を同じ「二〇世紀の人間」として括り、そこからかつての青年兵士たちに対して相互の同盟を呼びかけたものである。

前線世代が機嫌を損ねたからといって一九〇二年生まれを攻撃すれば、同じ連隊のなかの二つの大隊が互いに撃ち合うような神経戦になる。それはナンセンスではないか。〔……〕今日では世代継起は無秩序に陥っている。たしかなのはただ、一八八〇年以前に生まれた者が「古い世代」であるということだけだ。〔……〕一般的にいえば、彼らは二〇世紀の影響が及びうる範疇の外に立っている。／ところで、もう既に二〇世紀の最初の精神的作用が現れつつある。だが一八八〇―一八九〇年生まれの場合、たいていはまだ明らかに旧世紀の者ばかりで、例外的に新世紀の者がいるにすぎない。そしてその後に「前線世代」が続き、その後に中間の世代として一九〇二年生まれが続くのだ。〔……〕前線世代とそれ以後のすべての世代は同じ穴のムジナである。みずからそう望むからではない（それは副次的なことだ）、歴史がそう望むからだ。〔……〕我ら一九〇二年生まれの人間は、彼〔ハンス・トーマス＝ハンス・ツェーラー（一八九九―一九六六）〕にただこう懇願したい。深呼吸をして少し攻撃をやめてくれと。〔……〕ハンス・トーマスよ。拒否は間違っている。前線世代よ、手を取り合おう！[78]

見られる通り、この提言では「一九〇二年生まれ」という自己規定から翻って、ほかの諸々の世代の輪郭も同じように出生年に沿って区切られ、しかもその各々にそれぞれ特殊な性格が割り振られている。すなわち、一八八〇年以前に生まれた者は「一九世紀の人間」であり、一八八〇―九〇年の間に生まれた者は一九世紀と二〇世紀の混合型、そして「二〇世紀の人間」たる「前線世代」とは一八九〇年以降に生まれた人間であると。それゆえここにおいて、世代は遂にコーホートの形象と同化したといえるだろう。いいかえれば、ここで世代は、その輪郭が一義的に出生年によって画され、またその特性や運命も、もっぱら「生まれのタイミング」によって決定される集合体へと変貌を遂げているのである。

それだけに、これ以降統計グラフで民族全体における諸々の世代の位置を可視化しようとする際には、各世代の輪郭を画定するために出生年を記載する必要性にも迫られることになる。その一例として、たとえば図7―3をご覧いただきたい。これは、右の論者と同じくいわゆる「一九〇二年生まれ」に属し、「一九三〇年代の政治世代論に特に影響力を持った」[79]ギュンター・グリュンデル（一九〇三―?）が作成した世代の分類図で、一九三〇年におけるドイツの人口ピラミッド（図6―1）のうち男性人口の部分（左側）を切り取ってデフォルメしたもの

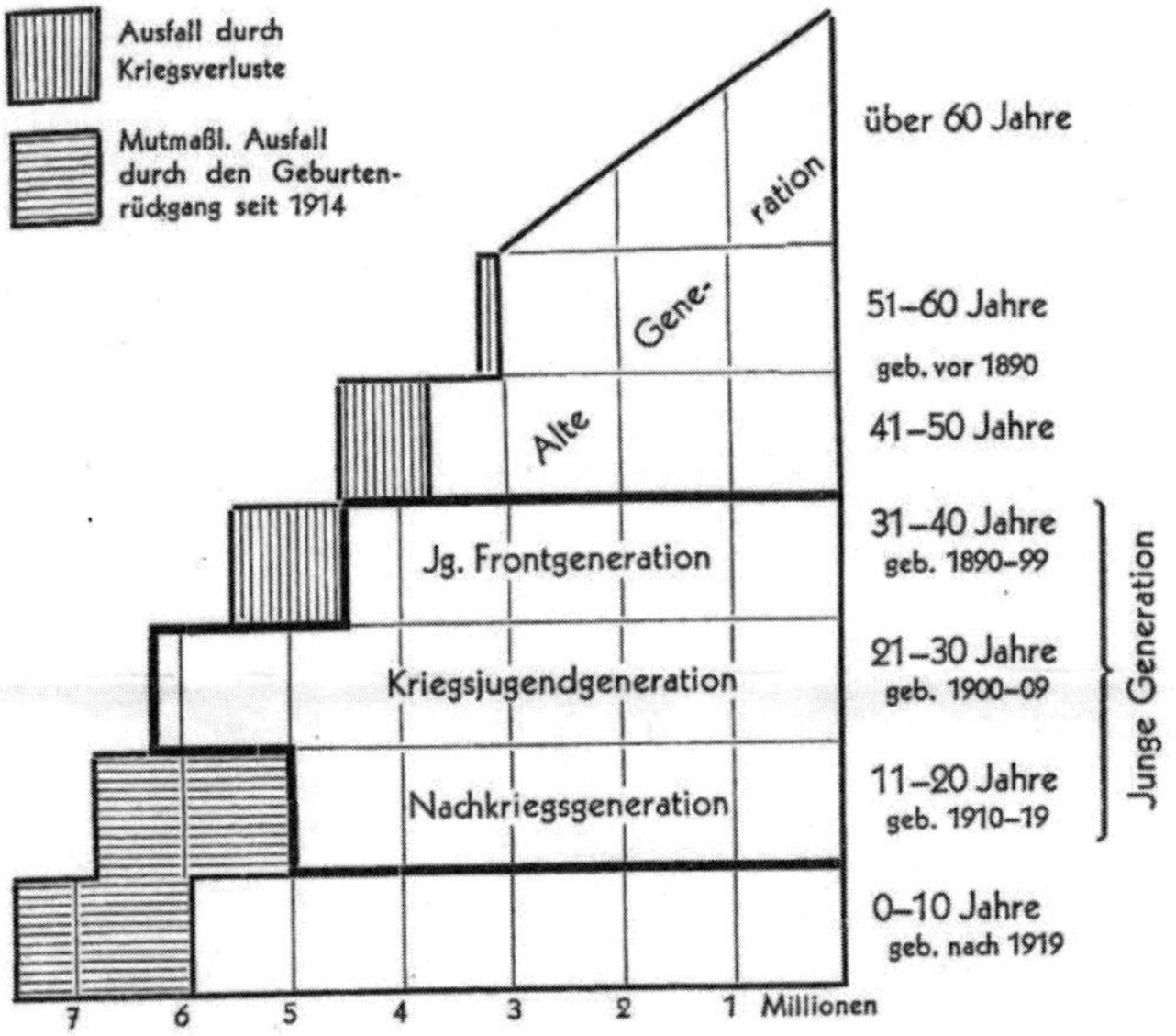

Der Altersaufbau der männl. deutschen Bevölkerung (linke Hälfte der „Bevölkerungspyramide"), annähernd berechnet auf den Stand von 1930

図 7-3　グリュンデルによる世代区分（1932 年）

である（一九三二年）。ここで提案された「若き前線世代」・「戦時青少年世代」・「戦後世代」という区分けは、今日にいたるまで歴史家の間でも基本的に受け継がれている分類パターンだが[80]、いずれにせよこの図において、各世代の人口の大きさ（縦縞が大戦で喪失した人口の部分、横縞が少子化によって失われた人口の部分を示す）と併せて、出生年がその範囲を設定するために書き込まれているのが分かるだろう。すなわち、若き前線世代は一八九〇―九九年生まれ（一九三〇年時点で三一―四〇歳）、戦時青少年世代は一九〇〇―〇九年生まれ（同二一―三〇歳）、そして戦後世代は一九一〇―一九年生まれ（同一一―二〇歳）と、各世代間の境界線が正確に年単位で引かれているのである。

ただし、グリュンデル自身がこの図で意図していたのは、若き前線世代と戦時青少年世代とを同じ「若き世代」という上位概念に組み入れて、両者の結束と「古き世代」（一八九〇年以前に生まれた四一歳以上の集団〉との対決の必要性を主張すること、つまりライフステージとしての青年と老人の対立というあの二元論的思想にあった。いわく、「戦時中ドイツの前線にはおよそ三〇歳の年齢幅があり、それはちょうど一つの『世代』に相当する大きさ」だが、それにも関わらずこの年齢幅をまとめて「前線世代」と呼ぶことはできない。なぜなら、「この〔年齢間隔の〕真ん中には『新しい青年』という分割線が走っている」からであり、「最も若い前線戦士がこれらの世代の分岐点に立っている」。いわば――老いも若きも一括りにした前線兵士全員ではなく――この若い前線兵士たちだけが、「戦争体験ないし前線体験の本来の担い手に定められているのだ。というのは、この新しい青年は、ブルジョア的日常の退屈さにまだ根を下ろしておらず、まだ感受性が豊かであるがゆえに既に凝り固まった年寄りに比べてより強く、より深くこの偉大な出来事を体験しており、それゆえ彼らのなかでこそ、その出来事はまったく特別に実り多いものとなったに違いないからだ」。だからこそ、グリュンデルにいわせれば、この「若き前線世代」はまた「あの古い世代の全世界が最終的に根底から崩壊するという体験」を経た戦時青少年世代とともに、新世界の建設という「若き世代の使命」を共有する資格を持つことができるのである。(81)

それゆえ我々は三つに分かたれた世代であり、それぞれの資質はほとんど理想的な役割分担を可能にするだろう。さらに我々はまた、一つの偉大な、根底から世界を覆すような出来事を含む体験の統一体でもあり――というのは、世界大戦・革命・戦後の危機は一個の大きな出来事、相互に意味深く関連し合う歴史的にまとまった一つの現象だからだ――、それゆえ無意識のなかに共通の基盤、共通の出発点、共通の合意形成の基礎を持っているのだ。したがって、我々を邪魔するものなど何もない。これまで互いを分裂させ誤解させてきたあらゆる多様性を越えて、本質共同体という集合的自我の意識のなかで一つの世代として感じること。また我々は基本において決して相互に対立したかったのではなく、むしろお互いのためにありたかったのであり、閉ざされた行動の統一体として現

在と未来の形成に向かうのだと今後とも認識し続けること。こうしたことを邪魔するものはもはやないのである。(82)

このように、「一九〇二年生まれ」(あるいは戦時青少年世代)から前線世代に向けて差し伸べられた和解の手は、そのまま旧来型のライフステージの思考へと回帰することを意味していた。いいかえれば、図7―3に書き込まれた出生年が持つコーホートとしての分割機能は、「若き世代」(Junge Generation)として三つの世代を束ねる太枠によって、大幅に減殺されてしまっているのである。その限りで、世代形象における統計的まなざし=コーホートの支配は、ここにおいても完全な形で貫徹されていたわけではない。というよりむしろ、その後の世代論を特徴づけるライフステージとコーホートとの相互の激しいせめぎ合いは、じつのところこうして世代の形象が出生年で輪郭づけされるようになって初めて、生成してきた事態であるといった方がよい。世代をめぐる思考のなかでコーホートの形象が定着しながらも、なお二〇世紀のドイツ世代論を長期にわたって拘束し続けた青年中心主義のあの圧倒的な力は、ほかならぬこうした社会的な次元におけるライフステージの根強い生命力に支えられていたものであった。

◆注

(1) モードリス・エクスタインズ(金利光訳)『春の祭典――第一次世界大戦とモダン・エイジの誕生』TBSブリタニカ、一九九一年、二〇〇―二三三頁。だが労働者階級出身の兵士の場合、前線体験は大戦を通じて戦前の思考パターンに従って解釈されていた。たとえば軍隊内部における不平等・不公平などは、労働者兵士にとって戦前の階級秩序の延長にほかならないものとして映っていた(Benjamin Ziemann, Das „Fronterlebnis" des Ersten Weltkrieges – eine sozialhistorische Zäsur? Deutungen und Wirkungen in Deutschland und Frankreich, in: Hans Mommsen (Hg.), *Der Erste Weltkrieg und die*

europäische Nachkriegsordnung. Sozialer Wandel und Formveränderung der Politik, Köln, 2000, S. 43-82, bes. S. 54-65)。

（2） Philipp Witkop (Hg.), *Kriegsbriefe gefallener Studenten*, München, 1928, S. 335.

（3） ソール・フリードランダー編（上村忠男・小沢弘明・岩崎稔訳）『アウシュヴィッツと表象の限界』未来社、一九九四年。

（4） Ernst Schulin, Weltkriegserfahrung und Historikerreaktion, in: Wolfgang Küttler, Jörn Rüsen, Ernst Schulin (Hg.), *Krisenbewußtsein, Katastrophenerfahrungen und Innovationen 1880-1945* (*Geschichtsdiskurs*, Bd. 4), Frankfurt a. M., 1997, S. 165-188; ただし第一次世界大戦後のドイツ歴史叙述には、国家史・政治史から「民族史」へのパラダイム・シフトが起こっており、それは後にナチスの東方政策へと回収されていくことになる。これについては、Willy Oberkrome, Historiker im „Dritten Reich“. Zum Stellenwert volkshistorischer Ansätze zwischen klassischer Politik- und neuerer Sozialgeschichte, in: *Geschichte in Wissenschaft und Unterricht*, 50. Jg., Heft 2, 1999, S. 74-98.

（5） エクスタインズ、一九九一年、三九三―三九六頁。

（6） いうまでもなく志願兵や徴集兵は教養ある市民層出身者だけでなく、手工業者や農民、都市労働者など多様な階層から構成されていたが、フランス革命以来、戦争の語りはもっぱら、軍隊では圧倒的少数派だが教育と表現力を備えたブルジョア市民層によって担われていた（ジョージ・L・モッセ（宮武実知子訳）『英霊――創られた世界大戦の記憶』柏書房、二〇〇二年、二〇―二三頁）。

（7） Ernst Jünger, *In Stahlgewittern. Aus dem Tagebuch eines Stoßtruppführers*, 2. Aufl., Berlin, 1922 [erst veröffentlicht 1920], S. V. [Vorwort zur 1. Aufl.]

（8） これはもちろん、告白行為を真理産出のための権力作用と見るフーコーの議論に依拠している。告白という儀式においては、真理の産出は告白する者の側ではなく、告白を聴く者の側で成就する。「〔告白を〕聴く側は、単に赦しの権限を握る師、断罪し、あるいは無罪とする裁き手ではなくなる。彼は真理を握る主人となるだろう」（ミシェル・フーコー（渡辺守章訳）『性の歴史Ⅰ　知への意志』新潮社、一九八六年、八七頁）。

（9） ドイツ人戦死者一九〇万八七六人のうち、三万四八三六人は海軍の軍人で、一一八五人はドイツの旧植民地に滞在していた。さらに、大戦中にはおよそ八万人のドイツ人兵士が捕虜として捕えられており、彼らの大多数は一九一九年秋から一九二〇年夏にかけてドイツに帰還している（Richard Bessel, “The ‘front generation’ and the politics of Weimar Germany”, Roseman (ed.), 1995, p. 124f.)。

(10) *Ibid.*, p. 135.

(11) Reulecke, 2003, S. 212.

(12) Roseman, 2005, S. 191f.

(13) Robert Wohl, *The Generation of 1914*, Harvard University Press, 1979.

(14) ハンス・モムゼン（住沢とし子訳）「ワイマール共和国における世代間抗争と青年の反乱」『思想』第七一一号、一九八三年、九七―一一二頁。

(15) 第二章第一節を参照。

(16) Stambolis, 2003, S. 11f.

(17) ギリス、一九八五年、一四九―二〇六頁。

(18) 第一次世界大戦前の青年運動については、田村、一九九六年、四七―一一八頁。

(19) „Freideutscher Jugendtag 1913. Jahrhundertfeier auf dem Hohen Meisner am 11.-12. Oktober" [Einladungsflugblatt zur „Jahrhundertfeier auf dem Hohen Meisner"], in: Mogge, Reulecke (Hg.), 1988, S. 68.

(20) 青年運動のイデオローグ、グスタフ・ヴュネケン（一八七五―一九六四）によれば、青年期は単に成人への準備期間ではなく、「それ固有のかけがえのない価値、固有の美、そしてその結果として自己の人生に対する権利、独自のやり方を展開させる可能性への権利も持ち合わせる」（Gustav Wyneken, *Der Gedankenkreis der Freien Schulgemeinde – Dem Wandervogel gewidmet*, Leipzig, 1913, S. 10f.）。

(21) „Freideutscher Jugendtag 1913", in: Mogge, Reulecke（Hg.）, 1988, S. 68.

(22) Zit.n. Winfried Mogge, Wandervogel, Freideutsche Jugend und Bünde. Zum Jugendbild der bürgerlichen Jugendbewegung, in: Koebner, Janz, Trommler (Hg.), 1985, S. 183f.; だがヴァルター・ベンヤミンは、戦争を容認する主張を展開したヴュネケンに対し、青年に「唾棄すべき裏切りを犯した」として絶縁状を叩きつけている（田村、一九九六年、一〇三―一〇四頁）。

(23) 「ランゲマルクの青年」については、Uwe-K. Ketelsen, „Die Jugend von Langemarck". Ein poetisch-politisches Motiv der Zwischenkriegszeit, in: Koebner, Janz, Trommler (Hg.), 1985, S. 68-98; Bernd Hüppauf, "Langemarck, Verdun and the Myth of a *New Man* in Germany after the First World War", *War and Society*, Vol. 6, No. 2, 1988, pp. 70-103, quoted in p. 70; この神

話が形成された背景に、軍隊内部での急速な熱狂の後退を見たのはモッセである（モッセ、二〇〇二年、八〇頁）。

（24） Hüppauf, 1988, p. 74.

（25） Zit. nach Ketelsen, 1985, S. 77.

（26） Hüppauf, 1988, p. 98. [Fn. 10]

（27） Justus H. Ulbricht, Der Mythos vom Heldentod. Entstehung und Wirkungen von Walter Flex' „Der Wanderer zwischen beiden Welten", in: *Jahrbuch des Archivs der deutschen Jugendbewegung*, 16, 1986/87, S. 111-156, hier, S. 111; ただしフレックス自身は青年運動に参加したことはなかった。

（28） ニーチェのツァラトゥストラやゲーテの遍歴者の喩えは、Walter Flex, *Der Wanderer zwischen beiden Welten. Ein Kriegserlebnis*, 13. Aufl., München, 1918 [erst veröffentlicht 1917], S. 6f.

（29） Ebd., S. 13.

（30） Ebd., S. 84f.

（31） Ulbricht, 1986/87, S. 152.

（32） Flex, 1918 [1917], S. 41.

（33） Ebd., S. 103.

（34） Ulbricht, 1986/87, S. 147f.

（35） Dirk Schumann, Einheitssehnsucht und Gewaltakzeptanz. Politische Grundpositionen des deutschen Bürgertums nach 1918（mit vergleichenden Überlegungen zu den britischen *middle classes*）, in: Hans Mommsen（Hg.）, *Der Erste Weltkrieg und die europäische Nachkriegsordnung. Sozialer Wandel und Formveränderung der Politik*, Köln, 2000, S. 83-105, hier zit. nach S. 100.

（36） Rusinek, 2003, S. 139.

（37） 川合全弘「自己肯定と自己否定に揺れるドイツ国民意識――ドイツにおけるエルンスト・ユンガー受容の現在」同著『再統一ドイツのナショナリズム――西側結合と過去の克服をめぐって』ミネルヴァ書房、二〇〇三年、二一五頁から引用；ジェフリー・ハーフ（中村幹雄・谷口健治・姫岡とし子訳）『保守革命とモダニズム――ワイマール・第三帝国のテクノロジー・文化・政治』岩波書店、一九九一年、一二九頁。なお、田野大輔はこれらの両極的な立場とは異なり、ユンガーという人物を

「ベンヤミンとの精神的類縁性さえ感じさせる冷徹さ」を持ちながら、なお「ファシズムの内面から『政治の美学化』を語る」者とする両義的な見解を採っている（田野大輔『魅惑する帝国――政治の美学化とナチズム』名古屋大学出版会、二〇〇七年、二二六―二二九、四〇―四二頁）。

(38) Jünger, 1922 [1920], S. 16, 20, 3, 80, 154.

(39) Flex, 1918 [1917], S. 10.

(40) Jünger, 1922 [1920], S. 62.

(41) Ebd., S. 136.

(42) 星乃治彦「暴力・街頭・抵抗」田村栄子・星乃治彦編『ヴァイマル共和国の光芒――ナチズムと近代の相克』昭和堂、二〇〇七年、二五八―二五九頁。

(43) Dirk Schumann, *Politische Gewalt in der Weimarer Republik 1918-1933. Kampf um die Straße und Furcht vor dem Bürgerkrieg*, Essen, 2001, S. 33, 51f.

(44) Ebd., S. 89f. hier zit. nach S. 92.

(45) Bernd Weisbrod, Gewalt in der Politik. Zur politischen Kultur in Deutschland zwischen den beiden Weltkriegen, in: *Geschichte in Wissenschaft und Unterricht*, 43. Jg., 1992, S. 392.

(46) Rolf Peter Sieferle, *Die Konservative Revolution. Fünf biographische Skizzen*, Frankfurt a. M., 1995, S. 139; Bernd Weisbrod, Kriegerische Gewalt und männlicher Fundamentalismus. Ernst Jüngers Beitrag zur Konservativen Revolution, in: *Geschichte in Wissenschaft und Unterricht*, 49. Jg., 1998, S. 559.

(47) Hans-Harald Müller, *Der Krieg und die Schriftsteller. Der Kriegsroman der Weimarer Republik*, Stuttgart, 1986, S. 221.

(48) Schumann, 2001, S. 94f.; だがそのわずか一年後には、市民層や社会民主主義系の新聞は共産主義者を犯罪者集団と断じ、「モスクワの吸血鬼」と罵倒している。この時期の彼らにとって共産主義者の生命を容赦することは、もはや「自殺に等しい感傷」でしかなかった（ebd., S. 130f.）。

(49) Jünger, 1922 [1920], S. 137; もっとも、早くも『内なる体験としての闘争』（一九二二年）ではユンガーの英雄像は変貌し、「闘争のなかで動物性が秘められた怪物として、魂の奥底から這い上がってくる」者、「血の快楽」を知る者となる（Jünger, 1922, S. 7-9.）。だがいずれにせよ、ユンガーの描く前線兵士が実情とはかけ離れた一つの「神話」であることはいうまでもない。

大戦中には兵役忌避者もいれば、西部戦線に送られることを拒否して将校と流血の騒動を起こす兵士もいたし、本国送還を目的とした自傷行為、いわゆる「ふるさと射撃」（Heimatschuss）なども前線では広く知られたものであった（Bessel, 1988, p. 24-26, 32)。

（50） Erich Maria Remarque, *Im Westen nichts Neues*, 13. Aufl., Köln, 2006 [erst veröffentlicht 1929], S. 117（レマルク（秦豊吉訳）『西部戦線異状なし』新潮文庫、一九五五年、一九〇頁）

（51） Ebd., S. 119（秦訳、一九四頁）

（52） Ebd., S. 127, 114, 129（秦訳、二〇九、一八五、二一五頁）

（53） Jünger, 1922, S. 15.

（54） Ebd., S. 42.

（55） Flex, 1918 [1917], S. 53; Jünger, 1922 [1920], S. 65.

（56） ポイカート、一九九三年、一三一一四、二一一二二、七七一八四頁。

（57） Peukert, 1987, p. 173-175.

（58） ポイカート、一九九三年、七七頁。

（59） Bessel, 1988, p. 22f., 29-31.

（60） 彼らはおもにナチ党と共産党の党員や票田となった。たとえばナチ党は党員の平均年齢が一九二五年に二九歳、一九三二年には三五歳と、他党に比べ際立って「若い政党」であり、当時これに比肩しうるのは共産党のみだった（Michael H. Kater, Generationskonflikt als Entwicklungsfaktor in der NS-Bewegung vor 1933, in: *Geschichte und Gesellschaft*, 11. Jg., Heft 2, 1985, S. 230f.）。

（61） Schumann, 2001, S. 140, 241, 282, 228f., 244.

（62） Fritz Rosenfeld, Rez. von E. Glaeser „Jahrgang 1902", in: *Die Bücherwarte*, Jg. 1928, S. 327f.; Heinz Holler, Naturgeschichte einer Generation? Zu Gläsers „Jahrgang 1902", in: *Widerstand*, 4. Jg., 1929, S. 205; Erich Franzen, Rez. von E. Glaeser: „Jahrgang 1902", in: *Die Literarische Welt*, 4. Jg., No. 42, 1928, S. 5.

（63） Rosenfeld, 1929, S. 327.

（64） Ernst Glaeser, *Jahrgang 1902*, Berlin, 1928, S. 323.

(65) Jürgen Reulecke, Das Jahr 1902 und die Ursprünge der Männerbundideologie in Deutschland, in: ders., 2001, S. 35-46, hier S. 35f.

(66) Zit.n. Hans Thomas [i. e. Hans Zehrer (1899-1966)], Absage an den Jahrgang 1902, in: *Die Tat*, 21. Jg., 1929/30, S. 743, 745, 748; Siegfried Kracauer (1889-1966), Neue Jugend?, in: *Neue Rundschau*, Bd. 42, 1931, S. 138-140; Jung (1894-1934), 1930, S. 528.

(67) Axel Eggebrecht (1899-1991), Paul Bäumer, der deutsche Unbekannte Soldat, in: *Die Weltbühne*, 25. Jg., Erstes Halbjahr, 1929, S. 212f.; Ernst Toller (1893-1939), Rez. von „Im Westen nichts Neues“, *Die Literarische Welt*, 5. Jg., No. 8, 1929, S. 5.

(68) Axel Eggebrecht, Gespräch mit Remarque, in: *Die Literarische Welt*, 5. Jg., No. 24, 1929, S. 1-2, hier S. 1.

(69) “The End of War? Correspondence between Erich Maria Remarque and General Sir Ian Hamilton”, *Life and Letters*, Vol. 3, No. 18, 1929, p. 403, 405f., 408, 405; なお、日本で最も広く読まれていると思われる新潮文庫版の秦豊吉訳では、『西部戦線異状なし』の巻頭に掲げられたレマルクの注記「Es soll nur den Versuch machen, über eine Generation zu berichten, die vom Kriege zerstört wurde - auch wenn sie seinen Granaten entkam」(〔本書は〕ただ砲弾は逃れても、なお戦争によって破壊された一つの世代Generationを報告する試みにすぎない)のうち、「Generation」を「時代」と訳しているため、以上のようなレマルク自身の動機がまったく伝わっていない。

(70) 一九一六年八月に徴集され、一九一七年六月に戦闘を初体験したレマルクは、既に一九一七年八月三日から一九一八年一〇月三一日まで入院していたという。つまり戦闘の初体験から入院までは二ヵ月程度で、しかもその負傷は——真偽は定かでないが——本国へ送還されるために、レマルク自身が傷つけたものだという証言もある(エクスタインズ、一九九一年、三七八頁)。

(71) Eggebrecht, Gespräch mit Remarque, 1929, S. 1.

(72) Fritz Dietrich, Rez. von „Jahrgang 1902“, *Die Literatur*, 31. Jg., Heft 3, 1928, S. 168.

(73) たとえばロイレッケは、大戦中における兵士の表象の変貌を論じる一方で、大戦後の戦争の語りをユンガーに代表させ、その連続性をスターリングラード戦まで設定している(Jürgen Reulecke, Vom Kämpfer zum Krieger. Zum Wandel der Ästhetik des Männerbildes während des Ersten Weltkrieges, in: ders., 2001, S. 89-101; ders., 2002)。

(74) Müller, 1986, S. 36-93.

(75) 川合全弘「戦争体験、世代意識、文化革新——ドイツ前線世代についての一考察」同著、二〇〇三年、二〇三頁；エクスタインズ、一九九一年、三七四—四〇三頁。

(76) Kurt Tucholsky (1890-1935), Vorwärts – !, in: *Die Weltbühne*, 22. Jg., Erstes Halbjahr, 1926, S. 1-4; Hans Thomas [Hans Zehrer], Wohin rollt die Zeit?, in: *Die Tat*, 22. Jg., Heft 2, 1930, S. 81f.

(77) Zit. nach Rusinek, 2003, S. 127.

(78) Uttmann von Elterlein (1902-?), Absage an den Jahrgang 1902?, in: *Die Tat*, 22. Jg., Heft 3, 1930, S. 202-206, hier S. 204-206.

(79) ヘルベルト、二〇〇二年、二六頁。

(80) ヘルベルト（序章参照）、あるいはポイカートやヴィルト（第二章参照）もその一例だが、ロイレッケもまたこうした戦時青少年世代の自己規定を前提としてその特徴を並べている。いわく、「こうした世紀コーホート（Jahrhundertkohorte）、つまりおよそ一九〇二年から一九一二年に生まれた者」たちは、「戦時中から戦後期にかけての荒廃した生活状況のなかで成長したことで、一方では年長世代に対して深い懐疑（エルンスト・グレーザーの『戦争、それは僕らの親のことさ!』）を抱きながら、他方では新たな救済の教えや反ブルジョア的な生活形態への扇動に特別に乗せられやすかった」と（Reulecke, 2001, S. 36）。

(81) Gründel, 1932, S. 24f., 39.

(82) Ebd. S. 63, Hervorh.i.O.

■元青年兵士の「世代」意識

以上に論じてきたことからも明らかなように、ドイツにおいて世代形象がライフステージからコーホートへと転換した瞬間は、統計的まなざしが社会に定着した一九三〇年前後に置くことができると考えられる。とはいえ、第七章の末尾にも触れておいたように、その時点ではなおライフステージとコーホートとは世代という容器のなかで相互に激しくせめぎ合っており、一方が他方を完全に圧倒したわけでは決してなかった。それに、こうした二つの形象の対立は、当然ながら何も戦時青少年世代の内部に限られていたわけではなく、むしろとりわけ元青年兵士と「一九〇二年生まれ」との間で顕在化していたものである。それだけに、特に第七章の議論のなかで、若くして前線に赴いた集団を指示するのに「いわゆる前線世代」とか「前線世代として括られる年齢集団」など、ぎこちない表現を多用せざるをえなかったのも、ひとえに元青年兵士と「一九〇二年生まれ」との間に見られた二つの形象の拮抗という状況に目を閉ざすわけにはいかなかったからである。いいかえれば、「一九〇二年生まれ」（戦時青少年世代）の側から提起されたコーホートとしての「前線世代」の形象と、一九三〇年以前に元青年兵士の圧倒的多数が描いていた自画像とは、明らかに同一のものではない。当時の元青年兵士の手になる「世代」としての自己描写は、やはり基本的には旧来のようなライフステージの形象にもとづいたものであった。その事例は文字通り枚挙にいとまがないものの、ここで再びレマルクを引き合いに出せば、たとえば次の記述も二〇年代末におけるこうした元青年兵士の自意識を反映したものであったといえる。

人はおそらく僕らのこの心持ちをわかってくれないだろう……僕らの前の人たちは、同じく僕らと一緒にこの戦線で幾年かを過ごしているけれども、その人たちは〔故郷に〕寝床と職業を持っている。今はただ昔の位置に帰ってゆけばいいのである。その位置につけば、また戦争なんてものも忘れてしまうであろう。……僕らの後には、また新しい時代の人たちがいる。それは昔の僕らと同じような人たちだ。それは僕らにとってまったく何の関係もなく、僕らを傍へ押し除けて進む人々である。僕らは僕ら自身というものに対してすら、まるでよけいな人間になっている。僕らはこれからいよいよ成長するであろう。ある者はうまく順応してゆくだろう。ある者はたくみに身を処してゆくであろう。けれども多くの者は、まったく途方にくれるよりほかはない……その間に年月は消えてゆき、僕らは結局滅びてしまうほかないのである。(1)（傍点は引用者）

見られる通り、これはいわば――いまだ生活に根を下ろしていない青年期の段階で破壊的な経験に直面したことから――通常のライフコースから逸脱してしまった人間集団という自己規定である。すなわち、十分な人生経験を重ねている者は既に生活に深く根を下ろしているため、こうした破壊の経験の後でも昔ながらのライフコースへと立ち帰ることができる。他方で戦争が終わった後に成長してきた若い人間は、こうした破壊の経験を持たないために、やはりかつての自分たちと同じく通常のライフコースを歩んでいくことになるだろう。それに対して、戦争によってそのコースからの逸脱を余儀なくされた例外的な自分たちは、時の経過とともに消滅する運命にあり、結局何事もなかったかのように人間はこれまで通りのライフコースを再び反復していくことになる、と。

こうした意識は明らかに、コーホートごとに特殊な性格を持ち、それぞれ独自のライフコースを歩むという発想ではない。むしろ、本来ならば出生年に関わらずあらゆる人間が同一の諸段階を経ていくという、あのライフステージの形象にほかならない。その意味でレマルクの『西部戦線異状なし』とは、いわゆる「前線世代」の声を代弁するものであったと同時に、旧来型のライフステージの最後の輝きでもあったと見ることができる。だからこそ第七章でも、こうした元青年兵士たちと「一九〇二年生まれ」とを同じ「世代」という語で一括りにすることは躊躇され、右のようなぎこちない表現に終始せざるをえなかったのである。

■世代の増殖と境界の恣意性

とはいえ、一九三〇年代に入るとこれら元青年兵士の年齢層の間でも、自己意識に出生年という契機を含ませようとする動きが芽生え始めたことは否定できない。たとえばユングなどは、早くも一九三〇年に「戦争世代」を「およそ一八八五―一九〇〇年生まれの人間」であると定義しているように[2]、いち早く世代の境界を出生年で輪郭づけるという発想を議論のなかに取り込んでいた。だがその一方で、このようにコーホートの形象が世代をめぐる思考のなかで徐々に浸透していくに伴い、その思考に一つの特徴的な傾向が顕在化し始めたことにも注意しておく必要がある。すなわち、世代の輪郭が高度に伸縮自在となり、それに応じて世代として括られる集合体が増殖していくという傾向である。

これにはもちろん、論者によって世代の境界設定に多かれ少なかれぶれが生じるという事態も含まれている。たとえば、右のユングの規定によれば「戦争世代」は一八八五―一九〇〇年生まれであるのに対し、同じような特徴を付与された年齢集団を指示するグリュンデルの「若き前線世代」が一八九〇―一八九九年生まれと、両者の間に微妙な齟齬が生じていることなどはその一例である。しかしそれよりもはるかに重要だと思われるのは、世代がコーホートの形象を通じてきわめて正確に輪郭づけられるようになったことで、かえって極端に伸縮可能で細分化可能な集合体と化してしまったということである。こうした傾向は、既にグリュンデルの議論にもはっきり見出すことができる。すなわち、前線世代・戦時青少年世代・戦後世代という世代の分類は、さらに五つの下位グループに区分可能だという議論である。

こうして作られた下位集団に通し番号を付け、若き前線世代をさらに二つの集団に分けるなら〔第Ⅰ集団は一八九二年前後に生まれた先遣隊として。最初の青年運動の担い手であり、若い成人男性として前線に召集される。第Ⅱ集団は一八九七年前後に生まれた者で、まだうら若い時分に、学校から直接前線に召集される〕、一九〇三／〇四年前後に生まれた戦時青少年世代は第Ⅲ集団、戦後世代の場合は第Ⅳ集団と第Ⅴ集団というふうに分けられるだろう。／第Ⅳ集団――〔戦後世代のうち〕年長組で、それゆえ既に〔出来事を〕自分で解釈できる段階にあったとまずは考えたい――は、人生のまだ初期段階（一九〇七年前後に生まれた）においてインフレーションという、いずれにせよ特異といえる体験を本来の戦時青少年世代と共有することになった。〔……〕一九一五年前後に生まれたこの青年〔第Ⅴ集団〕は、世界大戦・革命・インフレなどで発生した諸々の問題すべてをその場しのぎで一時休眠させた世界において自我を目覚めさせたために、ただ経済・技術・スポーツだけが大事なものとされた。〔……〕(3)

このように、グリュンデルにあっては出生年という明快な規準に従って正確に枠づけされたはずの前線世代も戦後世代も、再び出生年によってさらなる下位集団に分解されることで、世代としての一体性に亀裂を生じさせてしまっている。たしかにその下位区分にはそれぞれ歴史的状況の特殊性という形で意味づけが施されているが、いずれにせよこうした世代の増殖ないし細分化の傾向そのものは、じつのところ出生年が世代の範囲を画する境界線として定着したことから帰結したものにほかならない。すなわち、コーホートが人口を一年ごとに区分する統計上の単位である以上、まさしくこのコーホートとして成立した世代の形象も、極端にいえば一年ごとに形成されるという事態すら思考不可能ではなくなったのである。既に「鼓動仮説」から「刻印仮説」へのシフト（第一章）を通じて、世代が形成される起点は三〇年間隔の準自然的な律動から解放されていたが、コーホートの形象はいわばこの起点をさらに年単位へと分割したことになる。実際、これ以降ドイツの世代なるものは、さまざまな視点からさまざまな仕方で人口を切り刻むようになり、かえって世代としての一義的なまとまりは空洞化してしまったといえる。たとえば、次のような世代区分の提言（一九三一年）を見ても、それがグリュンデルのいう戦時青少年世代と戦後世代に相当する年齢集団を対象としながら、世代間の境界線をさらに細かく分割していることが分かるだろう。

しかし一九〇〇―一九〇八年の間に生まれた者は比較的、その経験・苦悩・ダイナミックなものへの喜びが豊富である。〔……〕それに対して一九一二―一九一六年生まれの場合、その年齢の違いを別にしても、この意識がもっと遅れて発達した。〔……〕この年齢層〔一九〇四―一九〇八年生まれ〕は戦争の前後はもう学校に通っていたが、その当時は今日の学校で支配的な知の教材や視野の大いなる単純化はまだ出てきてはいなかった。だから彼らにあっては、概念やイメージや想像力が豊富に見られるが、そうしたものは一九〇八―一九一二年生まれでも見られないし、ましてや一九一二―一九一六年生まれなどはまったく持ち合わせていないのである。(4)

つまり、世代は出生年という明晰な境界線を手に入れた代償として、常に細分化への傾向を孕むことになったのである。しかもそこには否定しがたい恣意性がどうしても伴わざるをえない。というのは――ここでもう一度繰り返せば――そもそもコーホートとは、人口に関する統計データの採取・処理のための人為的な分類格子として編み出されたもの、いいかえれば、マンハイムのいう「世代基層」の次元に分析のメスを入れる際に、対象を可視化すべく施される人為的操作のための概念用具にほかならないからだ。それだけに、二〇世紀の世代形象がこのコーホートと同一化したとき、併せてその人為性＝恣意性も内部に抱え込まざるをえなかった。ほかならぬこのような事情から、二〇世紀以降の世代には特有の胡散臭さが付きまとうことになる。ホイジンガ（一八七二―一九四五）が世代論に投げかけた次のような批判は、まさにこうした「明快な境界設定」という行為に付随する恣意性に対して、その矛先を向けたものと見ることができるだろう。

> 一七〇〇―三三年、一七三四―六九年、一七七〇―一八〇〇年という三組の世代があるとしよう。それによって、一八世紀の歴史を構成する数多くの歴史現象が、勃興・成熟・没落、ないし作用・反作用・総合の流れのなかで思考されるとしよう。しかしながら、まったく容易に一七〇一―三四年、一七三五―七〇年、一七七一―一八〇一年で区切られる世代というのも同じように思考可能であり、かつこれを毎年、いや実際には日ごとにずらしていくこともできる。……この理論〔世代論〕は一つの特殊な、はっきりその範囲を画定できる文化現象に適用されれば、たしかに非常に効果的なものとなるだろう。だが、そのときでさえその効用はまやかしであるといってよい。というのは、世代はそれ自体、生物学的に考えれば常にまったく恣意的なものであり、一つの特殊な歴史現象の発展段階に何らかの形で関与することは決してできないからだ。(5)

つまり、歴史は本質的に途切れのない一連の出来事の積み重ねであり、その動きを暦によって分断することは、いかなる形であれ人為的・恣意的であらざるをえない。それだけにコーホートの形象では、世代の範囲が画定されるとき――それがあまりに明晰であるがゆえにかえって――なぜ当の出生年がその境界線として選択され、別の出生年が選ばれなかったのか、この種の問いが不可避的に浮上することになる。この問いをいいかえれば、世代の輪郭として選択された年齢に包摂される集団は、隣り合った年齢の集団と質的に有意な差異を持たないという意味で、あくまで恣意的に選び出されたものにすぎないということである。仮にこの恣意性を払拭すべく質的に有意な差異を求めようとしても、出生年（＝暦）を境界線にする限り世代は際限なくその輪郭をずらしていかざるをえないという、一種のパラドックスに陥ってしまう。

だからこそ、世代論はコーホートの形象にシフトした後でも、刻印仮説にもとづいたライフステージを完全に棄却することはできなかったのである。「青年期の刻印づけ」という伝統的な仮定、つまりは一定の、かつ曖昧な時間幅を与えられた一ライフステージの特権化の伝統は、複数のコーホートを――その境界線が絶えず揺れ動くことはあるにせよ――同一のライフステージで同じ「刻印」を受けた集合体として大雑把に束ねることを可能にする。図7―3で「若き世代」を取り囲んでいたあの太枠は、ライフステージによるコーホートの分割機能の減殺だといったが、それは同時にこうしたコーホートのずれ込み運動を抑制することでもあったのである。

■生権力の貫徹

とはいえいずれにせよ、このコーホートの形象を通じて、いわゆる生権力の論理が世代という集合体のなかでまがりなりにも貫徹されるようになったことは、やはり強調しておきたい。ここで改めてこの権力の基本的な論理を確認しておくと、それは死を与えるという行為を介してのみ行使される主権者の「剣の権力」――死なせるか、生きるに任せるか――とは正反対に、「生かす」権力、つまり人間の生を管理し最適化（正常化）する代わりに死には関与しない――生きさせ、死ぬに任せる――権力である（それゆえこの権力にとって死刑の執行は一種のスキャンダルであり矛盾である）。しかもこの権力が適用される対象は、個人の身体ではなく人間の生、種としての・集合体としての人間の塊《マス》であり、ここから「人口」という新しい身体が権力の介入対象として登場することになる。この生と死に関する生権力の関与の仕方について、フーコー自身の説明を引用しておこう。

さて、権力が徐々に死なせる権利ではなくなり、生かすために、生きる様態や「いかに」生きるかに介入する権利となってくると、ですからとりわけこうしたレヴェルにおいて権力が介入してきて、生命を最大化し、そこに起こりうる事故や偶然性や欠陥を管理するようになると、生の終わりとしての死は、明らかに権力の終わり、限界、末端となるのです。死は権力に対して外部にあります。それは権力の影響の外にこぼれ落ちるものであり、権力が一般的、包括的、統計的にしか影響を及ぼすことができないものとなるでしょう。権力が影響を及ぼすことができるのは、死ではありません。死亡率なのです。そしてこの意味で、死が私的なものの側に、最も私的なものの側へ戻っていくのは当然です。主権の法においては、死は最も明白に主権者の絶対権力が輝きを放つ点でしたが、いまや反対に死は、個人が権力から逃れ、自己に立ち帰り、いわばその最も私的な部分に閉じこもる瞬間となるでしょう。権力はもはや死を知らない。厳密にいうと、権力は死に関わらなくなるのです。(6)

コーホートとしての世代という形象は、明らかにこの生権力の論理と高い親和性を持っている。そもそもそれが統計という、生権力的な技術に由来するからでもあるが、何より世代論の観点から見て重要な点は、このコーホート概念がまさに出生年で区切られた特定の人間の集合を、その生涯全体にわたって追跡しようとするものだからである。序章でも強調しておいたように、一九世紀以前のライフステージという世代の形象は、あらゆる人間を包摂する代わりに、個々の段階にその範囲が限定されるものであった。それゆえこの形象にあっては、人間の生涯はいわば複数の世代によって分断されており、一つの世代に視線を注ごうとすれば、そこに含まれる人間のその後の人生の歩みは視界の外に置かれてしまう。だがこれとは反対に、コーホートとしての世代の形象は出生年で人口を分断するとはいえ、その枠内に包摂された人間の歩みを出生から死にいたるまで捉え続けるものである。つまり、この形象で一つの世代としての人間の集合に目を向けることは、そのまま当該世代の全生涯を視野に収めることを意味する。人間がこの世代の射程から外れる瞬間とは、まさに死の瞬間でしかなくなるだろう。

その限りで、世代形象におけるライフステージからコーホートへの転換とは、近代的な生権力の論理が世代形象のなかで貫徹されたことを示すものにほかならないのである。[7]

なお、このような観点から見れば、たとえばドイツ世代論でもしばしば取り上げられるナチスの「ヒトラー・ユーゲント」は――初等・中等教育制度一般と同じく――すぐれて一九世紀的な制度形態であるといってよい。たしかにこの組織は、特に一九三六年の「ヒトラー・ユーゲント法」によって加入が法的に義務づけられて以降は、ドイツにおける一〇―一八歳（女子の場合は一〇―二一歳）のすべての男女を一律に管理するための国家組織になったという点で、歴史的に見て革新的なものであった。ここでその組織構成を概観しておくと、ヒトラー・ユーゲントは大まかに分けて次の四つの下位組織から成り立っていた。すなわち、①一〇―一四歳の少年を管轄とする「ドイツ幼年隊」（Deutsches Jungvolk=DJ）、②一四―一八歳の男子を統括する本来の「ヒトラー・ユーゲント」（Hitler-Jugend=HJ）、③一〇―一四歳の女子が加入していた「幼年少女隊」（Jungmädel=JM）、④一四―二一歳の女性青年を対象とする「ドイツ少女団」（Bund deutscher Mädel=BDM）である。なお、ヒトラー・ユーゲント法が施行された後の組織率は、一九三七年にはドイツにおける一〇―一八歳人口九〇六万人に対してヒトラー・ユーゲントの隊員数が五八〇万人（約六四パーセント）、一九三八年には九一〇万九〇〇〇人に対して隊員数は七〇〇万人（約七七パーセント）、一九三九年には八八七万人に対して隊員数八七〇万人（約九八パーセント）である。[8] 第三帝国期に一〇―一八（二一）歳だった男女の青少年は、このようにそのほとんどすべての人口が国家組織による一元的な管理・教育の下に置かれたという意味では、まさしく歴史上前例のない「国家青年」（Staatsjugend）の名にふさわしい存在であった（むろんこうした国家青年の理念はあくまで建前上のもので、「スウィング」や「エーデルヴァイス海賊団」など、一元的な管理体制から逸脱する「非行グループ」は常に生み出されていたが[9]）。

とはいえ、こうした組織形態そのものはやはり、青年期にいるすべての人口を――出生年に関わらず――国家が枠づけ管理するという意味で、どこまでも一九世紀的な世代形象に依拠したものであり、それだけに生権力の論理が十全に実現されたものとはいえない。つまり、この制度だけに特化していえば、ヒトラー・ユーゲントの網目に捕捉されるのはあくまで一〇―一八（二一）歳の段階《ステージ》上に位置する集団のみであり、その限りでこの組織を出た後の隊員のその後の人生は、完全に視界の外に置かれてしまうことになる。これはいうまでもなく、「青年期の刻印づけ」という昔ながらの仮定にもとづく青年中心主義的な思考の制度化にほかならず、それだけにこのヒトラー・ユーゲントの制度は、その表面的な革新性にも関わらず、理念的にはむしろ一九世紀の伝統に根差したものと見るべきである。

　生権力の論理はむしろ、戦後の東西ドイツ社会におけるいわゆる「ヒトラー・ユーゲント世代」（ヒトラー・ユーゲントに所属したコーホート）の人生経路、あるいはその特殊な行動様式の残滓を捉えようとする、後世の歴史家たちのまなざしのなかで貫徹されているといってよい。たとえば現代の世代論では、「ヒトラー・ユーゲント世代」と東西ドイツの新たな政治的指導層とが「過去の非政治化」を志向するあまり、一種の「沈黙の共同体」なるものを作り上げたという点を問題視したり、あるいはドイツ少女団に所属した女性コーホートの、戦後社会における適応能力の欠如という「悲劇」を炙り出すなど、「ヒトラー後」の行動様式に照準を合わせるという特徴的な分析が行われることがある。[10] だがじつのところ、国家によって一律に画一化された青少年たちのその後の人生を、生涯全体にわたって追跡しようとするこのような歴史家のまなざしこそ、その死によってみずからの手を離れるまで生を追尾し把捉するという、あの生権力の論理と欲望を――当のヒトラー・ユーゲント以上に――体現するものにほかならないのである。

*

これまで見てきたように、世代をコーホートとして思考するという私たちの日常的な習慣は、せいぜいのところ八〇年余りの歴史しか持っていない。それだけに――今日の世代研究でも頻繁に見られることだが――こうした現代の思考習慣を過去の世代現象にそのまま当て嵌めて、それをあたかもコーホートとして画定可能な集合体と見なすことは、そのままアナクロニズムの危険性に直面することを意味している。つまり、本来まったく異なるはずの世代形象を混同し、まるで人間の世代意識（ないし世代概念）に歴史はないかのような錯覚に陥ってしまうことになりかねない。それゆえ世代の歴史研究に当たっては、ほかのあらゆる歴史へのアプローチとまったく同じように、一見今日的な意味での世代に見える現象でも、いったんその歴史的コンテクストに置き直し、それが当時の（社会的・制度的・文化的な側面を含めた）全体的な布置状況のなかでいかなる意味を帯び、あるいはどのような形象を浮かび上がらせていたのか、この点を慎重に見究めた上で考察を進めていく必要がある。

ところで、世代をコーホートと同一視する思考が八〇年余りというわずかな歴史しか持っていないとはいえ、今日の人間社会における統計的まなざしの圧倒的な支配を鑑みれば、こうした思考習慣が近い将来再び消滅するなどまずありえない、ということはいうまでもないだろう。むしろ、それ以前の世代形象を支配してきた「人生の階段」が、人間の思考を三〇〇年にわたって規定し続けてきたことを思えば、なおさらそれがこの先数百年にわたって私たちの思考を捉えることになっても何ら不思議ではない。頻度や尤度といった蓋然的な正しさ、あるいはパーセンテージの数値を判断・行動の一義的な基準にするという習慣が、国家行政から科学研究、経済活動にいたるまで、私たちの社会のありとあらゆる場面を覆い尽くしている限り、コーホートの形象もまたその生命力を維持し続けていくに違いない。というのは、コーホートとしての世代形象とは――明確に数値化されていない場合でも――それが「生まれのタイミング」に何らかの事象との相関性を見出そうとするものである以上、すぐれて確率論的な思考の表現形態といえるからである。つまり、これこれの出生年に包摂される人間であれば、しかじかの共通経験（あるいは行動様式）を持つ蓋然性が高い、というのが今日における世代についての思考法にほかならない。本書の序章でも述べたような集合的記憶の仮定、すなわち私と同じ「時のふるさと」を共有する他者が必ず存在すると仮定できるのも、まさしくこうした蓋然性が暗黙裡にその裏づけとなっているからだ。

しかしながら、こうした蓋然性の高さを基準とする思考にも関わらず――というよりむしろこの蓋然性の思考のゆえに――そこには多かれ少なかれ、個人レベルでの違和感ないし「いかがわしさ」が付きまとうのも事実である。つまり、「一般的には常に真実であるが個別には常に誤っている」[11]（クロード・ベルナール）という、一九世紀に統計学に向けて投げかけられていた批判が、そのまま世代の語りに対する違和感となって今日なお残存しているといえる。あるいはそのような個の次元における違和感のなかにこそ、統計的まなざしの限界が露呈されているのかもしれない。ただし、こうした「個としてのいかがわしさ」という感覚が、生権力の論理と支配を覆すにいたるアルキメデスの点となりうるかどうかは、いまのところ未知数というほかはない。

◆注

（1）Remarque, 2006 [1929], S. 196.（秦訳、三三〇―三三一頁）

（2）Jung, 1930, S. 512.

（3）Gründel, 1932, S. 44-46.

（4）Dingräve [i.e. Eschmann (1904-1987)], 1931, S. 17-19.

（5）Cit. from Spitzer, 1973, p. 1355.

（6）ミシェル・フーコー（石田英敬・小野正嗣訳）『社会は防衛しなければならない』筑摩書房、二〇〇七年、二四七頁。

（7）かつて一九世紀に語られた次のような統計学の生権力的な機能は、コーホートとなった世代にそのまま妥当するといえる。
「物事がうまくいくときも、いかないときも統計学は彼を観察する。仮に彼が人生において窮地に陥ったときにも、それが物質的な損失だろうと、道徳的、精神的な破滅であろうと、統計学は同じように記録する。統計学が去るのは彼が死んでからだ——彼の正確な死亡時期を調べ、彼の死因を記録した後で」（ハッキング、一九九九年、五〇頁から引用。傍点は引用者）。

（8） Arno Klönne, *Jugend im Dritten Reich. Die Hitler-Jugend und ihre Gegner*, Köln, 1982, S. 34, 42f.

（9） スウィングやエーデルヴァイス海賊団については、ebd. S. 228-260; また隊員の日常生活など社会史的な側面に重点を置いた最近の研究としては、Michael Kater, *Hitler-Jugend*, Darmstadt, 2005, 特にヒトラー・ユーゲントに反抗した青少年の諸相については、S. 101-128; なお、ヒトラー・ユーゲントに関して日本語で読める文献としては、原田一美『ナチ独裁下の子どもたち——ヒトラー・ユーゲント体制』講談社選書メチエ、一九九九年；平井正『ヒトラー・ユーゲント——青年運動から戦闘組織へ』中公新書、二〇〇一年。

（10） Alexander von Plato, "The Hitler Youth generation and its role in the two post-war German states", Roseman (ed.), 1995, pp. 210-226; Dagmar Reese, "The BDM generation: a female generation in transition from dictatorship to democracy", *ibid*., pp. 227-246.

（11） 重田園江『フーコーの穴——統計学と統治の現在』木鐸社、二〇〇三年、九九頁から引用。

あとがき

世代と呼ばれる形象が「ライフステージ」（人生の階段）から「コーホート」（統計グラフ）へと転換していく軌跡を再構成すること——これが本書全体を貫く基本的な問題関心となっている。我ながらずいぶん大見得を切った問題設定をしてしまったものだが、これまで日本で書きためてきたものを一冊の本としてまとめ上げるには、正直この主題以外には考えられなかった。

こうした問題設定の背景には、いうまでもなく昨今の日本社会における世代をめぐる風潮がある。とりわけ二〇〇〇年代後半には、いわゆる「ロストジェネレーション」と名づけられたコーホートが脚光を浴びたのを皮切りに、社会保障における「世代間格差」の問題が——以前から間歇的に語られてきたとはいえ——燎原の火のように急速に日本の言説空間のなかで燃え広がっていった。これらの動きを全体として見れば、世代論がかつてない規模で世間の耳目を集めたせいか、かえってその議論は（否定派も肯定派も含めて）混乱の極みに達しているといってよいが、こうした風潮のなかで世代の歴史研究に従事していると、その雰囲気に多少なりとも引きずられるのはどうしても避けがたいところがあった。右のような本書の問題設定も、日本の世代論における混沌とした現状に一つの方向性を示したい、という思いが内心にいくばくかあったからこそ導き出されたものであることは、私としても認めるに吝かではない。

とはいえもちろん、初めからこのような問題関心に沿って論文を書き進めてきたわけではなく、むしろ本当のところは〈世代〉という大きな枠組みのなかでその時その時の関心のおもむくままに、雑多なテーマに手をつけながら書き散らしてきたといった方がよい。おそらく傍から見ても私の研究活動は無軌道に映っていたのだろう、よく「色んなことをやっているが、どうやってまとめるのか」という趣旨の質問をされたものだが、このような次第でそうした質問にはたいていお茶を濁すことしかできなかった。おそらく質問したご当人も、私の不得要領な答えにさぞ困惑されたに違いない。

それでもこうした形でまがりなりにも一冊の本にまとめ上げることができたのは、じつに多くの方々の助言や協力に拠っている。ここでそのすべてに逐一言及することはもちろん控えざるをえないが、少なくとも本書の全体的な内容や構成に直結する手がかりを与えてくれた諸々のきっかけだけは、次に列挙しておきたい。

まず、二〇〇五年から二年間のドイツ留学でご指導いただいた、ベルント・ヴァイスブロート先生である。ちょうど私にとって留学初年に当たる二〇〇五年度から、ドイツ研究振興協会の助成を受けた「世代史」プロジェクトがこの先生の主催する上級ゼミナールを中心に始動したことから、私もこのゼミナールへの参加を勧められた。ここで博士課程学生《ドクトラント》たちの研究報告を聴くに及んで、初めて歴史研究にとって〈世代〉というテーマが持つ大きな可能性に目を開かれた私は、日本で進めてきた研究を思い切って白紙に戻し、まったくのゼロからこのテーマを学び直すことにした。もちろん、当時は既に博士後期課程も二年目を終えた段階であっただけに、これまでの蓄積をすべて放棄する決心がつくまでにそれなりの逡巡はあった。だが意を決してヴァイスブロート先生にその旨を伝えたところ協力を快諾して下さり、以後世代論の作法を私に叩き込むために、押さえておくべき基本文献の教示にとどまらず、専門ゼミで世代論に関する報告の機会を提供していただいたり、大学間の合同研究会に参加させていただいたりと、学部長として校務に追われるなかでも全面的なバックアップを惜しみなく続けて下さった。時折その要求の厳しさというか、次から次へと積み上げられる課題の山に閉口したこともあったが、振り返ってみればこの二年の間にずいぶん効率よく世代論の基礎を習得することができたと思う。しかもこのヴァイスブロート先生には、留学を終えて以降もしばしば近況報告がてら色々と質問をぶつけたりもしたが、そのたびに懇切丁寧な回答を返していただいた。こうした先生の厳しくも親身なご指導がなければ、当然ながら本書がこうして上梓されることもなかったはずである。この場を借りて深く感謝申し上げたい。

次に、日本で長い間私が薫陶を受けてきた芝井敬司先生である。理論的素養を重視する芝井先生の歴史研究に対する姿勢が、私の研究スタイルに大きな影響を与えていることもさることながら、特に本書の内容に直接関連することでいえば、先生が（おそらく何気なくだろうが）私に発した「福祉国家論をやってみないか」という一言が、本書の中核を占める「統計的まなざし」の問題に私を向かわせることになった。既に世代論の青年中心主義に食傷気味になっていた私は、「青年の反対は老人だから」という何とも安易な理由で、老人をテーマとした歴史研究をぼんやりと考えていたが、先生のこの一言で、それまでほとんど縁のなかった福祉国家論という切り口に着手する決心がついたといってよい。しかも、私の見るところ芝井先生はあらゆる面で徹底したリベラリストであり、普段はどんな研究テーマにもその存在意義を認める（逆にいえば決して他人に特定のテーマを推奨することはない）、ファイヤアーベントの「何でもかまわない」（anything goes）の公準をそのまま体現するような思想の持ち主である。その先生が提案するのだからきっと何か金鉱があるに違いない、という安直な下心も、その時の私を福祉国家論に駆り立てる一つの大きな動機となっていたことは否定できない。いずれにせよ、そこから人口高齢化の問題、そして統計的まなざしそのものの問題へと辿りつくまでには、さほど時間はかからなかった。

第三には、同じドイツ現代史をご専門とされる高橋秀寿先生である。高橋先生には日本学術振興会の受入研究者としてご指導を仰ぐなかで、著書の構想を大学院のゼミで開陳する機会を与えていただいたのだが、その際に先生が発した「世代は生権力ではないか」という一言が、私に本書全体の構想を根本から見直す必要性を痛感させることになった。それまでは私自身、従来の世代論と同じ発想に立って、〈世代〉という集合体の存在を前提としながら歴史のなかで見られるその働きを再現することに努めていた――だが正直に告白すれば、こうしたアプローチの仕方ではうまく説明できない面があまりに多すぎた――が、先生のこの一言をきっかけとして、思い切って世代論の文脈上であえて世代の存在を否定する、という形に発想を逆転させて、そこからすべてを考え直してみることにした。そうすると、これまで集めてきたパズルのピースからそれまで思いもよらなかった図柄、つまり本書の骨子となる「ライフステージからコーホートへ」という一連の歴史的過程が浮かび上がってきたのである。ところが、まさしくそれがいままで思い描いていたものとはまったく異なる図柄であったために、今度はそのパズルの空隙を埋めるピースを探し当てるのに苦心してしまった。特に第四章は、こうした視点の転換を挟んで執筆が進められた部分であるだけに、何度も構想を練り直し、一通り書き終えてはボツにするということを幾度となく繰り返す破目になった。だがその甲斐あってか、結果的にこの章も何とか本書の全体的なプロットに沿う内容に仕上げることができたのではないかと思う。

最後に、立命館大学で講義を担当させていただいた「西洋史特殊講義」（二〇一一年度後期）の受講生諸君も挙げておきたい。この講義はいわば、私にとってまだぼんやりとしていた本書の構想を具体的な形に整えるための絶好の機会になったといえる。当初は〈世代〉というテーマがどれだけ学生たちの関心を引くか甚だ不安であったが、最初の授業でアンケートをとったところ、思いのほか興味を抱いてくれる受講生が多かったのは嬉しい驚きであった。この講義を構想練り上げのための実験場とする決心が最終的についたのは、ひとえに彼らのこうした好意的な反応による。ただ受講生のなかには西洋史専攻だけでなく他学部の学生も数多くいたため、専門的な内容を、できるだけ水準を落とさずに専門外の彼らにも理解してもらうにはどうすればよいかと、講義期間中は色々と試行錯誤を繰り返すことになった。結果として当初立てていた講義計画の大幅な見直しを余儀なくされ、自転車操業のような状態に陥ったこともあったが、その代わりに講義準備を進めるなかで新たなアイデアや視点を得る機会も非常に多くあった。たとえば序章と第四章のほとんどすべて、そして終章の一部はこの講義で話した内容が叩き台となっている。私の拙い講義にも熱心に耳を傾けてくれた学生たちの(良い意味での)プレッシャーがなければ、講義準備にあれほどの時間とエネルギーを費やすことはなかっただろうし、ひいては本書がこうした形で完成することもなかったに違いない。記して感謝したい。

こうした直接的なきっかけを与えてくれた方々以外にも、当然ながら本来謝意を表すべき人は多い。紙幅の都合上そのすべての名前に言及できないのは残念至極だが、ここでは特に右の芝井先生とともに母校のゼミを取り仕切り、長い間私の研究人生を見守って下さった朝治敬三先生を挙げさせていただきたい。芝井先生の理論重視の研究スタンスとは正反対に、朝治先生は歴史研究にとっての実証の大切さを、私たちに徹底的に叩き込んで下さった。私自身も可能な限り「史料をして語らしめる」ことを心がけてきたが、こうした姿勢も朝治先生の実証史学に対するあの飽くなき情熱と、それにもとづく熱心なご指導から自然と身についたものといえる。大学院に在籍している間、芝井先生からは理論の重要性を、朝治先生からは実証の大切さを同時に教わることができたのは、振り返ってみればやはり歴史研究を志す身として幸運な環境にあったと思う。

ただし、いうまでもないことだが、本書の記述に思わぬ誤りや批判されるべき点があるとすれば、それは何より著者個人の責任に帰せられるべきものである。右に記した先生方のご指摘・ご指導は、あくまで本書の構想を練るに当たってのきっかけを提供してくれたにすぎず、その内容がこれらの方々の意に沿うものであったか否かは、当然ながらまったく別個の問題である。

＊

さて、本書の諸章は二〇〇七年に留学から帰国して以降、日本でこれまで執筆してきた論文をベースにしている。次に、各章の基となった論文の初出時のタイトル・掲載誌名・号数・刊行年を一覧にして挙げておきたい。

序　章　書き下ろし
第一章「ドイツ世代論の展開と歴史研究」『西洋史学』第二三二号、二〇〇九年。

第二章「『世代』概念をめぐる一考察――世代史研究の拡張へ向けて」『歴史家協会年報』第三号、二〇〇七年。

第三章「教養人、この非政治的なるもの――ドイツ教養理念と第一次世界大戦」『ゲシヒテ』第二号、二〇〇九年。

第四章　書き下ろし
第五章「《民族老化》の系譜――ヴァイマル期の人口言説と高齢者問題」『ゲシヒテ』第三号、二〇一〇年。

第六章「ドイツ青年神話と《青年ならざるもの》――その変貌の軌跡」『パブリック・ヒストリー』第七号、二〇一〇年。

第七章「ヴァイマル共和国における『大戦の語り』と世代間抗争――『前線世代』の戦争文学」『ゲシヒテ』第一号、二〇〇八年。

終　章　書き下ろし

もっとも、右に記したようにこれらの論文を執筆した後に構想の大きな転換を経ているため、本書に盛り込む際にはいずれの論文にも大幅な加筆・訂正を施している。特に第二章にいたっては、初出時の原型をほとんどとどめておらず、まったく別の論文になっているとお考えいただきたい。

本書が完成するまでには昭和堂編集部の松尾有希子さんと鈴木了市さんに大変お世話になった。全体的な内容が企画書とは大きく様変わりしたことから、予定していた時期よりも大幅に脱稿が遅れてしまったにも関わらず、苦言の一つも漏らすことなく原稿に丁寧に目を通して下さり、多くの的確なアドバイスをしていただいた。こうしたお二人のご尽力がなければ、これほど脱稿が遅れた著書が予定期間内に刊行に漕ぎつけることは難しかっただろう。深謝したい。

また、関西のドイツ現代史研究会の皆様方には、駆け出しの院生のころから本当にお世話になった。思えば初めて研究会に顔を出してから早一〇年もの歳月が流れてしまった。その間に私自身が研究者としてどれだけ成長できたか甚だ心許ないが、研究会のアットホームな雰囲気に甘えっぱなしだった私を長い間見守って下さった会員の皆様には、ここでいくら感謝しても足りるものではない。

最後に、私事で恐縮ながら、兄ともども不肖な息子二人を女手一つで育ててくれた母・幸枝には、その気苦労を思うといまさらながら頭が上がらない。せめてもの謝意と償いの意を込めて、本書は母に捧げたい。

なお、本書は「立命館大学学術図書出版推進プログラム」（二〇一一年度）の助成を受けて刊行されたものである。

二〇一二年七月　ベルリンにて

著者識

人名索引

あ 行

か　行

さ　行

た 行

な 行

は 行

ま　行

や 行

ら 行

わ 行

図表出典一覧

図序-1　*Die Lebenstreppe. Bilder der menschlichen Lebensalter,* Köln, o.J. [1984?], S. 26, 140.

図1-1　著者作成。

図2-1　Jürgen Reulecke, Generationen und Biografien im 20. Jahrhundert, in: Bernhard Strauß, Michael Geyer (Hg.), *Psychotherapie in Zeiten der Veränderung. Historische, kulturelle und gesellschaftliche Hintergründe einer Profession,* Wiesbaden, 2000, S. 31 より著者作成。

図2-2　Peter Loewenberg, "The Psychohistorical Origins of the Nazi Youth Cohort", *The American Historical Review*, Vol. 76, No. 4, 1971, p. 1462 より著者作成。

図2-3　デートレフ・ポイカート（小野清美・田村栄子・原田一美訳）『ワイマル共和国―古典的近代の危機』名古屋大学出版会、1993 年、19 頁。

図3-1　Jürgen von Ungern-Sternberg, Wolfgang von Ungern-Sternberg, *Der Aufruf ,An die Kulturwelt!' Das Manifest der 93 und die Anfänge der Kriegspropaganda im Ersten Weltkrieg. Mit einer Dokumentation*, Stuttgart, 1996, S. 154.

図3-2　Ebd., S. 151.

図3-3　Bernhard vom Brocke, "Wissenschaft und Militarismus". Der Aufruf der 93 „An die Kulturwelt!" und der Zusammenbruch der internationalen Gelehrtenrepublik im Ersten Weltkrieg, in: Wilhelm M. Calder III, Hellmut Flashar, Theodor Lindken (Hg.), *Wilamowitz nach 50 Jahren,* Darmstadt, 1985, S. 718.

図4-1　Emil Roesle, *Sonder-Katalog für die Gruppe Statistik der wissenschaftlichen Abteilung der Internationalen Hygiene-Ausstellung Dresden 1911,* Dresden, 1911, Reproduktion Nr. 12.

図4-2　Emil Roesle, Graphisch-statistische Darstellungen, ihre Technik, Methodik und wissenschaftliche Bedeutung, in: *Archiv für Soziale Hygiene, mit besonderer Berücksichtigung der Gewerbehygiene und Medizinalstatistik*, Bd. 8, 1913, Tafel No. I.

表4-1　J. Adam Tooze, "Weimar's statistical economics: Ernst Wagemann, the Reich's Statistical Office, and the Institute for Business-Cycle Research, 1925-1933", *Economic History Review*, vol. 52, No. 3, 1999, p. 527 より著者作成。

図4-3　Arthur Schloßmann (Hg.), *Gesolei. Große Ausstellung Düsseldorf 1926 für Gesundheitspflege, soziale Fürsorge und Leibesübungen,* Bd. 2 , Düsseldorf, 1927, S. 645, 653.

図4-4　Friedrich Burgdörfer, V*olk ohne Jugend. Geburtenschwund und Überalterung des deutschen Volkskörpers*, Berlin-Grunewald, 1932, S. 112, 119.

表5-1　Christoph Conrad, *Vom Greis zum Rentner. Der Strukturwandel des Alters in Deutschland zwischen 1830 und 1930*, Göttingen, 1994, S. 62f. より著者作成。

図5-1　Otto Helmut (Hg.), *Volk in Gefahr. Der Geburtenrückgang und seine Folgen für Deutschlands Zukunft*, München, 1933, S. 25, 33.

表6-1　Elizabeth Harvey, *Youth and the Welfare State in Weimar Germany*, Oxford, 1993, p. 306 より著者作成。

表6-2　Christoph Conrad, *Vom Greis zum Rentner. Der Strukturwandel des Alters in Deutschland zwischen 1830 und 1930*, Göttingen, 1994, S. 113 より著者作成。

図6-1　Reinhold Schairer, *Die akademische Berufsnot. Tatsachen und Auswege*, Jena, o.J. [1932?], S. 76, 77.

図7-1　Justus H. Ulbricht, Der Mythos vom Heldentod. Entstehung und Wirkungen von Walter Flex' „Der Wanderer zwischen beiden Welten“, in: *Jahrbuch des Archivs der deutschen Jugendbewegung*, 16, 1986/87, S. 135.

図7-2　デートレフ・ポイカート（小野清美・田村栄子・原田一美訳）『ワイマル共和国—古典的近代の危機』名古屋大学出版会、1993年、77頁。

図7-3　Günther Gründel, *Die Sendung der Jungen Generation. Versuch einer umfassenden revolutionären Sinndeutung der Krise*, München, 1932, S. 61.

参考文献一覧

欧語文献

Alewyn, Richard, Das Problem der Generation in der Geschichte, in: *Zeitschrift für Deutsche Bildung,* 5. Jg. 1929, S. 519-527.

Attias-Donfut, Claudine/Wolff, François-Charles, "Generational Memory and Family Relationships", Johnson, Malcolm L. (ed.), *The Cambridge Handbook of Age and Ageing,* Cambridge University Press, 2005, pp. 443-454.

Backhaus, Jürgen (ed.), *Werner Sombart (1863-1941). Social Scientist,* 3 vols., Marburg, 1996.

Benjamin, Walter, Die religiöse Stellung der neuen Jugend, in: *Die Tat. Sozial-religiöse Monatsschrift für deutsche Kultur,* 6. Jg. 1914/15, S. 210-212.

Benninghaus, Christina, Das Geschlecht der Generation. Zum Zusammenhang von Generationalität und Männlichkeit um 1930, in: Jureit, Ulrike/Wildt, Michael (Hg.), *Generationen. Zur Relevanz eines wissenschaftlichen Grundbegriffs,* Hamburg, 2005, S. 127-158.

Bergmann, Martin/Jucovy, Milton E. (eds.), *Generations of the Holocaust,* New York, 1982.

Bering, Diez, *Die Intellektuellen. Geschichte eines Schimpfwortes,* Stuttgart, 1978.

Bessel, Richard, "The Great War in German Memory: The Soldiers of the First World War, Demobilization, and Weimar Political Culture", *German History,* Vol. 6, No. 1, 1988, pp. 20-34.

Bessel, Richard, "The 'front generation' and the politics of Weimar Germany", Roseman, Mark (ed.), Generations in *Conflict. Youth revolt and generation formation in Germany 1770-1968,* Cambridge University Press, 1995, pp. 121-136.

Bock, Gisela, Gleichheit und Differenz in der nationalsozialisitischen Rassenpolitik, in: *Geschichte und Gesellschaft,* 19. Jg. 1993, S. 277-310.

Boehm, Max Hildebert, *Ruf der Jungen. Eine Stimme aus dem Kreise um Moeller van den Bruck,* 3. Aufl., Freiburg im Breisgau, 1933. [erst veröffentlicht 1919]

Bohleber, Werner, Das Fortwirken des Nationalsozialismus in der zweiten und dritten Generation nach

Auschwitz, in: *Babylon. Beiträge zur jüdischen Gegenwart,* Bd. 7, 1990, S. 70-83.

Böhme, Klaus (Hg.), *Aufrufe und Reden deutscher Professoren im Ersten Weltkrig,* Stuttgart, 1975.

Bourke, Joanna, "Fear and Anxiety: Writing about Emotion in Modern History", *History Workshop Journal,* Vol. 55, 2003, pp. 111-133.

Bourke, Joanna, *Fear. A Cultural History,* London, 2005.

Bourke, Joanna, "The Killing Frenzy: Wartime Narratives of Enemy Action," in: Lüdtke, Alf/Weisbrod, Bernd (eds.), *No Man's Land of Violence. Extreme Wars in the 20th Century,* Göttingen, 2006, pp. 101-125.

Brämer, Karl, Gedanken über die Würdigung der Statistik, in: *Deutsches Statistisches Zentralblatt,* 11. Jg. 1919, Sp. 1-16, 49-56.

Breitsamer, Joachim, Ein Versuch zum „Problem der Generationen", in: *Kölner Zeitschrift für Soziologie und Sozialpsychologie,* Bd. 28, 1976, S. 451-478.

vom Brocke, Bernhard, "Wissenschaft und Militarismus". Der Aufruf der 93 „An die Kulturwelt!" und der Zusammenbruch der internationalen Gelehrtenrepublik im Ersten Weltkrieg, in: Calder III, Wilhelm M./Flashar, Hellmut/Lindken, Theodor (Hg.), *Wilamowitz nach 50 Jahren,* Darmstadt, 1985, S. 649-719.

vom Brocke, Bernhard, „An die Europäer". Der Fall Nicolai und die Biologie des Krieges. Zur Entstehung und Wirkungsgeschichte eines unzeitgemäßen Buches, in: *Historische Zeitschrift,* Bd. 240, Heft 2, 1985, S. 363-375.

vom Brocke, Bernhard, Professoren als Parlamentarier, in: Schwabe, Klaus (Hg.), *Deutsche Hochschullehrer als Elite 1815-1945,* Boppard am Rhein, 1988, S. 55-92.

vom Brocke, Bernhard, "Werner Sombart 1863-1941. Capitalism – Socialism. His Life, Works and Influence", Backhaus, Jürgen (ed.), *Werner Sombart (1863-1941). Social Scientist,* vol. 1, Marburg, 1996, pp. 19-102.

vom Brocke, Bernhard, *Bevölkerungswissenschaft – Quo vadis? Möglichkeiten und Probleme einer Geschichte der Bevölkerungswissenschaft in Deutschland. Mit einer systematischen Bibliographie,* Opladen, 1998.

vom Bruch, Rüdiger/Graf, Friedrich Wilhelm/Hübinger, Gangolf (Hg.), *Kultur und Kulturwissenschaften um 1900. Krise der Moderne und Glaube an die Wissenschaft,* Stuttgart, 1989.

vom Bruch, Rüdiger, Historiker und Nationalökonomen im Wilhelminischen Deutschland, in: Schwabe, Klaus (Hg.), *Deutsche Hochschullehrer als Elite 1815-1945,* Boppard am Rhein, 1988, S.

105-150.

vom Bruch, Rüdiger, Gesellschaftliche Funktion und politische Rollen des Bildungsbürgertums im Wilhelminischen Deutschland. Zum Wandel von Milieu und politische Kultur, in: Kocka, Jürgen (Hg.), *Politischer Einfluß und gesellschaftliche Formation (Bildungsbürgertum im 19. Jahrhundert, Teil IV),* Stuttgart, 1989, S. 146-179.

vom Bruch, Rüdiger/Graf, Friedrich Wilhelm/Hübinger, Gangolf, Kulturbegriff, Kulturkritik und Kulturwissenschaften um 1900, in: vom Bruch, Rüdiger/Graf, Friedrich Wilhelm/Hübinger, Gangolf (Hg.), *Kultur und Kulturwissenschaften um 1900. Krise der Moderne und Glaube an die Wissenschaft,* Stuttgart, 1989, S. 9-24.

Brüning, Dr. H./ Ehrenberg, Dr./Behm, D. Dr. Heinrich, *Geburtenrückgang und Volkskraft. Drei öffentliche Vorträge, gehalten in der Aula des Realgymnasiums zu Rostock,* Leipzig, 1917.

Bryant, Thomas, *Friedrich Burdörfer (1890-1967) Eine diskursbiographische Studie zur deutschen Demographie im 20. Jahrhundert,* Stuttgart, 2010.

Bude, Heinz, »Generation« im Kontext. Von den Kriegs- zu den Wohlfahrtsstaatsgenerationen, in: Jureit, Ulrike / Wildt, Michael (Hg.), *Generationen. Zur Relevanz eines wissenschaftlichen Grundbegriffs,* Hamburg, 2005, S. 28-44.

Bumm, Ernst, *Ueber das deutsche Bevölkerungsproblem. Rede zum Antritt des Rektorates der Kgl. Friedrich-Wilhelm-Universität in Berlin, gehalten in der Aula am 15. Oktober 1916,* Berlin, 1917.

Burgdörfer, Fritz, *Das Bevölkerungsproblem, seine Erfassung durch Familienstatistik und Familienpolitik, mit besonderer Berücksichtigung der deutschen Reformpläne und der französischen Leistungen,* München, 1917.

Burgdörfer, Friedrich, *Volk ohne Jugend. Geburtenschwund und Überalterung des deutschen Volkskörpers,* Berlin-Grunewald, 1932.

Burgdörfer, Friedrich, Bevölkerungsstatistik und Bevölkerungspolitik, in: Burgdörfer, Friedrich (Hg.), *Die Statistik in Deutschland nach ihrem heutigen Stand. Ehrengabe für Friedrich Zahn,* Bd. 1, Berlin, 1940, S. 157-166.

Burgdörfer, Friedrich (Hg.), *Die Statistik in Deutschland nach ihrem heutigen Stand. Ehrengabe für Friedrich Zahn,* Bd. 1, Berlin, 1940.

Calder III, Wilhelm/Flashar, M. Hellmut/Lindken, Theodor (Hg.), *Wilamowitz nach 50 Jahren,* Darmstadt, 1985.

Canning, Kathleen, "Feminist History after the Linguistic Turn: Historicizing Discourse and Experience",

Signs, Vol. 19, No. 2, 1994, pp. 368-404.

Carlsson, Gosta/Karlsson, Katarina, "Age, Cohort and the Generation of Generations", *American Sociological Review,* Vol. 35, No. 4, 1970, pp. 710-718.

Conrad, Christoph, *Vom Greis zum Rentner. Der Strukturwandel des Alters in Deutschland zwischen 1830 und 1930,* Göttingen, 1994.

Conrad, Christoph, Die Sprache der Generationen und die Krise des Wohlfahrtsstaates, in: Ehmer, Josef/Gutschner, Peter (Hg.), *Das Alter im Spiel der Generationen. Historische und sozialwissenschaftliche Beiträge,* Wien, 2000, S. 51-72.

Damaschke, Adolf, Rez. von Friedrich Burgdörfer, Volk ohne Jugend. Geburtenschwund und Überalterung des deutschen Volkskörpers, Berlin-Grunewald, 1932, in: *Jahrbuch der Bodenreform,* Jg. 28, 1932, S. 188-192.

Daniel, Ute, *Kompendium Kulturgeschichte. Theorien, Praxis, Schlüsselwörter,* Frankfurt a. M., 2001.

Deutscher Werkbund e. V. und Württembergischer Kunstverein (Hg.), *Schock und Schöpfung. Jugendästhetik im 20. Jahrhundert,* Stuttgart, 1986.

Dingräve, Leopold [i.e. Eschmann, Ernst Wilhelm], *Wo steht die junge Generation?* Jena, 1931.

Dowe, Dieter (Hg.), *Jugendprotest und Generationenkonflikt in Europa im 20. Jahrhundert. Deutschland, England, Frankreich und Italien im Vergleich. Vorträge eines internationalen Symposiums des Instituts für Sozialgeschichte Braunschweig/Bonn und der Friedrich-Ebert-Stiftung vom 17.-19. Juni 1985 in Braunschweig,* Bonn, 1986.

Eberlein, Kurt Karl, Das Problem der Generation, in: *Historische Zeitschrift,* Bd. 137, 1928, S. 257-266.

Eggebrecht, Axel, Paul Bäumer, der deutsche Unbekannte Soldat, in: *Die Weltbühne,* 25. Jg. Erstes Halbjahr, 1929, S. 211-213.

Eggebrecht, Axel, Gespräch mit Remarque, in: *Die Literarische Welt,* 5. Jg. No. 24, 1929, S. 1-2.

Ehmer, Josef, *Sozialgeschichte des Alters,* Frankfurt a. M., 1990.

Ehmer, Josef, "The 'Life stairs': Aging, generational relations, and small commodity production in Central Europe", Tamara K. Hareven (ed.), *Aging and Generational Relations over the Life Course: A historical and cross-cultural perspective,* Berlin/New York, 1996, pp. 53-74.

Ehmer, Josef/Gutschner, Peter (Hg.), *Das Alter im Spiel der Generationen. Historische und sozialwissenschaftliche Beiträge,* Wien, 2000.

Ehmer, Josef, „Nationalsozialistische Bevölkerungspolitik" in der neueren historischen Forschung, in: Rainer Mackensen (Hg.), *Bevölkerungslehre und Bevölkerungspolitik im „Dritten Reich"* ,

Opladen, 2004, S. 21-44.

Ehmer, Josef/Ferdinand, Ursula/Reulecke, Jürgen (Hg.), *Herausforderung Bevölkerung. Zu Entwicklungen des modernen Denkens über die Bevölkerung vor, im und nach dem „Dritten Reich“*, Wiesbaden, 2007.

Ehmer, Josef, „Historische Bevölkerungsstatistik“, Demographie und Geschichtswissenschaft, in: Ehmer, Josef/Ferdinand, Ursula/Reulecke, Jürgen (Hg.), *Herausforderung Bevölkerung. Zu Entwicklungen des modernen Denkens über die Bevölkerung vor, im und nach dem „Dritten Reich“*, Wiesbaden, 2007, S. 17-29.

Elkar, Rainer S., "Young Germans and Young Germany: some remarks on the history of German youth in the late eighteenth and in the first half of the nineteenth century", Roseman, Mark (ed.), *Generations in Conflict. Youth revolt and generation formation in Germany 1770-1968,* Cambridge University Press, 1995, pp. 69-91.

von Elterlein, Uttmann, Absage an den Jahrgang 1902?, in: *Die Tat,* 22. Jg. Heft 3, 1930, S. 202-206.

Erhart, Walter/Herrmann, Britta (Hg.), *Wann ist ein Mann ein Mann? Zur Geschichte der Männlichkeit,* Stuttgart, 1997.

Evans, Richard J./Geary, Dick (eds.), *The German Unemployed. Experiences and Consequences of Mass Unemployment from Weimar Republic to the Third Reich,* London & Sydney, 1987.

Febvre, Lucien, « Génération », dans: *Revue de synthèse historique,* tome 47, 1929, pp. 36-43.

Feld, Wilhelm, Volkstümliche Statistik, in: *Zeitschrift für Socialwissenschaft,* N.F. 4. Jg. Heft 7, 1913, S. 611-621.

Feld, Wilhelm, Rez. von Emil Roesle, Sonder-Katalog für die Gruppe Statistik der wissenschaftlichen Abteilung der Internationalen Hygiene-Ausstellung Dresden 1911, in: *Zeitschrift für Socialwissenschaft,* N.F. 3. Jg. 1912, S. 673-676.

Feld, Wilhelm, Erwiderung, in: *Zeitschrift für Socialwissenschaft,* N.F. 3. Jg. 1912, S. 893-895.

Feld, Wilhelm, Die Statistik als Wissenschaft, in: *Deutsches Statistisches Zentralblatt,* 12. Jg. Nr. 1/2, 1920, Sp. 1-4.

Feld, Wilhelm, Allerlei Graphisches, in: *Deutsches Statistisches Zentralblatt,* 20. Jg. Nr. 5/6, 1928, Sp. 67-74.

Ferdinand, Ursula, Geburtenrückgangstheorien in der Nationalökonomie Deutschlands zwischen 1900 und 1930. Fallbeispiel Julius Wolf (1862-1937), in: Mackensen, Rainer (Hg.), *Bevölkerungslehre und Bevölkerungspolitik vor 1933,* Opladen, 2002, S. 135-158.

Ferdinand, Ursula, Geburtenrückgangstheorien und »Geburtenrückgangs-Gespenster« 1900-1930, in: Ehmer, Josef/Ferdinand, Ursula/Reulecke, Jürgen (Hg.), *Herausforderung Bevölkerung. Zu Entwicklungen des modernen Denkens über die Bevölkerung vor, im und nach dem „Dritten Reich"* , Wiesbaden, 2007, S. 77-98.

Fietze, Beate, *Historische Generationen. Über einen sozialen Mechanismus kulturellen Wandels und kollektiver Kreativität,* Bielefeld, 2009.

Fischer, Alfons, Zur Geschichte der Hygieneausstellungen, in: *Deutsche Medizinische Wochenschrift,* Nr. 34, 1935, S. 1365-1367.

Fischer, Eugen, Ansprachen, in: Hans Harmsen, Franz Lohse (Hg.), *Bevölkerungsfragen. Bericht des Internationalen Kongresses für Bevölkerungswissenschaft. Berlin, 26. August – 1. September 1935,* München, 1936, S. 39-60.

Flasch, Kurt, *Die geistige Mobilmachung. Die deutschen Intellektuellen und der Erste Weltkrieg. Ein Versuch,* Berlin, 2000.

Flex, Walter, *Der Wanderer zwischen beiden Welten. Ein Kriegserlebnis,* 13. Aufl., München, 1918. [erst veröffentlicht 1917]

Fogt, Helmut, *Politische Generationen. Empirische Bedeutung und theoretisches Modell,* Opladen, 1982.

Föllmer, Moritz/Graf, Rüdiger (Hg.), *Die „Krise" der Weimarer Republik. Zur Kritik eines Deutungsmusters,* Frankfurt/New York, 2005.

Fränkel, Marta, Allgemeine Organisatorische Fragen der Wissenschaftlichen Abteilungen, in: Schloßmann, Arthur (Hg.), *Gesolei. Große Ausstellung Düsseldorf 1926 für Gesundheitspflege, soziale Fürsorge und Leibesübungen,* Bd. 2, Düsseldorf, 1927, S. 397-421.

Giese, Gerhardt, Volksbiologische Schulpolitik, in: *Soziale Praxis. Zentralblatt für Sozialpolitik und Wohlfahrtspflege,* 43. Jg. Heft 5, 1934, Sp. 65-71.

Gerhard, Ute/Link, Jürgen/Schulte-Holtey, Ernst (Hg.), *Infografiken, Medien, Normalisierung: Zur Kartografie politisch-sozialer Landschaften,* Heidelberg, 2001.

Gerstner, Alexandra/Könczöl, Barbara/Nentwig, Janina (Hg.), *Der Neue Mensch. Utopien, Leitbilder und Reformkonzepte zwischen den Weltkriegen,* Frankfurt a. M., 2006.

Ginzburg, Carlo, Familienähnlichkeiten und Stammbäume. Zwei kognitive Metaphern, in: Weigel, Sigrid/ Parnes, Ohad/Vedder, Ulrike/Willer, Stefan (Hg.), *Generation. Zur Genealogie des Konzepts – Konzepte von Genealogie,* München, 2005, S. 267-288.

Glaeser, Ernst, *Jahrgang 1902,* Berlin, 1928.

Gödde-Baumanns, Beate, «L'idée des deux Allemagnes dans l'historiographie française des années 1871-1914», *Francia. Forschungen zur Westeuropäischen Geschichte,* Bd. 12, 1984, S. 609-619.

Goldmann, Franz, Sozialhygienische Untersuchungen bei Siechen und Altersgebrechlichen. Beitrag zur Planwirtschaft in der Gesundheitsfürsorge, in: *Zeitschrift für Gesundheitsfürsorge und Schulgesundheitspflege,* 37. Jg. Nr. 4, 1924, S. 97-114.

Goldmann, Franz, Siechenhäuser und Altersheime, in: *Handbuch der Sozialen Hygiene und Gesundheitsfürsorge,* Bd. 6, 1927, S. 96-197.

Götte, Petra/Gippert, Wolfgang (Hg.), *Historische Pädagogik am Beginn des 21. Jahrhunderts. Bilanzen und Perspektiven,* Essen, 2000.

de Grazia, Victoria, Die Radikalisierung der Bevölkerungspolitik im faschistischen Italien: Mussolinis Rassenstaat, in: *Geschichte und Gesellschaft,* 26. Jg. 2000, S. 219-254.

Grotjahn, Alfred, Der Geburtenrückgang im Lichte der sozialen Hygiene und der Eugenik, in: *Zeitschrift für Sexualwissenschaft,* Bd. 1, 1914/15, S. 156-164.

Gründel, E. Günther, *Die Sendung der Jungen Generation. Versuch einer umfassenden revolutionären Sinndeutung der Krise,* München, 1932.

Grunert, Cathleen/Krüger, Heinz-Hermann, Jugendforschung in Deutschland von der Nachkriegszeit bis zum Beginn des 21. Jahrhunderts, in: Götte, Petra/Gippert, Wolfgang (Hg.), *Historische Pädagogik am Beginn des 21. Jahrhunderts. Bilanzen und Perspektiven,* Essen, 2000, S. 181-200.

Hage, Volker, im Gespräch mit W. G. Sebald, in: *Akzente,* 50. Jg. Heft 1, 2003, S. 35-50.

Hardach, Gerd, Der Generationenvertrag im 20. Jahrhundert, in: Reulecke, Jürgen (Hg.), *Generationalität und Lebensgeschichte im 20. Jahrhundert,* München, 2003, S. 73-94.

Hartwig, Wolfgang (Hg.), *Utopie und politische Herrschaft im Europa der Zwischenkriegszeit,* München, 2003.

Harvey, Elizabeth, *Youth and the Welfare State in Weimar Germany,* Oxford, 1993.

Harvey, Elizabeth, "Gender, generation and politics: young Protestant women in the final years of the Weimar Republic", Roseman, Mark (ed.), *Generations in Conflict. Youth revolt and generation formation in Germany 1770-1968,* Cambridge University Press, 1995, pp. 184-209.

Hedemann, Justus Wilhelm, *Jugend und Alter. Die Folge der Generationen. Ein Blick auf unsere Zeit,* Jena, 1931.

Helmut, Otto (Hg.), *Volk in Gefahr. Der Geburtenrückgang und seine Folgen für Deutschlands Zukunft,* München, 1933.

Hellpach, W., Wir Jungen und die Politik, in: *Morgen,* 31. Januar 1908, S. 137-140.

Henninger, Wilhelm, Graphische Darstellungen, in: Burgdörfer, Friedrich (Hg.), *Die Statistik in Deutschland nach ihrem heutigen Stand. Ehrengabe für Friedrich Zahn,* Bd. 1, Berlin, 1940, S. 143-149.

Die Herausgeber, Zur Einführung, in: *Deutsches Statistisches Zentralblatt,* Nr. 1, 1909, Sp. 1-8.

Herbert, Ulrich, *Best. Biographische Studien über Radikalismus, Weltanschauung und Vernunft, 1903-1989,* Bonn, 1996.

Herlihy, David, "The Generation in Medieval History", *Viator. Medieval and Renaissance Studies,* Vol. 5, 1974, pp. 347-364.

Herrmann, Ulrich, Der „Jüngling" und der „Jugendliche". Männliche Jugend im Spiegel polarisierender Wahrnehmungsmuster an der Wende vom 19. zum 20. Jahrhundert in Deutschland, in: *Geschichte und Gesellschaft,* 11. Jg. Heft 2, 1985, S. 205-216.

Hockerts, Hans Günter (Hg.), *Drei Wege deutscher Sozialstaatlichkeit. NS-Diktatur, Bundesrepublik und DDR im Vergleich,* München, 1998.

Hoppe, Karl, Das Problem der Generation in der Literaturwissenschaft, in: *Zeitschrift für Deutschkunde,* 44. Jg. 1930, S. 726-748.

Hübinger, Gangolf/Mommsen, Wolfgang (Hg.), *Intellektuelle im Deutschen Kaiserreich,* Frankfurt a. M., 1993.

Hübinger, Gangolf, Die Intellektuellen im wilhelminischen Deutschland. Zum Forschungsstand, in: Hübinger, Gangolf/Mommsen, Wolfgang (Hg.), *Intellektuelle im Deutschen Kaiserreich,* Frankfurt a. M., 1993, S. 198-210.

Hübinger, Gangolf, *Gelehrte, Politik und Öffentlichkeit. Eine Intellektuellengeschichte,* Göttingen, 2006.

Hüppauf, Bernd, "Langemarck, Verdun and the Myth of a New Man in Germany after the First World War", *War and Society,* Vol. 6, No. 2, 1988, pp. 70-103.

Illies, Florian, *Generation Golf. Eine Inspektion,* Frankfurt a. M. 2000.

Inglehart, Ronald, "The Silent Revolution in Europe: Intergenerational Change in Post-Industrial Societies", *The American Political Review,* Vol. 54, No. 4, 1971, pp. 991-1017.

Isayev, Elena, "Unruly Youth? The Myth of Generation Conflict in Late Republican Rome", *Historia,* Vol. 56/1, 2007, pp. 1-13.

Jaeger, Hans, Generationen in der Geschichte. Überlegungen zu einer umstrittenen Konzeption, in: *Geschichte und Gesellschaft,* 3. Jg. 1977, S. 429-452.

Jarausch, Konrad H., Die Krise des deutschen Bildungsbürgertums im ersten Drittel des 20. Jahrhunderts, in: Kocka, Jürgen (Hg.), *Politischer Einfluß und gesellschaftliche Formation (Bildungsbürgertum im 19. Jahrhundert, Teil IV),* Stuttgart, 1989, S. 180-205.

Joas, Hans, Die Sozialwissenschaften und der Erste Weltkrieg: Eine vergleichende Analyse, in: Mommsen, Wolfgang J. (Hg.), *Kultur und Krieg: Die Rolle der Intellektuellen, Künstler und Schriftsteller im Ersten Weltkrieg,* München, 1996, S. 17-29.

Johnson, Malcolm L. (ed.), *The Cambridge Handbook of Age and Ageing,* Cambridge University Press, 2005.

Joyce, Patrick, "The End of Social History?", *Social History,* Vol. 20, No. 1, 1995, pp. 73-91.

Jung, Edgar J., *Die Herrschaft der Minderwertigen. Ihr Zerfall und ihre Ablösung,* Berlin, 1927.

Jung, Edgar J., Die Tragik der Kriegsgeneration, in: *Süddeutsche Monatshefte,* 27. Jg. 1930, S. 512-582.

Jünger, Ernst, *In Stahlgewittern. Aus dem Tagebuch eines Stoßtruppführers,* 2. Aufl., Berlin, 1922. [erst veröffentlicht 1920]

Jünger, Ernst, *Der Kampf als inneres Erlebnis,* Berlin, 1922.

Jureit, Ulrike/Wildt, Michael (Hg.), *Generationen. Zur Relevanz eines wissenschaftlichen Grundbegriffs,* Hamburg, 2005.

Jureit, Ulrike, Generationen als Erinnerungsgemeinschaft. Das »Denkmal für die ermordeten Jugen Europas« als Generationsobjekt, in: Jureit, Ulrike/Wildt, Michael (Hg.), *Generationen. Zur Relevanz eines wissenschaftlichen Grundbegriffs,* Hamburg, 2005, S. 244-265.

Jureit, Ulrike, *Generationenforschung,* Göttingen, 2006.

Kaiserliches Statistisches Amt, *Statistisches Jahrbuch für das Deutsche Reich,* 11. Jg. 1890.

Kater, Michael H., Generationskonflikt als Entwicklungsfaktor in der NS-Bewegung vor 1933, in: *Geschichte und Gesellschaft,* 11. Jg. Heft 2, 1985, S. 217-243.

Kater, Michael, *Hitler-Jugend,* Darmstadt, 2005.

Kaupen-Haas, Heidrun, Die Bevölkerungsplaner im Sachverständigenbeirat für Bevölkerungs- und Rassenpolitik, in: dies. (Hg.), *Der Griff nach der Bevölkerung. Aktualität und Kontinuität nazistischer Bevölkerungspolitik,* Nördlingen, 1986, S. 103-120.

Kaupen-Haas, Heidrun (Hg.), *Der Griff nach der Bevölkerung. Aktualität und Kontinuität nazistischer Bevölkerungspolitik,* Nördlingen, 1986.

Kellermann, Hermann, *Der Krieg der Geister. Eine Auslese deutscher und ausländischer Stimmen zum Weltkriege 1914,* Dresden, 1915.

Kersting, Franz-Werner, Helmut Schelskys „Skeptische Generation" von 1957. Zur Publikations- und Wirkungsgeschichte eines Standardwerkes, in: *Vierteljahrshefte für Zeitgeschichte,* 50. Jg. Heft 3, 2002, S. 465-495.

Kestenberg, Judith S., "How Children Remember and Parents Forget", *International Journal of Psychoanalytic Psychotherapy,* Vol. 1, 1972, pp. 103-123.

Ketelsen, Uwe-K., „Die Jugend von Langemarck". Ein poetisch-politisches Motiv der Zwischenkriegszeit, in: Koebner, Thomas/Janz, Rolf-Peter/Trommler, Frank (Hg.), *»Mit uns zieht die neue Zeit«. Der Mythos Jugend,* Frankfurt a. M., 1985, S. 68-98.

Klein, Judy L./Morgan, Mary S. (eds.), *The Age of Economic Measurement,* Durham and London, 2001.

Klönne, Arno, *Jugend im Dritten Reich. Die Hitler-Jugend und ihre Gegner,* Köln, 1982.

Knoch, Habbo, Gefühlte Gemeinschaften. Bild und Generation in der Moderne, in: Jureit, Ulrike / Wildt, Michael (Hg.), *Generationen. Zur Relevanz eines wissenschaftlichen Grundbegriffs,* Hamburg, 2005, S. 295-319.

Koebner, Thomas/Janz, Rolf-Peter/Trommler, Frank (Hg.), *»Mit uns zieht die neue Zeit«. Der Mythos Jugend,* Frankfurt a. M., 1985.

Kocka, Jürgen (Hg.), *Politischer Einfluß und gesellschaftliche Formation (Bildungsbürgertum im 19. Jahrhundert, Teil IV),* Stuttgart, 1989.

Körner, Hans/Stercken, Angela (Hg.), *Kunst Sport und Körper. 1926-2002: Gesolei,* Hatje Cantz Verlag, 2002.

Kracauer, Siegfried, Neue Jugend?, in: *Neue Rundschau,* Bd. 42, 1931, S. 138-140.

Kraft, Andreas/Weißhaupt, Mark (Hg.), *Generationen: Erfahrung – Erzählung – Identität,* Konstanz, 2009.

Krejci, Erika, Innere Objekte. Über Generationenfolge und Subjektwerdung. Ein psychoanalytischer Beitrag, in: Jureit, Ulrike/Wildt, Michael (Hg.), *Generationen. Zur Relevanz eines wissenschaftlichen Grundbegriffs,* Hamburg, 2005, S. 80-107.

Kudlien, Fridolf, "The German response to the birth-rate problem during the Third Reich", *Continuity and Change,* vol. 5, 1990, pp. 225-247.

Küttler, Wolfgang/Rüsen, Jörn/Schulin, Ernst (Hg.), *Krisenbewußtsein, Katastrophenerfahrungen und Innovationen 1880-1945 (Geschichtsdiskurs, Bd. 4),* Frankfurt a. M., 1997.

Laermann, Klaus, Der Skandal um den Anfang. Ein Versuch jugendlicher Gegenöffentlichkeit im Kaiserreich, in: Koebner, Thomas/Janz, Rolf-Peter/Trommler, Frank (Hg.), *»Mit uns zieht die*

neue Zeit«. Der Mythos Jugend, Frankfurt a. M., 1985, S. 360-381.

Lange, Andreas/Lettke, Frank, Schrumpfung, Erweiterung, Diversität. Konzepte zur Analyse von Familie und Generationen, in: dies. (Hg.), *Generationen und Familien. Analysen – Konzepte – gesellschaftliche Spannungsfelder,* Frankfurt a. M., 2007, S. 14-43.

Lee, Robert, "Official Statistics, Demography and Population Policy in Germany, 1872-1933", Mackensen, Rainer (Hg.), *Bevölkerungslehre und Bevölkerungspolitik vor 1933,* Opladen, 2002, pp. 253-272.

Lee, Robert/Schneider, Michael C., Amtliche Statistik zwischen Staat und Wissenschaft, 1872-1939, in: Mackensen, Rainer/Reulecke, Jürgen (Hg.), *Das Konstrukt „Bevölkerung" vor, im und nach dem „Dritten Reich"* , Wiesbaden, 2005, S. 50-91.

Lee, Robert, "Official Statistics and the Development of Population Science – A Critical Review", Mackensen, Rainer/Reulecke, Jürgen/Ehmer, Josef (Hg.), *Ursprünge, Arten und Folgen des Konstrukts „Bevölkerung" vor, im und nach dem „Dritten Reich" . Zur Geschichte der deutschen Bevölkerungswissenschaft,* Wiesbaden, 2009, pp. 165-192.

Leidinger, Barbara/Lee, W. Robert/Marschalck, Peter, "Enforced convergence: political change and cause-of-death registration in the Hansestadt Bremen, 1860-1914", *Continuity and Change,* vol. 12, No. 2, 1997, pp. 221-246.

Lenger, Friedrich, Die Abkehr der Gebildeten von der Politik. Werner Sombart und der „Morgen", in: Hübinger, Gangolf/Mommsen, Wolfgang (Hg.), *Intellektuelle im Deutschen Kaiserreich,* Frankfurt a. M., 1993, S.62-77.

Lenger, Friedrich, *Werner Sombart 1863-1941. Eine Biographie,* 2. Aufl., München, 1995.

Lepsius, M. Rainer,Wahlverhalten, Parteien und politische Spannungen, in: *Politische Vierteljahresschrift,* Bd. 14, 1973, S. 295-313.

Loewenberg, Peter, "The Psychohistorical Origins of the Nazi Youth Cohort", *The American Historical Review,* Vol. 76, No. 4, 1971, pp. 1457-1502.

Lohse, Franz (Hg.), *Bevölkerungsfragen. Bericht des Internationalen Kongresses für Bevölkerungswissenschaft. Berlin, 26. August – 1. September 1935,* München, 1936.

Lüdtke, Alf/Weisbrod, Bernd (eds.), *No Man's Land of Violence. Extreme Wars in the 20th Century,* Göttingen, 2006.

Mannheim, Karl, Das Problem der Generationen, in: ders., Wissenssoziologie. Auswahl aus dem Werk, Berlin und Neuwied, 1964, S. 509-565. [erst abgedruckt 1928]

Maase, Kaspar, Farbige Bescheidenheit. Anmerkungen zum postheroischen Generationsverständnis, in: Jureit, Ulrike/Wildt, Michael (Hg.), *Generationen. Zur Relevanz eines wissenschaftlichen Grundbegriffs,* Hamburg, 2005, S. 220-242.

Mackensen, Rainer (Hg.), *Bevölkerungslehre und Bevölkerungspolitik vor 1933,* Opladen, 2002.

Mackensen, Rainer (Hg.), *Bevölkerungslehre und Bevölkerungspolitik im „Dritten Reich"* , Opladen, 2004.

Mackensen, Rainer/Reulecke, Jürgen (Hg.), *Das Konstrukt „Bevölkerung" vor, im und nach dem „Dritten Reich"* , Wiesbaden, 2005.

Mackensen, Rainer (Hg.), *Bevölkerungsforschung und Politik in Deutschland im 20. Jahrhundert,* Wiesbaden, 2006.

Mackensen, Rainer/Reulecke, Jürgen/Ehmer, Josef (Hg.), *Ursprünge, Arten und Folgen des Konstrukts „Bevölkerung" vor, im und nach dem „Dritten Reich" . Zur Geschichte der deutschen Bevölkerungswissenschaft,* Wiesbaden, 2009.

Matthes, Joachim, Karl Mannheims „Das Problem der Generationen", neu gelesen, in: *Zeitschrift für Soziologie,* 14. Jg. Heft 5, 1985, S. 363-372.

Mogge, Winfried, Wandervogel, Freideutsche Jugend und Bünde. Zum Jugendbild der bürgerlichen Jugendbewegung, in: Koebner, Thomas/Janz, Rolf-Peter/Trommler, Frank (Hg.), *»Mit uns zieht die neue Zeit«. Der Mythos Jugend,* Frankfurt a. M., 1985, S. 174-198.

Mogge, Winfried/Reulecke, Jürgen (Hg.), Hoher Meisner 1913. *Der Erste Freideutsche Jugendtag in Dokumenten, Deutungen und Bildern,* Köln, 1988.

Mommsen, Hans (Hg.), *Der Erste Weltkrieg und die europäische Nachkriegsordnung. Sozialer Wandel und Formveränderung der Politik,* Köln, 2000.

Mommsen, Wolfgang J. (Hg.), *Kultur und Krieg: Die Rolle der Intellektuellen, Künstler und Schriftsteller im Ersten Weltkrieg,* München, 1996.

Mommsen, Wolfgang J., *Bürgerliche Kultur und politische Ordnung. Künstler, Schriftsteller und Intellektuelle in der deutschen Geschichte 1830-1933,* 2. Aufl., Frankfurt a. M., 2002.

Müller, Hans-Harald, *Der Krieg und die Schriftsteller. Der Kriegsroman der Weimarer Republik,* Stuttgart, 1986.

Müller, Johannes, Begriffsstatistik, in: *Allgemeines Statistisches Archiv,* Bd. 14, 1924/25, S. 438-455.

Naumann, Friedrich, An Herrn Professor W. Sombart, in: *Morgen,* 6. September 1907, S. 383-387.

Neun, Oliver, Zur Kritik am Generationenbegriff von Karl Mannheim, in: Kraft, Andreas/Weißhaupt,

Mark (Hg.), *Generationen: Erfahrung – Erzählung – Identität,* Konstanz, 2009, S. 217-242.

Niethammer, Lutz, Sind Generationen identisch? in: Reulecke, Jürgen (Hg.), *Generationalität und Lebensgeschichte im 20. Jahrhundert,* München, 2003, S. 1-16.

Nikolow, Sybilla, "A. F. W. Crome's Measurements of the 'Strength of the State': Statistical Representations in Central Europe around 1800", Judy L. Klein and Mary S. Morgan (eds.), *The Age of Economic Measurement,* Durham and London, 2001, pp. 23-56. [2001a]

Nikolow, Sybilla, Der statistische Blick auf Krankheit und Gesundheit. »Kurvenlandschaften« in Gesundheitsausstellungen am Beginn des 20. Jahrhunderts in Deutschland, in: Ute Gerhard, Jürgen Link, Ernst Schulte-Holtey (Hg.), *Infografiken, Medien, Normalisierung: Zur Kartografie politisch-sozialer Landschaften,* Heidelberg, 2001, S. 223-241. [2001b]

Nikolow, Sybilla, Die graphisch-statistische Darstellung der Bevölkerung. Bevölkerungskonzepte in der Gesundheitsaufklärung in Deutschland vor 1933, in: Mackensen, Rainer (Hg.), *Bevölkerungslehre und Bevölkerungspolitik vor 1933,* Opladen, 2002, S. 297-314. [2002a]

Nikolow, Sybilla, Anormale Kollektive. Die Darstellung des »Altersaufbaus der Bevölkerung des Deutschen Reiches« auf der Gesolei von 1926, in: Körner, Hans/Stercken, Angela (Hg.), *Kunst Sport und Körper. 1926-2002: Gesolei,* Hatje Cantz Verlag, 2002, S. 217-226. [2002b]

Nora, Pierre, « La génération », dans: *Les France. 1. Conflits et Partages* (*Les lieux de Mémoire,* tome III, sous la direction de Pierre Nora), Gallimard, 1992, pp. 931-971.

O.A. [Harmsen, Hans], Reichsausschuß für Bevölkerungsfragen, in: *Archiv für Bevölkerungspolitik, Sexualethik und Familienkunde,* Jg. 1931, S. 62-66.

Oberkrome, Willy, Historiker im „Dritten Reich". Zum Stellenwert volkshistorischer Ansätze zwischen klassischer Politik- und neuerer Sozialgeschichte, in: *Geschichte in Wissenschaft und Unterricht,* 50. Jg. Heft 2, 1999, S. 74-98.

von Olenhusen, Irmtraud Götz, *Jugendreich, Gottesreich, Deutsches Reich. Junge Generation, Religion und Politik 1928-1933,* Köln, 1987.

Parnes, Ohad, „Es ist nicht das Individuum, sondern es ist die Generation, welche sich metamorphosiert". Generationen als biologische und soziologische Einheiten in der Epistemologie der Vererbung im 19. Jahrhundert, in: Weigel, Sigrid/Parnes, Ohad/Vedder, Ulrike/Willer, Stefan (Hg.), *Generation. Zur Genealogie des Konzepts – Konzepte von Genealogie,* München, 2005, S. 235-259.

Parnes, Ohad/Vedder, Ulrike/Willer, Stefan, *Das Konzept der Generation. Eine Wissenschafts- und Kulturgeschichte,* Frankfurt a. M., 2008.

Parnes, Ohad/Vedder, Ulrike, Transgenerationalität: Psychologische und sozialwissenschaftliche Übertragungskonzepte, in: Parnes, Ohad/Vedder, Ulrike/Willer, Stefan, *Das Konzept der Generation. Eine Wissenschafts- und Kulturgeschichte,* Frankfurt a. M., 2008, S. 291-313.

Parnes, Ohad, Generationswechsel: Biologische und gesellschaftliche Generationsmodelle im 19. Jahrhundert, in: Parnes, Ohad/Vedder, Ulrike/Willer, Stefan, *Das Konzept der Generation. Eine Wissenschafts- und Kulturgeschichte,* Frankfurt a. M., 2008, S. 188-217.

Perpeet, W., Kultur, Kulturphilosophie, in: Ritter, Joachim/Gründer, Karlfried (Hg.), *Historisches Wörterbuch der Philosophie,* Bd. 4, Basel/Stuttgart, 1976, S. 1309-1324.

Peukert, Detlev, *Jugend zwischen Krieg und Krise. Lebenswelten von Arbeiterjungen in der Weimarer Republik,* Köln, 1987.

Peukert, Detlev, "The Lost Generation: Youth Unemployment at the End of Weimar Republic", Evans, Richard J./Geary, Dick (eds.), *The German Unemployed. Experiences and Consequences of Mass Unemployment from Weimar Republic to the Third Reich,* London & Sydney, 1987, pp. 172-193.

Pinder, Wilhelm, *Das Problem der Generation in der Kunstgeschichte Europas,* zweite durchgesehene und durch ein Vorwort ergänzte Aufl., Berlin, 1928. [erst veröffentlicht 1926]

Piepmeier R. et al., Intelligenz, Intelligentsia, Intellektueller, in: Ritter, Joachim/Gründer, Karlfried (Hg.), *Historisches Wörterbuch der Philosophie,* Bd. 4, Basel/Stuttgart, 1976.

von Plato, Alexander, "The Hitler Youth generation and its role in the two post-war German states", Roseman, Mark (ed.), *Generations in Conflict. Youth revolt and generation formation in Germany 1770-1968,* Cambridge University Press, 1995, pp. 210-226.

Polligkeit, Wilhelm, *Forderungen für den systematischen Ausbau der Altersfürsorge,* Frankfurt a. M., 1928.

Quine, Maria Sophia, *Population politics in twentieth-century Europe: fascist dictatorship and liberal democracies,* London, 1996.

Radestock, G., Die Internationale Hygieneausstellung Dresden 1911 und die in sozialhygienischer Hinsicht bemerkenswerten statistischen Darstellungen auf derselben, in: *Archiv für soziale Hygiene mit besonderer Berücksichtigung der Gewerbehygiene und Medizinalstatistik,* Bd. 7, 1912, S. 237-246.

Raphael, Lutz, Die Verwissenschaftlichung des Sozialen als methodische und konzeptionelle Herausforderung für eine Sozialgeschichte im 20. Jahrhundert, in: *Geschichte und Gesellschaft,* 22. Jg. 1996, S. 165-193.

Raphael, Lutz, Experten im Sozialstaat, in: Hans Günter Hockerts (Hg.), *Drei Wege deutscher Sozialstaatlichkeit. NS-Diktatur, Bundesrepublik und DDR im Vergleich,* München, 1998, S. 231-258.

Raphael, Lutz, Radikales Ordnungsdenken und die Organisation totalitärer Herrschaft: Weltanschauungseliten und Humanwissenschaftler im NS-Regime, in: *Geschichte und Gesellschaft,* Jg. 27, 2001, S. 5-40.

Reese, Dagmar, "The BDM generation: a female generation in transition from dictatorship to democracy", Roseman, Mark (ed.), *Generations in Conflict. Youth revolt and generation formation in Germany 1770-1968,* Cambridge University Press, 1995, pp. 227-246.

Reinecke, Christiane, Krisenkalkulationen. Demographische Krisenszenarien und statistische Expertise in der Weimarer Republik, in: Moritz Föllmer, Rüdiger Graf (Hg.), *Die „Krise" der Weimarer Republik. Zur Kritik eines Deutungsmusters,* Frankfurt/New York, 2005, S. 209-240.

Remarque, Erich Maria, *Im Westen nichts Neues,* 13. Aufl., Köln, 2006. [erst veröffentlicht 1929]（秦豊吉訳『西部戦線異状なし』新潮文庫、1955 年）

Reulecke, J[ürgen]. et al., Generationenkonstellationen und Jugendprotest in Deutschland 1890 bis 1933, in: *Bericht über die 35. Versammlung deutscher Historiker in Berlin. 3. bis 7. Oktober 1984,* Stuttgart, 1985, S. 211-219.

Reulecke, Jürgen, Jugend – Entdeckung oder Erfindung? Zum Jugendbegriff vom Ende des 19. Jahrhunderts bis heute, in: Deutscher Werkbund e. V. und Württembergischer Kunstverein (Hg.), *Schock und Schöpfung. Jugendästhetik im 20. Jahrhundert,* Stuttgart, 1986, S. 21-25.

Reulecke, Jürgen, Jugendprotest – ein Kennzeichen des 20. Jahrhunderts? in: Dieter Dowe (Hg.), *Jugendprotest und Generationenkonflikt in Europa im 20. Jahrhundert. Deutschland, England, Frankreich und Italien im Vergleich. Vorträge eines internationalen Symposiums des Instituts für Sozialgeschichte Braunschweig/Bonn und der Friedrich-Ebert-Stiftung vom 17.-19. Juni 1985 in Braunschweig,* Bonn, 1986, S. 1-11.

Reulecke, Jürgen, *»Ich möchte einer werden so wie die...« Männerbünde im 20. Jahrhudert,* Frankfurt a. M., 2001.

Reulecke, Jürgen, Neuer Mensch und neue Männlichkeit. Die „junge Generation" im ersten Drittel des 20. Jahrhunderts, in: *Jahrbuch des Historischen Kollegs,* 2002, S. 109-138.

Reulecke, Jürgen, Utopische Erwartungen an die Jugendbewegung 1900-1933, in: Hartwig, Wolfgang (Hg.), *Utopie und politische Herrschaft im Europa der Zwischenkriegszeit,* München, 2003, S.

199-218.

Reulecke, Jürgen (Hg.), *Generationalität und Lebensgeschichte im 20. Jahrhundert,* München, 2003.

Roesle, Emil, *Sonder-Katalog für die Gruppe Statistik der wissenschaftlichen Abteilung der Internationalen Hygiene-Ausstellung* Dresden 1911, Dresden, 1911. [1911a]

Roesle, Emil, Die Statistik auf der Internationalen Hygiene-Ausstellung in Dresden 1911: 1. Statistische Darstellungen im Allgemeinen, in: *Deutsches Statistisches Zentralblatt,* 3. Jg. Nr. 4, 1911, S. 97-103. [1911b]

Roesle, Emil, Kritische Bemerkungen zu der Kritik über den Sonderkatalog der Gruppe „Statistik" der Internationalen Hygiene-Ausstellung Dresden 1911 von Dr. Wilhelm Feld in dieser Zeitschrift, Jahrgang 1912, No. 9, in: *Zeitschrift für Socialwissenschaft,* N.F. 3. Jg. 1912, S. 890-893.

Roesle, Emil, Graphisch-statistische Darstellungen, ihre Technik, Methodik und wissenschaftliche Bedeutung, in: *Archiv für Soziale Hygiene mit besonderer Berücksichtigung der Gewerbehygiene und Medizinalstatistik,* Bd. 8, 4. Heft, 1913, S. 369-406.

Roesle, Emil, *Der Geburtenrückgang. Seine Literatur und die Methodik seiner Ausmassbestimmung,* Leipzig, 1914.

Roseman, Mark (ed.), *Generations in Conflict. Youth revolt and generation formation in Germany 1770-1968,* Cambridge University Press, 1995.

Roseman, Mark, "Introduction: generation conflict and German history 1770-1968", id. (ed.), *Generations in Conflict. Youth revolt and generation formation in Germany 1770-1968,* Cambridge University Press, 1995, pp. 1-46.

Roseman, Mark, Generationen als „Imagined Communities". Mythen, generationelle Identitäten und Generationenkonflikte in Deutschland vom 18. bis zum 20. Jahrhundert, in: Jureit, Ulrike/Wildt, Michael (Hg.), *Generationen. Zur Relevanz eines wissenschaftlichen Grundbegriffs,* Hamburg, 2005, S. 180-199.

Roth, Lutz, *Die Erfindung des Jugendlichen,* München, 1983.

Rümelin, Gustav, Ueber den Begriff und die Dauer einer Generation, in: ders., *Reden und Aufsätze,* Tübingen, 1875, S. 285-304.

Rusinek, Bernd A., Krieg als Sehnsucht. Militärischer Stil und „junge Generation" in der Weimarer Republik, in: Reulecke, Jürgen (Hg.), *Generationalität und Lebensgeschichte im 20. Jahrhundert,* München, 2003, S. 127-144.

Ryder, Norman, "The Cohort as a Concept in the Study of Social Change", *American Sociological Review,*

Vol. 30, No. 6, 1965, pp. 843-861.

Sachße, Christoph/Tennstedt, Florian, *Geschichte der Armenfürsorge in Deutschland, Bd. 2, Fürsorge und Wohlfahrtspflege 1871-1929,* W. Kohlhammer GmbH, 1988.

Schairer, Reinhold, *Die akademische Berufsnot. Tatsachen und Auswege,* Jena, o.J. [1932?]

Schelsky, Helmut, *Die skeptische Generation. Eine Soziologie der deutschen Jugend,* 3. Aufl., Düsseldorf-Köln, 1958. [erst veröffentlicht 1957]

Schloßmann, Arthur (Hg.), *Gesolei. Große Ausstellung Düsseldorf 1926 für Gesundheitspflege, soziale Fürsorge und Leibesübungen,* 2 Bde., Düsseldorf, 1927.

Schneider, Christian, Der Holocaust als Generationsobjekt. Generationengeschichtliche Anmerkungen zu einer deutschen Identitätsproblematik, in: *Mittelweg 36,* Bd. 13, 2004, S. 56-73.

Schott, Sigmund, Graphische Darstellungen, in: Zahn, Friedrich (Hg.), *Die Statistik in Deutschland nach ihrem heutigen Stand,* München und Berlin, 1911, S. 187-194.

Schott, Sigmund, Die Unfruchtbarkeit „rein statistischer" Arbeiten, in: *Deutsches Statistisches Zentralblatt,* Nr. 5, 1919, Sp. 87-90.

Schott, Sigmund, *Der Lindenhof. Statistik und Erzählung,* Mannheim, 1925.

Schuler, Thomas, Der Generationsbegriff und die historische Familienforschung, in: Schuler, Peter-Johannes (Hg.), *Die Familie als sozialer und historischer Verband. Untersuchungen zum Spätmittelalter und zur frühen Neuzeit,* Sigmaringen, 1987, S. 23-41.

Schulin, Ernst, Weltkriegserfahrung und Historikerreaktion, in: Küttler, Wolfgang/Rüsen, Jörn/Schulin, Ernst (Hg.), *Krisenbewußtsein, Katastrophenerfahrungen und Innovationen 1880-1945 (Geschichtsdiskurs, Bd. 4),* Frankfurt a. M., 1997, S. 165-188.

Schulz, Andreas/Grebner, Gundula (Hg.), *Generationswechsel und historischer Wandel (Historische Zeitschrift, Bd. 36),* München, 2003.

Schultz, Hermann/Radebold, Hartmut/Reulecke, Jürgen, *Söhne ohne Väter. Erfahrungen der Kriegsgeneration,* Bonn, 2005.

Schuman, Howard/Scott, Jacqueline, "Generations and Collective Memories", *American Sociological Review,* Vol. 54, No. 3, 1989, pp. 359-381.

Schumann, Dirk, Einheitssehnsucht und Gewaltakzeptanz. Politische Grundpositionen des deutschen Bürgertums nach 1918 (mit vergleichenden Überlegungen zu den britischen *middle classes*), in: Mommsen, Hans (Hg.), *Der Erste Weltkrieg und die europäische Nachkriegsordnung. Sozialer Wandel und Formveränderung der Politik,* Köln, 2000, S. 83-105.

Schumann, Dirk, *Politische Gewalt in der Weimarer Republik 1918-1933. Kampf um die Straße und Furcht vor dem Bürgerkrieg,* Essen, 2001.

Schwabe, Klaus, *Wissenschaft und Kriegsmoral. Die deutschen Hochschullehrer und die politischen Grundfragen des Ersten Weltkrieges,* Göttingen, 1969.

Schwabe, Klaus (Hg.), *Deutsche Hochschullehrer als Elite 1815-1945,* Boppard am Rhein, 1988.

Scott, Joan W., "The Evidence of Experience", *Critical Inquiry,* Vol. 17, 1991, pp. 773-797.

Sieferle, Rolf Peter, *Die Konservative Revolution. Fünf biographische Skizzen,* Frankfurt a. M., 1995.

Simenauer, Erich, Die zweite Generation – danach. Die Wiederkehr der Verfolgermentalität in Psychoanalysen, in: *Jahrbuch der Psychoanalyse,* Bd. 12, 1980, S. 8-17.

Simon, Walter, Die statistische Methode als selbständige Wissenschaft, in: *Allgemeines Statistisches Archiv,* Bd. 15, 1925, S. 400-413.

Sombart, Werner, Unser Interesse an der Politik, in: *Morgen,* 21. Juni 1907, S. 40-45.

Sombart, Werner, Politik und Bildung, in: *Morgen,* 28. Juni 1907, S. 67-72.

Sombart, Werner, Die Politik als Beruf, in: *Morgen,* 26. Juli 1907, S. 195-199.

Sombart, Werner, Die Elemente des politischen Lebens in Deutschland, in: *Morgen,* 9. August 1907, S. 255-259.

Sombart, Werner, An Friedrich Naumann, in: *Morgen,* 13. September 1907, S. 416-421.

Sombart, Werner, Die Abkehr der Gebildeten von der Politik, in: *Morgen,* 27. September 1907, S. 479-483.

Sombart, Werner, Die Volkswirtschaftslehre und der Krieg, in: *Internationale Monatsschrift für Wissenschaft, Kunst und Technik,* 9. Jg. Heft 4, 15. Nov. 1914, S. 243-258.

Sombart, Werner, *Händler und Helden. Patriotische Besinnung,* Leipzig, 1915.

Spitzer, Alan B., "The Historical Problem of Generations", *The American Historical Review,* Vol. 78, No. 5, 1973, pp. 1353-1385.

Spranger, Eduard, *Psychologie des Jugendalters,* Leipzig, 1924.（土井竹治訳『青年の心理』刀江書院、1957 年）

Stambolis, Barbara, *Mythos Jugend – Leitbild und Krisensymptom. Ein Aspekt der politischen Kultur im 20. Jahrhundert,* Schwalbach/Ts., 2003.

Strasser, Gregor, *Kampf um Deutschland. Reden und Aufsätze eines Nationalsozialisten,* München, 1932.

Szöllözi-Janze, Margit, Wissensgesellschaft in Deutschland: Überlegungen zur Neubestimmung der deutschen Zeitgeschichte über Verwissenschaftlichungsprozesse, in: *Geschichte und Gesellschaft,* 30. Jg. 2004, S. 277-313.

Thomas, Hans [i. e. Zehrer, Hans], Absage an den Jahrgang 1902, in: *Die Tat,* 21. Jg. 1929/30, S. 740-748.

Titze, Hartmut, *Der Akademikerzyklus. Historische Untersuchungen über die Wiederkehr von Überfüllung und Mangel in akademischen Karrieren,* Göttingen, 1990.

Toews, John E., "Intellectual History after the Linguistic Turn: The Autonomy of Meaning and the Irreducibility of Experience", *The American Historical Review,* Vol. 92, No. 4, 1987, pp. 879-907.

Toller, Ernst, Rez. von „Im Westen nichts Neues", *Die Literarische Welt,* 5. Jg. No. 8, 1929, S. 5.

Tönnies, Ferdinand, Die Statistik als Wissenschaft, in: *Weltwirtschaftliches Archiv,* Bd. 15, Heft 1, 1919, S. 1-28.

Tooze, J. Adam, "Weimar's statistical economics: Ernst Wagemann, the Reich's Statistical Office, and the Institute for Business-Cycle Research, 1925-1933", *Economic History Review,* vol. 52, No. 3, 1999, pp.523-543.

Tooze, J. Adam, *Statistics and the German State, 1900-1945. The Making of Modern Economic Knowledge,* Cambridge University Press, 2001.

Trommler, Frank, Mission ohne Ziel. Über den Kult der Jugend im modernen Deutschland, in: Koebner, Thomas/Janz, Rolf-Peter/Trommler, Frank (Hg.), *»Mit uns zieht die neue Zeit«. Der Mythos Jugend,* Frankfurt a. M., 1985, S. 14–49.

von Trotha, Trutz, Zur Entstehung von Jugend, in: *Kölner Zeitschrift für Soziologie und Sozialpsychologie,* 34. Jg. Heft 2, 1982, S. 254-277.

Tucholsky, Kurt, Vorwärts – !, in: *Die Weltbühne,* 22. Jg. Erstes Halbjahr, 1926, S. 1-4.

Ulbricht, Justus H., Der Mythos vom Heldentod. Entstehung und Wirkungen von Walter Flex' „Der Wanderer zwischen beiden Welten", in: *Jahrbuch des Archivs der deutschen Jugendbewegung,* 16, 1986/87, S. 111-156.

von Ungern-Sternberg, Jürgen/von Ungern-Sternberg, Wolfgang, *Der Aufruf ‚An die Kulturwelt!' Das Manifest der 93 und die Anfänge der Kriegspropaganda im Ersten Weltkrieg. Mit einer Dokumentation,* Stuttgart, 1996.

Usborne, Cornelie, "The New Woman and generational conflict: perceptions of young women's sexual mores in the Weimar Republic", Roseman, Mark (ed.), *Generations in Conflict. Youth revolt and generation formation in Germany 1770-1968*, Cambridge University Press, 1995, pp. 137-163.

Vierhaus, Rudolf, Bildung, in: Brunner, Otto/Conze, Werner/Koselleck, Reinhart (Hg.), *Geschichtliche Grundbegriffe,* Bd. 1, Stuttgart, 1972, S. 508-551.

Wagner, Adolf, *Agrar- und Industriestaat. Die Kehrseite des Industriestaats und die Rechtfertigung*

agrarischen Zollschutzes, mit besonderer Rücksicht auf die Bevölkerungsfrage, zweite, großenteils umgearbeitete und stark vermehrte Aufl., Jena, 1902.

Weber, Max (herausgegeben von Baier, Horst/Lepsius, M. Rainer/Mommsen, Wolfgang J.), *Max Weber Gesamtausgabe [MWG],* 41 Bde. Tübingen, 1984-.

Wehberg, Hans, *Wider den Aufruf der 93! Das Ergebnis einer Rundfrage an die 93 Intellektuellen über die Kriegsschuld,* Charlottenburg, 1920.

Weigel, Sigrid, Generation, Genealogie, Geschlecht. Zur Geschichte des Generationskonzepts und seiner wissenschaftlichen Konzeptualisierung seit Ende des 18. Jahrhunderts, in: Musner, Lutz / Wunberg, Gotthart (Hg.), *Kulturwissenschaften. Forschung – Praxis – Positionen,* Wien, 2002, S. 161-190.

Weigel, Sigrid, Familienbande, Phantome und die Vergangenheitspolitik des Generationsdiskurses. Abwehr von und Sehnsucht nach Herkunft, in: Jureit, Ulrike/Wildt, Michael (Hg.), *Generationen. Zur Relevanz eines wissenschaftlichen Grundbegriffs,* Hamburg, 2005, S. 108-126.

Weigel, Sigrid/Parnes, Ohad/Vedder, Ulrike/Willer, Stefan (Hg.), *Generation. Zur Genealogie des Konzepts – Konzepte von Genealogie,* München, 2005.

Weindling, Paul, *Health, race and German politics between national unification and Nazism, 1870-1945,* Cambridge University Press, 1989.

Weisbrod, Bernd, Gewalt in der Politik. Zur politischen Kultur in Deutschland zwischen den beiden Weltkriegen, in: *Geschichte in Wissenschaft und Unterricht,* 43. Jg. 1992, S. 113-124.

Weisbrod, Bernd, Kriegerische Gewalt und männlicher Fundamentalismus. Ernst Jüngers Beitrag zur Konservativen Revolution, in: *Geschichte in Wissenschaft und Unterricht,* 49. Jg. 1998, S. 544-560.

Weisbrod, Bernd, Generation und Generationalität in der Neueren Geschichte, in: *Aus Politik und Zeitgeschichte,* 8/2005, 21. Feb. 2005, S. 3-9.

Westheim, Paul, Die Pflicht der Intellektuellen, in: *Sozialistische Monatshefte,* 21. Jg. Bd. 1, Januar bis Mai 1915, S. 347-353.

Wietog, Jutta, *Volkszählungen unter dem Nationalsozialismus. Eine Dokumentation zur Bevölkerungsstatistik im Dritten Reich,* Berlin, 2001.

Wildt, Michael, *Generation des Unbedingten. Das Führungskorps des Reichssicherheitshauptamtes,* Hamburg, 2003.

Willer, Stefan, „Generation", ein übersetztes Wort: Zur Wort-, Begriffs- und Metaphergeschichte, in:

Parnes, Ohad/Vedder, Ulrike/Willer, Stefan, *Das Konzept der Generation. Eine Wissenschafts- und Kulturgeschichte,* Frankfurt a. M., 2008, S. 21-39.

Willer, Stefan, Zählen, Schichten, Züchten: Die theoretische und politische Modernisierung des Generationskonzepts, in: Parnes, Ohad/Vedder, Ulrike/Willer, Stefan, *Das Konzept der Generation. Eine Wissenschafts- und Kulturgeschichte,* Frankfurt a. M., 2008, S. 218-259.

Witkop, Philipp (Hg.), *Kriegsbriefe gefallener Studenten,* München, 1928.

Wohl, Robert, The *Generation of 1914,* Cambridge, Massachusetts, 1979.

Wolf, Julius, *Der Geburtenrückgang. Die Rationalisierung des Sexuallebens in unserer Zeit,* Jena, 1912.

Wolff, Hellmuth, Die Statistik in der Wissenschaft, in: Zahn, Friedrich (Hg.), *Die Statistik in Deutschland nach ihrem heutigen Stand,* München und Berlin, 1911, S. 66-111.

Würzburger, Eugen, Die Statistik auf der Internationalen Hygiene-Ausstellung in Dresden 1911. 3. Die Arten und Gegenstände der Darstellung in der Gruppe „Statistik“, in: *Deutsches Statistisches Zentralblatt,* 3. Jg. Nr. 6, 1911, Sp. 161-168.

Würzburger, Eugen, Die Zukunft der Statistik, in: *Deutsches Statistisches Zentralblatt,* 20. Jg. Nr. 10, 1928, Sp. 145-152.

Wyneken, Gustav, *Der Gedankenkreis der Freien Schulgemeinde – Dem Wandervogel gewidmet,* Leipzig, 1913.

Wyneken, Gustav, *Was ist „Jugendkultur“ ? Öffentlicher Vortrag gehalten am 30. Oktober 1913 in der Pädagogischen Abteilung der Münchener Freien Studentenschaft. Mit einem Nachwort über den „Anfang“* , München, 1914.

Zahn, Friedrich (Hg.), *Die Statistik in Deutschland nach ihrem heutigen Stand,* München und Berlin, 1911.

Ziemann, Benjamin, Das „Fronterlebnis“ des Ersten Weltkrieges – eine sozialhistorische Zäsur? Deutungen und Wirkungen in Deutschland und Frankreich, in: Hans Mommsen (Hg.), *Der Erste Weltkrieg und die europäische Nachkriegsordnung. Sozialer Wandel und Formveränderung der Politik,* Köln, 2000, S. 43-82.

Die Wandervogelzeit. 2 Teile. Quellenschriften zur deutschen Jugendbewegung 1896-1919, Herausgegeben im Auftrage des Gemeinschaftswerkes „Archiv und Dokumentation der Jugendbewegung“ von Werner Kindt, Bd. II-III, Eugen Diederichs Verlag, 1968.

“The End of War? Correspondence between Erich Maria Remarque and General Sir Ian Hamilton”, *Life and Letters,* Vol. 3, No. 18, 1929, pp. 399-408.

邦語文献

アルヴァックス、M（小関藤一郎訳）『集合的記憶』行路社、1989年。

アンダーソン、ベネディクト（白石さや・白石隆訳）『増補　想像の共同体――ナショナリズムの起源と流行』NTT出版、1997年。

石田勇治『過去の克服　ヒトラー後のドイツ』白水社、2002年。

ヴェーバー、マックス（大塚久雄・生松敬三訳）『宗教社会学論選』みすず書房、1972年。

ヴェーバー、マックス（中村貞二・山田高生・林道義・嘉目克彦訳）『マックス・ヴェーバー政治論集』（全二巻）みすず書房、1982年。

ヴェーバー、マックス（富永祐治・立野保男訳、折原浩補訳）『社会科学と社会政策に関わる認識の「客観性」』岩波文庫、1998年。

エーマー、ヨーゼフ（若尾祐司・魚住明代訳）『近代ドイツ人口史――人口学研究の傾向と基本問題』昭和堂、2008年。

エクスタインズ、モードリス（金利光訳）『春の祭典――第一次世界大戦とモダン・エイジの誕生』TBSブリタニカ、1991年。

小野清美『テクノクラートの世界とナチズム――「近代超克」のユートピア』ミネルヴァ書房、1996年。

小野清美『保守革命とナチズム――E・J・ユングの思想とワイマル末期の政治』名古屋大学出版会、2004年。

重田園江『フーコーの穴――統計学と統治の現在』木鐸社、2003年。

川合全弘『再統一ドイツのナショナリズム――西側結合と過去の克服をめぐって』ミネルヴァ書房、2003年。

川越修・矢野久編『ナチズムのなかの20世紀』柏書房、2002年。

川越修『社会国家の生成――20世紀社会とナチズム』岩波書店、2004年。

川越修・辻英史編著『社会国家を生きる――20世紀ドイツにおける国家・共同性・個人』法政大学出版局、2008年。

川越修・鈴木晃仁編著『分別される生命――20世紀社会の医療戦略』法政大学出版局、2008年。

川越修・友部謙一編著『生命というリスク――20世紀社会の再生産戦略』法政大学出版局、2008年。

川手圭一「ヴァイマル共和国における『青少年問題』」『現代史研究』第40号、1994年、37-53頁。

川手圭一「20世紀ドイツにおける『世代』の問題」『歴史評論』第698号、2008年、2-7頁。

キューネ、トーマス（星乃治彦訳）『男の歴史――市民社会と〈男らしさ〉の神話』柏書房、1997年。

ギリス、J・R（北本正章訳）『〈若者〉の社会史――ヨーロッパにおける家族と年齢集団の変貌』新曜社、1985年。

ゲーテ（山崎章甫訳）『詩と真実』第1部、岩波文庫、1997年。

桜井健吾『近代ドイツの人口と経済―― 1800～1914年』ミネルヴァ書房、2001年。

シャルル、クリストフ（白鳥義彦訳）『「知識人」の誕生　1880-1900』藤原書店、2006年。

シュライアーマッハー、フリードリヒ（長井和雄・西村皓訳）『教育学講義』玉川大学出版部、1999年。

スコット、ジョーン・W（荻野美穂訳）『ジェンダーと歴史学』平凡社、1992年。

鈴木賢子「W・G・ゼーバルトの記憶の技法」『ドイツ研究』第44号、2010年、77-87頁。

タイテルボーム、M・S／ウインター、J・M（黒田俊夫・河野稠果訳）『人口減少――西欧文明　衰退への不安』多賀出版、1989年。

高橋秀寿『再帰化する近代――ドイツ現代史試論　市民社会・家族・階級・ネイション』国際書院、1997年。

田野大輔『魅惑する帝国――政治の美学化とナチズム』名古屋大学出版会、2007年。

田村栄子『若き教養市民層とナチズム――ドイツ青年・学生運動の思想の社会史』名古屋大学出版会、1996年。

田村栄子「ドイツ近現代史における青年世代　1818-1968」『佐賀大学教育学部研究論文集』第4巻第2号、2000年、93-111頁。

田村栄子・星乃治彦編『ヴァイマル共和国の光芒――ナチズムと近代の相克』昭和堂、2007年。

チュダコフ、ハワード・P（工藤政司・藤田英祐訳）『年齢意識の社会学』法政大学出版局、1994年。

ディルタイ、ヴィルヘルム（牧野英二編集／校閲）『ディルタイ全集　第1巻　精神科学序説Ⅰ』法政大学出版局、2006年。

デュルケム（宮島喬訳）『社会学的方法の規準』岩波文庫、1973年。

デュルケーム（宮島喬訳）『自殺論』中公文庫、1985年。

中野智世「『家族の強化』とソーシャルワーク――マリー・バウムの『家族保護』構想から」川越修・辻英史編著『社会国家を生きる―― 20世紀ドイツにおける国家・共同性・個人』法政大学出版局、2008年、207-239頁。

ニーチェ（信太正三訳）『ニーチェ全集11　善悪の彼岸・道徳の系譜』ちくま学芸文庫、1993年。

西村稔『文士と官僚――ドイツ教養官僚の淵源』木鐸社、1998年。

ハイデガー、マルティン（細谷貞雄訳）『存在と時間』（上・下）ちくま学芸文庫、1994年。

ハッキング、イアン（石原英雄・重田園江訳）『偶然を飼いならす――統計学と第二次科学革命』

木鐸社、1999年。

服部伸「世紀転換期ドイツにおける病気治療の多元性――ホメオパシー健康雑誌の記事を中心に」川越修・鈴木晃仁編著『分別される生命―― 20世紀社会の医療戦略』法政大学出版局、2008年、163-202頁。

ハーフ、ジェフリー（中村幹雄・谷口健治・姫岡とし子訳）『保守革命とモダニズム――ワイマール・第三帝国のテクノロジー・文化・政治』岩波書店、1991年。

原田一美『ナチ独裁下の子どもたち――ヒトラー・ユーゲント体制』講談社選書メチエ、1999年。

原葉子「誰が年金をもらうべきか――遺族保険（1911年）導入時の議論にみるジェンダー・世代・階層」川越修・辻英史編著『社会国家を生きる―― 20世紀ドイツにおける国家・共同性・個人』法政大学出版局、2008年、103-136頁。

バンダ、ジュリアン（宇京頼三訳）『知識人の裏切り』未来社、1990年。

平井正『ヒトラー・ユーゲント――青年運動から戦闘組織へ』中公新書、2001年。

福元圭太『「青年の国」ドイツとトーマス・マン―― 20初頭のドイツにおける男性同盟と同性愛』九州大学出版会、2005年。

フーコー、ミシェル（渡辺守章訳）『性の歴史Ⅰ　知への意志』新潮社、1986年。

フーコー、ミシェル（石田英敬編）『ミシェル・フーコー思考集成Ⅳ　規範／社会』筑摩書房、1999年。

フーコー、ミシェル（松浦寿輝編）『ミシェル・フーコー思考集成Ⅵ　セクシュアリテ・真理』筑摩書房、2000年。

フーコー、ミシェル（石田英敬・小野正嗣訳）『社会は防衛しなければならない』筑摩書房、2007年。

フーコー、ミシェル（高桑和巳訳）『安全・領土・人口』筑摩書房、2007年。

フーコー、ミシェル（慎改康之訳）『生政治の誕生』筑摩書房、2008年。

フリードランダー、ソール編（上村忠男・小沢弘明・岩崎稔訳）『アウシュヴィッツと表象の限界』未来社、1994年。

ブロック、マルク（松村剛訳）『歴史のための弁明――歴史家の仕事』岩波書店、2004年。

ベック、ウルリヒ（東廉・伊藤美登里訳）『危険社会　新しい近代への道』法政大学出版局、1998年。

ヘルベルト、ウルリヒ（芝健介訳）「即物主義の世代――ドイツ1920年代初期の民族至上主義学生運動（上・下）」『みすず』第493、494号、2002年、26-44頁、28-43、57頁。

ポイカート、デートレフ（小野清美・田村栄子・原田一美訳）『ワイマル共和国――古典的近代の危機』名古屋大学出版会、1993年。

星乃治彦『ナチス前夜における「抵抗」の歴史』ミネルヴァ書房、2007年。

星乃治彦「ドイツ労働運動史研究全盛世代の世代論」『歴史評論』第 698 号、2008 年、14-28 頁。

星乃治彦『赤いゲッベルス――ミュンツェンベルクとその時代』岩波書店、2009 年。

マイア、ゲオルグ（高野岩三郎訳）『社会生活における合法則性（復刻版）』栗田出版会、1971 年。

マクレランド、チャールズ・E（望田幸男監訳）『近代ドイツの専門職――官吏・弁護士・医師・聖職者・教師・技術者』晃洋書房、1993 年。

ミッチャーリッヒ、A&M（林峻一郎・馬場謙一訳）『喪われた悲哀――ファシズムの精神構造』河出書房新社、1972 年。

水戸部由枝「ドイツ社会民主党と性倫理―― 1913 年、『出産ストライキ』論争を中心に」『西洋史学』第 216 号、2004 年、45-62 頁。

宮本直美『教養の歴史社会学――ドイツ市民社会と音楽』岩波書店、2006 年。

望田幸男編『近代ドイツ「資格社会」の制度と機能』名古屋大学出版会、1995 年。

望田幸男『ドイツ・エリート養成の社会史――ギムナジウムとアビトゥーアの世界』ミネルヴァ書房、1998 年。

望田幸男編『近代ドイツ＝資格社会の展開』名古屋大学出版会、2003 年。

モッセ、ジョージ・L（宮武実知子訳）『英霊――創られた世界大戦の記憶』柏書房、2002 年。

モッセ、ジョージ・L（細谷実・小玉亮子・海妻径子訳）『男のイメージ――男性性の創造と近代社会』作品社、2005 年。

モムゼン、ハンス（住沢とし子訳）「ワイマール共和国における世代間抗争と青年の反乱」『思想』第 711 号、1983 年、97-112 頁。

ヤーラオシュ、コンラート（望田幸男・安原義仁・橋本伸也監訳）『高等教育の変貌 1860-1930――拡張・多様化・機会開放・専門職化』昭和堂、2000 年。

ラカー、ウォルター（西村稔訳）『ドイツ青年運動――ワンダーフォーゲルからナチズムへ』人文書院、1985 年。

リッター、G・A（木谷勤・北住炯一・後藤俊明・竹中亨・若尾祐司訳）『社会国家―その成立と発展』晃洋書房、1993 年。

リンガー、フリッツ・K（西村稔訳）『読書人の没落――世紀末から第三帝国までのドイツ知識人』名古屋大学出版会、1991 年。

リンガー、フリッツ・K（筒井清忠他訳）『知の歴史社会学――フランスとドイツにおける教養 1890 ～ 1920』名古屋大学出版会、1996 年。

「特集 歴史の中の世代」『歴史評論』第 698 号、2008 年、2-72 頁。

■著者紹介

村上宏昭（むらかみ・ひろあき）

1977年生まれ。

2009年、関西大学大学院文学研究科史学専攻 修了。博士（文学）。

現在、日本学術振興会特別研究員（PD）。専攻はドイツ現代史。

主要業績：「ヴァイマル共和国における『大戦の語り』と世代間抗争――『前線世代』の戦争文学」（『ゲシヒテ』第1号、2008年）、「ドイツ世代論の展開と歴史研究」『西洋史学』（第232号、2009年）、「《民族老化》の系譜――ヴァイマル期の人口言説と高齢者問題」（『ゲシヒテ』第3号、2010年）ほか多数。

世代の歴史社会学――近代ドイツの教養・福祉・戦争――

2012年9月30日　初版第1刷発行

著　者　村上宏昭

発行者　齊藤万壽子

〒606-8224　京都市左京区北白川京大農学部前
発行所　株式会社　昭和堂
振替口座　01060-5-9347
TEL（075）706-8818／FAX（075）706-8878

印刷　亜細亜印刷

ISBN978-4-8122-1243-1